가족복지론

가족복지론

김용환 · 김영호 · 김현정 · 박선태 · 신미애 공저

Theory of Family Welfare

동문사

머리말

저출산 및 인구 고령화가 중요한 사회문제로 대두되고 있다. 합계 출산율이 급격하게 낮아지고 있으며 세계에서 유래를 찾아볼 수 없을 정도로 고령화의 속도가 빨라져 인구절벽이 눈앞에 다가오고 있다. 이에 대응하여 정부에서는 가족의 중요성을 인정하고 가족을 둘러싼 환경변화와 정책 수요 등을 고려한 건강가정 구현을 목적으로 2004년 「건강가정기본법」을 제정하였으며, 1987년에 제정한 「남녀고용평등법」을 2007년 「남녀고용평등과 일·가정양립지원에 관한 법률」로 전문 개정했다. 이 법은 평등이념에 따라 고용부문에서 남녀의 평등한 기회와 대우를 보장하고 모성보호와 여성고용을 촉진하여 남녀고용평등 실현은 물론 노동자의 일과 가정의 양립을 지원함으로써 가족의 삶의 질 향상에 이바지하는 것을 목적으로 한다. 이로써 기존의 남녀고용 평등에 무게를 두었던 남녀의 문제를 가정으로까지 확대하는 변화가 나타나게 되었다.

또한 여성가족부는 2006년부터 5년마다 '건강가정기본계획'을 수립, 시행을 통하여 2007년 「가족친화 사회환경의 조성촉진에 관한 법률」 및 「아이돌봄지원법」을 제정, 건강가정지원센터 확대 등 가족정책의 추진기반을 마련하였다. 현재 제3차 건강가정기본계획(2016~2020)을 수립하여 시행하고 있으며, 다양한 가족관련 법과 정책들을 내놓고 있지만 저출산 문제는 쉽게 해결될 기미가 보이지 않고 가족의 사회복지 욕구는 더욱 커지고 있다.

저출산·고령화가 심각한 사회문제가 되는 것은 경제 활력의 저하로 이어지고 있고 사회안전망의 미비로 노인세대는 생존을 위협받고 있기 때문이다. 저출산·고령화의 문제는 개별적 정책으로 해결될 수 있는 것이 아니므로 출산율 증가 및 노후 안정을 위해서는 단편적인 지원 수준에서 벗어나 노동시장의 문제, 사회안전망 구축, 사회·경제적 대응 등 여러 분야에 걸쳐서 복합적으로 대처해야 한다. 즉, 가족의 안정과 삶의 질 향상을 위해서는 노동, 보건의료, 교육, 사회복지 등 여러 분야에서 근본적이고 통합적인 대책을 구축해 나가야만 한다.

가족문제가 사회의 주요한 담론으로 등장하게 된 배경은 가족이 개인의 삶과 행위의 준거이며, 사회가 지속되기 위한 기본 단위로서 중요하기 때문이다. 따라서 가족은 사회복지정책의 중요한 관심사가 될 수밖에 없다. 우리 사회는 오랫동안 가부장 중심의 결혼한 부부와 자녀로 구성된 가족형태를 정상가족이라고 생각하고, 이 범주에 들지 못할 경우 비정상 가족으로 인식해 왔다. 그러나 급격한 산업화로 가치관이 변화하고 여성의 취업활동이 일반화되면서 가족의 형태가 다양화되고 있다.

여성의 취업확대와 더불어 맞벌이부부가족이 증가하면서 부부간 역할분담 유형에 따라 전통적인 역할분업 양식을 벗어나 역할을 공유하는 부부도 있고, 남성이 전업주부 역할을 맡고 여성이 가족의 생계를 책임지는 역할전이(role reversal)가족도 등장하고 있다. 이들 부부 중에는 선택적 무자녀가족도 나타나고 있다. 그리고 이혼 및 재혼의 증가로 한부모가족이 증가하고 있고, 재혼의 증가는 다양한 조합을 통해 새로운 형태의 복합가족을 만들어 내고 있으며 다문화가족도 증가하는 추세이다.

최근에는 기존의 결혼 및 가족제도에 편입되지 않은 채 새로운 생활양식을 모색하는 경향이 나타나고 있는데, 이에는 결혼제도로부터 자유로운 독신가구와 결혼의 법적 제약으로부터 자유로운 동거를 들 수 있다. 독신가구의 증가는 비(非)가족원과의 동거가구 증가를 동시에 수반하고 있다. 이른바 '비가족가구'(non-family household)로 불리는 현상 또한 새롭게 등장하고 있는데, 이는 부모로부터 독립해서 생활하는 젊은 세대와 결혼을 연기하는 젊은 층의 증가, 이혼 이후 독신을 고수하는 층의 증가, 노인단독가구의 증가 등과 밀접한 관련이 있다. 이처럼 가족의 형태가 다양해지고 있는 것이 우리의 현실임에도 불구하고 정상가족에 대한 신념은 비교적 강하게 남아 있다. 정상가족 이데올로기가 강하게 남아 있는 한 다양한 가족들, 곧 한부모가족, 독신가구, 동거부부, 전업주부 남편과 취업부인가족, 재혼가족, 무(無)자녀가족 등은 자신의 가족을 비정상으로 인지할 수밖에 없는 상황을 만들게 되는 것이 우리의 현실이다. 그렇다면 '정상가족' 범주와 '비정상가족' 내지 '대안가족'이라는 범주설정의 타당성부터 신중히 생각해 볼 필요가 있으며, 가족형태는 다양하고, 모든 가족은 소중하다는 인식이 제고되어야 한다. 또한 정부에서는 다양한 가족의 형태를 포용하고 적절한 정책적 개입이 이루어져야 할 것이다(함인희, 2003).

머리말

이 교재는 우리나라의 변화하는 가족의 형태와 가족이 처한 다양한 문제를 파악하고 이에 대응하기 위한 사회복지정책과 실천의 문제들을 다루고 있다. 가족복지론의 저술 틀은 한국사회복지교육협의회가 제시한 가족복지론 교과목 개요를 반영하였다.

한국사회복지교육협의회가 제시한 가족복지론 교과목 개요를 살펴보면, "급변하는 환경 속에서 가족에 대한 가치관의 변화와 함께 가족의 변화로 인한 다양성의 확대에 따른 사회복지사로서의 관점을 정립하고, 다양한 수준에서 가족복지에 접근하는 방법을 학습하고, 가족문제를 해결하는 과정에서 돕는 능력을 함양한다. 또한 한국과 외국의 가족복지정책을 이해하고 외국의 가족복지정책을 탐구함으로써 한국가족복지정책의 현주소와 문제점 및 개선방안을 알아본다. 가족복지서비스와 가족중심의 실천방법들을 소개하여 일반주의 사회복지사로서의 실천능력을 키운다"라고 되어 있다.

그리고 교과목 목표로는 첫째, 사회변화에 따른 가족의 변화와 가족에 대한 다양한 관점 이해, 둘째, 한국사회 가족들이 경험하는 문제를 이해하고 사회복지대책과 개입 방안 모색, 셋째, 우리나라의 가족복지정책을 이해하고 가족복지전달체계 및 관련 법률 학습, 넷째, 가족복지실천의 방법론을 이해하고 가족복지대상별로 특화된 서비스를 효과적으로 제공할 수 있는 방법을 익힌다고 제시하고 있다.

집필자들은 위의 내용을 충실하게 반영하는 것을 원칙으로 하되, 각자 맡은 부분에 대하여 다양한 자료를 활용하여 자율성과 창의성을 지니고 집필하였고, 최종적으로 원고를 완성한 뒤에 중복되는 부분이나 미진한 부분을 수정, 보완하는 과정을 거쳤다. 집필자들은 이 교재가 학생들이 가족복지 현장에서 사회복지사로서 실천 활동을 하는 데 필요한 기초 지식과 가치, 이론을 학습하고 전문성을 향상함으로써 역량을 강화하는 데 조금이나마 기여할 수 있기를 소망한다.

사회복지학을 전공하는 학생들에게 당부하고 싶은 말이 있다. 論語에 "學而不思則罔, 思而不學則殆"라는 말이 있다. 즉, "배우고서 생각하지 않으면 어둡고, 생각하고 배우지 않는다면 위태롭다"는 뜻이다. 사회복지사는 자기 자신을 실천의 도구로 활용하는 사람들이다. 따라서 이미 정립된 이론을 열심히 배우고 잘 익히되 단순히 암기하고 답습하는 수준에 머물 것이 아니라 왜 그런가를 깊이 생각하는 습관을 갖기 바란다. 그리고 자신의 경험이나 창의적인 생각도 소중하지만 전문가들이 제시한 이론들을 잘 이해하고 습득하여 자신의 것으로 만드는 작업 또한 중요하다는 점을 잊지 말기를 바란다.

이 책의 구성은 다음과 같다. **제1부**(가족복지 개관) 1장에서는 가족복지의 이해를 돕기 위해서 가족의 변화에 대한 관점들과 가족의 정의, 가족복지의 개념, 접근방법을 다루었고 2장은 가족체계와 가족생활주기를 다루었다. **제2부**(가족복지정책) 3장은 복지국가와 가족복지정책의 관계를 살펴보기 위해서 가족복지정책의 개념, 대상, 내용을 다루었다. 4장은 한국의 가족복지정책(노동권과 부모권, 노인돌봄, 소득보장정책)을 다루었고 미국, 스웨덴, 독일의 가족복지정책의 동향을 살펴보았다. 5장은 우리나라의 가족복지정책과 법을 살펴보기 위해서 가족복지정책의 전달체계, 「건강가정기본법」, 「한부모가족지원법」, 「영유아보육법」, 「저출산・고령사회기본법」을 다루었다. **제3부**(가족복지실천 과정) 6장은 초기 면접과 사례발굴을, 7장은 사정과 개입계획을 다루었고, 8장은 개입과 종결 및 평가를 다루었다. 9장은 가족복지실천에 필요한 가족치료모델 중에 보웬의 가족치료모델, 구조적 가족치료모델, 경험적 가족치료모델, 해결중심 단기가족치료모델, 이야기치료 그리고 가족치료 현장의 실태와 전망을 다루었다. **제4부**(가족복지실천의 대상과 영역)에서는 빈곤가족, 한부모가족, 가정폭력 및 학대가족, 다문화가족, 알코올중독자가족, 장애인가족의 개념과 실태와 문제점, 서비스 현황과 대책에 대해서 살펴보았다.

이 책에서 드러난 부족한 부분들에 대해서 독자 여러분들이 격려 어린 조언과 비판을 주신다면 지속적으로 수정하고 보완할 것을 약속드린다. 끝으로 이 책이 출판될 수 있도록 도움을 주신 동문사의 사장님과 유재영 상무님 그리고 편집 담당자님께 고마운 마음을 전한다.

2023년 8월

저자들을 대표해서 김용환

차 례

CONTENTS

차 례

PART 01

가족복지 개관

CHAPTER

01 가족복지 개관

가족복지는 가족이 직면한 문제를 다양한 측면에서 파악하여 가족생활을 향상시키고 문제를 해결함으로써 사회복지 증진을 모색하는 데 목적이 있다. 이 장에서는 가족복지의 전반적인 이해를 위해서 가족의 변화과정 및 가족의 변화에 대한 관점들, 가족의 정의와 기능을 이해하고 가족복지의 개념 및 가족복지의 대상, 주체, 가족복지서비스에 따른 가족복지의 접근방법을 살펴보고자 한다.

01 가족의 이해

1. 가족의 변화

가족은 특정한 모습으로 고정되어 있지 않고 인구학적 및 사회경제적 현상의 변화에 따라 다양한 모습으로 변화해 왔다. 한국사회 역시 산업화, 도시화, 압축적인 경제성장, 급격한 인구 전환, 여성 지위의 변화에 따른 사회적 요인, 결혼, 자녀, 부양 등의 가족에 관한 가치관의 변화, 초혼연령의 상승, 출산율 저하, 평균수명의 증가 등 인구학적 요인들이 가족구조에 커다란 영향을 미치며 다양한 가족이 등장하도록 만들고 있다. 최근 가족의 변화하는 특징을 살펴보면 다음과 같다.

1) 가구의 축소 및 1인가구의 증가

해방 이후부터 1960년까지 우리나라의 평균 가구원수는 시(市) 5.0명, 군부 6.22명까지 꾸준히 증가추세를 보이다가 국가 주도로 적극적인 가족계획정책이 실시되면서 가족규모가 단시간에 축소되었다. 가구원수의 감소는 1970년대 초반까지만 해도 완만히 진행되다가 1980년대 들어서면서 좀 더 급격히 진행되었는데, 이는 산업화・도시화가 급격하게 진행된 시기와 일치한다(여성한국사회연구소, 2002).

또한 결혼에 대한 태도변화, 출산율 저하, 초혼연령 상승 등은 가구의 축소에 영향을 미쳤다. 결혼에 대한 가치관 변화를 살펴보면, '결혼은 해도 좋고 하지 않아도 좋다'는 태도는 2014년 38.9%에서 2016년 42.9%, 2022년에는 남성 37.5%, 여성은 55.5%로 증가한 반면, '반드시 해야 한다'는 태도는 14.9%에서 2016년 12.5%, 2022년 여성이 4.7%, 남성은 12.1%로 감소하였다(보건사회연구원, 2021). 이런 태도변화와 더불어 초혼연령은 1990년 남자 27.9세, 여자 24.8세였으나, 2017년 남자 32.9세, 여자 30.2세, 2022년에는 남자 33.72세, 여자 31.26세로 크게 높아졌다(통계청, 인구동향조사, 2022). 이혼에 대해서는 '경우에 따라서 이혼할 수도 있고 하지 않을 수도 있다'는 태도가 2014년 39.9%에서 2016년 43.1%, 2022년 49.2%로 증가하였으며 '어떤 이유라도 이혼해서는 안 된다'는 11.3%에서 9.5%, 6.2%로 감소하였다(통계청 「사회조사」 이혼에 대한 인식, 2022).

초혼연령의 상승으로 모(母)의 첫 자녀 출산연령은 1990년에 25.9세에서, 2000년 27.7세, 2017년 30.2세, 2021년에는 32.61세로 높아지고 있다. 또한 초혼연령의 상승에 따른 가임기간의 축소는 맞벌이가정의 증가에 따른 일과 가정의 양립의 어려움, 자녀양육 부담 등과 결부되어 출산율 저하를 가져왔다. 합계출산율은 1983년 2.06이었으나 2000년에는 1.47, 2017년 1.05명, 2022년에는 0.78명으로 통계작성 이래 최저치를 기록하고 있다(통계청, 2017). 이에 따라 가구원수는 1980년 4.5명, 2000년 3.1명, 2016년 2.51명, 2022년에는 0.78명으로 지속적인 감소추세를 보이고 있다(통계청: 「인구동향조사」 각 연도, 2023).

한편 주목할 만한 현상의 하나는 1인가구의 증가이다. 표 1-1에서 보는 바와 같이 1980년 불과 4.8%였던 1인가구가 1990년 이후 급격한 증가추세를 보이면서 2000년에는 15.5%, 2016년에는 27.9%, 2021년에는 33.4%로 나타났다.

표 1-1 가구원별 가구분포 및 평균 가구원수

연도	가구원수별 가구분포 및 평균 가구원수						
	1인가구	2인가구	3인가구	4인가구	5인가구	6인가구	평균가구원수(명)
1980	4.8	10.5	14.5	20.3	20.0	29.8	4.6
1990	9.0	13.8	19.1	29.5	18.8	9.8	3.7
2000	15.5	19.1	20.9	31.1	10.1	3.3	3.1
2010	23.9	24.3	21.3	22.5	6.2	1.8	2.7
2016	27.9	26.2	21.4	18.3	4.8	1.4	2.5
2021	33.4	28.3	19.4	14.7	3.3	0.8	2.3

출처: 통계청(2022). 「인구총조사」 각년도.

특히 65세 이상 인구에서의 1인가구의 증가는 노인부양문제와 관련하여 주목해야 한다. **표 1-2**에서와 같이 노인 1인가구는 1990년 16.9%였으나 2000년에는 28.7%, 2016년에는 33.9%, 2021년에는 36.2%로 증가하였다(통계청, 2022).

표 1-2 노인의 연령별 거주가구 형태분포

(단위: %)

구분	1990년	2000년	2016년	2021년
1세대가구	16.9	28.7	33.9	36.2
2세대가구	23.4	23.9	26.1	23.0
3세대 이상 가구	49.6	30.8	5.9	3.4
1인가구	8.9	16.2	33.5	36.4
비친족가구	1.2	0.7	0.7	1.1

출처: 통계청(2022). 인구주택총조사보고서 각년도.

2) 세대구성의 단순화

세대별 구성에 있어서도 **표 1-3**과 같이 3세대가구의 감소가 뚜렷하게 나타나고 있다. 1980년 17.6%였던 3세대가구는 1990년 13.6%, 2016년에는 7.3%, 2021년 3.3%로 감소하였으며 1세대가구는 1980년 8.8%에서 2000년 17.1%, 2021년 18.9%를 차지할 정도로 급증하였다.

표 1-3 혈연가구의 세대수별 분포

(단위: %)

구분	1세대	2세대	3세대	4세대
1980	8.8	73.1	17.6	0.6
1990	12.0	74.1	13.6	0.3
2000	17.1	72.9	9.9	0.2
2010	23.3	68.4	8.2	0.1
2021	18.9	42.2	3.3	0.1

출처: 통계청(2022). 인구주택총조사보고서 각년도.

그리고 핵가족의 비율이 지속적으로 증가하고 있다. 표 1-4와 같이 지난 30년간 핵가족 비중은 1980년 72.9%에서 2000년 82%, 2016년 81.7%, 2021년 84.5%로 지속적으로 증가한 반면, 3대가족 등 직계가족 비중은 1980년 11%에서 2000년 8%, 2016년 5.4%, 2021년 3.7%로 감소하고 있고, 기타가족(3세대, 4세대, 기타) 비율은 2016년에 비해 감소하였다.

표 1-4 가족의 형태별 분포

(단위: %)

연도	혈연 가구수 (천가구)	핵가족			직계가족		기타가족
		부부	부부와 미혼자녀	한부모와 미혼자녀	부부와 양(편)친	부부와 양(편)친과 자녀	
1980	7,470	6.4	56.5	10.0	0.6	10.4	16.1
1990	10,167	9.3	58.0	8.7	0.9	9.3	13.8
2000	11,928	14.8	57.8	9.4	1.2	6.8	10.1
2010	12,995	20.6	49.4	12.3	1.2	5.0	11.6
2016	13,701	21.9	45.2	14.6	1.2	4.2	13.1
2021	13,810	26.6	43.3	14.6	0.9	2.8	11.9

출처: 통계청(2023). 인구주택총조사 각년도.

3) 이혼 및 재혼가족의 증가

우리 사회에서 이혼가족이 새로운 형태의 가족으로 자리 잡고 있다. 표 1-5에서 보는 바와 같이 이혼건수는 1980년에 23,662건에서 1990년 45,694건, 2000년 119,982건, 2021년 193,000건으로 급증하였다. 한편 인구 천 명당 이혼건수를 나타내는 조이혼율은 1980년에는 0.6%에 불과하였으나 1990년 1.1%, 2000년 2.5%, 2010년 2.3%, 2021년 3.8%로 나타났다(통계청, 2022).

표 1-5 조혼인율과 조이혼율

(단위: 건, 인구 천 명당)

연도	총혼인건수	조혼인율	총이혼건수	조이혼율
1980	403,031	10.6	23,662	0.6
1990	399,312	9.3	45,694	1.1
2000	334,030	7.0	119,982	2.5
2010	326,200	6.5	116,900	2.3
2017	264,455	5.2	106,032	2.1
2021	193,000	3.8	102,000	2.0

출처: 통계청(2022). 2021년 혼인 · 이혼 통계.

이혼가족의 증가에 따라 재혼가족도 증가하는 추세이다. 표 1-6과 같이 재혼은 1980년 31,341건, 1990년 42,663건, 2000년 59,926건, 2010년 72,830건으로 지속적으로 증가하다가 2022년에는 42,030건으로 크게 감소하였다. 재혼(남)-재혼(여)의 비율은 1980년 39.8%에서 2010년에는 54.7%, 2022년 55.2%로 지속적으로 증가하고 있다.

표 1-6 재혼형태 분포

(단위: %)

연도	재혼건수	초혼(남)-재혼(여)	재혼(남)-초혼(여)	재혼(남)-재혼(여)
1980	31,341	15.3	45.0	39.8
1990	42,663	21.8	34.0	44.2
2000	59,926	27.2	19.3	53.5
2010	72,830	26.2	19.2	54.7

2016	58,030	28.1	18.2	53.7
2022	42,672	26.6	17.4	55.2

출처: 통계청(2023). 인구동태통계연보(혼인 · 이혼편) 각년도.

또한 초혼(남)-재혼(여)의 비율은 1980년에는 15.3%, 2000년 27.2%, 2016년 28.1%로 증가하다가 지금은 조금 감소하였다(통계청, 2017).

4) 다문화가족의 증가

최근 들어 다문화가족의 증가현상이 나타나고 있다. 2017년 기준으로 다문화가구 가구원은 963,801명으로 한국인 배우자 301,354명(31.3%), 결혼이민자 159,958명(16.6%), 귀화자 160,687명(16.7%), 자녀 220,950명(22.9%), 기타 동거인 120,852명(12.5%)으로 나타났다(행정안전부 외국인주민현황조사, 2017. 11월 기준).

2017년 다문화 혼인은 21,917건으로 전체 혼인의 8.3%를 차지하는데, 외국인 아내 65.0%, 외국인 남편 19.6%, 귀화자 15.4% 순으로 나타났다. 이혼 추이를 살펴보면 10,307건으로 전체 이혼의 비중은 9.7%를 차지하며 이혼 유형은 외국인 아내 48.2%, 귀화자 37.6%, 외국인 남편 14.2%로 나타났다. 다문화가족에서 출생한 자녀는 2017년 201,333명으로 나타났다(통계청 보도자료, 2018.11.22). 다문화가족의 출생 비중은 지속적으로 상승, 2017년 기준으로 전체 출생건수 중 5.2%를 차지한다. 다문화가구 자녀의 학교급별 취학률을 살펴보면 초등 92,193명, 중학교 18,789명, 고등학교 12,454명, 고등교육기관 3,792명으로 매년 증가하고 있는 추세이다(e-나라지표, 2018년 국민 전체 취학률).

5) 한부모가족의 증가

현대가족의 두드러진 변화는 다양한 형태의 새로운 가족의 증가현상으로 볼 수 있으며 특히 한부모가족이 빠르게 증가하고 있다. 한부모가족은 주로 배우자의 사망으로 발생되었지만 최근에는 이혼과 별거의 증가, 미혼모 발생으로 인한 증가추세를 보이고 있다. 특히 30대와 40대의 비율이 높게 나타나고 있고 질병 및 사고로 인한 중년남성의 사망률 증가, 자녀와 가족에 대한 가치관 변화와 이혼에 대한 태도 역시 30대 젊은 연령집단부터 급격하게 바뀌고 있어 급증하는 이혼율을 고려할 때 한부모가족은 계속 증가할 것으로 예측된다.

6) 기타가족

이혼가족, 재혼가족, 다문화가족 이외에도 새로운 유형의 가족들이 공존하고 있는데 조손가족, 북한이탈주민 등이 점차 증가하고 있다.

2005년 이후 '조손가족'이라는 용어가 보편화되어 한부모가족, 다문화가족 등과 함께 가족형태 중 하나로 여겨지고 있다. 2018년 인구주택총조사 결과에 따르면 조부모와 미성년 손자녀가 동거하는 가구는 전국 113,297가구이며, 총가구원수는 298,038명으로 보고되고 있다. 이 중 조부모와 18세 미만 손자녀로 구성된 총가구수는 52,951가구이며, 총가구원수는 151,588명인 것으로 나타났다. 특히, 조부・조모와 함께 거주하는 18세 미만 손자녀 가구수는 28,997가구이며, 조부 또는 조모와 거주하는 가구수는 23,954가구인 것으로 나타나 조부모와 함께 거주하는 경우가 조부 또는 조모와 함께 거주하는 경우 보다 약간 많은 것으로 나타났다(통계청, 2020).

정부는 2035년이면 321,000가구로 증가할 것으로 추산하고 있다. 조손가족은 사회적 약자들의 결합인 탓에 노인빈곤과 아동빈곤, 세대갈등 등 다양한 요인이 중첩돼 복지정책의 사각지대로 남아 있다. 복합위험 상황에 놓여 있는 조손가족 문제를 방치하면 미래의 복지위기를 불러올 수 있을 것이다.

2010년 여성가족부에서 실시한 '전국 조손가족 실태조사' 이후 더 이상 실시하고 있지 않아 현재 조손가족에 대한 현황은 구체적으로 파악되고 있지 않다. 2010년 조손가족 실태조사(여성가족부, 2010)에 따르면, 조부모가 손자녀의 양육을 맡게 된 이유는 '부모의 이혼 및 재혼(53.2%)', '부모의 가출 및 실종(14.7%)', '부모의 질병 및 사망(11.4%)', '부모의 실직 및 파산(7.6%)' 때문인 것으로 보고되고 있다. 그리고 조손가족의 66.2%가 '아이양육에 따른 경제적 문제'를 가장 큰 애로사항으로 지적하였으며, '아이의 생활 및 학습지도 문제(11.5%)', '아이 장래를 준비해 주는 문제(10.0%)', '아이와 가족의 건강문제(6.8%)' 순으로 나타났다(여성가족부, 2010 전국조손가족실태조사).

조손가족은 주 양육자인 조부모의 경제활동 위축 및 근로능력 상실, 건강악화, 양육·교육 관련 정보 습득의 어려움, 세대차에 따른 손자녀와의 갈등 발생 등 다양한 우려가 있는 것으로 알려져 있다. 또한, 조손가족 아동들은 사회적 박탈 상태 및 결핍지수가 일반가구 아동에 비해 높은 것으로 조사됨으로써 이들을 지원하기 위한 다양한 수준의 서비스제공 및 정책이 요구된다.

북한이탈주민도 2005년 1,384명, 2010년 2,402명으로 증가하다가 2015년 1,275명, 2018년 1,137명, 2020년 229명, 2022년 67명으로 감소추세인데, 2020년은 코로나19로 인한 북중 국경통제 등의 영향으로 입국인원이 감소한 것으로 보인다. 현재까지 남한에 입국한 북한이탈주민의 수는 총 33,882명이다(통일부, 2022). 최근에 입국하고 있는 북한이탈주민의 성별 입국비율을 살펴보면 여성의 입국비율은 꾸준한 증가추세를 보이다가, 2002년을 기점으로 남성비율을 넘어서 전체 약 72%를 차지하고 있다. 아동과 청소년의 입국도 급증하고 있으며, 노인인구 또한 증가하고 있다. 2002년 이후 입국한 북한이탈주민들은 단독입국이 여전히 많으나 가족을 동반한 주민들의 수도 계속 증가하고 있는 추세이며, 이미 입국한 가족의 도움을 받아 잔류가족이 입국하는 연쇄이주 사례가 증가하고 있다.

02 가족의 변화에 대한 관점들

결혼의 감소, 출산율 하락, 이혼율 증가, 1인가구 증가, 한부모가족 증가 등 현대사회의 가족에서 나타나는 변화를 바라보는 관점은 상이하다. 다양한 차원에서 제기되는 가족변화를 부정적인 시각으로 바라보고 위기로 인식하는 가족위기론 입장과 이러한 변화를 긍정적으로 혹은 필연적으로 일어날 수밖에 없다고 바라보면서 대책을 모색하는 가족변화론 혹은 가족진보론으로 불리는 관점으로 구분된다.

가족위기론 시각은 주로 정치적 보수주의자들이 갖는 견해로, 핵가족을 성별역할분업(남성 = 생계부양, 여성 = 가족보호)에 기초하여 사회구조를 원활하게 유지하기 위해 가족이 수행해야 할 아동양육, 사회화, 노동력 재생산 기능을 가장 잘 수행할 수 있는 가장 이상적인 가족형태로 보고(parsons & Bales, 1955), 산업화와 도시화로 개인주의적인 가치가 증대하고 자아실현 욕구가 강조되는 사회 속에서 점차 가족이 자녀의 사회화 기능, 사랑과 연대감 제공이라는 정서적 기능들을 원활히 수행하지 못한 채 이혼과 한부모가족, 무자녀 부부가족, 독신가구 등이 증가하고 출산을 거부하면서 가족문제가 발생한다(Popenoe, 1988)고 바라보는 견해이다(윤흥식 외, 2010; 한인영 외, 2017 재인용).

가족변화론 혹은 가족진보론으로 불리는 관점은 가족의 다양화를 위기보다는 변화와 진화 · 진보로 바라보는 입장으로, 현대사회의 가족변화를 야기한 근본적 요인으로 종래의 가부장제적 가족구조와 경제구조의 불안정성을 강조하며(Scanzoni, 2001), 현대사회의 가족은 민주적이고 평등한 가치를 중시하는 전체 사회의 변화 속에서 점차 전통적 가족의 위계를 거부하고 민주적인 가족관계를 형성하고자 하는 의지를 성숙시켜 나가고 있으며, 이에 따라 가족구조가 변화하고 다양화되어 간다고 주장한다(Benokratis, 2002; Giddens, 1996; 윤흥식 외, 2010; 한인영 외, 2017 재인용).

이혼가족과 한부모가족, 동거부부 및 동성애 부부 같은 비전형적 가족은 정상가족에서 일탈한 비정상가족이 아니라 자율성과 평등성을 기본 가치로 하는 현대사회의 대안적 가족이 될 수 있다(Scanzoni, 2001)고 보며, 이혼이나 출산율 문제의 근본 원인은 전통적인 성역할을 거부하려는 여성의 이기심에 있는 것이 아니라 자녀양육 및 출산의 모든 책임이 여성에게 과부하된 성별분업체계, 일과 가족 양립을 지원하기 위한 보육정책 및 사회적 지원체계 부족, 여성의 가족보호 역할에 대한 사회적 경시 등에서 비롯된다고 본다(Giele, 196; 이동원, 2005; 한인영 외, 2017 재인용). 이들에게 가족변화는 당연하며 가부장제적 가족구조와 경제구조의 불안정성을 타파하는 방향으로 나아가야 하고, 적극적인 사회복지정책을 통해 전통적 가족기능을 사회화해야 함을 강조한다(조흥식 외, 2010).

03 가족의 정의와 기능

1. 가족의 정의

현대의 가족에 대한 정의는 한마디로 규정하기가 어렵다. 또한 현실적으로 가족은 인간이 유지해 온 제도 중에서 가장 오래된 것으로 사회의 변천에 따라 다양한 영향을 받으며 꾸준히 지속되어 온 기본적인 사회제도지만, 개인이 경험하는 가족은 역사와 민족, 시대적 변천에 따라 매우 다양하므로 쉽게 정의하기가 어렵다. 그럼에도 가족에 대한 보편적 정의를 내리는 것이 필요하다(조흥식, 2010). 사전적 정의에서 가족은 일반적으로 어버이와 자식, 형제자매, 부부 등 혈연과 혼인관계 등으로 한 집안을 이룬 사람들의 집단을 말한다.

1) 전통적 가족개념

김두헌(1969)은 가족을 "친애의 정으로서 접근하기 쉽게 되어 있는 일정한 범위의 혈통관계자의 집단으로서, 한집에 거주하며, 의식과 기타 일상생활을 공동으로 하고 재산을 공동으로 수용하는 집단"이라고 정의하였다. 그리고 미국의 인류학자 머독(Murdock, 1949)은 "가족은 사회적으로 인정받는 성적 관계를 유지하는 최소한 두 명의 성인 남녀와 한 명 이상의 자녀를 포함한다"고 규정하였다. 한편 레비스트로스(Levi-Strauss)는 가족을 "결혼으로 형성하고, 부부와 그들의 결혼에 따라 출생한 자녀들로 구성되지만 다른 근친자가 포함될 수 있으며, 가족구성원은 법적 유대, 경제적·종교적 그리고 그 외에 다른 권리와 의무, 성적 권리와 금기, 애정, 존경 등 다양한 심리적 감정으로 결합된 것"으로 정의하였다. 이들의 개념은 조금씩 다르기는 하지만 모두 결혼과 혈연을 토대로 한 협의의 개념에 속한다. 전통적 개념으로 보면 가족은 혼인, 혈연 및 입양으로 이루어진 관계자들의 집단이며, 이들은 의식주를 공동으로 해결하고 정서적·정신적 유대와 공동체적 생활방식을 갖는 집단이라고 말할 수 있다(이원숙, 2012).

이 정의는 가족을 관계의 질이나 기능면에서가 아닌 구조나 법적 지위에 의해서 규정짓는데, 전형적으로 부부와 자녀로 구성된 핵가족의 형태를 전제로 하고 있다.

핵가족은 공동의 주거공간을 갖고, 상호권리와 의무를 가지며 자녀의 일차적 사회화를 책임지는 구성원으로 구성되어 있으며, 남편은 생계를 책임지고, 아내는 주부로서 자녀양육을 책임지는 남녀 성별이 분리된 역할 구조로 특징지어진다. 그러나 이러한 가족의 전통적인 정의는 다양한 집단을 포괄하지 못하기 때문에 제한적이다. 예를 들어, 무자녀가족, 동거가족, 노인단독가구, 동성애가족 등의 공동체는 가족이 아닌가라는 의문을 갖게 된다.

2) 현대적 가족개념

사회복지실천 영역에서는 과거와는 다른 관점에서 구조보다는 기능이나 관계의 질적 측면에서 가족을 정의 내리고 있다. 하트만과 레어드(Hartman & Laird, 1983)는 둘 이상의 사람들이 친숙한 한 가족이라고 여기고 밀접한 감정적 유대와 '가정'이라는 생활공간 그리고 생물학적 · 사회적 · 심리학적 요구의 충족에 필요한 역할과 과제를 공유할 때 가족"이라고 정의하였다.

아이클러(Eichler)는 "가족은 한 명 혹은 그 이상의 자녀를 포함하거나 포함하지 않을 수 있으며(무자녀부부), 이 자녀가 혼인관계에서 태어날 수도 있고 그렇지 않을 수도 있는(입양아동 혹은 배우자가 전혼에서 낳은 자녀) 사회집단이다. 이들 성인관계는 결혼에 근원을 둘 수 있고 그렇지 않을 수도 있다(사실혼에 의한 부부). 이들은 같은 거주지에 살 수도 있고 그렇지 않을 수도 있다(주말부부). 이들 성인들은 성적으로 동거할 수 있고 그렇지 않을 수도 있으며, 이 관계는 애정, 매력, 경건성, 경외감 같은 사회적으로 패턴화된 감정을 포함할 수도 있고 그렇지 않을 수도 있다"고 정의하였다(Eichler, 1988; Collins, Jordan, & Coleman, 1999: 24-25 재인용).

현대적 가족개념은 사회변화에 따라 대두되고 있는 다양한 형태의 비전통적 가족을 포괄하고자 하는 시도라는 점에서 의의가 있다. 가족의 개념을 어떻게 규정하는가는 사회복지실천과도 밀접한 관계를 가진다.

핵가족을 전제로 한 가족의 정의를 계속 고수한다면 그러한 형태와 일치하지 않는 많은 가족이 일탈적이며, 역기능적인 가족이라는 편견을 갖기 쉽다. 기존의 정책 및 준거틀도 오늘날의 다양한 가족생활을 인정하고 있지 못함으로 인해 도움이 필요한 많은 가족들이 적절한 지지를 제공받지 못하고 있다. 이런 관점에서 이제 우리 사회는 유일한 '정상가족(the family)'의 개념에서 벗어나 다양한 형태의 가족(families) 개념을 수용해야 할 시점에 이르렀다. 가족에 대한 학자들의 정의를 간략하게 제시하면 표 1-7과 같다.

표 1-7 학자별 가족의 정의

학자	가족개념 정의
Murdock (1949)	가족은 공동거주, 경제적 협동, 생산(재생산)의 특징을 갖는 집단으로 사회적으로 인정받는 성관계를 유지하고 있는 최소한 두 명의 성인 남녀와 한 명 이상의 자녀로 이루어진 사회집단
Levi-Strauss (1969)	가족은 결혼으로 형성되고, 부부와 그들에 의해 출생한 자녀로 구성되며 법적 유대, 경제적, 종교적, 그 외 다른 권리와 의무, 성적 권리와 금지, 다양한 심리적 감정을 공유하는 집단
Hartman & Laird (1983)	둘 이상의 사람이 친숙한 한 가족이라고 여기고 밀접한 감정적 유대와 가정이라는 생활공간 그리고 생물학적 · 사회적 · 심리학적 요구의 충족에 필요한 역할과 과제를 공유할 때 가족이다.
Giddens (1992)	가족은 정서적 · 물질적 지지에 기반을 둔 두 명 또는 그 이상의 사람들이 상호 간 기대를 갖고 그들의 삶의 유형과 관계없이 상호 책임감과 친밀감, 계속적인 보호를 주고받는 구성체
Schwartz & Scott (1994)	혈연 · 결혼 · 입양 · 동거 등에 의하여 이루어진 관계로 다른 사회집단과 비교할 때 상대적으로 지속적인 관계를 유지하며, 구성원 간에 경제적 또는 정서적 지원을 제공하는 집단
Anderson & Sabatelli (1999)	구성원이 역사를 공유하고 정서적 유대감을 경험하며, 구성원 개인과 집단 전체의 욕구를 충족시키기 위한 전략을 개발하는 상호의존적 집단체계
송정애와 정해은 (2007)	가족생활을 유지하기 위한 특정한 역할과 지위를 가지고 가족구성원 간의 상호 성장 · 발달을 지지하는 집단
유계숙과 장혜경 (2008)	둘 이상의 구성원이 혼인이나 혈연, 입양동거에 의해 성 또는 세대관계를 구성하고, 정서와 자원을 지속적으로 공유하며, 상호의존적으로 발달하는 집단체계
정혜정과 공미혜 (2009)	가족은 매우 느슨한 형태로 우리가 일상에서 마주치는 일련의 대인관계 정도이다. 그러나 가족으로 규정된 일련의 대인관계는 관계의 지속성, 경제적 지원과 공유성, 정서적 친밀감과 같은 조건을 충족시켜야 한다.

2. 가족의 기능

가족의 기능이란 가족이 수행하는 역할, 행위를 뜻한다. 가족은 사회의 산업구조 변화에 따른 시대의 흐름과 사회문화적 상황의 영향을 받으므로 가족의 가정 내 역할이나 사회적 역할이 달라지고 있어 정형화된 정의를 내리기가 쉽지 않다.

머독(Murdock, 1949)은 인류 사회의 존속을 위해서는 가족이 네 가지 본질적 기능을 수행해야 하는데, 이 중 어느 하나라도 수행하지 않으면 인류 사회의 존속이 불가능하다는 고유 가족기능성을 강조하였다. 즉, 성적 기능과 생식기능은 구성원을 재생산함으로써 인류 사회가 존속하게 되고, 경제적 협동의 기능은 생존 문제를 해결하기 위해 필요하며, 자녀 양육과 사회화 기능은 교육과 문화를 계승시킨다는 점에서 가족의 고유기능이라고 보았다. 이러한 기능은 여러 가지 부차적 혹은 파생적 기능을 가진다. 대외적으로 성적 통제와 종족 보존의 기능으로 사회의 질서를 유지하며, 생산과 소비는 사회적으로 노동력 제공과 경제 질서유지의 기능을 수행하고, 여기서 파생되는 교육은 문화 계승의 기능을, 보호와 휴식은 심리적 · 신체적 안정의 측면에서, 오락과 종교는 문화적 · 정서적 측면에서 나아가 사회의 안정화에 이바지하는 기능을 한다.

가족의 기능은 가족구성원 개인에 대하여 수행하는 측면 및 사회에 대하여 수행하는 측면으로 살펴볼 수 있다. 전자는 가족구성원의 개인에 대한 기능(대내적 기능), 후자는 가족의 사회 전체에 대한 기능(대외적 기능)이라 한다. 가족 내 기능은 성 및 자녀 출산기능, 자녀양육과 사회화 기능, 경제적 기능, 보호 및 부양기능, 휴식 및 오락기능, 종교기능 등이다. 대사회적 기능은 성(性)통제 기능, 사회구성원 충원기능, 노동력 제공 및 생활보장 기능, 사회의 전통 · 문화 계승기능, 사회 안정화 기능 등이 있다.

1) 가족 내 기능

가족의 기능은 매우 다양하지만 여섯 가지로 살펴볼 수 있는데 그 내용은 다음과 같다.

첫째, 성 및 자녀 출산기능을 한다. 일반적으로 가족은 남녀의 사랑을 기초로 하여 형성된다. 특히 가족구성원의 중심이 되는 기능은 성 및 자녀 출산기능이라고 할 수 있다. 부부간 성적 욕구를 충족시키며 성 생활의 결과로 자녀를 출산하는데, 이 기능은 전통적으로 사회의 다른 집단에서 대신할 수 없는 가족만의 고유한 특성으로 여겨진다.

둘째, 자녀양육과 사회화 기능을 한다. 아이들은 출생하면서부터 가족의 보호를 받으며, 가족생활을 통해 교육을 받게 된다. 가정은 자녀들이 사회에 잘 적응하고 바람직한 인간으로 성장하도록 돕는 역할을 하며, 자녀의 인격 형성에 지대한 영향을 끼쳐 건강한 사회인이 될 수 있도록 기여한다.

셋째, 경제적 기능을 한다. 전통사회에서는 가족이 생산과 소비의 기능을 함께 수행하였지만 현대사회는 고도의 산업화, 상품의 대량생산으로 인해 가족의 생산기능은 축소되었으며, 가족구성원은 산업사회에 노동력을 제공하고 그 대가로 임금을 받으며 이것으로 필요한 물품을 구입하게 되었다. 따라서 현대사회의 가족은 상품선택과 구매에 대한 현명한 소비자로서 제한된 수입으로 모든 가족구성원의 욕구를 충족시킬 수 있는 공평하고 합리적인 재정관리를 필요로 한다.

넷째, 보호 및 부양기능을 한다. 가족은 질병과 여러 위험으로부터 가족구성원과 재산을 보호해 준다. 가족은 주로 질병 · 사고 · 스트레스 등의 위험으로부터 가족구성원을 기본적으로 보호해 주는 역할을 수행한다. 또한 가족 내 어린 자녀, 장애나 병을 지닌 가족원, 노부모 부양이 기대된다.

다섯째, 휴식 및 오락기능을 한다. 가족은 가족구성원에 대하여 심신의 긴장이나 피로를 회복시켜 주는 안식처의 역할을 한다. 가족구성원은 사회생활로 지친 몸과 마음을 가정에 돌아와 쉴 수 있고 새로운 에너지를 재충전할 수 있다. 또한 가족이 함께 여가를 즐길 때 부모와 자녀가 한자리에 모이게 되므로 교육적 의미도 수반될 수 있으며, 가족구성원이 함께 모여 시간을 보냄으로써 마음을 열고 대화하게 하는 등 즐거운 시간을 갖도록 돕는다.

여섯째, 종교기능을 한다. 가족은 가족구성원이 지니는 특정 종교적 신념에 따라 종교 의례나 형식을 따르기 쉽다. 가족을 통해 가족구성원은 일상생활에 감사하고 삶의 진리를 깨달으며, 인간 능력의 한계를 겸허하게 인정하고 기도하는 자세로 살아갈 수 있도록 동기부여될 수 있다.

2) 대 사회적 기능

첫째, 성(性) 통제기능을 한다. 가족은 사회의 승인을 받은 공인된 결혼제도를 통해 안정적인 가족공동체를 영위할 수 있고, 개개인의 성적 욕구를 충족시킴으로써 사회의 성 관계를 질서 있게 통제하는 역할을 한다.

둘째, 사회구성원 충원기능을 한다. 가족의 자녀 출산기능은 사회구성원을 생산함으로써 사회를 존속·발전시키는 데 기여하며 이를 통해 인류의 존속을 유지하는 역할 또한 수행한다.

셋째, 노동력 제공 및 생활보장 기능을 한다. 가족은 가족구성원들이 사회에서 노동할 수 있도록 하는 주요 기능을 수행한다. 가족구성원들은 노동을 통해 소비할 수 있는 재화를 얻고, 이를 통해 가족은 의식주를 포함한 일상생활을 지속할 수 있다. 또한 가족의 소비패턴은 사회 경제에 큰 영향을 미치며, 가족구성원의 삶의 질과도 관련된다.

넷째, 사회의 전통·문화 계승기능을 한다. 가족 내 자녀의 양육과 교육을 통해 자녀가 사회성원으로서 적합하게 기능하고 적응할 수 있도록 하여, 사회적 일체감을 갖게 하고 사회의 전통·문화 계승을 도움으로써 그 사회가 지속적으로 유지, 발전하는 데 기여한다.

다섯째, 사회안정화 기능을 한다. 가족은 구성원을 보호하고 개개인의 심신 안정을 돕는 휴식처 역할을 함으로써 사회재생산의 원동력이 되고 사회 안정을 도모하는 데 기여한다. 즉, 가족이 구성원에게 심신의 보호와 휴식을 제공하는 것은 가족구성원이 원활히 사회생활을 할 수 있게 함으로써 사회가 안정적으로 유지되는 데 도움을 준다.

04 가족복지의 이해

1. 가족복지의 개념

가족복지의 개념을 한 마디로 정의하기는 쉽지 않다. 그 이유는 첫째, 가족복지의 대상이자 주체인 가족에 대한 정의가 어렵기 때문이다. 가족에 대한 고전적 정의는 결혼제도로 결합된 남녀 한 쌍의 부부와 자녀로 이루어지며 가족구성원 각자가 주어진 성역할을 따라 구분된 역할을 수행한다는 파슨스(Parsons, 1949)의 정의에서 출발한다. 그러나 최근의 가족은 가족관계 안에서 서로에 대한 기대와 인식이 변화하였고 그 의미가 다양해지고 있다. 가족은 가족이라고 자신을 인식하는 사람들의 관념 속에서 정의되고 의미를 가지게 된 것이다. 구브리움과 홀스타인(Gubrium & Holstein, 1997)은 가족은 고정적 실체가 아니라 사회들이 가진 하나의 사고방식이며, 사람들이 살아가는 현실에서 끊임없이 구성되고 해체되며 또다시 재구성된다고 주장하기도 한다. 이렇듯 가족복지의 대상인 동시에 가족복지의 주체 중 하나인 가족에 대한 개념에 큰 변화가 있었고 합의된 정의에 이르는 것이 어렵다.

둘째, 가족복지 분야가 다른 복지 분야와 중첩되어 가족과 개별 대상자를 구분하는 것이 어렵기 때문이다. 가족복지의 고유영역의 분류 기준이 모호함으로써 아동 · 여성 · 노인 등 개별 구성원들의 복지와 가족복지가 크게 다르지 않다는 오해를 사기도 하기 때문이다(양심영, 2000). 또한 실제적으로 가족문제를 규정하고 이에 대한 서비스와 정책을 수립할 때 가족구성원 간의 상호작용 및 관계를 고려하여 '전체로서의 가족'으로 접근하기 보다는 개인 단위로 서비스와 정책이 이루어지고 있는 현실이다. 이러한 이유들로 인해 가족복지의 개념을 고정화하는 것은 대단히 어렵다(박미은 외, 2012). 따라서 가족복지의 개념을 사회적 맥락 속에서 가족에 대한 시각을 바탕으로 가족을 한 단위로 접근하는 '전체로서의 가족'의 개념 안에서 신중하게 정의할 필요가 있다. 가족복지의 개념을 이해하기 위해서 여러 학자들의 정의를 살펴보면 다음과 같다.

미국사회복지사협회(1965)는 가족사회복지란 가족생활을 강화하고 가족구성원의 사회적응 문제를 원조하는 것을 목적으로 공적 기관과 민간기관이 제공하는 일련의 서비스로 규정하고 있으며, 이 정의는 가족복지의 목적 측면을 강조하고 있다. 펠드만과 쉐르츠(Feldman & Scherz, 1968)는 가족복지란 전체로서의 가족은 물론 그 구성원들의 사회적 기능 수행을 효과적으로 증진시켜 가족구성원 모두가 행복할 수 있도록 돕는 사회복지의 한 분야라고 정의하였다. 이런 측면에서 가족복지란 가족생활을 강화하고 가족구성원의 사회적응상 문제를 원조하는 것을 목적으로 하여 공적 · 사적 기관이 제공하는 일련의 서비스라고 할 수 있다. 김만두(1982)는 '가족복지란 집단성을 확립하게 하고 가족구성원 개인의 인격 성장과 발달을 돕고 변화하는 사회에 적응하여 적극적인 가족확립을 하기 위한 제반 활동'이라고 하였으며, 최경석 등(2003)은 한 단위로서 가족의 전체성을 주목하면서 '가족복지란 가족과 가족구성원이 경험하는 문제를 해결하여 가족이 건강하고 행복한 상태를 유지할 수 있도록 하는 사회대책'이라고 인식하였다. 조흥식 등(2010)은 가족복지란 국민생활권의 기본 이념에 입각하여 가족의 행복유지를 목적으로 가족을 포함한 사회구성원 전체가 주체가 되어, 가족구성원 개개인을 포함한 한 단위로서의 가족 전체를 대상으로 제도적 · 정치적 · 기술적 서비스 등의 수단을 통해 행하는 조직적 서비스 제반 활동이라고 하였다.

이상의 정의에 근거하여 가족복지의 개념을 살펴보면 다음과 같다(한인영 외, 2017).

① 대상적 측면에서 가족복지는 그 대상을 가족으로 하고 있으며 가족을 하나의 전체성의 맥락에서 검토하고 있음을 알 수 있다. 즉, 가족복지는 가족구성원 개개인에 대해서도 관심을 두고 있지만 한 단위로서의 가족 전체를 대상으로 하고 있다.

② 가족구성원의 발달을 원조하고, 문제와 욕구를 충족하는 가족의 기능을 강조하고 있다.

③ 사회와의 관계적 맥락에서 가족과 구성원들의 사회적 기능 수행을 증진시키는 내용을 포함하고 있다.

④ 가족구성원 개개인의 건강한 성장과 사회적 적응 및 행복한 생활을 누리는 것도 중요하게 검토되고 있다.

⑤ 가족복지의 실천 기제에 대해 가족과 그 구성원들을 돕는 공공과 민간의 모든 노력이 가족복지임을 제시하고 있다.

결론적으로 가족복지는 가족의 문제를 다양한 측면에서 검토·파악하여 가족생활을 향상시키고 문제를 해결함으로써 사회복지 증진을 모색하는 데 목적이 있다. 가족복지는 가족이 필요로 하는 욕구를 스스로 충족할 수 있도록 잠재력을 개발시켜 주거나 가족문제의 예방 및 해결, 가족구성원의 사회적 기능 수행 활성화, 생활의 질적 향상 등을 통해서 가족구성원들이 건강하고 행복한 상태를 유지함으로써 가족의 사회적 기능을 충실히 수행할 수 있도록 돕기 위한 전문지식과 실천기술을 필요로 한다. 이런 측면에서 보았을 때, 가족복지는 가족구성원 개인이나 가족에 대한 서비스뿐만 아니라 가족제도의 강화나 수정 및 변화에 대한 노력까지 포괄하는 모든 정책과 서비스라고 할 수 있다.

2. 가족복지의 접근방법

가족문제를 예방하고 해결하기 위한 가족복지의 접근방법은 가족정책을 통한 거시적 접근방법과 실천현장에서 가족에게 직접 개입하는 미시적 접근방법이 있다. 거시적 접근방법은 가족 외적 요인, 특히 산업화와 현대화에 따른 사회적·경제적 조건의 변화로 인해 가족문제가 야기된다고 본다. 따라서 가족이 처한 사회적 조건과 환경을 개선하려는 환경적·예방적 접근방법이라고 할 수 있다. 이는 가족문제를 사회 전체적 문제로 보고 가족과 직접적으로 만나 해결하기보다는 정책 차원에서 간접적으로 대응하는 방법이다. 여기서는 가족문제를 사회구조적인 문제로 보고 다양한 사회제도와의 관련성에서 해결하고자 한다.

미시적인 접근방법은 가족문제가 가족 내적 요인, 즉 가족의 구조적 결손, 역기능적인 가족관계, 가족기능의 약화, 가족생활주기상 발달과업의 미성취 등으로 인해서 야기된다고 본다. 따라서 구체적인 어려움에 처해 있거나 처할 가능성이 있는 가족에게 직접 개입하여 문제해결을 돕는 서비스제공을 의미한다. 이는 전체 가족 또는 가족구성원 간의 문제나 역기능을 해결하는 데 초점을 두는 것으로 심리적·치료적 접근방법이다. 미시적 접근방법은 특정 문제나 장애에 따른 어려움을 지닌 가족에게 서비스 차원에서 직접 대응한다는 점에서 직접적 접근방법이라고 할 수 있다.

위의 접근방법을 종합해 볼 때, 어느 수준에서 출발하느냐 하는 차이일 뿐 가족의 사회적 기능수행의 향상 및 행복을 도모한다는 점에서는 상호보완적 관계에 있다. 따라서 가족복지의 전반적인 향상을 위해 두 가지 접근방법을 병행하여 실행하는 것이 바람직하다.

좀 더 구체적으로 가족복지의 대상과 주체, 가족복지서비스 접근방법을 살펴보면 다음과 같다(임정문 외, 2018).

1) 가족복지의 대상

가족복지의 대상은 광의적 개념과 협의적 개념으로 나눌 수 있다. 가족복지의 광의적 대상은 모든 유형의 가족들이 대상이 된다. 협의적 측면에서는 주로 가족생활상의 문제에 봉착하고 있는 위기가족들이 대상이 되는데(조흥식 외, 2002; 최경석 외, 2003), 결손가정과 해체가정 및 가족생활주기에 따라 발생되는 발달적 및 상황적 스트레스를 겪고 있는 가족들을 예로 들 수 있다.

가족복지의 대상은 '전체로서의 가족'을 전제로 한다. 기존의 아동·청소년·여성·노인 등으로 대변되던 개별적 복지의 개입은 다양화되고, 복합적인 문제를 지닌 현대가족의 문제에 효과적으로 개입하기 어렵게 되었다. 즉, 가족이 갖는 문제와 가족의 욕구가 해결되지 않는다면 가족의 문제는 사회문제가 되고 이러한 사회문제에 국가의 개입이 필요하게 되었다. 가족복지의 대상은 가족의 구조와 기능, 그리고 가족의 주기에 따라 분류할 수 있다(김혜경, 2016).

첫째, 가족구조상의 특성에 따른 대상이다. 이를 분류하면 취업부모가족, 미혼모가족, 이혼 및 재혼가족, 소년소녀가장가족, 노인가족, 독신가구 등 가족의 구조상의 다양화를 고려하여 가족이 지닌 특성에 따라 복지 개입을 달리하는 경우로 분류된다.

둘째, 가족 기능상의 문제에 따른 대상이다. 학대, 알코올중독, 약물중독, 청소년비행 및 실직으로 인한 소득의 상실 등 가족이 지닌 병리적이거나 경제적인 측면에서 기능상의 결손을 경험하는 가족과 장애로 인한 심리적 및 의료적 문제를 겪고 있는 가족의 경우를 말한다.

셋째, 가족의 주기에 따라 발생하는 다양한 변화의 위기, 욕구에 따른 대상이다. 부부만의 시기, 자녀 출산 및 양육기, 미취학 아동기, 학동기, 청소년기, 독립기, 중년기, 노년기 등 가족생활주기에 따라 가족구성원인 개개인은 물론 가족 자체가 당면하게 되는 복지욕구는 다양하며, 이에 따라 복지 개입을 달리하는 경우를 말한다.

2) 가족복지의 주체

가족복지의 담당자는 누구인가에 대한 내용은 한 국가와 사회가 표방하는 복지의 이데올로기에 따른 정책과 매우 밀접한 관계가 있다. 그러나 국가마다 비중에 차이가 있기는 하지만 가족복지를 담당하는 주체는 크게 개인 및 가족 · 국가 · 기업 및 민간단체로 나누어 볼 수 있다.

전통적으로 우리나라에서는 가족복지의 주체를 가족 또는 부부(부모)로 생각하였다. 따라서 가족의 기능이 마비되고 해체되면 가족구성원 개인이 개별적으로 해결하거나, 가족의 최소한의 유지를 위해 국가의 정책으로 가족을 보호하는 조치의 하나로 이루어졌다. 복지의 주체는 국가나 가족 자체도 아니며 민간차원의 노력만으로도 불가능하다. 세계경제의 변화는 복지와도 직결되어 있어 국가의 복지에 대한 개입의 위축은 지속될 전망이다. 이에 대한 대안으로 국가는 민간의 복지참여를 더욱 유도할 것이다. 자본주의 사회에서 민간복지의 주체는 기업복지이다. 가족의 복지 역시 기업복지와 직결되는데, 앞으로 기업은 가족의 복지를 위해 더 많은 기여를 해야 할 것이다.

3) 가족복지서비스 접근방법

가족복지서비스의 접근방법이란 그 대상이 개인에게 있는 직접적인 접근방법이다. 가족복지서비스란 국가와 사회가 지향하는 가족복지정책의 방향에 따라 가족의 복지 증진을 위하여 구체적인 서비스를 기획 · 전환한 프로그램이나 사업을 의미한다.

가족복지의 접근방법은 크게 두 가지로 살펴볼 수 있는데, 첫째는 사회나 국가에서 개입하는 가족정책이고, 둘째는 가족복지서비스이다. 가족복지서비스의 개입 대상은 '개인'이다. 가족 개인의 문제를 인간관계의 조성기술로 보고 문제의 원인을 심리적 · 사회적 원인에서 찾는다. 인간욕구에 대한 부러움과 불만, 갈등이 문제의 초점으로, 개인의 정신병, 마약중독, 청소년비행 등과 같은 탈선행위의 원인과 치료, 예방 등의 실천과정에서 전문적 기술을 가진 사회복지사가 개입하여 사례관리 등 사회복지실천방법과 기술로 활용 · 접근한다.

(1) 가족복지정책적 접근방법

가족복지정책적 접근이란 그 대상이 가족으로서 사회적 위험으로 나타난 사회구조적 문제를 개인의 책임이 아닌 사회책임 내지 국가책임으로 접근하는 방법이다. 가족에 대한 정책으로는 소득지원정책으로 사회보험과 조세정책, 빈곤가족을 위한 국민기초생활보장제도를 들 수 있고, 건강가정지원정책으로는 건강보험과 빈곤가족을 위한 의료급여를 들 수 있다. 가족기능을 중심으로 우리나라의 가족복지정책을 살펴보면 **표 1-8**과 같다(이영주 외, 2015).

표 1-8 가족기능 중심의 가족복지정책

가족의 기능	관련 가족복지정책
재생산 기능	출산전후휴가, 육아휴직, 방과후 보호, 양육비 지원, 보육서비스
경제적 기능	가족수당, 아동수당, 가족에 대한 각종 소득공제, 공적연금, 공공부조, 주택보조
사회화 기능	교육비 지원 및 제공
돌봄 기능	노인장기요양보험, 간병휴가, 장애인활동보조인서비스

출처: 이영주 외(2015). 일부 내용 변경.

(2) 가족복지서비스 접근방법

가족복지서비스는 가족을 대상으로 하는 사회복지서비스 또는 사회적 서비스로 정의될 수 있다. 가족복지서비스의 기능은 가족생활을 보호하거나 회복시키고 가족의 문제를 해결하도록 돕는 역할을 하며, 가족구성원들의 성장과 발달을 돕고 가족의 사회적 자원에 대한 접근을 가능하게 하는 것이다(이인정, 2004). 가족복지서비스 접근방법에는 가족상담, 가족치료, 가족 사례관리 등이 포함된다. 미국가족관계학회(NWSW, 1995)에서 가족복지서비스의 대표적인 프로그램으로는 가족에 대한 직접적 개입으로 가족보호, 가족생활교육, 가족계획사업, 가족옹호, 가족치료 등이 있다. 다양한 가족복지서비스의 내용을 살펴보면 다음과 같다(한인영 외, 2017; 이영주 외, 2015).

① 가족보호

가족보호(family care)는 가정 내에서 발생하는 가족 장애문제에 대해 보호를 제공함으로써 가족의 역할수행과 능력고취를 향상시키는 기능을 수행하는 것이다. 예를 들어, 발달장애아동을 양육하는 가족, 치매노인가족, 만성질환자 부양가족들에 대한 서비스 등이다.

② 가족생활교육

가족생활교육(family life education)은 가족 및 가족구성원이 가족생활과 성장, 발달에 필요한 지식을 갖추도록 도와 가족 내의 역할 수행에 대한 잠재력을 향상시킴으로써 가족생활을 향상시키고 가족과 관련된 사회문제를 사전에 예방하는 것이며(손병덕 외, 2011), '개인과 복지를 위한 예방적이고 교육적인 프로그램 개발, 적응, 평가 훈련 및 연구'(NWSE, 1995)라고 할 수 있다. 정현숙(2007)은 '아동에서 노인까지 개인과 가족의 전반적인 삶의 질을 높이고 가족 및 사회에서 나타나는 다양한 문제 해결을 돕기 위해 개인과 가족의 잠재력을 개발하고 강화시키는 평생교육'으로 정의하였다. 즉, 가족생활교육은 가족 안의 '삶의 질의 향상을 목표로 집단역할의 학습과정을 통하여 가족 및 가족의 사회적 기능을 향상시키기 위한 서비스'로 정의할 수 있다. 예를 들면, 결혼준비교육, 부부관계 향상프로그램, 부모교육, 한부모가족과 같이 특수한 상황에 있는 가족의 적응을 돕기 위한 교육 등이 있는데, 가족생활교육은 가족가치의 혼란과 탈규범적인 가족문화의 출현, 가족구성원의 긴장과 가족 내 역기능의 증가, 가족의 교육기능 상실과 이에 대한 외부자원에 대한 가족의 욕구 증가와 같은 가족과 사회적 변화에 따라 그 필요성이 강조되고 있다.

③ 가족계획사업

가족계획사업(family planing)은 재생산적 건강보호서비스의 일종으로 임신중절, 성병에 대한 보호, 영양, 자녀수에 대한 계획, 임신을 위한 서비스 등을 제공함으로써 건강한 가족생활을 하도록 하는 데 목표를 둔다. 또한 예방성과 필요성을 띤 혼전, 혼후 상담서비스 등이 있다.

④ 가족옹호

가족옹호(family advocacy)는 빈곤, 기회불평등, 인종차별 등 가족이 처한 사회적 불이익 상황을 초래하는 환경에 개입하는 것으로 지역사회에 필요한 변화를 일으키기 위해 사람들이 사회행동에 사명을 가지고, 가족의 욕구에 대한 직접적이고 전문적인 지식을 이용하여 가족의 생활조건을 향상시키도록 계획하는 전문적인 서비스이다. 가족옹호의 목표는 현존하는 공적 및 민간서비스의 전달체계의 향상뿐만 아니라 그 지역사회에 적합한 새롭고 변화된 형태의 서비스를 개발하는 데 있다.

⑤ 가족치료

가족치료(family therapy)는 가족 진단을 기초로 가족구성원들이 겪고 있는 가족 내의 역기능 문제나 정서적 문제를 해결하여 정상적 기능을 수행할 수 있도록 원조하는 전문적인 활동이다(김윤재 외, 2013). 가족치료의 토대가 되는 이론과 모델을 적용하여 상실되거나 약화된 가족기능을 회복시키는 활동으로 가족복지기관과 사회복지 분야에서 활발히 이루어지고 있다.

⑥ 가족 사례관리

가족 사례관리(family case management)는 가족을 대상으로 하는 사례관리이다. 현대가족은 형태가 다양해지고 그 욕구 또한 복합적인 특징이 있기 때문에 가족 스스로 욕구충족과 문제를 해결해 나가는 것은 매우 어려운 일이다. 그렇기 때문에 직접적이고 전문적인 개입을 포함하여 지역사회 자원을 연결하여 욕구와 문제를 해결해 나가는 것이 매우 필요하며 중요한 방법이 되었다. 이렇듯 사회와의 관계적 맥락에서 자원을 연계하고 관리하여 가족의 잠재된 역량을 개발함으로써 가족기능을 원활히 수행할 수 있도록 돕는 전형적인 방법이 가족 사례관리이다.

가족 사례관리는 역할중심, 자원획득, 역량강화의 세 가지 접근으로 이루어지는데, 역할중심의 접근은 가족의 욕구에 부합하고 문제해결을 돕는 자원을 동원하고 연계 및 조정하는 데 초점을 두는 접근이다. 역량강화의 접근은 가족이 스스로 욕구를 확인하고 자원을 찾고 동원하는 능력을 증진하는 데 초점을 두는 것이다. 이러한 사례관리를 통해 가족의 기본적 욕구를 충족하고 가족기능을 강화하며 가족관계를 증진하고 가족문제해결을 도모하게 된다(최선희 외, 2008).

(3) 가족복지서비스 유형

가족복지서비스는 문제 가족에 대해 개별적 · 심리적 · 미시적으로 해결하고 치료하는 서비스로 사후적, 회복적 처우를 하는 성격을 띤다. 그러나 특수한 욕구를 가진 가족문제가 나타나고 일반화됨에 따라 사전적, 예방적 관점의 가족복지프로그램의 실시가 필요하게 되었다. 가족복지서비스를 기능상의 특성에 따라 세 가지 유형으로 구분할 수 있다(김혜경, 2016; 임정문, 2018 재인용)

① 가족기능 지원서비스

가족기능 지원서비스는 가족에 대한 지지적 서비스(supportive service)로 가족이 생활하고 있는 시대와 사회가 요구하는 가족의 기능을 가족 스스로가 보다 잘 수행할 수 있도록 기능의 일부를 지지하는 서비스이다. 가족의 기능을 지원하는 서비스로는 보편주의적 관점에서 제공되는 각종 가족정책(소득보장, 주택보장, 교육보장, 보건 및 의료보장), 가족상담과 가족치료서비스, 가족생활교육 및 부모교육서비스, 문화 또는 여가생활 및 각종 생활정보를 제공하는 서비스 등이 있다.

② 가족기능 보충서비스

가족의 내부적 원인이나 가족을 둘러싼 여러 가지 사회환경 때문에 가족 스스로 가족의 기능을 원활하게 수행하지 못할 때 가족문제가 발생하게 되는데, 이렇게 발생된 가족문제를 해결하여 가족이 안정을 찾을 수 있도록 사회가 가족의 기능을 일부 보충해 주는 서비스이다. 가족의 기능을 보충해 주는 서비스로는 보육서비스, 노인과 장애인을 위한 재가서비스 혹은 케어(care)서비스, 가정조성사업(홈메이커서비스), 노인보호서비스 등을 들 수 있다.

③ 가족기능 대리서비스

가족 스스로 당면한 문제를 해결할 수 없을 때, 가족의 기능을 전적으로 대리하는 서비스(substitute)로, 일시 또는 장기간의 가정위탁보호, 입양, 노인 및 장애인이나 아동을 수용하는 시설 등을 들 수 있다.

※ 내가 중요하게 생각하는 가족 기능은 무엇이며, 우리가족은 가족 기능 중 어떤 기능을 잘 수행하는지 점검해 봅시다.

가족에 대한 요구도

← 중요하지 않다 　　　　　 중요하다 →

	가족 기능	1	2	3	4	5
1	애정교환과 정서적 지지·유대					
2	성적 욕구의 충족					
3	자녀출산					
4	자녀양육과 사회화					
5	생산 기능					
6	소비 기능					
7	자녀의 교육					
8	가족구성원과 재산 보호의 기능					
9	휴식처로서의 기능					
10	오락 및 여가 기능					
11	종교적 기능					
12	성적 욕구의 통제					
13	종족보존 및 사회성원 충원					
14	노동력 제공					
15	경제질서 유지					
16	문화의 세대간 전달					
17	사회안정화 기능					

※ 나의 점수와 친구들의 점수를 비교해 보고, 점수의 차이가 있다면, 그 이유가 무엇인지 이야기를 나누어 봅시다.

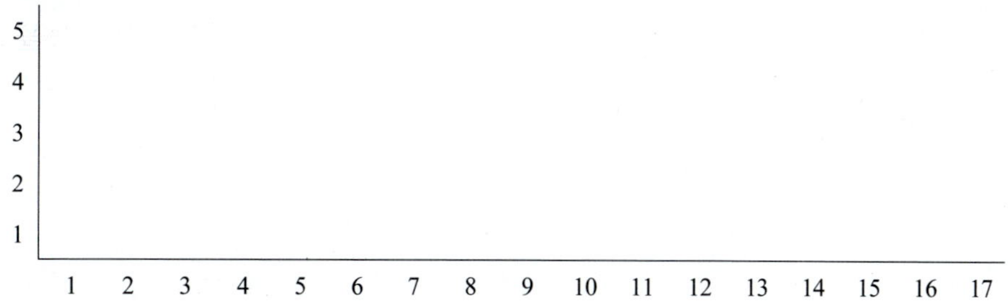

출처: 유계숙·유영주(2002). pp. 79-94.

수업에 도움이 되는 자료

도서 Book

데이비드 나이븐, 남영주 · 정정기 · 권소영 역(2007). 행복한 가족의 100가지 비밀. 황매.

천명관(2010). 고령화 가족. 문학동네.

최광현(2012). 가족의 두 얼굴. 부키.

한성옥(2006). 행복한 우리 가족. 문학동네.

홍주현(2019). 환장할 우리 가족. 문예출판사.

Nick & Nancy, 제석봉 역(2004). 환상적인 가족 만들기. 학지사.

영화 Movie

가족의 탄생(2006): 다양한 가족 이야기

미세스 다웃파이어(1993): 이혼 위기를 극복하는 아버지의 이야기

어느 가족(2018): 대안가족 이야기

진짜로 일어날지도 몰라, 기적(2011): 이혼한 부모의 재결합을 위해 노력하는 아이들 이야기

CHAPTER

02 가족체계와 가족생활주기

가족체계는 사회와 상호작용하면서 다양하고 역동적으로 변화하고 있다. 특히 오늘날처럼 다양한 가족들이 공존하고 있는 경우에는 가족에 대한 한 가지 정의만을 강조할 수 없다. 가족생활주기란 개인이 탄생해서 결혼하고 사망하기까지 가족이 겪게 되는 발달과 과업 그리고 잠재적 위기를 단계별로 설정해 놓은 생활상이다. 따라서 이 장에서는 가족체계의 개념과 기초이론, 가족생활교육, 가족생활주기를 알아본 후에 이들 가족들의 복지를 위한 서비스 접근방법을 살펴봄으로써 다양한 가족복지 영역에 대한 바른 시각을 갖고자 한다.

01 가족체계

1. 가족체계의 개념

체계이론은 한 가족구성원에게 영향을 미치는 사건이 모든 가족구성원에게 영향을 미치고 있음을 보여준다. 예를 들면, 가장의 실직은 전체 가족에게 영향을 미치게 된다. 따라서 가족체계는 보다 큰 체계가 가족에게 어떤 영향을 미치는지를 사정하는 데 도움이 된다(예: 빈곤, 실직, 학대와 차별 등이 가족에게 미치는 영향). 가족체계의 특징은 가족구성원이 상호 의존하는 관계 특성에 있다. 체계 내 상호작용과 교류에 영향을 미치는 요소에는 대상과 속성, 관계, 환경이 있다. 가족의 체계 접근은 가족사정 및 문제해결에 효과적이다.

가족규범은 분명하지도 언어화되지도 않지만 가족집단 내에서 어떤 행동이 적절한가를 구체화하는 규칙이다. 가족규범을 사정할 때 모든 가족은 기능적 규칙뿐 아니라 역기능적 규칙을 가지고 있다. 사회복지사는 전체 가족과 개별 구성원이 효과적으로 기능할 수 있는 규칙을 수립하도록 도움을 준다. 역기능적 규칙은 찾아내서 변화시키고, 기능적 규칙은 강화시킨다. 역기능적 규칙의 예는 아버지만 욕구와 기대를 표현할 수 있고, 가족은 아버지의 욕구나 기대에 일치하지 않은 표현을 할 수 없는 경우이다.

권력구조 개념은 한 가족구성원이 다른 구성원의 행동을 변화시키는 능력이다. 모든 가족은 권력구조를 발달시키고, 이를 통해 구성원의 행동을 허용 가능한 범위 내에서 유지한다. 권력은 특정 가족구성원을 희생양으로 만들기도 하고, 가족폭력 혹은 아동학대 상황 하에서 지배적인 가족구성원이 가족체계의 경계설정 패턴을 좌우하기도 한다.

가족을 이해하는 관점에는 두 가지가 있는데, 첫째, 가족체계이론(Family System Theory)이다. 이 이론은 가족생활을 각 가족구성원들의 행동의 단순한 합으로 보는 것이 아니라 가족 간의 상호작용으로 본다. 이 관점을 따르면 개인은 그들이 맺고 있는 관계 맥락 속에서 파악된다. 둘째, 가족발달이론(Family Developmental Theory)이다. 이 이론은 가족을 자연적 생활주기 단계를 거치면서 발달하는 것으로 본다.

1) 체계론적 관점

가족체계론적 관점은 일반체계이론을 받아들여 전체적인 관점에서 가족생활의 모든 부분을 이해하려는 접근방법이다. 가족체계는 부모하위체계와 형제하위체계(아들 · 딸 하위체계)로 구분된다. 가족체계 개념에는 가족경계, 가족 항상성, 가족 삼각관계, 가족규칙, 가족신화, 가족의식, 격리와 밀착, 부모화 등이 있다.

① 가족경계: 가족규칙에 의해서 형성된 구성원 간에 흘러간 정보를 규정하는 것에 의해서 만들어진다. 즉, 두 하위체계 간의 경계선에 의해 어떤 하나의 하위체계에서 다른 체계로 정보가 흘러가는 것이 통제되거나 규정된다.

② 가족 항상성: 일반체계이론에서 나온 개념인데, 어떤 특성을 끝까지 유지하려

는 경향을 말한다. 가족 항상성은 긍정적으로만 작용하는 것은 아니다. 때로 가족체계에 변화가 필요할 때 그것을 막는 요인으로 작용할 수도 있다.

③ **가족 삼각관계**: 가족 안에 정서적으로 삼각관계가 존재하는 것을 의미한다. 즉, 가족 안에 두 사람으로 구성된 2인 체계는 불안, 긴장이 유발되는 경우가 많기 때문에 안정을 유지하기 어렵다. 따라서 두 사람 사이에 수용하기 어려운 문제가 생기면 2인 체계는 긴장을 줄이려는 방법으로 세 번째 요소인 제 삼자나 문제를 끌어들여 삼각관계를 형성하는 것을 말한다.

④ **가족규칙**: 가족구성원 안에서 상호 역동적으로 역할을 하게 하는 것을 의미한다. 가족체계 안에는 많은 가족규칙이 있을 수 있는데, 역기능 가정일수록 규칙이 경직되어 있다.

⑤ **가족신화**: 가족의 전반적인 이데올로기에 관한 것을 말한다. 즉, 가족신화는 가족구성원 개개인과 그 관계에 대한 기대와 공유된 믿음으로 구성된다.

⑥ **가족의식**: 역기능적 구조의 가정에서 보이는 일상적인 상호작용 양상과 명절이나 기념일에 보여주는 활동이 포함된다.

⑦ **격리와 밀착**: 가족이 서로 얼마나 관여되어 있는지의 여부를 파악하는 개념이다. 이와 관련된 개념이 경계인데, 애매한 경계는 지나치게 서로 밀착되어 불필요하게 관여하게 된다. 격리는 그와 반대로 나타난다. 그런 가족은 침묵하고 위축되어 있으며 서로 고립되어 친밀성이 부족하다.

⑧ **부모화**: 어떤 자녀가 가족에서 부모나 배우자 역할을 대신 수행하는 것을 의미한다. 대가족이나 한부모가족, 맞벌이가족 등에서 자주 일어나는 현상인데, 이러한 경우 부모화된 자녀는 지나치게 어른스러워질 수 있다.

2) 발달론적 관점

발달론적 관점을 통해 삶의 다양한 단계를 통하여 일반적인 발달을 볼 수 있다. 가족체계 안에서 가족구성원은 서로에게 영향을 주고받으며 살아간다. 가족은 정적이라기보다는 역동적이다. 각각의 가족 단계 안에서 그 가족이 다음 단계로 진보하기 위해서 이룩해야 할 어떤 중요한 발달과업이 있다. 마찬가지로 특정한 나이에서 개개의 가족구성원들이 수행해야 할 발달과업이 있다.

레빈슨(Levinson)에 의하면 인간은 성장하면서 세 번의 전환기를 거친다. 이러한 전환기는 위기로 작용할 수 있으며, 가족관계에 영향을 미칠 수 있다. 실제로 청소년기에 겪는 발달위기는 중년기의 전환위기를 겪는 부모와 중복된다. 이때 부모는 부부갈등을 겪기 쉬운 때이기도 하다. 전환기가 중복될 때 위기와 외부로부터의 도전에 능동적으로 대처할 수 있는 능력을 가진 가정은 일정 기간이 흐르면 안정을 되찾을 수 있지만, 역기능 가정일 때는 가정에 심각한 문제를 일으킬 수 있다. 이러한 가족구성원 개개인의 발달과업은 가족 안에서 서로 영향을 주며, 가족체계 전체의 발달단계와 발달과업을 이루게 한다. 가족의 발달단계와 발달과업을 정리하면 표 2-1과 같다.

표 2-1 발달단계와 발달과업

단계	주요 과업	최초의 사건
결혼 전	본가로부터 분리	약혼
아이 출생 전 부부	부부 역할에 적응(가정꾸미기)	결혼
아이 출생 부부	새로 태어난 아이에 적응	첫 아이의 출생과 입양
완성된 가족	새로운 가족구성원에 적응	막내의 출생
청소년을 가진 가족	가족체계 내의 융통성 증가	가족으로부터의 아동분리
떠나보내기	가족구성원이 떠나는 것을 수용	자식의 직업이나 결혼
자식을 모두 떠나보낸 후	외로움과 늙어 감을 수용	자식을 떠나보냄, 상대자를 선택

2. 가족체계의 특징

가족을 하나의 체계로 보는 관점은 가족구성원 간의 상호작용뿐 아니라 가족과 주변 환경과의 상호작용까지 모두 관찰하고 개입할 수 있다는 점에서 유용하다. 가족은 가족구성원 개개인으로 구성된 전체이며, 지역사회를 구성하고 이에 적응하는 부분으로서의 체계이다. 즉, 가족은 사회체계의 한 유형이다.

가족구성원은 상호 의존하는 관계특성이 있다. 체계 내 부분 간의 상호작용과 교류에 영향을 미치는 요소에는 대상과 속성, 관계, 환경이 있다. 대상은 가족구성원을 의미하며, 속성은 가족구성원의 자질이나 성격특성 그리고 가족이 지향하는 목표나 긴장을 의미한다. 관계는 가족체계 내 부분 간의 관계를 의미하며, 환경은 체계의 구성요소이면서 동시에 더 큰 사회체계로서 가족에 긍정적 혹은 부정적 영향을 미치는 이웃과 지역사회, 국가 그리고 좀 더 광범위한 사회경제적·생태학적 체계를 포괄한다. 이러한 요소들이 상호 호혜관계를 형성하는 정도에 따라 체계는 개방적이 되기도 하고 폐쇄적이 되기도 한다.

개방체계는 체계 내 여러 요소와 환경 간 상호작용이 원활하게 이루어지고 이를 통해 변화를 지향하는 경우를 의미하며, 폐쇄체계는 상호작용이 잘 이루어지지 않아 에너지의 혼란상태에 이르는 것을 의미한다. 가족구성원 간의 상호 교류와 의사소통이 원만하고 상호 영향을 주고받는 개방체계일 경우에는 가족구성원의 성장을 가져다주고 가족응집력을 높게 한다.

한 사람의 행동이 다른 가족에게 영향을 미치며 이는 반복적으로 상호작용 행동으로 유형화된다. 체계로서 통합성을 유지하는 한편 경계를 형성하여 외부체계와 구분되기도 한다. 가족의 상위체계는 지역사회, 확대가족이 있고, 하위체계는 부부 하위체계, 부모-자녀 하위체계, 형제 하위체계가 있으며, 모든 체계는 상호작용하면서 에너지를 교환한다(이영실 외, 2012).

3. 가족체계의 기능

1) 문제해결

효과적인 가족기능을 유지하기 위해 가족문제를 얼마나 잘 해결할 수 있는가의 차원을 말한다. 광의적으로 볼 때 가족문제는 경제적 문제나 일상생활 문제들과 같은 기능적인 문제들과 감정이나 애정적인 갈등과 같은 애정 문제들로 구분할 수 있다.

2) 의사소통의 차원

가족구성원 간에 어떻게 정보를 교환하고 받아들이는가의 차원을 말한다. 역기능적 가족은 가족문제를 명료화하는 데 실패할 것이다.

3) 역할

역할은 가족기능을 수행하기 위한 가족구성원의 반복적인 행동패턴을 의미한다. 여기에는 가족체계를 경영하고 유지하는 역할, 의식주와 같은 자원들을 공급하는 역할, 양육하고 지원하는 역할, 부모의 성적 만족 혹은 부모 역할의 형태들, 생활기술들의 발달 등이 고려된다. 각각의 가족구성원들이 적절하게 이러한 역할들을 수행한다면 기능적이 될 것이며, 그렇지 않을 경우에는 역기능적이 될 것이다.

4) 정서적인 반응

가족구성원들이 각각 관계 속에서 어떻게 정서적인 반응들을 하는가의 문제이다. 감정을 표현하는 데는 두 가지 주요 형태가 있다. 하나는 사랑 · 온화함 · 동정심 · 행복감 · 즐거움 등과 같은 감정들로, 이러한 감정들을 '행복한 감정들'이라고 부른다. 다른 하나는 두려움, 공포, 분노, 실망 등과 같은 부정적인 감정들이다. 이러한 감정들을 '위급한 감정들'이라 부른다.

5) 감정이입

가족구성원들 간에 서로의 감정들에 어떻게 반응, 이입하는가의 문제이다. 상태에 따라 공감적 감정이입 상태를 가장 기능적이라고 할 수 있다.

6) 행동 조절

가족체계 안에는 충동적인 역동들이 작용될 수 있다. 그러할 때 가족구성원들이 신체적으로 위험한 행동들의 한계를 어떻게 설정하는가는 중요한 문제가 된다. 행동의 조절은 자녀들에게만 적용되는 것이 아니라 성인들에게도 적용된다. 가장 기능적인 경우는 유연성이 있는 경우이다.

7) 영적 기능

영적 진단이란 한 가족의 영적 상태를 평가하는 것을 의미한다. 이러한 바탕에서 피체트(Fichett)는 『Assessing Spiritual Needs』에서 전인적 치유를 위한 사정(Holistic Assesment)모델로서 영적 진단의 7×7모델을 제시하고 있는데, 이는 전인적 차원 일곱 가지와 영적인 차원 일곱 가지를 살펴보는 것이다. "내담자를 돌볼 때 이러한 차원들이 어떻게 연결되는가?"라고 질문하는 것이 영적 사정도구의 중요한 차원으로 제시된다(표 2-2 참조).

표 2-2 영적 평가를 위한 7 X 7모델

전인적 차원	영적 차원
의학적 차원	신념과 의지
심리학적 차원	소명과 결과
심리사회적 차원	경험과 감정
가족체계 차원	의식과 습관
인종적, 문화적 차원	용기와 성장
사회적 문제의 차원	공동체
영적 차원	권위와 지도

전인적 차원에서는 의학적·심리학적·심리사회적 차원을 통해 내담자가 어떤 환경, 구조 문화적인 차원에 처해 있는가를 살펴본다. 가족체계, 인종적 차원, 사회적 문제적 차원, 마지막으로 영적 차원을 검토한다. 영적 차원의 일곱 가지는 먼저 "내담자가 가지고 있는 신념은 무엇인가?"라는 물음을 제시하고 있다(Fichett, 1993: 42). 즉, 내담자의 신념은 어떤 것인가? 잘못된 신념체계를 바꿀 수 있는 역할이 영적인 돌봄이 되는 것이다. 그 다음은 소명으로, 신이 내게 이런 처지에 왜 있게 하는지 질문하고 그 다음으로 감정에 대해 물어보라는 것이다. "오늘 기분이 어떠세요?"라는 질문은 영적인 연결을 할 수 있는 좋은 창구이다. 내담자가 감정을 들어내고 돌볼 수 있는 의식(ritual)이기 때문이다. 그 다음에 용기와 성장이다. "고통의 경험을 통해서 얼마나 성장할 수 있는가?" 하는 질문이다. 그 다음에 공동체와의 관계에 있어 한 개인이 얼마나 공동체로부터 지지를

받고 있는지 사정할 필요가 있다. 그 후에 영적인 가르침을 주고 안내하는 지도(guidance)가 필요하다.

4. 가족체계의 이론적 기초

1) 가족체계이론(Family System Theory)

가족 안에서 각 개인의 역할이 전체 속에서 어떻게 작용하고 있는가를 보여주고, 가족체계의 원리는 전체성에 입각하고 있기 때문에 개인의 문제가 고립적이고 개별적인 현상이 아니라 가족원의 상호관계와 전체 분석을 통해 이해된다고 본다. 즉, 전체는 부분의 합보다 크며 각각의 요소를 합친다고 해서 체계가 산출되는 것은 아니다. 가족체계는 각 구성원들의 상호작용으로 인해 나타나며, 가족원 간의 상호작용 없이는 가족체계도 없다는 것이다. 가족구성원 개개인의 성격, 가치관, 목표 등을 아무리 잘 안다고 해도 그들의 상호작용을 알지 못하면 가족을 다 이해할 수 없다. 가족체계이론을 주장하는 학자로는 보웬(Bowen), 미누친(Minuchin), 올슨(Olsen) 등이 있다.

상호작용과 상호의존성, 피드백 등 결과성, 경계, 형태 안정성, 형태 발생성이 이론을 구성하는 주요 개념이다. 부부와 가족원 간의 의사소통, 알코올중독, 가족폭력과 같은 가족의 역기능성, 그리고 가족의 기능성을 평가하기 위한 가족유형 분류 등을 연구하는 데 적용된다. 가족치료 및 교육은 체계론적 입장에서 가족문제를 예방, 해결하는 대표적인 응용 분야이다.

2) 가족발달이론(Family Development Theory)

가족발달이론은 시간의 흐름에 따른 가족의 변화과정에 관심을 가지고 있다. 가족생활주기의 각 단계별로 가족의 다양한 역할과 발달과업을 가족원들이 어떻게 실행하는지, 즉 시간에 따른 변화의 과정에 초점을 두며 가족이 각 단계의 과업을 효과적으로 달성할수록 가족원들도 다양한 과업을 보다 성공적으로 이룰 수 있을 것이라고 주장한다. 규범, 지위, 역할, 단계, 사건 등이 주요 개념이다. 가족발달이론의 한 예로 결혼한 부부만으로 이루어진 가족발달단계는 자녀출산기로 진입하면서 질적 변화를 가져온다.

3) 사회교환이론(Social Exchange Theory)

사회적 노력은 개인이 그들에게 보상이 되는 상호작용에 참여하고 비용이 되는 상호작용의 경향이 있다. 따라서 사회질서는 이윤 혹은 보상을 극대화하려는 개인들의 부산물이라고 본다. 보상, 투자, 이익, 비교수준, 대안에 대한 비교수준, 배우자 선택, 부부 간 권력, 노인문제의 적용이 상호작용에 의해서 관계를 극대화하려 한다.

4) 건강 가족적 관점(Strong Family Perspective)

건강한 가족의 범위는 가족의 병리보다는 긍정적인 측면과 장점에 초점을 둔다. 같은 조건하에서 잘 적응하는 가족과 그렇지 못한 가족과의 차이에 관심을 두고 건강가족의 특성을 규정하고자 한다. 건강 가족적 차원에서 중요시하는 주제는 개인적 차원에서 긍정적 사고, 책임감, 응집력과 적응력 강화, 효율적인 의사소통, 사회적 차원에서 건강한 시민의식 양성 등을 들 수 있다.

5. 가족생활교육

1) 가족생활교육의 정의 및 필요성

(1) 가족생활교육의 정의

'가족생활교육(family life education)'이란 유아에서 노인까지 개인과 가족의 전반적인 삶의 질을 높이고 행복한 가정을 만들기 위한 통합적인 가정교육으로 평생교육이다. 따라서 가족 및 사회에서 나타나는 다양한 문제를 해결하기 위한 사회적 노력으로 개인의 잠재력을 개발하고 강화시키는 평생교육이다.

현대사회에서 대두되는 가족문제는 개인의 성장발달에 많은 영향을 미칠 뿐만 아니라 사회의 안녕과 질서유지에 중요한 영향요인이 되고 있다. 이에 가족문제 발생에 대한 대책이 시급하며 이에 대한 가족생활교육이 요구된다. 이러한 필요성 때문에 가족생활교육은 가족문제를 예방하는 차원에서 개인의 성장・발달을 도모하고 가족생활을 윤택하게 하기 위하여 가정과 관련된 제반 기술과 지식을 교육하는 것을 말한다. 가족복지 측면에서 강조하면 가족생활교육은 가족구성원으로서 개인과 가족 전체가 행복한 삶을 영위할 수 있는 삶의 터전과 능력을 배양함으로써 변화하는 사회에서 겪을 수 있는 가족문제를 사전에 예방하기 위한 모든 교육적 활동이다. 가족생활교육을 위한 '가족생활주기(family life cycle)'를 수년 동안 연구해 온 가족발달 학자들은 시간의 경과에 따라 가족성원의 행동에 영향을 미치는 변화와 가족구성의 유형화 단계에 초점을 두는 용어로 가족생활주기라는 용어를 선호해 왔다. 그러나 최근에는 사회학자들이 생애과정(a lifetime course)이라는 용어를 선호하고 있다(유계숙 외, 1999).

(2) 가족생활교육의 영역과 내용

가족생활교육은 크게 보면 세 가지 목표인 문제해결, 문제예방, 잠재력 개발에 초점을 두고 발달해 왔다. 이 중 어느 것이 우위를 차지하는지는 프로그램에 따라 다르지만 프로그램 개발 초기에는 문제해결에 더 중점을 둔 반면, 문제예방과 잠재력 개발을 강조하는 경향이 있다. 그 내용 또한 가족문제 예방 프로그램이든 가족생활 향상 프로그램이든 또는 치료 프로그램이든 간에 모든 가족생활교육 프로그램은 공통된 목적을 가지고 있다. 하나의 체계로서 가족의 능력을 향상시키고 가족체계의 각 구성원의 심리적 안녕을 증진하는 것이 공통 목적이다.

(3) 가족생활교육 프로그램이 효과적이기 위한 조건

① 건강한 가족체계의 기능을 증진시켜야 한다.
② 가족 안에 있는 독특한 사회적・문화적 맥락을 잘 포함하고, 이를 지지한다.
③ 가족의 자발적인 참여와 노력이 있어야 한다.
④ 내용적으로 가족생활주기와 다양한 인생경험 및 교육이 지속되어야 한다.

⑤ 치료보다는 예방에 초점을 두고 미래지향적인 실천 프로그램을 제공해야 한다.

⑥ 개인의 변화와 행동/태도 변화를 강조하는 학습과정이 제시되어야 한다.

⑦ 계속적인 강화를 위해(추후활동을 포함해서) 교육을 15~18시간 해야 한다.

⑧ 다양한 학습스타일을 위한 학습활동이 포괄적으로 제시되어야 한다.

⑨ 연습을 통한 학습강화 계획이 제시되어야 한다(반영을 통한 행동).

⑩ 개인의 삶의 경험에 대한 정보를 이용할 수 있어야 한다.

⑪ 학습자의 경험, 문화와 개인의 가치지향을 존중하고 실천적이어야 한다.

⑫ 기술에 대한 모델을 보여주고 토론과 의견을 낼 수 있는 환경을 제공한다.

⑬ 잘 계획되어야 하고, 최근 자료를 활용해야 한다.

⑭ 집단의 요구도 조사에 기초하여 프로그램이 개발, 제시되어야 한다.

⑮ 교육내용에 대한 분석별 평가를 통해 보완·발전되어야 한다.

2) 가족생활교육의 접근법

(1) 평생 발달적 접근

생애 발달적 접근은 평생과업을 달성하는 목표로, 첫째, 가족생활교육에 대한 폭넓은 개념을 반영하고 주제 영역이 주는 중요한 개념을 놓치지 않고 그 구조를 운영할 수 있게 한정짓고 있다. 둘째, 각 내용 영역에서 학습할 지식·태도·기술을 구체적으로 진술하고 있다. 셋째, 각 주제 영역은 행복한 가정에 대한 초점과 중심 개념을 발달단계에 따라 진술하고 있다.

(2) 주제중심적 접근

주제중심적 접근은 가족발달주기 단계에서 이루어져야 할 특정한 내용으로 가족생활교육의 일반적인 주요 관심 영역이다. 가족관계 형성을 위한 결혼준비 교육, 가족관계 향상을 위한 의사소통 교육, 성교육, 부모자녀 관계향상을 위한 부모교육, 자녀교육, 고부교육, 치매노인 부양가족 교육 등은 적절한 주제중심 접근 가족생활 교육 내용에 포함된다. 이 외 참가대상들의 필요와 요구에 따라 가족생활교육 내용의 주제는 다양해질 수 있다.

(3) 통합적 접근

가족생활주기의 통합적 접근은 가족발달단계 접근과 주제중심 접근을 통합한 것이다. 가족생활주기의 발달단계에 따라 꼭 성취되어야 할 주제를 중심으로 구성된다. 통합적 접근의 특성은 첫째, 가족발달단계 접근과 주제중심적 접근을 통합하여 각 가족생활주기에서 학습되어야 할 지식, 태도, 기술과 성취개념을 체계적으로 강조하고 있다. 셋째, 가족발달단계에서 나타나는 특이 가족의 형태에 대한 중심개념이 진술된다.

6. 가족생활교육의 전문성과 과제

1) 전문성을 위한 8가지 점검사항

① 가족생활교육사가 정규직으로 활동하고 있는가?
② 가족생활교육사를 양성하기 위한 학교와 교과과정이 마련되어 있는가?
③ '전문협회'가 발족되어 있는가?
④ 가족생활교육과 가족생활교육사에 대한 정의와 역할, 가족생활교육사의 목적 및 등급별 가족생활교육사의 역할 규정이 마련되어 있는가?
⑤ 조직 내에서뿐만 아니라 유사한 목적을 지닌 조직과의 외적 갈등으로 인해 독특한 역할 정의가 요구되는가?
⑥ 가족생활교육과 관련된 필요성이나 역할에 대한 대중의 인식이 있는가?
⑦ 자격증이 법적으로 제도화되어 있는가?
⑧ 가족생활교육사의 윤리강령이 제정되어 있는가?
※ 이를 위하여 건강가정사에 대한 관련제도가 2005년 1월 1일부터 시행되고 있다.

2) 가족생활교육의 전문화 · 대중화를 위한 과제

건강한 가정을 만들기 위해 전문직으로서의 가족생활교육과 가족생활교육사의 활발한 사회적 활동을 위하여 가족생활교육의 이론적 틀을 마련하고, 가족생활교육의 학문적 발전을 기하며 가족생활교육의 대중화를 이룩하기 위한 과제는 다음과 같다.

첫째, 가족생활교육의 이론적 틀 마련을 위하여 가족생활교육의 정의와 목적을 체계화하고, 교육과정의 정비와 자격증 체계화 및 공인화가 되어야 한다. 둘째, 가족생활교육의 학문적 발전을 위하여 이론에 기초한 가족연구와 다양한 프로그램을 개발하고 진행 후에는 프로그램을 평가할 수 있는 도구가 마련되어야 하며, 체계적인 요구도 분석과 교육원리, 교육책략을 개발하여야 한다. 셋째, 가족생활교육의 대중화를 위하여 다양한 홍보와 관련 자격증의 공인화를 추진하고 가족정책을 입안할 수 있어야 한다. 넷째, 가족생활교육의 전문화를 위한 대학교의 과목 채택과 학점을 부여하는 등 이에 따른 준비가 되어 있어야 한다.

3) 건강가정사의 준비와 훈련

① 가족생활교육의 많은 내용 영역에 대한 충분한 지식과 적절한 학문 분야의 연구결과를 통합하고, 이를 가족의 욕구와 쟁점에 적용할 수 있는 능력을 갖추어야 한다.

② 가족생활교육에 대한 철학과 기본 원칙에 대한 지식을 습득해야 한다.

③ 가족생활교육에 알맞은 여러 가지 교육방법을 사용하는 기술과 가족생활교육 자료와 자원을 사용하고 평가하는 기술을 개발하여야 한다.

④ 교육 실시 상황에서 개인과 가족 모두를 대상으로 효과적으로 교육할 수 있는 능력을 갖추도록 학습해야 한다.

⑤ 가족생활의 주체에 관한 자신의 느낌과 태도를 통찰하고 자신의 생활경험을 인정하여 개인적인 생활경험이 교육을 방해하지 않도록 해야 한다.

⑥ 가족생활교육 프로그램을 계획, 수행, 촉진, 평가하는 기술, 그리고 실시장소 밖의 지역사회와 정치적 맥락에서 다른 사람들과 더불어 효과적으로 일하는 기술 협력을 해야 한다.

4) 전문가의 윤리강령

① 가족학자들을 위한 일반적 원리를 적용하여야 한다. ② 가족학자들은 학생과 내담자를 존중하여야 한다. ③ 가족학자들은 고도의 전문적인 기준을 따라야 한다. ④ 가족학자는 사회를 진보시키는 데 앞장서야 한다. ⑤ 가족학자는 윤리강령을 이해하고 따르며 다른 사람들이 따르도록 도와야 한다.

5) 가족생활교육의 실시 현황

가족생활교육은 시대적 흐름에 따라 변화하여 왔는데 전통적인 주제 영역으로는 대인관계기술, 의사결정기술, 가족 상호작용, 자녀양육 및 지도, 가족자원관리, 결혼, 가족원의 역할 및 책임 등에 치중되어 왔다. 우리나라도 가정생활의 필요성이 증대되면서 여러 기관에서 교육 프로그램이 실시되고 있다.

① 종교기관에서는 일찍부터 예비 결혼교육과 부부관계 향상교육 프로그램이 실시되었다. ② 사회복지 분야에서는 가족문제 상담과 예방적 차원의 교육이 일찍부터 시작되어 부모교육과 결혼준비 성인교육 프로그램이 사회복지관과 상담소를 통하여 실시되고 있다. 특히 특정 문제가 있는 가족(알코올중독자가족, 비행청소년가족 등)을 위한 프로그램이 실시되고 있다. ③ 교육학과 심리학 분야에서도 부모교육 프로그램을 실시하고 있다. ④ 가정학에서 가족생활교육 가족발달 관점에서 전 가족생활주기를 고려하여 경험적 이론에 기초한 가족생활교육 프로그램을 개발, 1990년대 들어 가족전공 학자들이 지속적으로 프로그램을 개발하고 있다.

현재 결혼 초기부터 노인기에 이르는 생애주기별 가족생활교육 프로그램이 다양하게 개발되고 있다. 개발된 프로그램으로는 예비 부부교육, 결혼초기 부부교육, 부부관계 향상교육, 중년기 부부관계 향상교육, 고부관계 향상교육, 청소년 자녀를 둔 부모를 위한 부모교육, 노인부양가족을 위한 교육, 치매노인 부양가족을 위한 교육 등이 있다. 그 외 가족문제를 예방하기 위한 교육 프로그램으로 치매노인 부양가족을 위한 교육, 한부모가족을 위한 교육, 미혼모가족을 위한 교육, 농촌가족을 위한 교육, 모자보호시설 아동을 위한 교육 등이 실시되고 있다.

02 가족생활주기

1. 정의

가족생활주기는 시간의 경과에 따른 가족 내의 발달적 경향을 묘사하기 위하여 일반적으로 사용하는 용어이다(Carter & McGoldrick, 1999). 가족생활주기모델은 개개인 생활과정의 모든 영역을 포함하면서 동시에 전체로서의 가족을 강조한다. 가족은 가족생활주기의 전환기에 적응상의 문제를 일으킬 수 있으며, 적응상의 위기는 가족문제의 근원이 될 수 있다.

사티어(Satir)를 비롯한 많은 가족치료자들은 가족주기는 정체된 것이 아니라 계속해서 변화한다고 본다. 이러한 관점에서 정상적 가족주기를 규정하는 것은 점점 더 어려워지고 있다. 정상적 가족생활주기에 대해서 경직된 사고를 가진 나머지, 일정한 틀에서 벗어난 것을 병리적인 것으로 여겨 오히려 불안감을 조성한다면 이는 부정적인 영향을 미치게 된다. 반대로 신세대에 나타난 '용감한 신세계'만을 강조하다 보면 부모기의 역할을 과소평가하거나 세대 간의 관계를 하잘것없는 것으로 여겨 가족사가 단절될 수 있다. 가족생활주기는 가족 내에서 세대 간 연결을 통해 생활주기 관점을 설명하는 데 목적을 두고 있으며, 세대 간의 연결은 인간의 중요한 자원이라고 여긴다.

시대가 변화할수록 새로운 가족유형들이 출현하고 있어 가족생활주기도 다양하게 고려되어야 한다. 발달모델은 보통 장남(장녀)과 같이 특정 개인의 이정표에만 주로 초점을 두기 때문에 10대 자녀는 집을 떠날 시기가 되었는데 늦둥이가 태어난 가정이나 미혼모의 경우에는 적용하기 어렵다. 이렇듯 가족마다 가족생활주기는 다양하고 복잡하다(Breunlin, 1988; Eichler, 1997; 성정현 외 2017, 재인용).

2. 개념

1) 유용성

모든 가족에게 획일적으로 가족생활주기를 적용하는 것은 다소 무리가 있지만 가족생활주기모델은 나름대로 유용성을 가진다. 발달적 관점에서 가족을 사정하는 것은 가족사회복지사에게 가족이 사회적 기대를 충족시키고 있는지를 이해할 수 있도록 돕는 데 유용하다. 또한 가족치료에서는 증상(symptom)과 역기능을 발달단계의 정상 기능과 비교함으로써 가족발달의 원동력을 되찾는 데 도움을 준다. 이를 통해 과거의 가족생활, 수행해야 하는 과업, 가족이 지향하는 미래의 맥락에서 문제를 보게 한다. 가족은 가족을 구성하는 개인들의 단순한 집합 그 이상이다. 개인의 생활주기는 가족의 생활주기 안에서 발생하며, 가족이야말로 인간발달의 가장 기본적인 환경이다. 이러한 관점이 가족구성원들이 함께 생활하면서 겪게 되는 정서적 문제 이해에 핵심이 될 수 있다.

송성자(1989)는 임상적 차원에서 가족생활주기는 가족문제 진단을 위한 척도로도 활용될 수 있다고 하였다. ① 현재의 가족주기에 대한 파악, ② 현재의 가족주기에 대한 가족구성원의 인식 정도, ③ 발달단계에 따른 가족구성원의 변화능력, ④ 가족주기와 관련된 가족문제 파악, ⑤ 가족주기에 따른 치료계획, ⑥ 가족주기에 따르는 체계변화를 위한 치료 등이다. 이와 같은 내용은 가족진단뿐 아니라 치료계획과 개입에도 도움이 된다. 즉, 가족주기관점은 특정 단계에서 일어날 수 있는 문제들을 확인해 주기 때문에(Duvall, 1957; Carter & McGoldrick, 1988) 가족기능을 평가하고 개입계획을 세우기 위한 효과적 틀을 제공한다.

2) 발달과정

가족생활주기는 가족치료이론 중에서 발달이론에 가장 근접하며, 구조적이고 전략적인 접근법을 설명하기 위해 사회학으로부터 빌려온 모델이다(Nichols & Schwartz, 2001). 처음 가족생활주기 관점을 논의한 치료자인 솔로몬(Solomon, 1973)은 가족생활주기를 5단계로 나누어 각 단계의 과업을 요약하고, 이를 치료계획을 위한 진단적 기준으로 삼도록 제안했다.

1940년대 후반에 사회학자 듀발과 힐(Duvall & Hill)은 가족발달을 각 시기마다 수행해야 하는 다른 과업을 가지고 있는 몇 개의 단계로 구분함으로써 발달론적 관점을 가족에 적용하였다. 듀발은 2세대 핵가족 중심의 8단계로 구분하였으며, 이는 가족발달단계와 관련된 연구의 근간을 이루었다. 이후의 이론가들은 듀발이 제시한 단계를 가감함으로써 다른 틀을 제시하였다(Solomon, 1973; Barnhill & Longo, 1978).

1970년대에 헤일리(Haley, 1973)는 가족생활주기 개념을 『진귀한 치료(Uncommon Therapy)』에서 처음으로 소개하면서 가족이 새로운 단계로 넘어갈 능력이 부족하거나 두려움 때문에 증상이 발생한다고 하였다. 듀발과 헤일리의 기본 전제는 가족 개개인의 생활형태와 기능의 변화는 정형화된 일련의 발달단계 안에서 이루어진다는 것이다.

카터와 맥골드릭(Carter & McGoldrick)은 부모세대와 자녀세대를 연결하는 결혼한 성인자녀를 포함하는 3세대 중심의 6단계 가족생활주기뿐만 아니라 이혼, 재혼가족의 발달단계도 제시하였다. 그들이 말하는 가족생활주기는 가족이 기능적 방법으로 들어오고 나가며 발달하는 것을 지원하기 위한 관계체계의 확장, 수축 및 재조정의 과정을 뜻한다. 가족생활주기가 다음 단계로 변화되기 위해서는 이차적 변화－체계 그 자체의 변화－가 요구되며, 특정 단계 내의 문제는 보통 일차적 변화－체계의 재구조화가 아닌 재배열－로 조정될 수 있다. 이렇듯 다양한 단계를 설명하는 그들의 저서 『가족생활주기』는 가족역사의 중요성을 상기시키면서 가족생활주기의 개념을 널리 보급하는 데 기여하였다. 또한 여러 세대에 걸쳐 전달되는 정서적 과정을 강조한 보웬(Bowen)의 이론과 가족의 역사를 무시하고 특정 발달단계만 강조하는 이론 사이의 가교역할을 하였다(Nichols & Schwartz, 2001; 김영애 외 역, 2002 재인용).

가족주기의 세대기준이나 단계별 특성은 학자마다 다소 다르게 나타나는데, 우리나라의 경우 한국인구보건원에서 WHO(1978)모형에 기초하여 2세대를 기준으로 부부의 결혼, 첫 자녀 출산, 단산, 막내 자녀 결혼, 배우자 사망 요인으로 구분하였다(한국인구보건원, 1982). 대표 연구자별 가족생활주기를 비교, 요약하면 **표 2-3**과 같다.

표 2-3 연구자별 가족생활주기의 비교

구분	Duvall & Hill		Carter & McGoldrick			한국인구보건연구원	
세대	2세대		3세대			2세대	
단계		발달과업	단계		발달과업	단계	
			1	결혼 전기	• 원가족으로부터 분화한다. • 이성과의 친밀한 관계를 발달시킨다. • 일과 재정적 독립을 확립한다.		
1	결혼 부부	• 서로 만족스러운 부부관계를 확립한다. • 임신과 부모됨에 적응한다. • 친족관계에 참여한다.	2	결혼 적응기	• 부부체계를 형성한다. • 배우자를 포함시킨 확대가족, 친구와의 관계를 재정비한다.	1	형성기: 결혼–첫 자녀 출생
2	자녀 출산 가족	• 유아발달을 위한 환경을 조성하고 격려한다. • 부모와 유아에게 만족스런 가정을 만든다.	3	자녀 아동기	• 부부체계에 자녀를 위한 공간을 만든다. • 자녀양육, 재정, 가사에 공동참여한다. • 부모, 조부모 역할이 포함된 확대가족과의 관계를 재정비한다.	2	확대기: 첫 자녀 출생–막내 출생
3	학령전 아동 가족	• 성장을 독려하는 방법으로 학령 전 아동이 가지고 있는 욕구나 흥미에 적응한다. • 에너지의 고갈이나 사생활이 줄어드는 것에 적응한다.					
4	아동기 자녀 가족	• 학령기 가족의 공동체에 참여한다. • 아이가 학업부분에서 성취할 수 있도록 격려한다.					
5	청소년 자녀 가족	• 자유와 책임의 균형을 유지한다. • 청소년 자녀에 대한 관심과 경력형성을 돕는다.	4	자녀 청소년기	• 청소년 자녀가 가족체계에서 출입이 자유롭도록 부모–자녀관계에 변화를 준다. • 중년기 부부의 결혼 및 진로문제에 재초점을 둔다. • 노인세대를 돌보기 위한 준비를 시작한다.	3	확대완료기: 막내 출생–자녀 결혼 시작

<table>
<tr><td>6</td><td>청년
자녀
떠나
보내기</td><td>• 적절한 의식과 지원을 통해 청년 자녀를 떠나보낸다.
• 지지적 가정의 토대를 유지한다.</td><td rowspan="2">5</td><td rowspan="2">자녀
독립기</td><td rowspan="2">• 부부체계를 2인군 관계로 재조정한다.
• 성장한 자녀와 부모와의 관계를 성인 대 성인의 관계로 발전시킨다.
• 사돈과 며느리, 사위, 손자녀가 포함되도록 관계를 재정비한다.
• 부모 또는 조부모의 무능력과 죽음에 대처한다.</td><td rowspan="2">4</td><td rowspan="2">축소기:
자녀 결혼
시작-자녀
결혼 완료</td></tr>
<tr><td>7</td><td>중년기
부모</td><td>• 결혼관계를 재확립한다.
• 나이 든 세대와 젊은 세대와 친족관계를 유지한다.</td></tr>
<tr><td rowspan="2">8</td><td rowspan="2">노년기
가족</td><td rowspan="2">• 사별과 혼자 사는 것에 적응한다.
• 가정을 종료하거나 노령에 적응한다.
• 퇴직에 적응한다.</td><td rowspan="2">6</td><td rowspan="2">노년기</td><td rowspan="2">• 신체적 쇠퇴를 인정하고, 자신과 부부의 기능과 관심사를 유지한다.
• 다음 세대가 중추적 역할을 하도록 지원한다.
• 연장자가 할 수 있는 일은 직접 수행하면서 자신의 지혜와 경험이 활용될 수 있는 여지를 마련한다.
• 배우자, 형제, 친구의 죽음에 대처하면서 자신의 죽음을 대비하며 삶을 되돌아보고 통합한다.</td><td>5</td><td>축소완료기:
자녀 결혼
완료-남편
사망</td></tr>
<tr><td>6</td><td>침체기</td></tr>
</table>

3. 가족생활주기의 단계

1) 서구사회의 가족생활주기

글릭(Glick, 1951)은 아내의 연령이라는 변수를 기준으로 가족생활주기를 6단계(① 초혼연령, ② 첫아이 출산, ③ 막내 아이 출산, ④ 첫 자녀 혼인, ⑤ 막내 자녀 혼인, ⑥ 배우자 사망)로 나누고 있으며 카터와 맥골드릭(Carter & Mcgoldrick)은 가족생활주기를 6단계(① 가족 떠나기: 독신 성인 초기, ② 결혼을 통해 가족에 합류하기: 새로운 커플, ③ 아동이 있는 가족, ④ 청소년이 있는 가족, ⑤ 아동을 떠나보내고 이동하기, ⑥ 생활 후기의 가족)로 나누었다. 콜린스(Collins)는 가족생활주기를 8단계(① 결혼/파트너 되기, ② 첫 자녀 출산, ③ 학령 전 자녀 가족, ④ 학령기 자녀 가족, ⑤ 10대 자녀 가족, ⑥ 자녀진수기 가족, ⑦ 중년기 부모, ⑧ 노년 가족 등)로 나누었다.

2) 한국의 가족주기 및 특성

인구보건연구원은 핵가족을 중심으로 가족생활주기를 6단계(① 혼인, ② 첫아이 출산: 확장기, ③ 막내 아이 출산: 완전확장기, ④ 첫아이 혼인/자립: 축소기, ⑤ 막내 아이 떠남: 완전축소기, ⑥ 노부부 중 한 명 사망: 해체기)로 나누고 있고 직계가족을 토대로 한 접근으로 가족생활주기를 5단계(① 형성기: 혼인, ② 제1확장기: 첫아이 출산, ③ 제2확장기: 막내 아이 출산, ④ 제3확장기: 장남 혼인, ⑤ 최대 확장기: 장손 출산)로 나누었다.

최근 들어서 기혼여성의 가족주기 변화로 초혼연령이 상승하고 결혼해서 첫 출산까지 기간단축, 출산을 완료할 때까지의 감소(자녀수 감소, 출산 간격의 단축 등으로 인해)하고, 막내 아이 출산부터 결혼 시작 시까지의 기간이 길어지고 있다(막내 출산이 빨라지고 자녀 결혼연령의 상승으로 인해). 자녀의 결혼이 시작된 시점부터 자녀의 결혼이 완료된 시점까지 기간도 점차 짧아지는 경향이 있고, 남편 사망 시 부인 연령과 종료 시점인 부인의 사망 연령은 평균수명의 연장으로 점차 상승하며, 부인의 혼인에서부터 사망에 이르기까지 가족주기의 전체 기간은 점점 길어질 것으로 추정하고 있다.

4. 가족생활주기 단계의 특성

1) 결혼 · 파트너 되기

혼인 부부의 세 가지 주요 과업은 서로가 만족할 수 있는 관계의 수립, 확대가족(새 파트너를 수용해야만 하는)과의 관계 재조정, 부모기에 대한 결정이다. 이 단계의 문제점들은 원가족으로부터 성공적으로 독립을 성취하지 못한 경우 부부관계를 위협하는 분열된 충성심(효심 등)을 경험하게 되고, 독신생활에의 미련이 남아 있는 배우자도 부부관계에 스트레스를 가져오며, 부부가 예상 외로 빨리 자녀를 가지게 되면 부부관계에 관한 핵심적 합의를 도출해 낼 시간을 갖지 못할 수도 있다.

2) 첫 자녀 출산

이 시기의 문제들은 자녀와 배우자의 욕구를 함께 충족시키기 위해 많은 노력(시간과 부모가 되는) 동기로는 라빈(Rabin, 1965)은 ① 숙명적 동기, ② 이타주의적 동기(인간의 이타주의적 동기 충족), ③ 자아도취적 동기(자녀를 낳은 만큼 성숙했다는), ④ 도구적 동기(자녀를 통해 다른 목적을 달성할 수 있다는)로 구분하였고, 스콜닉(Skolnick, 1979)은 ① 사회적 압력(혼인하면 아이를 가져야 한다는), ② 정서적 · 상징적 보상 제공 등으로 구분하였다.

3) 학령전 자녀 가족

학령전 시기는 기본적인 생활학습을 습득하고 행동반경이 넓어지며 환경에 대한 호기심을 갖고 적극적으로 탐구하는 시기이다. 부모의 과업은 ① 아직은 활동반경에 비해 안전의식이 부족하기 때문에 부모의 적절한 감독이 필요하고, ② 안전을 보증하면서 적절한 양의 자극을 동시 제공해야 하며, ③ 지나친 독립은 위험에 처하게 하고 과보호는 발달(독립성 등)을 저해할 수 있다. 이때 부모의 에너지 고갈 문제 발생은 자녀 간 터울이 짧을 때 심각해질 수 있다.

한국 어머니들의 자녀교육관의 문제는 ① 유아중심적이 아니라 성인중심적이라는 문제와 유아의 흥미나 경험보다 지식중심적이고 학교교육을 강조하며, 놀이보다는 특기 및 문자지도를 강조하며, ② 양육태도가 애정 및 통제형이어서 자율성(자주성)과 사회성 발달이 낮게 나타난다.

4) 학령기 자녀 가족

가족과업은 ① 청소년들이 성장하며 궁극적으로 가족을 떠나 독립할 수 있는 기술을 습득하도록 돕는 것이며, ② 부모는 보다 큰 책임과 독립을 허용해 나가면서 일하는 습관을 발달시킬 수 있도록 보조한다. 학업성적은 부모와 자녀 모두에게 큰 짐이 된다.

5) 10대 자녀 가족

혼란기로서의 가족과업은 아동이 동년배와 부모 이외의 권위적인 인물과 협동적으로 상호작용하는 공적인 학습상황에 적응하도록 지지하는 것이다. 모순의 시기로서 청소년기의 과업은 타인에 대한 신뢰의 학습, 안정된 정체감 확립, 생의 목적에 따른 의문점을 해결하는 데 있으며, 부모의 과업은 어느 정도의 틀을 유지한 채 독립을 지지하고 격려해야 하는 어려움에 직면한다. 자녀가 가족과의 유대보다 동년배와의 관계가 긴밀해지면서 일부 부모에게는 받아들이기 어려운 전환의 시기가 된다. 학업문제는 부모들이 자녀에 대해 가지는 가장 큰 고민이자 관심거리이며, 빈곤가정에서 학업문제로 부모-자녀 간 갈등 및 자녀 가출문제 발생 가능성 높은 시기이다.

6) 자녀진수기 가족

청년의 과제는 홀로 서기이다. 독립한 청년이 만약 가정을 일찍 떠났거나 자녀를 일찍 가졌다면 독립에의 노력은 심한 스트레스가 되고, 반면에 이 시기의 자녀가 취업이나 고등교육문제로 독립을 늦추는 것도 부모에게 심한 스트레스가 된다.

7) 중년기 부모 및 노년 가족

중년부부의 주요과업은 부부로서 자신들을 재확립, 새로운 역할과 규칙을 발견하면서 새로운 연애단계로 접어들 수 있어야 한다. 반면에 자녀의 빈자리가 크게 느껴지면 삶의 의욕을 잃을 수도 있다. 노년가족의 문제는 ① 늙어감과 죽음에 직면하는 것에 적응해야 하고, ② 경제적 어려움이 있으면 더욱 어렵게 되며, ③ 성인자녀가 늙은 부모를 보호하는 역할 전환기에 부모와 자녀 모두에게 스트레스가 된다. 샌드위치 세대의 문제 발생은 중년부부가 노년부모와 자녀를 함께 돌보는 문제를 겪는 시기이다.

우리나라의 경우 전통적 효(孝) 가치관이 규범화되어 있어 자녀와의 관계 정립이 중요하다. 부모-자녀관계의 변화는 과거에는 일방적인 수직적 관계, 요즘은 수평적 · 상호 교환적 관계로 변화되었고, 앞으로는 노부모와 성인자녀 쌍방 간에 상호 호혜적 관계로 변화되어야 한다. 자녀에게 부양의식과 효를 기대하는데 자녀가 부응하지 못할 경우 부모는 소외, 고독감, 좌절감을 느끼고 세대 간 갈등을 유발한다. 자녀교육이나 혼인 등에 과도한 투자가 발생한 가정의 경우 노부모의 노후대책이 부실하고 공적인 부양체계마저 없는 현실에서 갈등이 심화되고 가족의 부담이 되기도 한다(박귀영 외, 2017 재인용).

5. 가족생활주기별 특성과 위기, 예방개입

다음에 소개하는 가족생활주기는 카터와 맥골드릭(Carter & Mcgoldrick, 2000)의 6단계를 중심으로 우리나라의 가족관계를 설명한 것이다. 각 단계별 특성과 발생할 수 있는 위기들과 이를 예방하기 위한 개입내용은 다음과 같다.

1) 결혼 전기

독립된 젊은 성인단계는 미혼 자녀가 원가족을 떠나 결혼을 하고 자녀를 낳아 자신의 가족을 이루기 전까지의 기간이다. 하지만 우리나라의 경우 대학졸업 후 취업까지 기간이 점차 길어지고, 혼인연령이 늦어지면서 부모의 경제력에 의존하는 성인기도 상대적으로 길어지고 있다. 또한 우리나라의 문화적 특성이 부모가 성인자녀를 독립된 성인으로 존중하기보다 간섭과 보호적 태도를 취하는 경우가 많아 이러한 문제는 결혼 후에도 부정적 영향을 미치는 요인이 되기도 한다. 최근 미혼의 성인자녀가 부모와 별거해서 사는 경우가 증가하고 있기는 하지만 주거상의 독립이 부모와 가족으로부터 유사 독립적 단절 형태의 부정적 경우도 포함한다는 것을 고려해야 한다. 자신의 원가족을 어떻게 떠났느냐는 그들의 남은 삶에 매우 큰 영향력을 미친다.

(1) 위기

- 배우자를 찾기 위해 자신에 대한 정의를 자주 바꾼다.
- 남성은 대인관계에 자신을 헌신하는 것에 어려움을 느끼는 대신 일과 관련

된 것에는 가성독립적(pseudo-independent)인 정체감을 형성한다.

- 부모는 기대에 부응하지 못하는 청년자녀들에 대해 실망한다.
- 청년은 부모의 희생에도 불구하고 부모의 기대에 부응하지 못해 죄책감을 갖는다.

(2) 예방적 개입

- 부모와 청년 자녀가 성인 대 성인 지위로 전환하여, 서로 존중하고 개인적인 관계를 맺는 것이 필요하다.
- 결혼을 위한 배우자에게 일방적으로 맞춤이 아닌 결혼 전 자신의 욕구와 기대, 일과 가정의 양립을 위한 상호적 기대가 서로 충족하는지를 확인한다.

2) 결혼 적응기

결혼이란 다른 두 개의 체계가 변화해서 제3의 하위체계를 형성하는 것이다(Golenberg & Goldenberg, 2000). 따라서 부부가 된다는 것은 가족생활주기 중에서 가장 복잡하고 힘든 전환 중의 하나이다. 서로에게 적응해야 하며 결혼생활의 개선을 위해 부부의 의도적 노력이 절대적으로 필요한 기간이다. 이 시기는 겉으로 보이는 것처럼 달콤하고 행복한 시기가 결코 아니다. 낭만적 결혼생활에 대한 환상은 결혼 초기에 발생하는 사소한 갈등과 다툼, 많은 문제들을 해결하는 데 오히려 장애가 된다. 주로 발생하는 위기와 예방적 개입의 내용은 다음과 같다.

(1) 위기

- 원가족과의 정서적 미분화 문제로 부부 및 고부갈등의 문제가 발생한다.
- 병리적 결혼생활: 배우자의 폭력, 알코올중독, 정신병리상의 문제로 정상적 결혼생활 유지가 어렵다.
- 계획하지 않은 임신, 비정상적 태아의 확인, 남아선호사상 등으로 낙태 결정, 불임 등의 문제가 발생할 수 있다.

(2) 예방적 개입

- 지역사회자원을 활용한 결혼 전 예방교실에 참여한다.
- 산전(産前) 프로그램에 참여하고, 자녀양육과 자녀계획에 대한 재정 포트폴리오를 작성한다.
- 재정문제, 가사, 사회 및 여가활동, 배우자 가족과의 관계 등에 대해 합의한다.

3) 자녀 아동기

이 단계는 부부 위주가 아닌 자녀를 돌봐야 하는 책임이 요구된다. 전적으로 부모에게 의존하던 아동은 독립성을 추구하게 되고, 부모는 아동의 안전에 주의하면서 동시에 수용할 만한 양의 자극을 제공해야 한다. 첫째, 자녀가 생김으로써 에너지 고갈의 문제가 발생할 수도 있으며, 둘째, 자녀가 학령기에 이르면 경제적 부담을 느낄 수 있다. 이 때 자녀교육의 책임을 한 배우자에게만 전가하거나 지나치게 '자녀'나 '직업'만을 강조하여 부부관계가 소홀해질 수 있음에 주의한다. 부모는 아동에게 학교의 스트레스에서 벗어나서 쉴 수 있는 안전한 장소를 제공하고 적절한 학습 환경을 제공해야 한다(Collins, Jordon, & Coleman, 1999).

(1) 위기

- 자녀의 발달 및 정서적 문제가 출현한다.
- 자녀의 능력에 대한 고정관념과 경직된 사고와 같은 부적절한 양육태도가 나타난다.
- 자녀양육과 교육의 책임을 한 배우자에게 전가한다.
- 자녀 돌봄과 일 사이의 불균형이 발생한다.

(2) 예방적 개입

- 부부관계의 친밀성을 향상시키기 위한 노력을 지속적으로 기울인다.
- 자녀의 발달 및 문제에 대한 양육 책임과 교육에 대한 방향성을 공유한다.

- 돌봄과 일 사이의 균형을 위한 외부 자원 등을 개발한다.
- 자녀와의 적절한 경계선을 유지한다.

4) 자녀 청소년기

가족은 자녀를 양육하고 보호하는 주 기능을 수행하면서 동시에 자녀의 독립심과 책임감을 성장시킬 수 있는 구조와 조직으로 변화해야 한다. 즉, 가족 내의 자녀와 부모의 역할규정을 새롭게 한다. 사춘기 자녀의 특성으로 인해 가족이 영향을 받기도 하지만 부부갈등이나 부모의 사회적 지지의 정도가 자녀에게 미치는 영향도 그에 못지않게 크다. 특히 자녀의 자아존중감은 자녀가 지각하는 가족 내의 지지와 밀접한 관련이 있다. 가족의 지지나 사회적 지지를 높게 지각한 청소년은 자아존중감 및 자아개념이 높고 친구관계의 스트레스로 인한 우울 정도가 낮았다. 반면에 가족으로부터 정서적 지지를 적게 받으면 학업적 자아개념이 낮고, 또래 관계에서 스트레스가 높으며, 사회적 자아개념이 낮았다(Wena-Gross, 1997).

(1) 위기

- 결혼생활 만족도가 낮아 부부관계를 재협상하거나 이혼을 결정한다.[1)]
- 정서적·물리적으로 지나치게 밀착되어 있는 부모와 자녀의 관계, 삼각관계 등의 가족관계가 나타난다.
- 자녀가 낮은 학업성적, 학교폭력, 약물중독 등으로 정상적 학업 및 사회관계에 실패한다.

(2) 예방적 개입

- 부모는 자신들의 사춘기를 돌아보고 자녀의 사생활과 독립심을 존중한다.
- 기존의 의사소통 방법으로 자녀와 대화하는 데 한계가 있다면 의사소통의 방법과 내용을 개선하고 다양화시킨다.
- 청소년 자녀와 함께 가족 내 규칙과 관계를 재정립한다.

---

1) Cole(1984)의 단계별 부부 만족도를 연구한 결과, 10대 자녀를 갖는 시기의 만족도가 가장 최저점으로 나타났다. 이를 통해 청소년기는 자녀뿐만 아니라 부모 모두에게도 힘든 시기이다.

5) 자녀 독립기

자녀가 사회활동이나 결혼으로 독립된 삶을 확립하는 단계이다. 자녀를 출가시키고 직장에서 은퇴한 가족은 부부가 함께 있는 시간이 늘어나면서 문제가 발생한다. 빈번한 부부 간의 불화와 갈등은 새로운 문제로 인한 것이라기보다는 이전에 해결되지 않은 갈등과 생활방식의 차이, 일방적으로 억압을 당했던 배우자의 태도변화와 해결되지 않은 감정 등이 요인이다. 만일 부부관계가 강화되지 않거나 부부관계에 대한 재투자가 불가능하다면 황혼이혼을 할 수도 있다(Carter & McGoldrick, 1988). 따라서 자녀중심의 가족생활로 인한 공허감, 직장생활에서 느끼던 성취감과 존재감의 상실을 극복하기 위해서 의미 있는 새로운 삶의 활동을 발견해야 한다. 부모는 조부모의 위치로 이동할 준비를 하고 의존적일 수 있는 자신들의 부모들을 돌보아야 할 책임과 함께 다양한 형태의 관계를 수용한다.

(1) 위기

- 자녀독립 이후 감춰졌던 부부갈등이 불거진다.
- 사회생활에서 자의 반, 타의 반으로 물러나면서 정서적 위축, 경제적 어려움을 경험한다.
- 새로운 가족구성원(자녀의 배우자)과의 갈등이 생긴다.

(2) 예방적 개입

- 부부의 공동 관심사를 개발하고, 경직된 의사소통방법의 변화를 추구하여 새로운 의사소통방법을 습득한다.
- 성역할 태도에 대한 고정관념을 버리고, 새로운 역할을 학습하고 수용한다.
- 자녀의 독립을 인정하고, 자녀부부세대의 문화와 변화를 긍정적으로 평가한다.

6) 노년기

노년기에는 경제적으로 불안정하고, 건강상의 문제가 발생하며, 친구나 친척, 배우자와 사별하는 고통을 겪는다. 특히 배우자의 죽음으로 혼자 남게 된 삶을 재조직해야 하지만, 그러한 상실을 대치할 수 있도록 도와줄 수 있는 사람이 별로 없다는 점에서 보면 극복이 쉽지 않다.

러셀과 쿠트로나(Russel & Cutrona, 1991)는 12개월 이상 지역사회 노인을 대상으로 우울증을 극복하는 과정에서 사회적 지지의 역할을 조사한 결과, 낮은 사회적 지지가 우울증에 직접적이고 부정적인 영향을 미칠 뿐 아니라 정신적 스트레스를 경험할 가능성의 증가에도 간접적 영향을 미쳤다. 또한 딘과 콜로디, 우드(Dean, Kolody, & Wood, 1990)는 성인자녀와 다른 친척과의 접촉 여부는 노인의 심리적 스트레스 감소에 강력하고 직접적인 영향을 미치고 있다고 하였다. 우리나라의 가족형태가 점차 핵가족화되고 부모를 한집에서 부양하는 책임감은 약화되었지만, 근거리에 거주하면서 왕래를 자주 하고 경제적 원조를 하는 대신 자신의 자녀양육을 맡기는 관계로 적응하는 모습을 보인다. 조부모로서 손자와 손녀들과의 새로운 관계 형성은 인생에 새로운 활력과 즐거움을 부여하고 특별하고 친밀한 관계를 가질 수 있는 기회를 제공한다(박태영, 2003).

(1) 위기

- 배우자의 사망, 노년의 고독감, 노인학대, 방임의 문제가 발생한다.
- 노인의 빈곤과 건강문제가 나타난다.

(2) 예방적 개입

- 노인대학, 지역사회 노인복지시설 등을 중심으로 새로운 사회적 지지망을 확립한다.
- 퇴직 후 지역사회에서 자신의 가치를 찾을 수 있는 활동을 찾거나 여가생활에 참여한다.

6. 변화하는 가족생활주기

출생률 저하, 생명의 연장, 여성의 역할변화, 이혼율과 재혼율의 증가 등은 가족생활주기에 변화를 가져왔다. 특히 2000년 이후 급격히 증가하고 있는 이혼은 적응에 실패할 경우 위기에 처할 수 있으므로 이혼과정에서 다루어야 할 과업에 대한 지식과 실천이 필요하다. 전통적 가족생활주기와는 다른 단계를 경험하는 이혼, 재혼가족의 경우에는 새로운 발달과정과 과업이 요구된다. 카터와 맥골드릭(Carter & McGoldrick)이 제시한 이혼, 재혼가족의 생활주기별 특성과 과업을 살펴보면 다음과 같다.

1) 이혼가족의 생활주기

가족은 이혼을 처리하는 방법에 따라 시간이 지나면서 회복과 적응의 정도가 달라진다. 이혼과정 전반에 가족이 실천해야 하는 중요한 정서적 과제와 관계들이 존재하기 때문에 정서적 문제를 적절하게 해결하지 않을 경우, 가족체계를 위협하고, 자녀의 성장에 위해(危害)를 가져오는 위기를 경험할 수 있다(Goldenberg & Goldenberg, 1992). 그러나 이혼이 반드시 부정적 영향력만을 끼치는 것은 아니다. 조사에 의하면 이혼한 부모와 자녀의 관계가 더 이상 부모의 갈등에 영향을 받지 않게 되면서 오히려 개선되는 경우도 많다. 이혼 후 반수 이상 가족의 부모는 우호적 협력관계를 형성하고, 비공식적 친족관계를 형성한다(Ahrons, 1994; Walsh, 1998; 양옥경 외 역, 2002). 부모의 이혼 후 자녀의 성공적 적응은 양쪽 부모와 관계를 유지하고 그들이 양육과 재정문제에 최대한 협력할 때 가능하다(Whiteside, 1998). 하지만 이를 달성하기 위해서는 이혼한 부모 간에 높은 수준의 의사소통, 상호 신뢰, 협력관계 등이 형성되어야 한다.

표 2-4 이혼가족의 발달단계와 과업

단계		전환의 정서적 과정: 태도	발달상의 과업
이혼결정		• 결혼관계를 유지할 수 있는 문제해결 능력이 없음을 인정한다.	• 결혼실패를 초래한 각자의 잘못을 수용한다.
가족해체 계획		• 가족체계에 속한 모든 사람들을 위해 적절한 배려를 한다.	• 자녀양육권, 방문, 경제문제에 대하여 협력적으로 일한다. • 확대가족과 이혼문제에 대해 다룬다.
별거		• 협조적 공동부모관계를 지속하고 아동에 대한 재정원조를 함께한다. • 배우자에 대한 애착을 떼기 위해 노력한다.	• 함께 살아온 가족구성원의 상실을 슬퍼한다. • 부부관계와 부모-자녀관계 및 재정문제를 재구조화하고 별거에 적응한다. • 확대가족과의 관계를 재정비하고, 배우자의 확대가족과의 관계를 유지한다.
이혼		• 정서적 이혼을 위해 더 노력하고, 상처, 분노, 죄의식을 극복한다.	• 정상가족 상실을 슬퍼하고 재결합에 대한 환상을 버린다. • 결혼에 대한 희망, 꿈, 기대들을 회복한다. • 확대가족과 관계를 유지한다.
이혼 후	한부모 (자녀교육)	• 재정적 책임감의 유지, 전 배우자와 공동부모관계를 유지하고, 전 배우자와 그 가족이 자녀와 접촉을 유지하도록 지지한다.	• 전 배우자와 그의 가족들의 방문을 융통성 있게 허용한다. • 자신의 재원을 재구축한다. • 자신의 사회적 관계망을 재구축한다.
	한부모	• 전 배우자와 공동부모관계를 유지하고, 자녀와의 관계를 지지한다.	• 효율적인 부모관계를 지속하는 방법을 찾는다. • 전 배우자와 자녀에 대한 재정적 책임감을 유지한다. • 자신의 사회적 관계망을 재구축한다.

2) 재혼가족의 생활주기

재혼가족은 구조, 기능, 가족관계, 정서적 측면에서 초혼가족과 다른 특징과 발달단계를 가진다. 이러한 복잡한 특징은 재혼가족을 위협하는 요인이 될 수 있으며 재혼가족 내의 갈등을 일으켜서 가족해체의 위기를 가져오기도 한다.

표 2-5 재혼가족의 발달단계와 과업

단계	요구되는 태도	발달상의 과업
새로운 관계의 시작	• 첫 번째 결혼의 상실을 회복한다(적절한 정서적 이혼).	• 결혼과 가족을 형성하기 위해서 재헌신하며, 이를 위해서 복잡성, 모호성 등을 다룰 준비를 한다.
새로운 결혼생활과 가족에 대한 개념화와 계획	• 재혼과 복합가족 형성에 대한 자신과 새 배우자 및 자녀의 두려움을 수용, 세 가지 점에서 복잡성과 불명확성에 적응하기 위한 시간과 인내가 필요함을 인정한다. – 새롭고 다양한 역할 – 경계: 공간, 시간, 소속감, 권위 – 정서적 문제: 죄의식, 부모에 대한 충절과 관련된 갈등, 상호관계에 대한 바람, 미해결된 과거의 상처	• 새로운 관계에서 개방적 태도로 가식적 관계를 피한다. • 전 배우자와 협력적 재정 및 공동 부모관계를 유지하기 위한 계획을 수립한다. • 두 개의 가족체계 내에서 겪는 두려움, 충성심에 대한 갈등, 소속감을 다룬다. • 새 배우자와 자녀를 포함한 확대가족과의 관계를 재조정한다. • 전 배우자의 확대가족과 자녀와의 접촉을 유지하기 위한 계획을 수립한다.
재혼과 가족의 재구성	• 전 배우자에 대한 애착을 끊고, 이상적인 '완전한' 가족에 대한 집착에서 벗어난다. • 투과성 있는 경계를 가진 새롭고 다양한 가족모델을 수용한다.	• 새 부자와 계부모를 포함할 수 있는 가족 경계선을 재구조한다. • 여러 체계가 섞일 수 있도록 관계와 재정적 조정을 재편성한다. • 친부모(비양육 부모), 조부모, 다른 확대가족과 모든 자녀와의 관계를 지속하도록 허용한다. • 복합가족의 통합을 증진시키기 위하여 추억이나 역사를 공유한다.

자녀들은 친부모 사이에 충성심의 갈등을 겪거나 친부모와 단절될 때, 계부모와의 관계로 빨리 대체하도록 강요받을 때 역기능적 위기를 경험한다. 전 부인이 낳은 자녀들과 단절된 부(모)는 때로 새로운 자녀들과 관계형성의 어려움을 겪는다. 재혼가족에서 화해와 새로운 유대를 촉진하기 위해서는 상실감과 죄책감, 다시 관계를 맺지 못할 것이라는 두려움을 충분히 다루어야 한다. 또한 재혼한 배우자가 친부모와 관계를 유지하고자 하는 자녀들의 욕구를 이해하고 전 배우자와 자녀들 간의 좋은 관계를 질투하거나 위협하지 않는다면 더욱 도움이 될 것이다. 재혼가족과 자녀들의 레질리언스(resilience)는 그들의 경계가 개방적으로 유지되고 다양한 관계가 용인될 때 가장 강력한 힘을 얻게 된다(Walsh, 1998; 양옥경 외 역, 2002; 성정현 · 여지영, 2017 재인용).

생각 & 토론 주제

○ 우리 가족이 중요하게 생각하는 가족규칙은 무엇인가?

○ 우리 가족이 명절이나 기념일에 중요하게 챙기는 활동은 무엇인가?

○ 가족 간의 의사소통 형태에 대해서 이야기해 보자.

PART 02

가족복지정책

CHAPTER

03 복지국가와 가족복지정책

이 장에서는 복지국가와 가족복지정책의 관계를 살펴보기 위하여 먼저 가족복지정책의 개념을 정리하고 가족복지정책의 대상을 가족구조 측면과 가족기능 측면, 가족발달주기로 나눠 제시할 것이다. 그리고 가족정책의 유형 및 서구 복지국가와 한국의 가족복지정책 변화 과정을 살펴보고 끝으로 한국 가족복지정책의 문제점을 다루고자 한다.

01 복지국가와 가족복지정책의 관계

복지국가는 최소한의 공공부조 제공, 사회보험 및 사회서비스 제공 등 복지 개입을 통해 개개인 삶의 독립성을 보장하고 행복증진에 기여하는 국가를 말한다. 가족은 복지국가 정책에 따른 서비스 수혜의 가장 중요한 대상이다. 가족은 구성원 개개인의 보호를 위한 최소 단위인 동시에 복지국가가 제공하는 서비스 통로이다. 복지국가가 지향하는 사회복지정책의 근간은 가족을 대상으로 설정하므로 복지국가에서 수립되는 복지정책이 가족정책과 밀접한 관련성을 지닌다(원영희 · 손화희, 2016).

과거 산업사회에서 남성은 노동시장 영역을, 여성은 가사와 자녀양육을 담당하는 성별분업 구조를 이루고 있었고 가족복지정책은 가족의 기능을 유지하는 데 초점을 두고 있었으며, 성별분업에 기반을 둔 핵가족을 정상가족으로 보았다.

따라서 가족정책은 정상가족의 해체를 예방하고, 문제가 생긴 가족에게만 최소한으로 개입하여 지원하는 형태를 취했다. 그러나 여성의 경제활동 참여 증가와 다양한 가족 유형의 증가로 인해 현대 사회는 새로운 가족복지정책 패러다임을 요구하게 되었다. 여성의 노동시장 참여가 늘면서 누가, 어떻게 가정 내 돌봄의 문제를 해결할 것인가에 대한 새로운 가족정책 패러다임이 요구되고 있으며, 가족 돌봄 책임의 주체가 가족만이 아닌 가족과 사회로 전환하게 되었다(송다영 · 정선영, 2013). 복지국가는 국가가 가족의 복지를 위해 정책적으로 개입하여 이를 보장함을 기본 원칙으로 한다는 점에서 가족복지정책과 매우 밀접한 관련성을 지닌다. 가족에 대한 국가역할과 개입은 가족정책으로 구현되는 데 있어, 개별 국가에 따라 가족구성원의 삶이 상이할 수 있다.

에스핑 앤더슨(Esping-Andersen, 1990)은 복지국가 체제를 논하면서 복지국가가 역사의 산물이며 사회계급 간 투쟁의 산물이라는 점을 전제하고 그것이 사회의 계급과 계층구조, 시장 및 가족관계와 서로 연결된다는 점을 강조하면서 탈상품화, 계층화, 수혜제공과 관련된 국가-시장-가족의 관계를 복지국가의 주요한 분류 기준으로 제시하였다(박경일, 2008). 탈상품화란 "노동시장에 대한 종속으로부터 개인을 보호하는 정도, 즉 개인이 노동시장 참여와 상관없이 일정 수준 이상의 삶을 누릴 수 있는 정도"를 의미한다.

에스핑 앤더슨은 복지국가의 변화와 전망을 진단하면서 가족이 복지국가 재편의 핵심이라고 보았다. 그는 후기 산업사회의 노동시장과 가족의 변화에 대한 문제해결 전략으로 복지서비스의 탈가족주의화를 제시하였다. 탈가족주의화는 그동안 가족이 맡고 있던 양육과 돌봄의 몫을 국가나 시장으로 이전하는 것을 의미한다. 그는 국가와 시장경제, 가족 간 관계에 따른 복지국가 체제를 가족 내 책임성을 강조하는 가족주의(familism)와 가족에 대한 사회적 책임을 강조하는 탈가족주의(de-familization)의 개념을 통해 복지국가를 자유주의, 조합주의, 사회민주주의 유형으로 분류하였는데, 각 구분에 따른 가족복지정책의 관점을 간략하게 제시하면 표 3-1과 같다.

표 3-1 에스핑 앤더슨(Esping-Andersen)의 복지국가와 가족정책의 관련성

복지국가 체제	가족복지 유형	국가의 역할과 개입
자유주의	가족주의	• 탈상품화 효과가 최소화된 국가이며 자산조사를 전제로 한 사회복지 프로그램 제공 • 전통적 가족기능과 역할 강조, 가족이 복지의 일차적인 책임을 짐. 가족의 책임 기능에 문제가 발생하면 국가 개입이 최소한으로 이루어짐(미국, 캐나다, 호주)
보수적인 조합주의	이원적 가족주의	• 노동력의 상품화 문제를 중요시하지 않으며 가족의 중요성을 강조하고 교회나 자원봉사조직들이 사회복지 역할을 대신함 • 전통적 가족주의를 고수하며 개인에 대한 복지의 일차적 책임을 가족에 두고, 국가는 이차적 책임을 감당 • 전업주부는 사회보험에서 제외되며, 가족 관련 급여만이 모성을 보호함. 각종 가족복지서비스는 매우 미흡하며, 가족이 기능을 다하지 못할 때만 국가가 개입하는 최소한의 복지가 행해짐(독일, 프랑스, 오스트리아, 이탈리아, 네덜란드)
사회 민주주의	탈가족주의	• 노동력의 탈상품화 정도가 가장 높으며 사회복지 프로그램들은 높은 수준으로 제도화되어 있고 시민들은 노동시장의 의존으로부터 이탈됨 • 가족의 역할을 적극적으로 공유하고 가족기능의 사회화에 국가가 앞장서며 국가는 가족복지정책을 통해 사회구성원에게 사적 생활을 영위해 나가는 데 불편함이 없도록 가족 관련 문제를 직접적으로 해결해 나가는 책임을 다함(덴마크, 스웨덴, 노르웨이, 핀란드)

출처: Esping-Andersen, G. (1999). Social Foundation of Postindustrial Economies.

02 가족복지정책의 개념

가족복지를 실현하려면 가족복지정책이 구체화되어야 한다. 즉, 가족복지정책은 가족복지를 현장에서 실천하는 제도적 · 법적인 틀을 제시하고 다른 영역과의 상호관계를 통하여 가족복지의 효율성을 높이는 정책이다. 가족복지정책은 가족의 실체를 어떻게 인식하는가에 따라 다른 입장을 취할 수 있다. 일반적으로 가족을 바라보는 관점은 세 가지로 구분된다. 즉, 남성과 여성이 만나 자녀를 낳고 생활하는 사적인 개념의 개인중심 가족, 사회구성원을 양육하는 역할을 담당하는 사회적 가족, 사회변화에 따른 정치적 도구로의 공공개념의 공공가족 등 다양한 가족의 실체가 존재한다. 가족에 대한 공공 개념에 기초한 가족정책은 "구성원들의 삶의 질을 높이기 위하여, 사회가 가족에 대해 원하는 바가 무엇인가를 묻고, 원하는 것과 현재 가지고 있는 것을 구별함으로써 필요로 하는 새로운 인간유대의 실현을 추구하는 의도적인 일련의 정책"을 의미한다(이혜경, 1996).

가족복지에 대한 정책은 가족정책 및 가족복지정책으로 구분할 수 있다. 가족복지정책은 가족정책의 한 영역이면서 동시에 가족을 위한 복지정책이라는 면에서 약간의 차이가 있기는 하지만 일반적으로 혼용되고 있다. 실제로 가족정책의 궁극적 목적은 가족의 복지를 향상시키는 데 있으므로 가족정책은 곧 가족복지정책이라고 이해해도 무리가 없다고 본다. 가족복지정책은 가족의 복지 증진을 목표로 하므로 각 가족성원을 위한 것이 아닌 다른 정책을 실현시키기 위한 목적의 수단으로 가족이 이용되는 것을 배제한다.

가족정책은 가족에 미치는 모든 정책이며, 가족복지정책은 가족정책의 하위 영역으로 '가족의 복지를 실현하기 위한 거시적 · 제도적 국가정책'으로 가족에 긍정적 영향을 미치는 정책이라 할 수 있다. 가족복지정책은 가족을 대상으로 하며, 가족구성원과 가족이라는 하나의 단위에서 표출되는 욕구를 지원 · 보충 · 대체하는 기능을 담당함으로써 가족에게 긍정적인 영향을 미치는 국가 개입적 활동이라고 할 수 있다(최경식, 2001).

가족복지정책에 대한 개념 정의는 학자에 따라 다양한데 그 내용은 **표 3-2**와 같다.

표 3-2 가족복지정책의 개념

학자	내용
Kamerman & Kahn(1978)	정부가 가족에 대하여 행하는 의도적인 모든 활동, 가족에게 영향을 주기 위한 제도적 개입. 가족의 문제에 대하여 제도적 · 환경적 · 거시적으로 접근하는 것
Zimmeman(1995)	가족의 복리달성이라는 목적을 가지고 가족이 경험하게 되는 여러 문제들에 대처하기 위한 일련의 상호 연관된 정책 선택, 개인이 아닌 '가족구성원으로서의 개인', 즉 '가족 자체'에 초점을 둠
Gauthier(1999)	협의의 정책은 가족의 소득유지, 모성보호, 아동보호, 노인보호 등을 포함하며, 광의의 정책은 가족법, 각종 사회복지서비스, 기타 공공정책을 포함

학자	내용
최성재(1992)	가족의 기능, 구조 및 역할을 바람직한 방향으로 유도, 가족 전체 및 가족성원으로서 개인의 복지 증진을 위해 국가가 의도적으로 하는 행동에 관한 일련의 원칙들로 정의함
최경식(2001)	가족구성원과 가족이라는 하나의 단위에서 표출되는 욕구를 지원, 보충, 대체하는 국가 개입활동. 가족의 복지증진이라는 정책목표를 가지고 가족 전체 및 가족구성원이라는 차원에서 발생하는 욕구 충족을 위해 행하는 국가의 모든 정책
조흥식(2002)	가족복지에 관심을 두고 정부가 의도적으로 취하는 조치나 행동. 개인을 다루더라도 가족과 연계해서 다루는 정책. 가족구성원의 복지증진을 위한 수단으로서의 제반 정책들을 포함하는 개념
이영실 등(2013)	국가가 그 사회가 추구하는 목표를 실현하기 위한 의도를 가지고 가족 및 가족구성원으로서 개인이 복지를 증진시키기 위해 행하는 일련의 정책

이상의 논의를 종합해 볼 때, 가족복지정책은 가족과 가족의 역할을 가진 사람들을 대상으로 하고 사회구조의 변화를 반영하면서 '가족 전체' 및 '가족구성원'이라는 차원에서 발생하는 욕구 충족 및 복지증진이라는 정책 목표를 가지고 행하는 국가의 모든 정책으로 정의할 수 있다.

03 가족복지정책의 대상

가족복지정책의 대상은 국가와 가족의 입장에서 본 가족의 욕구와 가족문제라고 할 수 있다. 가족의 욕구가 충족되지 않는다면 이는 가족문제가 사회문제가 되므로 욕구와 문제는 밀접한 관련이 있다. 따라서 가족복지의 대상은 가족의 구조와 기능, 가족발달주기에 따라 구분할 수 있다(이영실 외, 2013; 한인영 외, 2017).

1. 가족구조 측면에서의 분류

가족구조상의 특성에 따라 가족복지의 대상을 규정하는 것으로 맞벌이가족, 미혼모가족, 이혼 및 재혼가족, 소년소녀가정가족, 노인가족, 핵가족 등 가족구조상의 다양화를 고려하여 각 가족이 지닌 특성에 따라 복지서비스를 달리하는 경우를 말한다.

최근에 여성의 경제활동 참여 증가로 인한 돌봄 영역에서의 변화와 함께, 다양한 유형의 가족이 증가하고 있다. 이혼율의 증가뿐만 아니라 동거가족, 생활공동체, 한부모가족, 1인가구 등 다양한 가족형태가 증가하고 있는데, 이는 경제적 불안정으로 인해 발생한 현상이기도 하지만 개인화된 삶을 지향하는 가치관의 변화로 나타난 현상이기도 하다(송다영 외, 2013).

현재 다양한 가족구조를 반영한 가족복지정책으로는 이혼 증가로 인한 한부모가족 및 조손가족에 대한 한부모가족 지원정책이 있으며, 점차 증가하고 있는 다문화가족에 대한 다문화가족 지원정책도 가족구조에 따른 가족복지정책이라고 할 수 있다(박미은 외, 2012).

2. 가족기능 측면에서의 분류

가족기능상의 특성에 따라 가족복지의 대상을 규정하는 것으로 빈곤가족, 학대가족, 알코올중독이나 약물중독가족, 청소년비행가족, 실직으로 인한 소득의 상실로 경제적 측면에서 기능상의 결손을 경험하는 가족과 병리 혹은 장애로 인한 심리적 및 의료적 문제를 겪고 있는 가족의 경우를 말한다.

전통적으로 가족이 부양과 돌봄 기능을 제공해 왔으나 다양한 가족 유형의 등장은 이러한 가족기능의 변화를 요구하고 있다. 즉, 부양과 돌봄의 책임이 가족에서 가족과 사회가 분담하는 형식으로 변화하고 있다(송다영 외, 2013). 가족기능 측면에서의 가족정책은 학자에 따라 다양하게 분류하고 있다.

이영실 등(2013)은 가족기능에 따라 빈곤가족, 학대가족, 알코올중독이나 약물중독가족, 청소년비행가족, 실직으로 인한 소득의 상실로 경제적 측면에서 기능상의 결손을 경험하는 가족, 병리 혹은 장애로 인한 심리적·의료적 문제를 겪고 있는 가족으로 가족복지의 대상을 분류하였다. 보겐슈나이더(Bogenschneider, 2008)는 결혼·이혼·출산·입양 등 가족의 형성과 해소에 관련된 정책, 자녀 및 가족을 위한 경제적 부양에 관련된 정책, 자녀양육에 관련된 정책, 노인이나 장애를 가진 가족구성원을 위한 돌봄에 관련된 정책으로 가족복지정책을 구분하였으며,

고티에(Gauthier, 2011)는 가족을 대상으로 한 아동수당, 가족수당, 주거수당과 같은 직접적 현금지원정책, 세제혜택과 같은 간접적 현금지원정책, 모성휴가 · 부성휴가 · 육아휴직과 같은 부모권을 지원하는 정책, 보육시설 및 서비스와 같이 노동권을 지원하는 정책으로 가족복지정책을 구분하였다.

성정현 등(2013)은 가족의 기능을 경제적 기능, 노동력 재생산의 기능, 양육 및 보호기능, 정서적 기능, 사회유지 및 통제기능으로 구분하여 각 기능에 따라 가족복지정책을 구분하고 있는데 그 내용은 다음과 같다.

- **경제적 기능에 해당하는 정책:** 사회보험, 공적부조, 가족수당, 조세감면 등
- **노동력 재생산 기능에 해당하는 정책:** 임신 및 출산급여와 휴가, 건강보장 프로그램
- **양육 및 보호기능에 해당하는 정책:** 아동수당, 육아휴직, 양육비 지원, 보육서비스, 부모휴가, 가족 간호휴가, 노인 · 아동 · 장애인 부양지원서비스 등
- **정서적 기능에 해당하는 정책:** 가족상담 및 심리치료 서비스, 가정폭력 지원서비스, 부부상담 등
- **사회유지 및 통제기능에 해당하는 정책:** 가족 관련 법(상속 · 이혼 · 재혼 · 입양 등)

3. 가족발달주기에 따른 분류

가족발달주기에 따라 가족은 다양한 변화와 문제 또는 위기를 경험한다. 가족복지정책의 대상을 구분하면, 부부만의 시기, 자녀출산 및 양육기, 미취학 아동기, 학령기, 청소년기, 청년기, 장년기, 노년기 등 가족발달주기에 따라 가족구성원 개개인은 물론 가족 전체가 당면하는 복지욕구는 다양하며, 이에 따라 복지개입을 달리 할 수 있다(이영실 외, 2013). 우리나라 가족복지정책에서도 가족발달주기에 따른 접근을 찾아볼 수 있는데, 여성가족부의 다문화가족 지원정책을 보면 결혼준비기에서부터 가족관계 형성기, 정착 및 자녀양육기, 역량강화기 등 다문화가족의 발달주기에 따라 맞춤형 서비스를 제공하고 있다(박미은 외, 2012).

04 가족복지정책의 유형

가족정책은 해당 국가의 사회경제적 · 정치적 상황은 물론 가족 가치에 대한 입장 등 복합적 요인에 의해 형성된다. 특정 국가의 가족정책이 어떤 특징을 갖고 어떤 방향을 취하게 되는지를 이해하기 위해서 학자들은 가족정책을 유형화하는 기준을 제시하였다. 가족정책의 유형화에 대해서는 많은 논의가 있지만 여기서는 케머만과 칸(Kamerman & Kahn, 1978), 하딩(harding, 1996), 고티에(Gauthier, 1996), 루이스(Lewis, 1992)와 세인즈베리(Sainsbury, 1992)의 이론을 소개한다(윤홍식 외, 2011: 52-57).

1. 가족정책의 명시성 여부에 따른 유형

가족정책에 대해서 최초로 제시한 케머만과 칸(Kamerman & Kahn, 1978)의 가족정책 유형은 해당 국가가 가족정책을 얼마나 의도적으로 염두에 두면서 시행하였는지를 기준으로 유럽과 영미 14개국의 가족정책 유형을 분류하였다. 이들에 의하면, 가족을 위한 정책은 '명시적 가족정책'과 다른 정책 영역에서 행해진 조치들이 가족에게 영향을 주는 '묵시적 가족정책'으로 분류된다.

명시적 가족정책은 다시 두 가지로 구분된다. 첫째, 가족에 대한 구체적이고 분명한 목표를 달성하기 위해 고안된 정책이 있는 국가로서 스웨덴 · 노르웨이 · 프랑스가 있다. 둘째로는, 가족에게 그리고 가족을 위해 의도적으로 시행되기는 하나 가족에 대한 합의된 전반적 목표가 없는 국가는 오스트리아 · 독일 · 핀란드 등이 있다. 그리고 묵시적 가족정책은 정책이 구체적으로 가족을 위해 고안되지는 않았으나 가족에게 간접적인 영향을 미치는 정책을 가진 국가들로서 영국 · 캐나다 · 미국 등이 있다.

케머만과 칸이 제시한 가족정책 유형화 특징을 정리하면 **표 3-3**과 같다.

표 3-3 케머만과 칸(Kamerman & Kahn)의 가족정책 유형화 특징

분류	가족복지정책	프로그램
고용관련	고용과 양육제도	모성·부성 지원정책
		피고용자 급여
소득관련	조세제도	세율차등적용, 피부양자 면세제도, 빈곤자면세, 근로소득공제
	가족급여제도	피부양자수당, 식권제도
사회서비스	보육제도	보육서비스
	모성건강, 아동건강	모성휴가, 학교보건
	주택정책	주택임대
	특수욕구를 가진 가족에 대한 정책	빈곤가족 보충급여, 특별욕구를 가진 아동지원서비스, 아동복지서비스, 아동영양서비스

2. 가족정책의 통제성 여부에 따른 유형

하딩(Harding, 1996)은 『가족, 국가 그리고 사회정책』이라는 저서에서 국가는 가족을 통제하고 지원한다고 하면서 '통제-비통제'의 차원을 중심으로 국가와 가족 간의 관계에 대한 모델을 7가지로 유형화하였다. 하딩에 의하면 국가와 가족 간의 관계는 파워 관계지만 그 영향은 일방적이지 않다고 보았으며, 7개의 모델 가운데 두 개의 모델(권위주의 모델과 자유방임모델)은 현실에 존재하지 않는 이상형이고, 이 두 극단 모델 사이에 5개의 모델이 있다. 모든 모델은 현실에서 배타적으로 존재하지 않는다.

1) 권위주의 모델

국가가 극단적으로 가족생활에 대한 접근이 조정적이고 선호하는 패턴과 가족형태를 강제하고 나머지 다른 것은 금기시한다. 이 모델이 지향하는 다양한 가족 행동들이 있으나 대표적인 것은 출산율 조정을 목표로 하는 것이다. 이를 위해 정부는 엄격한 제재와 일치를 요구한다. 예를 들어, 출산율 증가를 위해 권위주의적 정부는 피임과 낙태를 불법화하고 이를 어겼을 때 강한 제재를 가한다.

2) 자유방임모델

가족이 어떠해야 하는지에 대해 아무런 영향을 미치지 않으며, 정부의 입장은 가족은 개인의 자유와 선택이 완벽히 이루어지는 장이라는 자유주의적 입장을 취한다. 국가는 가족행동에 관한 한 어떤 목표도, 선호하는 어떤 형태도, 가족과 성애(性愛)에 대한 어떠한 이데올로기도 없다. 따라서 이 모델에서는 가족과 가족정책이 어떤 위치를 점해야 한다는 것이 없으므로 가족정책이 없는 것이 정책이다.

3) 특정 영역에서의 책임을 강행하도록 하는 모델

이 모델은 가족생활에 대한 어떤 목표를 가지고 있으나 권위주의적 모델처럼 전적인 통제를 하는 것이 아니다. 모델이 의도하는 바는 권위주의적 모델만큼 가족에 대한 국가의 목표가 최우선되는 것은 아니지만 부모책임의 강화나 결혼의 강화와 같은 분명한 정책목표를 갖는다는 점이다.

4) 유인동기를 만드는 모델

국가가 선호하는 가족행동 패턴을 장려하고 그렇지 않은 것은 억제하기 위해 벌과 보상 모두를 조작한다. 이 모델은 앞의 모델보다 덜 권위적이지만 목표는 특정 영역에서의 가족생활을 통제하고 영향을 미치는 데 있다. 수단이 다소 점잖다. 즉, 벌을 통해 억제 외에 강화라는 긍정적 수단을 사용하는 것이 특징이다. 가장 뚜렷한 방법은 경제적 인센티브를 통해서이다.

5) 제한적인 전제 내에서 이루어지는 모델

가족이 어떻게 행동하는 것이 옳고 그른지에 관한 전제가 있다. 가족정책은 이러한 제한적인 전제(예를 들면, '여성은 의존적인 존재다'와 같은 것) 위에서 이루어진다. 전제는 현실을 반영하는 것이어야 하는데, 그렇지 못한 경우 행동을 왜곡시킬 우려가 있다. 이 모델은 앞의 모델들보다 덜 통제적이지만 여전히 가족형태에 강력한 영향을 미친다.

6) 가족을 대체하거나 지원하는 모델

가족이 어떻게 기능해야 하는지에 영향을 미치고자 하는 의도성 없이 단지 현재 존재하는 가족구조를 강화하고 촉진한다. 단, 가족이 실패할 경우 이를 지원하거나 대체하는 서비스가 제공되어야 한다는 입장이다. 이 모델 역시 가족에 관한 정책이나 서비스가 특정 형태의 가족을 표적으로 한다고 볼 수 있다.

7) 필요와 요구에 반응하는 모델

순수한 자유방임모델에 가까우며 많은 가족에 관한 국가 서비스가 요구되지만 주도권이 국가가 아닌 가족에 있는 경우이다. 따라서 국가는 특정 가족유형에 대한 전제나 선호가 없고 가족의 요구에 수동적으로 반응할 뿐이다.

3. 저출산에 대한 대응에 따른 유형

고티에(Gauthier, 1996)는 가족정책이 저출산과 여성의 노동시장 참여 확대 등과 같은 인구사회학적 변화에 대한 국가의 대응으로 보고 유럽과 영미 국가의 가족정책모델을 4가지로 구분하였다.

1) 가족 친화적 · 출산장려적 모델

이 모델에서 궁극적 관심은 저출산이다. 따라서 출산장려와 관련하여 가족을 지원하는 것을 정부의 중요한 책임으로 여긴다. 출산에 방해가 되는 요소들을 제거하는 데 관심이 있으며, 특히 일과 가족을 병행하는 것이 출산을 방해하지 않도록 제반 조치를 강구한다. 대표적인 국가는 프랑스이다.

2) 전통주의 모델

이 모델에서 말하는 '전통'은 남성생계부양제도를 말한다. 즉, 전통적인 남성생계부양제도를 유지하는 것이 정부의 정책적 관심이다. 전통적 가족유형을 지지하고 전통적 성역할 구분을 선호한다. 따라서 여성의 노동시장 참여를 촉진하는 공보육시설의 확대보다는 가정 내에서 여성이 아이를 양육할 수 있도록 지원하는데, 대표적인 국가는 독일이다.

3) 양성평등주의 모델

이 모델은 가족정책의 지향을 남녀 간의 평등성취에 두기 때문에 전통적 가족 형태보다는 평등한 성역할모델을 추구한다. 남녀 모두가 가족에서의 양육과 시장에서의 노동을 병행할 수 있도록 제도적으로 지원한다. 대표적인 국가는 스웨덴과 덴마크이다.

4) 가족 친화적이지만 비개입주의적 모델

이 모델은 국가의 가족에 대한 책임을 인정하지만 그 책임의 범위는 보호를 요하는 가족에 한정된다. 전통적 가족 유형을 선호하며, 일과 가족의 병행에 대한 정부의 개입을 최소한으로 한다. 대표적인 국가는 미국과 영국이다.

고티에가 제시한 가족복지정책 분류 내용을 간략하게 정리하면 **표 3-4**와 같다.

표 3-4 고티에(Gauthier)의 가족복지정책 분류

분류	정책적 관심	정책프로그램	해당국가
가족친화적·출산장려주의 모델	저출산 문제해결을 위한 출산장려 정책	자녀수당, 모성휴가, 보육시설지원, 낙태에 관대	프랑스
전통주의 모델	전통적·가족친화적 정책목표유지, 가족 지원의 국가 개입은 중간 정도	취업모 세제지원, 휴가급여(전통적 가족유형 지지) 보육정책 부진, 휴가급여	독일
양성평등주의 모델	남녀평등증진, 취업부모에 대한 국가지원	모·부성휴가, 자녀간병휴가, 아동수당, 낙태에 관대	덴마크 스웨덴
가족친화적이나 비개입주의 모델	국가의 최소한 개입(요보호가족), 전통적 가족유형 선호, 자립강화	낮은 수준의 모성휴가, 보육지원	미국, 영국

4. 남성생계부양의 강도에 따른 유형

루이스(Lewis, 1992)와 세인즈베리(Sainsbury, 1992)가 대표적이다. 루이스는 성별분업을 기초로 복지국가를 유형화했는데, 남성은 생계부양자, 여성은 가정주부라는 이분법적 전제를 가지고 있다고 보았다. 복지국가는 이상적으로 남성부양자모델을 기반으로 하는데, 이 경우 기혼여성은 노동시장에서 배제되고 남편에 의존하기 때문에 남편을 통해 사회보장수급권을 받는다. 따라서 루이스는 가족정책을 '남성부양자 규범'에 따라 강한 부양자모델, 온건한 부양자모델, 약한 부양자모델로 분류하였다. 영국 · 독일 · 네덜란드는 여성을 의존적 어머니로 가장 강력하게 규정해 놓는다는 측면에서 강한 생계부양자모델에 속한다. 반면 프랑스는 여성을 노동자이면서 어머니로 규정하는 온건한 생계부양자모델이고, 스웨덴은 남성과 여성을 노동자이자, 양육자로 규정하는 약한 남성부생계부양자모델에 속한다.

세인즈베리는 루이스의 유형화가 너무 단일한 차원에서 이루어졌다고 보고 부양자모델과 개인모델을 비교하면서 새로운 유형화를 제시하였다. 세인즈베리는 수급조건, 급여단위, 과세단위, 가족 이데올로기, 가족 내 노동분화, 공적 · 사적 영역 간 경계 등을 준거로 복지국가 유형을 부양자모델과 개인모델로 분류하였다. 여기서 부양자모델은 남성생계부양자 레짐(male-breadwinner regime), 젠더역할 분리 레짐(separate gender role regime)으로 세분화하였다. 그리고 개인적 모델을 개인주의 레짐(individual earner-carer regime)으로 명명하였다. 남성부양자 레짐은 엄격한 성별분업을 전제로 노동이 분화하는 가족이데올로기를 지향하며, 젠더역할분리 레짐은 성별분업을 전제하지만 성별 간 차이의 중요성을 강조한다. 남성부양자 레짐과의 차이는 여성이 돌봄노동을 함으로써 급여 혜택이 주어진다는 것이다. 개인주의 레짐은 성별분업을 지양하며, 남성과 여성에게 소득자와 양육의 역할을 동시에 부여한다.

이상과 같은 가족정책의 여러 유형들은 현실에서 이루어지는 가족정책의 다양성을 보여주면서 동시에 가족정책의 범주가 그 국가의 거시적 맥락하에서 복잡하게 접합, 조형되고 있음을 말해준다. 이는 곧 가족정책의 범주는 관념적이고 논리적인 차원에서 구성되는 것이 아니라 현실의 차원에서 구성됨을 시사한다.

현실과 현실에 대한 인식이 변화하면 가족정책의 방향과 범주도 변한다는 것이다. 이진숙(2003)은 이러한 가족정책의 변화를 전통적 정상가족을 이상적 모델로 인식하는 '제도 중심적' 패러다임에서 탈제도화, 다양화, 개인화라는 가족의 변화를 반영하는 '다양성' 패러다임으로 변화하고 있다고 말하였다. 그런 의미에서 앞에서 언급한 가족정책에 대한 태도변화를 감안할 필요가 있다.

가족정책은 앞으로 복지국가의 유형을 결정하는 중요한 지표가 될 것이다. 이는 그만큼 세계 사회가 직면하는 문제가 변화하고 있다는 의미이다. 이는 소위 실업・질병・노령으로 대표되는 구사회 위험(old social risk)에 직면하던 시대에서 임신・출산・양육으로 대표되는 신사회 위험(new social risk)에 직면하는 시대로 변화하고 있음을 말한다. 그에 따라 복지국가에서 가족정책의 위치는 그 이전 시대보다 더 중요해지고 있다.

05 복지국가 가족복지정책의 변화과정

1. 서구 복지국가 가족복지정책 변화과정

고티에(Gauthier)의 연구를 중심으로 복지국가 가족복지정책의 변화과정을 살펴보면 다음과 같다(류종훈, 2006).

1879~1929년 사이엔 급속한 산업화와 도시화가 이루어진 시기이다. 이 시기에는 일부 가족을 제외한 대다수 임금근로자 가족의 높은 빈곤율과 영아사망률 등이 사회문제로 등장하였다. 이에 모성휴가제도를 통한 일하는 여성보호, 여성복지센터 혹은 아동복지센터 설립, 빈곤한 어머니・과부・고아에 대한 제한적 연금급여를 통해 아동과 여성보호를 위한 공적 개입이 나타났다. 또한 1870년대 이후 두드러진 출산율 하락에 대응하여 낙태와 피임을 금하는 법적 조치들이 나타났다.

1940~1944년은 제2차 세계대전까지의 시기로, 출산율 하락으로 인구감소에

대한 우려가 지배적인 시기였다. 또한 가족의 불안정성 증가와 가족 내 부모의 권위 약화는 사회의 위험이 되었다. 그 결과 독일 · 이탈리아 · 스페인 등 파시스트 국가들이나 프랑스 · 일본 등에서 출산수당, 결혼자금 대부 등과 같이 결혼과 출산을 장려하는 조치들이 취해졌으며, 일부 국가들에서는 부양자녀를 거느린 남성 노동자에게 임금보너스 혹은 가족수당 형태로 현금급여지원이 이루어졌다.

1945~1959년에는 종전으로 평화의 시기가 도래하였고, 출산율은 다시 높아지고 가족은 다시 안정화되는 경향을 보였다. 이 시기는 인구감소 우려는 적었지만 보편주의에 기반을 둔 복지국가 팽창의 가속도에 힘입어 국가마다 가족 지원책을 강화하는 경향을 보였다. 그 결과 제한적 인구를 대상으로 하던 가족수당이 보편주의 급여로 확장, 발전되었다. 일부 임신한 근로여성 보호조치가 강화되기도 하였지만, 대체로 전통적인 남성부양가족을 지지하는 정책들을 만들어 냄으로써 어머니와 자녀 간의 친밀한 관계를 찬양하는 분위기가 형성되었으며, 전쟁 기간 동안 노동시장에 참여했던 여성들이 가정으로 되돌아가 전통적 역할을 수행하도록 촉구되었다.

1960~1974년 사이는 복지국가의 확장으로 사라진 것으로 보았던 빈곤문제가 재확인되면서, 저소득 빈곤가족에 대해 자산조사를 통한 선별주의적 급여정책이 도입되었고, 한부모가족에 대한 급여 확대, 저소득가족에게 불리한 조세감면제도의 개선이 이루어졌다. 또한 여권주의 운동에 힘입어 성평등과 출산에 대한 통제권 이슈가 쟁점화되면서 피임과 낙태 관련 법규들이 완화되고, 노동시장 내 성평등을 추구하는 조치들이 이루어졌다.

1975년~현재 사이는 유래 없는 저출산, 여성의 노동시장 참여율 증가, 가족형태 다양화 등으로 특징화되는 시기이다. 이에 대응하여 낙태에 관한 법규 완화, 취업모 지원 강화, 부양자녀가 있는 빈곤가족에 대한 지원 강화 등 다양한 차원에서 공공정책이 마련되었다. 일부 국가에서는 다시 출산장려주의정책을 추진하였는데, 이는 1930년대와 같이 명시적 방식이 아니라 가족복지, 취업활동과 부모역할의 양립을 지원하는 가족친화정책 등을 통해 간접적으로 추구되었다.

2. 한국 가족복지정책 변화 과정

한국의 가족복지정책은 전통적으로 시장과 가족의 복지제공 기능에 크게 의존해 왔다. 이는 강한 가족주의 이념에 의한 것으로 비교적 안정적인 가족 네트워크가 견고하게 형성되어 있을 때에는 가능하였다. 그러나 최근 저출산・고령화, 이혼 증가, 한부모가족 및 1인가구의 증가로 전통적 가족의 안정성이 급속하게 감소하고 있어 가족복지정책의 패러다임 변화가 시작되었다. 가족복지정책의 패러다임 변화의 정점에는 2004년 제정된 「건강가족기본법」이 있다. 이 법이 제정되면서 가족복지를 독자적 입법으로 구축하게 되었으며, 가족복지정책에 대한 명시적이고 구체적인 논의가 시작되었다. 1960년대부터 현재에 이르기까지 한국 가족복지정책의 특성을 시대별로 살펴보면 다음과 같다(최선화 외, 2018; 황인자 외, 2016; 백승준, 2011).

1) 1970년대까지의 가족정책

1970년대 후반 급속하게 산업화가 진행되는 과정에서 가족기능의 약화에 따른 가족문제의 확산 현상이 표면화되면서, 가족복지정책에 대한 논의가 이루어졌고 국가 차원의 개입 필요성이 대두되었다. 1950년 6・25전쟁과 베이비붐 시대에 경제적 궁핍과 혼란 속에 가족정책은 구호사업 및 전쟁고아를 위한 보호지원, 관리가 중심이 되었다. 1960년대에는 합계출산율이 6.0에 이를 정도로 인구가 팽창하여 국가 차원에서 산아제한 정책을 시행하였는데, 그 결과 1970년에는 4.5명, 1985년에는 1.7명으로 급격하게 감소하였다. 1970년대는 고도의 경제성장을 토대로 경제와 사회의 균형 발전이 모색되면서 사회복지의 제도적 기반이 조성되기 시작했으나, 성장논리에 매몰되어 가족복지에 대한 국가의 기본적 태도는 비개입주의적・잔여적・개인 중심적 접근이 강조되었다.

2) 1980년대 가족정책

1980년 초 '민주복지국가 건설'을 최우선 국정과제로 설정한 제5공화국 정권은 도덕성 취약의 문제를 극복하고 정권의 기반 확립을 위해 사회정책을 강력하게 추진했는데, 가족정책의 무관심으로 인한 출산율 저하문제가 나타났다. 이 시기에도 가족을 정책 대상으로 인식한 명시적이고 포괄적인 정책은 이루어지지 않았으나 가족구성원으로서 노인·아동·장애인에 대한 복지법을 제정 및 개정하여 개별 가족구성원을 대상으로 하는 사회복지제도와 서비스의 법제화가 이루어졌다. 또한 1989년 「모자복지법」 제정으로 비록 저소득 모자가정이라는 협소한 집단에 한정되었지만 특정 가족을 대상으로 하는 명시적 복지정책이 등장하였다. 그리고 기혼여성의 경제활동 증가로 취업여성의 모성보호 조치가 강화되기 시작하였다. 모성보호 프로그램이라고는 「근로기준법」에 의거한 산전·후 휴가제에 불과했던 상태에서 1987년 「남녀고용평등법」 제정으로 취업여성의 육아휴직제가 법제화되었다. 그리고 연금제도 내 국민연금, 노령퇴직연금, 장해연금과 유족연금, 국민건강보험, 고용보험, 산재보험 등이 정착되면서 사회보험을 통한 가족의 소득지원정책이 제시되기 시작하였으나 소득보장체계로서의 기능은 미약했다.

3) 1990년대 가족정책

1990년대는 이혼율 증가, 저출산·고령화로 인한 아동과 노인부양 문제, 상대적 빈곤으로 인한 계층 간 갈등 심화 등으로 가족문제의 심각성과 정책적 대응의 필요성이 사회적인 문제로 대두되었고, 국가의 개입이 강화된 시점이라 평가할 수 있다. 80년대 후반부터 일·가정 양립 문제 해결에 필수적인 보육인프라 구축 확대 요구가 증가하면서 1991년에는 「영유아보육법」이 제정되어 아동보육시설의 설치 근거가 마련되고, 보육서비스에 대한 지원이 이루어져 가족의 자녀양육 부담을 일정 부분 사회화하는 근거가 되었다.

정부는 「가족법」을 개정하고, 「건강가정기본법」, 국민기초생활보장제도, 출산장려금 지원을 비롯한 저출산 대책, 육아휴직수당, 노인장기요양보호제도 도입, 가족부를 여성가족부로 확대 개편 등의 정책을 시행하면서, 노인과 아동부양 지원, 출산대책 강화에 역점을 두고 포괄적인 지원을 위한 정책을 도입하였다.

1997년에는 가족 내부의 문제로 인식되었던 가정폭력을 사회적 영역으로 간주하여 가정폭력에 대한 처벌의 특례 적용과 보호조치를 보다 적극적으로 공적 개입이 가능하도록 「가정폭력범죄의 처벌 등에 관한 특례법」과 「가정폭력방지 및 피해자 보호 등에 관한 법률」이 제정되었다. 그리고 1997년 말 경제위기 이후 증가한 실업, 그로 인한 빈곤은 가족의 이혼 · 자살 · 기아 등이 기존 가족문제를 더욱 양산함으로써 사회의 유지와 안정성에 심각한 위협으로 인식되었다. 이에 1999년 「국민기초생활보장법」 제정은 노동능력이 없는 제한된 빈곤가족에 대해서도 최저생계를 보장하는 보다 보편적인 접근을 행함으로써 빈곤가족정책에 있어서 획기적인 정책전환을 가져왔다.

가족복지정책의 토대가 되는 「건강가정기본법」은 출산율의 급격한 감소, 이혼율 증가에 대해 국가적인 차원의 지원을 확대하기 위하여, 보건복지부가 한국보건사회연구원에 의뢰하여 제정한 「건강가정육성기본법」을 바탕으로 하고 있다. 동법 제정은 가족 해체, 가족기능의 상실, 문제발생 후 개입하는 사후 치료적 접근으로 인한 국가비용의 부담 문제 등 기존의 방식에서 벗어나 예방 차원에서 개입하려는 국가 차원의 의지를 보여준 것이다.

4) 2000년대 가족정책

2000년대 들어서는 취업여성에 대한 모성보호 조치를 더욱 확대함으로써 직장과 가족생활의 양립을 지원하기 위한 정책적 노력이 강화되었다. 2001년 「근로기준법」 개정으로 법정 산전 · 후 휴가기간이 60일에서 80일로 확대되고 증가된 30일 분의 휴가급여를 고용보험기금에서 부담하도록 하였으며, 2006년부터는 일정 규모 이하 중소기업의 산전 · 후 휴가급여를 고용보험기금에서 전액 부담함으로써 제도의 활성화를 조장하였다. 또한 2001년 「남녀고용평등법」 개정으로 육아휴직의 사용권이 취업여성(혹은 취업여성을 대신한 배우자의 취업남성)에서 모든 근로자로 확대되었고, 무급휴가에서 유급휴가로 전환되는 발전을 보게 되었다.

그리고 저출산 · 고령화의 인구학적 변화에 대응하여 전체 가족을 대상으로 체계적이고 보편적인 사회적 지원체계 구축이 가시화되었다. 국가의 가족복지정책 내용을 포괄하고 기본방향을 설정하는 독자적 가족복지 관련 입법의 필요성이 공감대를 형성하였으며, 그 결과 2004년 「건강가족기본법」이 제정되면서 2005년

가족정책을 전담하는 여성가족부가 출범하였고, 2013년에는 '제4차 여성정책기본계획'을 발표하여 성평등 사회의 건설, 일과 가족의 조화를 목표로 제시하기에 이르렀다. 이로써 가족을 명시적 정책 대상으로 설정하여 복지 향상을 도모하고, 변화하는 가족 욕구에 대응하는 포괄적인 정책 수립과 그 이행을 담당하는 행정적 틀이 만들어졌다.

2005년에는 「저출산・고령화기본법」 제정으로 저출산・고령화라는 인구사회학적 변화에 대응하는 포괄적 인구정책 및 노인정책이 수립되었으며, 그 방향과 흐름에 가족정책도 보조를 맞추도록 규정하였다. 그리하여 2006년에는 제1차 저출산・고령화사회 기본계획인 '새로마지플랜 2010'이 수립되었고, 그에 따라 출산과 양육에 장애가 없는 환경 조성, 고령사회 삶의 질 향상 기반 구축, 저출산・고령화의 사회 동력 확보 등 3대 분야의 중장기 사업이 추진되었다. 이러한 법의 제정은 가족복지정책이 우리 사회 미래 발전의 중요한 정책 과제임을 확인시켜준다.

최근에는 가족 내 성평등 관점에서 직장과 가정생활을 양립하는 제도를 강화하는 조치들이 나왔다. 2007년 기존 「남녀고용평등법」이 「남녀고용평등과 일・가정 양립지원에 관한 법률」로 개정되었고, 남성 배우자의 경우에도 유급 출산휴가를 법제화하였으며, 육아기 근로시간단축제, 가족 간호휴직제 등이 가능하도록 하여 근로 여성뿐만 아니라 남성을 위한 가족 지원 프로그램이 강화되었다. 그리고 2006년 「세법」 개정으로 근로빈곤가구에 대해 세제를 통한 소득지원을 골자로 하는 '근로장려세제'가 2008년부터 적용되기 시작했고, 2007년 노인장기요양보험 제정으로 치매노인, 중풍노인 등 돌봄이 필요한 노인에 대해 장기요양서비스를 제공함으로써 가족의 돌봄 부담을 완화하였으며, 2008년 「다문화가족 지원법」 제정으로 이민자와 결혼한 가족에 대한 지원책이 규정되는 등 다양한 욕구에 대응하는 프로그램이 도입되는 변화를 보였다.

5) 2010년대 가족정책

이 시기의 가족정책은 일과 양육의 양립정책을 좀 더 구체적이고 실효성 있게 하는 특성을 가진다. 2012년 가정 내 돌봄서비스인 「아이돌봄지원법」 제정으로 취약계층과 맞벌이가정의 자녀 등에 대해 우선적으로 서비스를 지원함으로써 직장과 가정의 양립을 지원하고, 건강한 가정을 유지하고자 하였다. 2018년부터는 맞벌이 등으로 양육 공백이 발생한 가정으로 아이돌보미가 찾아가 아이를 돌봐주는 아이돌봄서비스의 정부지원이 확대되면서 영아종일제 정부지원 대상이 기존 3~24개월에서 36개월까지로 확대되었다.

2015년에는 '제3차 건강가정기본계획(2016~2020년)'을 수립, 추진하고 있는데 '모든 가족이 함께 행복한 사회 구현'이라는 비전 아래, '다양한 가족이 차별 없이 생활 할 수 있는 사회', '남녀 모두 일·가정 양립이 가능한 사회'를 목표로 6대 정책과제, 20개 단위과제, 53개 세부과제를 제시하고 있다.

이상에서 살펴본 바와 같이 한국의 가족복지정책은 명시적이고 보편적인 방향으로 나아가고 있다. 2000년대에 들어서면서 저출산·고령화 사회로의 변화에 적극적으로 대응하기 위한 다양한 가족복지정책과 프로그램이 등장하고 있으며, 최근에는 잔여적 복지정책에서 보편적 복지정책으로 변화해 가면서 가족정책이 복지국가의 중요한 정책과제로 자리 잡아 가고 있음을 알 수 있다.

우리나라에서 실시하고 있는 가족복지정책의 주요 내용을 살펴보면 **표 3-5**와 같다.

표 3-5 가족복지정책의 내용

대상	제공주체		정책·서비스·프로그램
전체로서의 가족	국가부문		사회보험(연금·건강·고용·산재), 가정폭력방지대책, 기초생활보장제도, 장애연금, 공제제도, 주택정책, 모부자가정지원, 건강가정육성대책
	민간	시장부문	퇴직금, 재형저축장려금, 경조사비지원, 가족상담과 치료, 가정생활교육 등
		비시장부문	가족상담과 치료, 가정생활 교육, 저소득층 소득지원 등
가족 내 아동	국가부문		공제제도, 보육사업, 학교사회사업, 성교육사업, 아동보호사업, 입양·위탁·시설보호사업, 장애인자녀 교육비지원, 저소득층 자녀지원
	민간	시장부문	직장보육제도, 보육료지원, 자녀학비지원 등
		비시장부문	아동상담, 성교육사업, 아동보호사업, 아동여가활동지원, 입양·위탁·시설보호사업, 지역사회결연사업, 상담과 치료 등

가족 내 노인	국가부문		공제제도, 경로연금(기초생활보호대상자), 기초노령연금(65세 이상 노인 60%에 속하는 어르신), 노인고용서비스, 재가노인복지서비스, 경로우대제 등
	민간	시장부문	시설보호, 주 · 단기보호, 치매노인전문치료, 재가노인복지서비스
		비시장부문	노인복지시설, 주 · 단기보호, 치매노인전문치료, 재가노인복지서비스, 상담과 치료
가족 내 여성	국가부문		공제제도, 고용관련 서비스(남녀고용평등법 · 남녀차별금지법), 국민연금, 모자복지-보건사업, 요보호여성 발생 예방책, 생업자금융자, 공공임대주택지원, 보육, 여성사회교육사업
	민간	시장부문	산전 · 후 휴가 육아휴직, 직업훈련, 보육사업, 자녀학비, 양육비 지원
		비시장부문	여성사회교육사업, 저소득층, 장애여성지원서비스, 상담과 치료

6) 제3차 건강가정기본계획

우리나라 가족복지정책 개발과 실천의 주무 부처는 여성가족부로 가족복지정책은 '건강가정기본계획'을 근간으로 하고 있다. 건강가정기본계획은 5년마다 가족복지정책 분야의 기본 계획 수립 등 가족복지정책 기반을 조성하는 역할을 담당하고 있다. '제1차 건강가정기본계획(2006-2010)'은 '가족 모두가 평등하고 행복한 사회'라는 비전하에 수립되었는데, 목표는 가족과 사회에서의 남녀 간 및 세대 간 조화실현, 가족 및 가족구성원의 삶의 질 증진이다.

'제2차 건강가정기본계획(2011-2015)'의 '가족 행복 더하기'는 '함께 만드는 행복한 가정, 함께 성장하는 건강한 사회'라는 비전하에, 정책 목표를 '개인과 가정의 전 생애에 걸친 삶의 질 만족도 제고'와 '가족을 위한, 가족을 통한 사회적 자본 확충'에 두었다. 정책과제는 여성의 노동시장 참여 지원과 함께 가족돌봄에 대한 사회적 역할과 분담을 강조하고, 자녀의 돌봄지원을 강화하며, 가족의 다양화 · 다원화에 대응하여 이들 가족의 역량을 강화하고, 자녀의 사회화 과정에 대한 적극적 지원을 통해 역량 있는 인재로 성장할 수 있도록 지원하는 것을 중심전략으로 삼았다.

현재 시행되고 있는 '제3차 건강가정기본계획(2016-2020)'은 '모든 가족이 함께 행복한 사회 구현'이라는 비전 아래, '다양한 가족이 차별 없이 생활할 수 있는 사회', '남녀 모두 일 · 가정 양립이 가능한 사회'를 목표로 하고 있는데, 자세한 내용은 다음과 같다.

(1) 건강가정기본계획 수립방향

- 생애주기별 · 가족유형별 수요에 따른 맞춤형 가족정책 강화
- 보편적 가족서비스로서의 가족교육 · 상담, 여가활동 등을 지원
- 가족 규모의 축소, 맞벌이가족, 한부모가족 증가 등 가족형태의 다양화에 따라 유형별 가족에 맞춘 정책 및 서비스지원 강화 및 정부–가족–지역사회연계를 통한 돌봄지원 강화
- 자녀돌봄과 노인돌봄에 대한 사회적 책임 강조와 동시에 가족 지역사회의 돌봄 책임분담과 연계를 강조함으로써 다양한 돌봄수요에 따른 지원방식의 다양화를 추구
- 특히 지역사회를 기반으로 한 돌봄공동체 및 돌봄 인프라를 확충하여 이웃 간 돌봄을 활성화하고 지역사회 중심의 자녀양육 친화환경 조성과 남성과 기업의 참여를 기반으로 일 · 가정양립실천 강화
- 배우자출산휴가 남성육아휴직 활성화 남성대상 맞춤형교육 등을 통하여 남성의 일 · 가정양립지원 강화
- 가족친화인증제도 내실화 및 일 · 가정양립 홍보 등을 통하여 기업에서 자발적으로 일 · 가정양립 문화를 실천하도록 유도와 가족정책 환경 변화에 대응한 추진체계 강화
- 가족구조 및 정책환경 변화를 반영하고 미래가족의 변화를 예측하여 가족정책의 패러다임 전환 및 중장기 발전과제 발굴 · 추진
- 가족 지원서비스전달체계의 접근성과 기능 재정비 등으로 보편적 가족정책 전달체계로서 위상강화 및 효율적 가족정책 · 서비스 추진

(2) 제3차 건강가정기본계획 내용

정책과제(6개)	단위과제(20개)	세부과제(53개)
Ⅰ 가족관계 증진을 위한 서비스 기반 조성	맞춤형 가족교육 지원	① 가족교육 전문가 양성 ② 가족교육 접근성 제고 ③ 공교육 과정에 가족교육 확대 ④ 가족교육 활성화를 위한 추진기반 마련
	가족상담 활성화	① 가족상담 전문성 제고 ② 가족상담서비스 확대
	가족여가활동 확대	① 가족참여 프로그램 확대 ② 가족여가 인프라 구축·활용
Ⅱ 가족유형별 맞춤형 서비스 지원 강화	맞벌이가족 지원	① 맞벌이가족 맞춤형 서비스제공 ② 맞벌이 학부모 지원 강화 ③ 맞벌이가구 관련 통계 보완
	한부모가족 지원	① 청소년 한부모 맞춤형 패키지 지원 ② 한부모가족의 자녀양육 및 자립지원 강화 ③ 양육비 이행 지원 강화
	다문화가족 지원	① 결혼이민자 정착단계별 서비스 지원 ② 다문화가족 자녀 지원 강화 ③ 다문화가족 안전망 강화 ④ 다문화사회 수용성 제고
	취약·위기가족 지원	① 조손가족 안정적 생활 지원 ② 이혼위기가족 기능 회복 및 아동복지 증진 ③ 가정폭력 예방 및 피해자 지원 ④ 위기가족 긴급지원 강화
Ⅲ 정부-가족-지역사회 연계를 통한 돌봄 지원 강화	아이 키우기 좋은 여건 조성	① 보육서비스 공공성 강화 ② 맞춤형 보육·돌봄 서비스 개편 ③ 보육·돌봄 서비스 질 관리 강화
	돌봄부담 해소를 위한 지역사회 조성	① 자녀돌봄 지역 인프라 확대 ② 노인돌봄 지역 인프라 구축
	가족돌봄 여건 조성	① 가족돌봄 휴직제 활성화 ② 가족돌봄자 맞춤형 서비스 지원
Ⅳ 남성과 여성, 기업이 함께하는 일·가정 양립 실천	일·가정 양립 제도 정착	① 육아휴직 활성화 및 복귀 강화 ② 일·가정 양립 사각지대 해소 및 인식 개선
	남성의 일·가정 양립 지원 강화	① 남성의 육아참여 활성화를 위한 제도 개선 ② 남성 맞춤형 정보·교육 지원 ③ 남성의 일·가정 양립을 위한 사회적 분위기 조성
	기업의 일·가정 양립 실천 촉진	① 장시간 근로문화 개선 ② 기업의 가족친화경영 도입 활성화 ③ 일하는 방식 개선 유도

정책과제(6개)	단위과제(20개)	세부과제(53개)
V 생애주기별 출산친화적 사회문화 조성	고비용 결혼문화 개선	[1] '작은결혼식' 활성화 [2] 고비용 결혼문화 인식 개선 캠페인 확산 [3] 결혼 관련 불공정 거래관행 근절 및 관리 강화
	임산부 배려문화 조성	[1] 임신기 근로시간 단축제 등 임산부 배려 제도 정착 [2] 임산부 배려정책 발굴 · 확산 [3] 임산부 배려를 위한 사회적 공감대 형성
	작은 육아문화 확산	[1] 소비주의적 육아실태 현황 파악 [2] 대안적 '작은 육아문화' 정착
	양성평등 가족문화 조성	[1] 양성평등 가족문화 조성을 위한 서비스 확대 [2] 양성평등 가족문화 캠페인 확산 [3] 성별영향분석평가를 통한 정책과제 발굴
VI 가족환경 변화에 대응한 정책 추진체계 강화	가족정책 법 · 제도 정비	[1] 가족정책 관련 법 · 제도 개선 [2] 가족정책 이행 강화
	가족정책 전달체계 개편	[1] 통합서비스제공기관 확대
	새로운 가족환경 변화에 선제적 대응	[1] 포용적 가족관 반영 [2] 새로운 가족환경 변화에 대응한 연구 및 정책 개발

출처: 여성가족부(2016). 제3차 건강가족기본계획(2016-2020).

3. 한국 가족복지정책의 문제점

1) 가족 전체에 초점을 맞춘 정책의 미비와 한계

가족생활과 직접 관련되는 영역으로 아동복지, 노인복지, 부녀복지 및 가족상담, 가족계획, 가정원조, 소득보장, 감세, 주택정책, 가정교육 등을 들 수 있겠으나, 가족의 문제를 하나의 가족 전체를 토대로 생각하기보다는 아동이나 노인 및 부녀 등 부분적으로 보완적인 복지정책을 부여하는 데 불과하다. 가족문제를 바라볼 때 개인을 사회와 가족의 한 구성원으로 바라보기보다는 사회의 한 구성원으로밖에는 바라보지 못했다는 의미, 즉 개인의 문제를 가족문제로 바라보지 않고 단지 사회문제로만 바라본다면 그에 따른 정책 방향도 개인에 한정해서 실시되기 때문에 그 개인이 속한 가족이 문제를 가지고 있는 경우 개인의 문제가 해결된다고 하더라도 또다시 다른 문제에 봉착하게 될 수밖에 없으므로 앞으로 가족 전체의 기능 향상을 위한 정책 개발이 필요하다.

2) 가족기능적인 문제에 초점을 맞춘 정책의 부재와 한계

산업화 이후 한국의 가족구조가 다양화되고 있는데, 다양화된 가족구조는 한국의 전통가족구조와 비교해 볼 때 불안정하다고 볼 수 있다. 즉, 한부모가족의 경우 그 가족은 한쪽 부모의 역할을 할 수 없는 구조이고, 소년소녀가장가족은 아예 양쪽 부모의 역할을 할 수 없는 구조이다. 따라서 이런 구조를 가진 가족들은 불안정할 수 있기 때문에 때론 가족문제를 유발한다고 생각하여 가족복지정책도 가족구조적인 접근으로 가고 있다.

그러나 가족구조가 불안정하다고 하여 그런 가족 모두가 다 문제를 지닌 것은 아니며, 중요한 것은 그 가족이 가족의 기능을 잘 수행하고 있느냐 못하고 있느냐 하는 것이 가족문제를 결정짓는 결정적인 요소인데, 한국의 가족복지정책은 가족의 기능이나 가족관계 강화 대책은 거의 전무한 상태이므로 이에 대한 개선이 필요하다.

3) 선 가족 후 정책 개입상의 한계

한국의 가족은 전통가족이 지녔던 주요 기본적인 기능이 상당 부분 다른 사회기관에 넘어갔음에도 불구하고 오히려 과거보다 더 많거나 적지 않은 책임을 지니고 있다. 이런 현상의 원인은 취업모 증가, 수명 연장, 계속적인 가족의 보호를 필요로 하는 심신장애인의 생존, 소가족화, 장애인에 대한 탈시설화 정책, 모든 종류의 지역사회서비스를 제한하는 비용절감정책 등에 있다. 특히 한국은 가족구성원에 대한 보호의 책임은 우선적으로 가족이 담당하여야 하며, 이런 책임이 제대로 수행되지 못할 때 국가가 개입해야 한다는 자유주의적 복지이념이 작동하고 있으므로 가족문제가 발생하더라도 가족들이 우선적으로 개입하여 가족문제를 스스로 해결하고 가족이 그 문제를 해결할 능력이 없을 때 국가가 개입하는 형태를 취하고 있는 실정이다. 그러므로 국가는 가족이 해체될 위기에 봉착할 때 개입하므로 정책 자체가 예방적이기보다는 사후적인 것이므로 문제를 해결하는 데만 급급하며, 근본적인 가족문제를 찾아 예방하고 그 가족이 건강한 가족으로 변화하는 데 도움을 주지 못하고 있으므로 예방 차원의 가족복지정책 개발이 요구된다.

4) 가족중심 복지정책의 미비와 한계

가족복지정책이 한국에서는 사회정책의 한 부분이거나 사회정책을 이루기 위한 수단으로 사용되고 있으므로 가족이 부수적이거나 사회정책을 이루는 작은 단위로서 중요성이 하락하고 있다. 한 개인은 사회구성원이기 이전에 가족구성원이며 따라서 가족중심의 복지정책의 방안 마련이 시급하다.

5) 가족복지정책의 필요성을 가족외형적인 측면에만 초점을 맞춤

한국의 가족복지정책은 가족 기능적 측면에서의 필요성을 제외하고 따라서 대부분의 가족복지정책들은 가족복지의 필요성을 가족구조의 변화, 불안정한 가족의 증가 등 가족복지정책의 필요성을 외형적인 측면에만 초점을 맞추고 있다. 이런 경우 외형적으로 취약하지만 내면적으로 그 가족 스스로가 복지적 기능을 잘 수행하는 가족까지도 문제가족으로 포함될 가능성이 많아진다. 가족문제에 소극적으로 개입하려는 국가의 태도, 가족정책 범주의 불분명성, 전문인력의 부족 등이 한국 가족복지정책의 한계인데, 특히 가족복지정책을 실시함에 있어 국가예산의 확보와 전문인력 양성 및 배치가 무엇보다 시급한 문제이다.

생각 & 토론 주제

○ 에스핑 앤더슨(Esping-Andersen)이 제시한 가족복지 유형 중에 우리나라는 어디에 해당하며, 왜 그렇게 생각하는가?

○ 고티에(Gauthier)가 제시한 저출산 대응에 따른 유형 가운데 우리나라는 어떤 유형에 해당하며, 왜 그렇게 생각하는가?

CHAPTER

04 한국과 외국의 가족복지정책

가족복지정책은 개인과 가족이 건강하고 삶의 질을 높여 행복한 삶을 영위하기 위하여 국가가 제도화하고 시행하는 모든 복지정책을 의미한다. 국가의 복지정책에는 노동권 보장정책, 부모권 보장정책, 노인돌봄 관련 정책, 소득보장정책 등의 핵심적인 내용을 포함한다. 이 장에서는 우리나라에서 실제 시행되고 있는 가족복지정책과 외국의 가족복지정책에 대하여 구체적으로 살펴보고자 한다.

01 한국의 가족복지정책

1990년대 후반에 닥친 경제위기는 기업들의 도산으로 인해 실직자 및 이혼과 같은 가족해체현상의 증가 등으로 가족의 구조와 형태가 다양하게 변화되었다. 이러한 변화는 가족생활에 많은 문제를 발생시켰고 건강한 가족생활에 대한 부담이 증가하면서 가족이 스스로 문제를 해결하기 어려운 상황이 도래하였다.

가족의 문제가 사회의 문제로 연결되는 경우가 많으므로 가족의 원만한 기능들을 수행하기 위해서는 국가적 개입이 요구되었다. 이러한 시대적 환경은 한국사회의 가족복지정책에 대한 전환점을 가져오는 계기가 되었다.

한국의 가족복지정책은 가족구성원들의 복지증진을 위한 국가의 대책이며, 노동권 보장정책과 부모권보장정책, 노인돌봄 관련 정책, 소득보장정책 등을 펼치면서 건강한 가족생활을 돕고자 했다. 가족복지정책 중 노동권 보장정책은 보육정책과 방과후 보육정책, 노인돌봄정책은 노인장기요양보험, 소득보장정책으로는 아동(가족)수당과 아동양육수당이 있다.

1. 노동권 보장정책

오늘날 우리나라는 여성의 경제활동 참여가 많아지고 맞벌이 가정이 증가하고 있는 추세이다. 하지만 고용기회와 임금에서 성별차이가 생기고, 육아 부담은 여성들의 가장 큰 비중으로 작용되어 여성들이 일을 포기하거나 출산을 늦추고, 회피하는 경향이 두드러지고 있다. 따라서 국가가 시행하는 근로자의 고용정책이 가족에게 긍정적인 효과를 나타내기 위해서는 일과 가정의 양립을 지원하는 가족복지정책이 필요하다. 따라서 부모의 노동권을 보장하는 대표적 정책으로 양육문제를 다루는 보육정책과 방과후 보육정책에 대하여 알아보고자 한다.

1) 보육정책

1990년에 제정된 「영유아보육법」은 일하는 여성뿐만 아니라 양육에 어려움을 겪고 있는 모든 양육자들을 대상으로 일과시간에 보육을 제공함으로써 아동의 성장 발달과 보호, 부모의 경제활동을 지원하는 가족복지정책으로(이성희 외, 2012: 158) 부모의 노동권을 보장하는 방책이다.

「영유아보육법」에서 영유아란 6세 미만의 취학 전 아동이며, 보육이란 영유아를 건강하고 안전하게 보호·양육하고 영유아의 발달 특성에 맞는 교육을 제공하는 보육시설 및 가정양육 자원에 관한 사회복지서비스이다. 「영유아보육법」은 여성 취업률의 급증과 도시 저소득층 아동 및 농어촌 지역 아동의 방치가 사회문제로 대두됨으로써 이에 대처하기 위한 보육지원사업의 일환으로 1991년 1월 14일 법률 제4328호로 제정되었다.

보육료는 정부지원육아시설일 경우 국민기초생활보장 대상자는 면제되고, 저소득층일 경우 감면혜택을 주며, 일반아동은 시·도에서 고시한 일반보육료 상한선 범위 내에서 시설장이 결정한 금액을 유료로 지불해야 한다.

20세기 초 근로자의 노동권 보장을 위한 가족복지정책은 수당을 중심으로 발전해 왔으나 돌봄 문제가 사회화되면서 일과 가족의 양립을 가능하게 하는 보육서비스와 산전 후 출산휴가 및 육아휴직 중심으로 바뀌는 경향을 볼 수 있다(박미은 외, 2012: 83). 우리나라에서도 2004년 「영유아보육법」을 전면 개정하면서 보육정책 확대를 통해 보육서비스의 양적 증가뿐만 아니라 질적 향상을 도모하고자 하였다. 이러한 우리나라 보육정책의 연혁과 현황, 보육정책에 관하여 정리하면 **표 4-1**, **표 4-2**, **표 4-3**과 같다.

표 4-1 보육정책 연혁

연도	내용
1921	저소득층 자녀위주의 탁아사업
1982	「유아교육진흥법」 제정, 새마을유아원 운영
1987	「남녀고용평등법」에 따라 직장 탁아제 도입
1991	「영유아보육법」을 제정, '탁아'에서 '보육'으로 전환
2006~2008	제1차 중장기 보육 기본계획 '새싹플랜'(여성가족부) - 여성의 사회진출 증가에 대응한 보육서비스 공급 중점
2009~2012	제1차 중장기 보육 기본계획을 보완한 '아이사랑플랜'(보건복지부) - 국가책임 강화, 보육서비스를 '영유아' 중심으로 설정
2013~2017	제2차 중장기 보육 기본계획 - 무상보육 도입과 수요자 맞춤 지원 중점
2013	보육료·양육수당 전 계층 지원 실시 3~5세 공통의 보육·교육과정인 '누리과정' 도입
2014	입소대기시스템(전산화) 도입
2015	모든 어린이집에 CCTV 설치 임신·출산·육아 관련 웹사이트 통합, '아이사랑' 포털
2016	'맞춤형보육' 도입·시행
2018~2022	제3차 중장기보육기본계획 - 보육의 공공성 강화, 효과적 보육서비스제공을 위한 보육체계개편, 보육서비스의 품질 향상, 부모양육지원 확대

출처: 보건복지부(2018). 보육정책.

표 4-2 보육정책현황

연도	2014	2015	2016	2017
어린이집 개소수	43,742	42,517	41,804	40,238
어린이집이용아동	1,496,671	1,452,813	1,451,215	1,450,243
가정양육수당지원아동	1,012,336	1,009,346	933,153	836,290

출처: 보육통합정보서비스(2018). 보육정책현황.

표 4-3 보육정책

<table>
<tr><td rowspan="2">영유아 보육료</td><td>지원 대상</td><td colspan="6">어린이집을 이용하는 만0세~만5세 영유아(소득 무관 전 계층)</td></tr>
<tr><td>지원 금액</td><td colspan="6">
<table>
<tr><th colspan="2">구 분</th><th>0세</th><th>1세</th><th>2세</th><th>3세~6세</th></tr>
<tr><td rowspan="2">부모보육료</td><td>종일반</td><td>441,000</td><td>388,000</td><td>321,000</td><td>220,000</td></tr>
<tr><td>맞춤반</td><td>344,000</td><td>302,000</td><td>250,000</td><td>-</td></tr>
<tr><td colspan="2">기본보육료</td><td>437,000</td><td>238,000</td><td>161,000</td><td>-</td></tr>
</table>
맞춤반은 60천 원(월 15시간)의 긴급 보육 바우처 추가 지원
*민간어린이집 등 정부 인건비 미지원 시설은 어린이집에 기본보육료 추가 지원</td></tr>
<tr><td rowspan="2">가정양육 수당</td><td>지원 대상</td><td colspan="6">어린이집 · 유치원 · 종일제 아이 돌봄 서비스를 이용하지 않는 84개월 미만 아동(소득 무관 전 계층)</td></tr>
<tr><td>지원 금액</td><td colspan="6">
<table>
<tr><th>연령(개월)</th><th>양육수당</th><th>농어촌양육수당</th><th>장애아동양육수당</th></tr>
<tr><td>0~11</td><td>20만 원</td><td>20만 원</td><td>20만 원</td></tr>
<tr><td>12~23</td><td>15만 원</td><td>17만 7,000원</td><td></td></tr>
<tr><td>24~35</td><td>10만 원</td><td>15만 6,000원</td><td></td></tr>
<tr><td>36개월 이상~ 84개월 미만</td><td>10만 원</td><td>12만 9,000원</td><td>10만 원</td></tr>
</table>
</td></tr>
<tr><td rowspan="2">어린이집 입소대기</td><td colspan="7">
<table>
<tr><td>입소대기</td><td>입소를 희망하는 어린이집에 입소대기 신청, 입소우선순위에 따라 입소 결정</td></tr>
<tr><td>우선순위</td><td>돌봄 지원 필요성이 높은 가구의 영유아가 어린이집에 우선적으로 입소할 수 있도록 점수를 부여
(영유아보육법 제28조 및 시행규칙 제29조)</td></tr>
<tr><td>신청 어린이집 수</td><td>재원 중인 아동 2개소, 미재원 중인 아동 3개소</td></tr>
<tr><td>신청 시점</td><td>연중 수시</td></tr>
<tr><td>입소대기 대상 아동 범위</td><td>보육나이 만 0세~만 5세(단, 장애아동은 만 12세까지 가능)</td></tr>
<tr><td>대상 어린이집</td><td>입소 우선순위를 적용하는 전체 어린이집에 대하여 입소대기 신청 가능(직장, 협동어린이집 제외)</td></tr>
</table>
</td></tr>
<tr><td>신청 방법</td><td colspan="6">온라인신청(아이사랑포털)
방문신청(입소를 원하는 어린이집에 직접 방문신청)</td></tr>
<tr><td rowspan="2">시간제 보육</td><td>개념</td><td colspan="6">가정양육가구(양육수당을 받는 대상)가 일시적인(긴급한) 보육수요가 발생하는 경우 필요한 만큼만 시간당 일정 비용(1천 원)을 지불하고 어린이집을 이용하는 보육서비스</td></tr>
<tr><td>신청 방법</td><td colspan="6">온라인신청(아이사랑포털 www.childcare.go.kr), 전화예약 ☎ 1661-9361</td></tr>
</table>

<table>
<tr><td rowspan="2">시간 연장형 보육</td><td>개념</td><td colspan="2">늦은 시간, 휴일에도 어린이집을 이용할 수 있도록 제공되는 보육서비스</td></tr>
<tr><td>신청 방법</td><td colspan="2">아이사랑포털(www.childcare.go.kr) 접속 후 메뉴 중 [어린이집] > [어린이집 찾기] 클릭 > 지역(시도 및 시군구) 입력 후 특성 '시간연장형' 선택</td></tr>
<tr><td rowspan="3">육아종합 지원센터</td><td>개념</td><td colspan="2">보육에 관한 정보의 수집 · 제공 및 상담 등을 제공하기 위하여 보건복지부장관과 지방자치단체의 장이 설치 · 운영하는 육아지원전문기관</td></tr>
<tr><td rowspan="2">지원 내용</td><td>어린이집 대상 지원</td><td>부모 대상 지원</td></tr>
<tr><td>• 보육컨설팅
• 보육교직원 상담 및 교육
• 아동학대 예방교육
• 대체교사 지원 및 관리
• 취약보육 지원 및 관리</td><td>• 초기부모 양육상담
• 부모교육
• 영유아 놀이 공간 및 프로그램 제공
• 장난감 및 도서대여 서비스
• 시간제 보육서비스 제공</td></tr>
</table>

출처: 보건복지부(2018). 보육정책 재구성.

2) 방과후 보육정책

우리나라 방과후 보육은 맞벌이 부부의 증가로 인해 여성의 경제활동에 따른 여성 노동권 보장을 위한 아동보육 환경의 필요와 빈곤, 다문화가정과 같은 양육 취약가정 등 저소득 소외계층의 교육격차 해소라는 두 가지 목적을 가진다.

'방과후 보육시설', '공부방', '초등학교 방과후 학교', '지역아동센터', '청소년 방과후 아카데미' 등 다양한 이름으로 보육 프로그램이 시행되고 있으며, 방과후 보육프로그램은 가정 밖에서 가정의 역할을 수행해 주는 가정과 학교, 사회와의 연결점이 된다고 할 수 있다.

현대 가정의 자녀양육 기능 약화는 가정과 국가와 사회적 공동책임 하에 개입의 필요성이 요구되었다. 빈곤과 양육여건이 취약한 가정환경은 아동의 영양결핍, 학대와 유기, 사고의 위험에 노출되어 있을 뿐만 아니라 학업부진, 심리사회적 박달에 부정적인 영향을 끼쳐 아동의 건강한 성장에 지장을 준다. 따라서 방과후 보육정책은 아동을 잘 성장시켜 건강하고 우수한 미래 인적 자원 육성의 밑거름이 되도록 하는 국가적 투자라고 할 수 있다.

보건복지부는 취학아동 방과후 돌봄 서비스 지원을 확대하는 방안으로 지역아동센터의 확대 및 내실화를 도모하고 청소년 방과후 아카데미를 통해 다문화 청소년, 맞벌이가정 청소년 등 다양한 사회적 지원이 요구되는 '나홀로 청소년'을 위한 공적 서비스를 확대해 나가고 있다.

그리고 초등 돌봄교실을 확대하여 정규수업과 방과후 활동과 가정 돌봄의 세 가지 기능을 야간까지 지원하고, 대학 · 지역사회 기관 등과 연계하며, 학업능력과 학생 수요 등을 고려하여 다양한 방과후 학교강좌를 개설하도록 하고 있다. 또한 학부모 참여를 활성화하여 수요자 맞춤형 방과후 학교 운영을 도모하고 있다(박미은 외, 2012: 87).

2. 부모권 보장정책

현재 우리나라의 부모권 보장을 위한 가족정책에는 산 · 전후 휴가, 육아휴직, 부성 육아휴직이 대표적으로 운영되고 있으며, 이는 가족부양부담을 완화하고 취업을 유지하기 위한 제도이다.

1) 산전 · 후 휴가(출산전 · 후 휴가)

산전 · 후 휴가제도는 여성근로자의 모성을 보호하고, 임신 · 출산 등으로 인한 여성근로자의 체력회복을 돕고 이직을 방지하고, 사업주의 여성고용 기피요인을 해소하기 위한 모성보호의 사회 분담화 차원에서 출발하였다(보건복지부, 2018).

우리나라의 산전 · 후 휴가제도는 임신 중의 여성에 대하여 산전 · 후를 통해 계속해서 90일의 유급휴가를 주고 산후에 45일 이상(임신한 근로자가 유산 · 사산의 경험이 있거나, 출산전 · 후 휴가 청구 당시 만 40세 이상이거나 유산 · 사산의 위험이 있다는 의사 진단이 있는 경우 출산 전에 쓸 수 있는 휴가 44일을 분할 사용 가능)이 되도록 부여해야 하는 제도로 근로의무를 면제하고 임금상실 없이 휴식을 보장받는 제도이다(여성가족부, 2018).

출산전 · 후 휴가급여는 통상임금의 100% 지급을 하고 우선지원대상기업은 90일분을, 그 외 기업은 30일분을 지급하고 있으며 최저임금에서 최고 135만 원~405만 원까지를 사업주가 지급하고 있다. 우선지원대상기업의 조건과 지급기간 및 지원액을 살펴보면 표 4-4, 표 4-5와 같다.

표 4-4 우선지원대상기업의 조건

직업유형	고용근로자 수
제조업	500인 이하 고용기업
광업, 건설업, 운수업, 출판 · 영상 · 방송통신 및 정보서비스업, 사업시설 관리 및 사업지원서비스업, 전문 · 과학 및 기술 서비스업, 보건업 및 사회복지서비스업	300인 이하 고용기업
도매 및 소매업, 숙박 및 음식점업, 금융 및 보험업, 예술 · 스포츠 및 여가관련 서비스업	200인 이하 고용기업
기타	100인 이하 고용기업

출처: 여성가족부(2018). 여성고용정책 재정리.

표 4-5 출산전· 후 휴가급여

구분	지급기간	지원액
우선지원대상기업	90일(다태아 120일)	최대 480만 원(다태아 최대 640만 원)
대규모기업	30일(다태아 45일)	최대 160만 원(다태아 최대 240만 원)

출처: 고용노동부(2018). 여성고용정책.

산전 · 후 휴가급여의 신청기간은 우선지원대상기업인 경우, 휴가를 시작한 날 이후 1개월부터 휴가가 끝난 날 이후 12개월 이내이며 휴가기간 중 30일 단위로 신청가능하고, 대규모기업인 경우는 휴가가 끝난 날 이후 12개월 이내 신청가능하다. 출산전 · 후 휴가를 종료일부터 12월 이내에 신청하지 않을 경우에는 출산전 · 후 휴가급여를 받을 수 없다.

제2차 산전 · 후 휴가제도의 개선안을 보면 임시 초기 안정이 필요한 경우나 임신기간 중 응급상황 발생 시 산전 · 후 휴가를 분할하여 사용할 수 있도록 근로자가 가족간호 휴직(무급)을 신청할 경우 사업주는 일정한 경우에만 거부할 수 있도록 가족간호 휴직제를 강화하였다. 비정규직 여성의 육아휴직이 필요한 경우 육아휴직 기간만큼 근로계약기간을 연장하도록 하고, 사업주 또한 무기 계약직 전환과 근속기간에서 제외하도록 하고 있다.

2) 육아휴직

육아휴직제도는 근로자의 육아부담을 해소하고 근로를 계속할 수 있도록 지원을 도우며, 근로자의 생활안정 및 고용안정을 도모하고, 기업은 숙련인력 확보를 할 수 있도록 지원하는 제도(이영실 외, 2013)로서 「남녀 고용평등법」 제19조에 근거하고 있다.

육아휴직이란 근로자가 만 8세 이하 또는 초등학교 2학년 이하의 자녀를 양육하기 위하여 신청하는 휴가제도로, 부모가 자녀의 양육을 위해 각 자녀에 대하여 모·부 모두 1년 이내 신청·사용할 수 있으며, 1년 기간을 1회에 한해 분할하여 두 번으로 나누어 사용할 수 있다. 이때, 신청대상 부모는 육아휴직 개시일 이전에 재직하면서 받은 임금기간이 180일 이상이어야 한다.

육아휴직급여의 신청 시기는 육아휴직을 시작한 날 이후 1개월부터 매월 단위로 신청하되, 당월 중에 실시한 육아휴직에 대한 급여의 지급신청은 다음 달 말일까지 신청하고, 매월 신청하지 않을 때는 기간을 적치하여 신청할 수 있다. 단, 육아휴직이 끝난 날 이후 12개월 이내에 신청하지 않을 경우 동 급여를 지급하지 않는다.

육아휴직 급여는 육아휴직 기간 처음 3개월까지는 통상 임금의 80%에 해당하는 금액으로 약 70만 원에서 150만 원까지 지급하고 있고, 4개월째부터는 통상 임금의 40%에 해당하는 금액으로 약 50만 원에서 100만 원까지 지급한다. 육아휴직 시작일이 2017년 9월 1일 이전인 경우, 육아휴직 급여는 통상 임금의 40%에 해당하는 금액으로 약 50만 원에서 100만 원을 지급한다.

육아기 근로시간 단축은 근로자가 육아휴직 대신 육아기 근로시간 단축을 신청할 수 있으며, 근로단축 기간은 1년 이내로, 근로시간은 주당 15시간 이상, 30시간을 넘어서는 안 된다.

근로시간 단축으로 줄어든 임금에 대하서는 단축한 근로시간에 대해 통상임금의 60%를 고용보험에서 지급한다.

3) 아버지 육아휴직 할당제도

여성의 사회진출 기회가 확대됨으로써 맞벌이 부부가 증가하고 여성의 사회적 역할이 강조되고 육아 및 가족의 재생산 부담이 커지면서 육아부담은 여성에게 편중되는 것으로 나타났다. 이러한 문제를 개선하기 위한 방편 책으로 아버지 육아휴직 할당제도가 확대되었다. 아버지 육아휴직 할당제도는 육아휴직의 일정기간을 아버지가 의무적으로 사용하도록 하고, 사용하지 않으면 소멸되도록 함으로써 남성의 자녀양육 참여를 유도하고자 하는 제도이다.

아버지 육아휴직 할당제도의 급여는 첫 아동의 경우 150만 원, 둘째 아동의 경우 200만 원에서 2018년 7월부터는 모든 자녀에 대한 상한액이 200만 원으로 재조정되었으며, 자녀 한 명당 1년 1회 이용 가능하고, 휴직 예정일 30일 전까지 신청서를 사업자에게 제출 그 후 확인서를 고용센터에 제출하면 신청가능하다(고용노동부 홈페이지, 아빠넷 홈페이지).

3. 노인돌봄관련 정책(노인장기요양보험)

현재 우리나라의 고령화는 선진국에서도 전례를 찾아볼 수 없을 정도로 급속히 증가하고 있어 중요한 이슈로 등장하고 있다. 이로 인한 노인의 만성적인 질병의 발생은 신체적으로 독립적인 삶을 유지하기 힘들어지고 장기간에 걸친 수발이 요구되고 있으나, 사회적 차원에서 고려해야 할 복지대책은 준비되지 못한 상황이므로 가족에게 전가되는 경향이 높다(강윤경 외, 2017: 98). 이러한 현상으로 인해 노인 평균수명이 연장되는 등 고령화의 문제는 핵가족화와 여성의 경제활동으로 인하여 가족부담이 커지고 가족문제를 넘어 사회적 · 국가적 책무로 변화하고 있으며 이를 대처하기 위한 방법으로 노인장기요양보험제도가 마련되었다.

1) 노인장기요양보험의 주요 내용

노인장기요양보험제도는 고령이나 노인성 질병인 치매 및 중풍 등의 사유로 일상생활을 혼자서 수행하기 어려운 노인 등에게 신체활동 또는 가사활동 지원 등 장기요양 급여를 제공하여 노후의 건강증진 및 생활안정을 도모하고 그 가족의 부담을 덜어줌으로써 국민의 삶의 질을 향상하도록 함을 목적으로 시행하는 사회보험제도이다(박미은 외, 2012: 94).

우리나라의 장기요양보험제도 도입은 독일의 간병보험에서 근원을 찾을 수 있고, 후에 일본의 개호보험에 영향을 받아 보편적 제도로서의 성향을 지니고 있다. 장기요양 인정 신청자격은 장기요양보험 가입자 및 그 피부양자 또는 의료급여 수급권자 중 65세 이상의 노인 또는 65세 미만자로서 치매・중풍・파킨슨병 등 노인성 질병을 가진 모든 국민이 해당된다. 장기요양을 인정받기 위해서는 장기요양인정신청서를 국민건강보험공단에 제출해야 한다. 신청자의 심신의 상태에 따라 장기요양 점수를 산정하며, 요양 1~3등급의 판정을 받을 경우 장기요양급여 서비스를 이용할 수 있으며, 신청접수는 장기요양보험 운영센터와 시군구 읍사무소, 면사무소 및 동 주민 센터에서 이루어진다. 장기요양보험의 서비스 선택은 수급자 및 부양가족의 선택에 의하여 제공되며, 재원은 장기요양보험료와 국가 및 지방자치단체, 이용자 본인부담으로 이루어진다.

장기요양보험은 재가복지서비스와 시설보호서비스로 나눌 수 있으며, 이 중 재가복지서비스는 가정에서 기거하면서 일상생활을 스스로 하는 데 어려움이 있는 병약자나 생활보호대상노인을 도와주는 사회적 서비스로 방문요양서비스와 주간보호사업, 단기보호사업이 있다. 시설보호서비스는 입소시설에 의한 보호서비스를 말하며, 재가상태에서 주거보호까지도 포함된다. 장기요양보험의 서비스 종류를 간략히 정리하면 **표 4-6**과 같다.

표 4-6 서비스의 종류

서비스의 종류	내용
재가복지서비스	방문요양, 방문목욕, 방문간호, 주・야간보호, 단기보호, 기타 재가급여
시설보호서비스	노인요양시설, 노인요양공동생활가정, 노인전문병원

그 밖에도 보건복지부 노인복지과에서는 가족관련 상담업무를 담당하고 각종 가족관련 상담사업을 추진하고 있다. 하지만 지금까지는 가족의 심리적・정서적 요구에 대하여 정부차원의 관심이 적었고, 주로 정부의 지원 하에 민간부문에서

해결책을 모색해 오고 있는 관계로 거의 방치되어 왔다고 볼 수 있다. 따라서 이에 대한 지원책은 국가·사회적 차원에서 고려해야 할 필요성이 요구된다(박옥임, 2017: 77).

2) 노인장기요양급여 이용절차

「의료급여법」에 따른 수급권자가 국민건강보험공단에 의사소견서를 첨부하여 장기요양 인정서를 제출하면 간호사, 사회복지사, 물리치료사 등으로 구성된 공단 소속 장기요양 직원이 신청자를 방문하여 '장기요양조사표'에 따라 조사를 한 후 2차 판정을 위한 장기요양인정 여부 및 장기요양등급 1차 판결결과를 산출하면 등급판정위원회에서 1차 판정결과와 특기사항 및 의사소견서, 기타 심의 참고자료 등을 종합하여 요양인정 여부 및 장기요양등급을 최종 결정한다.

등급판정위원회에서 6개월 이상의 일상생활을 혼자서 수행하기 어렵다고 인정되는 경우 수급자로 결정하고, 장기요양인정 및 등급판정의 심의를 완료한 경우 장기요양등급, 장기요양급여의 종류 및 내용 등을 포함한 장기요양인정서와 표준장기요양이용계획서를 작성하여 수급자에게 송부한다. 수급자는 장기요양인정서가 도달한 날로부터 요양급여를 받을 수 있다. 이러한 등급판정 절차는 **그림 4-1**과 같다.

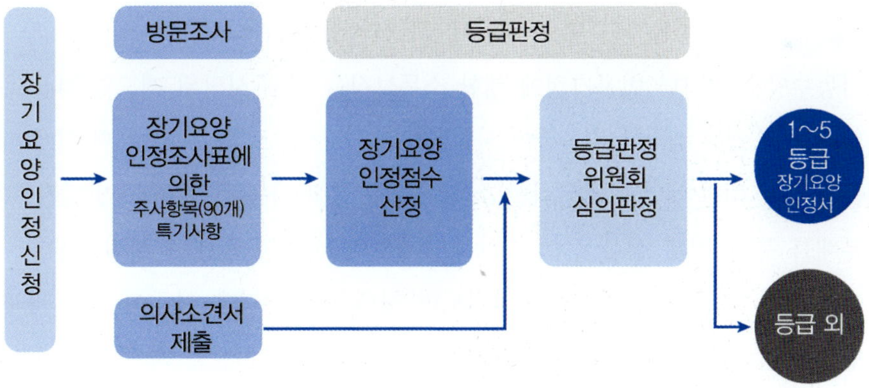

그림 4-1 등급판정절차

4. 소득보장정책

지금까지 우리나라의 출산율이 급격히 떨어지는 원인 중 하나는 국가가 추진하는 보육프로그램이 현실적으로 매우 부족하다는 것이다. 이러한 저출산 문제에 대응하기 위하여 아동수당 도입 등 금전적 지원대책에 대한 여러 측면으로 소득보장정책에 관한 연구가 진행되고 있는 실정이다. 소득보장정책은 의식주와 같은 기본적 욕구뿐만 아니라 가족이 경제적 위험에 처하지 않도록 하는 모든 형태의 소득을 보장해 주는 것을 포함한다. 우선적으로 자녀 양육에서 물질적 지원은 가족의 소득보장정책에 핵심적인 도구로 자리 잡고 있으므로 아동수당과 양육수당에 대하여 고찰해 보고자 한다.

1) 아동수당

아동수당이란 아동의 건강한 성장 환경을 조성하여 아동의 기본적 권리와 복지증진에 기여하기 위하여 정부가 아이를 둔 부모에게 지급하는 사회복지 급여이다. 아동수당은 아동에 대한 양육을 조건으로 별도의 자격여건에 대한 조사 없이 양육비를 제공하고 가족이 아동을 양육하면서 성공적인 생활을 유지할 수 있도록 돕는 제도이다. 이와 같은 아동수당제도는 아동 양육에 대한 사회적 책임성을 제도적으로 보장한다는 의미를 담고 있는 정책으로서 아동정책 및 가족정책에 있어서 가장 핵심적인 제도 가운데 하나라 할 수 있다.

아동수당은 다자녀 빈곤가정에 대한 소득보장을 위해 시작된 제도였으나, 우리 사회가 겪고 있는 심각한 저출산이 사회문제의 심각성으로 대두됨으로써 이에 따라 저출산 문제 해결 대안과 기본적인 소득 제공을 통한 아동의 생존권·발달권 보장, 재분배를 통한 경제 성장 등이 아동수당제도의 정책적 목표로 설정되었다.

아동수당 정책을 통한 이점을 살펴보면 첫째, 아동수당은 아동이 있는 가구가 그렇지 않은 가구에 비해 소비지출이 많으므로 사회적 지원을 하자는 취지로 자녀양육과 관련된 부모의 경제적·심리적 부담을 덜어 주어 출산율 제고에도 긍정적 효과를 가져다준다. 둘째, 아동수당은 이전지출을 통해 자녀를 양육하는 가정의 복지수준을 높인다. 셋째, 아동수당은 소득수준에 관계없이 아동을 매개로 이전지출을 발생시키고, 가계의 가처분소득을 증대시킨다. 넷째, 아동양육에 대한 사회의 책임의식의 고취와 세대 간 부양시스템의 구축으로 사회 안전화에 기여할 수 있고, 아동복지권을 실현할 수 있다.

실제 우리나라는 합계출산율이 0.78명(통계청, 2022)으로 OECD 국가들의 평균 출산율 1.68명임을 고려할 때 현저히 낮은 수치이다. 아동수당제도는 OECD 국가 대부분이 시행하고 있다. 그중 미국, 멕시코, 터키, 한국이 제외되어 왔다가 우리나라는 2018년 9월부터 첫 시행되었으며, 2인가구소득 상위 10%를 제외한 모든 아동대상 만 6세 미만(0~71개월) 아동에게 월 10만 원씩 지급함으로써 아동양육에 대한 국가 책임성이 강화되었다.

이러한 아동수당은 결과적으로 양육에 대한 국가 책임성을 강화하면서 소득계층 간 양육환경의 차이를 완화하고 모든 아동에게 균등한 기회를 제공하여 건강한 성장을 지원하기 위한 제도로서, 아동의 권리·복지증진과 양육부담 경감 등을 기저로 두고 있고, 아동수당의 선정 기준은 **표 4-7**과 같다.

표 4-7 아동수당 선정 기준

구분	소득재산	재산만 있는 경우	소득만 있는 경우
아동 1명(3인가구)	월 858만 원, 3억 원 이하	11억 2천만 원	월 1,170만 원
아동 2명(4인가구)	월 1,151만 원, 3억 원 이하	13억 8천만 원	월 1,436만 원
아동 3명(5인가구)	월 1,390만 원, 3억 원 이하	16억 3천만 원	월 1,702만 원
아동 4명(6인가구)	월 1,656만 원, 3억 원 이하	18억 9천만 원	월 1,968만 원

출처: 보건복지부(2018). 육아정책.

2) 아동양육수당

아동양육수당은 보육시설을 이용하지 않고 가정 내에서 양육되는 아동에 대한 형평성 차원에서 제공되는 수당이다. 미취학 아동의 가정양육을 지원하고 어린이집과 유치원의 불필요한 수요를 줄이기 위한 제도로서, 2009년 7월 저소득 아동에게 지급되기 시작하여 2013년 3월부터는 미취학 아동 중 만 84개월 미만의 모든 아동이 대상이 된다. 보육료나 유아학비 또는 종일제 아이돌봄 서비스를 지원받지 않는 만 0~5세 가정양육아동은 소득인정액과 소득재산기준에 관계없이 만

5세 이하의 영유아(0~84개월 미만)이면 아동연령에 따라 10~20만 원까지 누구나 지원받을 수 있다(보건복지부, 2018). 이 제도는 부모와 자녀양육에 따른 경제적 부담의 경감뿐만 아니라 보육료를 지원하는 아동과 형평성을 고려하여 마련되었다.

「영유아보육법」 제34조의2 제1항에서는 '국가와 지방자치단체는 어린이집이나 「유아교육법」 제2조에 따른 유치원을 이용하지 아니하는 영유아에 대하여 영유아의 연령을 고려하여 양육에 필요한 비용을 지원할 수 있다'고 명시하고 있으며, 양육수당의 지원내용은 **표 4-8**과 같다.

표 4-8 양육수당

연령	양육수당	농어촌양육수당	장애아동양육수당
0~11개월	20만 원	20만 원	20만 원
12~23개월	15만 원	17만 7,000원	
24~35개월	10만 원	15만 6,000원	
36~47개월	10만 원	12만 9,000원	10만 원
47개월 이상 84개월 미만	10만 원	10만 원	10만 원

양육수당은 일정 연령의 아동을 양육하면 지급되는 아동수당과 달리, 부모 중 한 사람이 아동 양육기에 노동을 중단하고 가정에서 직접 자녀를 양육하는 경우에 제공한다. 즉, 아동수당은 자녀의 양육비용을 사회적으로 지원하는 아동의 사회권이라면, 양육수당은 양육노동에 대한 사회적 가치를 인정하는 부모의 양육권 지원이라는 의미를 가진다. 양육수당과 아동수당의 권리는 다른 성향을 가지므로 양육수당과 아동수당은 소득인정기준액 이하면 함께 받을 수 있다. 그 밖의 우리나라의 소득보장정책은 **표 4-9**와 같다.

표 4-9 소득보장정책

소득보장정책	내용
인플루엔자 무료접종	• 18년 9월부터는 초등학생까지(질병관리본부)
아동수당지급	• 1인당 10만 원
의료비 지원정책	• 선천적 이상아의 경우 최고 500만 원까지 지원받음

소득보장정책	내용
아버지육아휴직할당제도 확대	• 첫 아동의 경우 150만 원, 둘째 아동의 경우 200만 원에서 2018년 7월부터는 모든 자녀에 대한 상한액이 200만 원으로 재조정-자녀 한 명당 1년 1회 이용 가능하며, 휴직 예정일 30일 전까지 신청서를 사업자에게 제출 그 후 확인서를 고용센터에 제출하면 신청가능(고용노동부 홈페이지, 아빠넷 홈페이지)
보육료 지원	• 0~5세 어린이집을 이용하는 영 · 유아가구의 아동에게 일정의 보육료를 지원하는 사업 • 소득 무관 전 계층의 아동을 대상으로 지원하고 아동의 나이에 따라 내용이 달라지기 때문에 관련부서로 가서 신청하는 것이 가장 정확
양육수당 지원	• 부모의 양육비용을 줄이기 위해서 시행된 정책 • 어린이집, 유치원을 이용하지 않는 아동에 한해서 지원 가능 • 아이돌봄서비스를 지원 받는 경우 지원 자격 박탈
아이돌봄서비스	• 돌봄이 필요한 가정에 지원을 해 주는 정책, 정부가 지원하는 시간이 초과되었을 시에는 본인부담으로 서비스가 이용 가능

02 외국의 가족복지정책

선진국들은 우리 사회보다 먼저 가족의 변화, 가치관의 변화, 급속한 노령화, 출생률 감소, 가족원의 축소, 맞벌이 부부 증가, 농촌의 인구 과소화, 이주민의 증가 등을 겪게 되었다. 이로 인하여 가족구성원들의 정서적 문제, 자녀의 사회 부적응 등을 일으켜 가족해체의 원인이 되고 있는데, 이러한 문제를 해결하기 위하여 가족복지정책에 관심을 쏟게 되었다. 미국, 스웨덴, 독일을 중심으로 가족복지정책의 방향을 살펴보고 비교해 보면 다음과 같다.

1. 미국의 가족복지정책

미국은 자유주의 시장경제 원리에 의하여 국가개입을 통한 정부부담이 낮은 자유주의적 복지국가 형태를 지니며, 저소득층이나 빈곤층을 위한 공공부조 형태의 잔여적인 복지형태를 실시하고 있다. 따라서 복지에 대한 책임은 개인이나 가족에 있고 국가는 사회안전망의 차원에서 역할을 하는 묵시적 가족정책을 추구하고 있다.

미국의 가족복지정책의 특성은 대부분 빈곤계층 중심으로 이루어져 있으며, 개인의 능력에 따라 차등적으로 그리고 목표계층에 대한 부조로 이루어져 있다 (이영주 외, 2015: 79). 대체로 아동이 있는 가정을 중심으로 가족복지정책이 수행되고 있으며 빈곤가정을 제외한 중산층 계급 이상에서는 세금공제혜택방식을 통한 간접적 지원만 이루어지고 있는 것이 특징이다. 미국의 가족복지정책을 살펴보면 **표 4-10**과 같다.

표 4-10 미국의 가족 지원정책

가구/가족형태	주요 대응전략
1인가구	• 저소득층 1인가구, 독거노인 등이 지원받을 수 있는 임대주택과 주거비 보조, 보건서비스 등 시행 • 활용도가 낮은 시설을 1인가구를 위한 임대주택으로 개조하여 저소득층에 공급하는 주택을 보급하여 사회적 보살핌이 필요한 1인가구를 위한 주거로 활용하는 사례도 있음 – 즉, 미국의 1인가구는 주로 극빈계층을 중심으로 하는 사회복지서비스 및 정책기조를 가지고 있고, 극빈계층을 위한 싱글주택 프로그램은 10년 동안 주택임대를 지원하고 주택소유자는 보수비용 및 임대보조금을 지원받는 형식을 취하고 있음
한부모가족	• 저소득 한부모가족을 지원하기 위한 소득보장 및 취업지원센터, 양육지원과 지원(주거 지원, 교통지원, Food Stamp, 전기 및 가스료 지원 등)을 시행

출처: 이영주 외(2015). 가족복지.

2. 스웨덴의 가족복지정책

스웨덴의 가족복지정책은 사회연대와 평등을 이념으로 양성평등, 아동양육, 노인부양의 사회화를 통해 가족부담이 줄고 취업 및 가족생활이 양립될 수 있도록 정책을 추구하고 있다.

스웨덴은 유럽 국가들 중 부모역할과 고용의 병행을 고려한 모범적인 가족복지제도를 운영하고 있는 나라로서 새로운 인구사회와 경제적 변화에 적절한 방향으로 가족정책이 이루어지며, 노인 돌봄에 관련된 정책은 노인 관련 사회서비스로 분류되고, 가족복지정책의 영역에는 아동이 있는 가족과 그 구성원에 대한 지원으로 한정시키고 있다.

스웨덴의 가족복지정책은 젠더, 가족, 부모 간의 평등을 충족시키기 위한 대표적 가족정책으로는 부모휴가제도와 아동가정양육수당이 있으며, 이 제도는 노동시장의 양성평등과 가정 내 돌봄 노동에 대한 재분배를 목표로 설계되었다. 특히 돌봄에 있어서 양성평등이 자리 잡게 된 배경에는 부모휴가제도가 있으며, 이 제도는 여성에게 집중되어 있는 육아부담을 덜어주고 아버지와 자녀의 친밀성을 형성할 수 있는 시간을 부여하는 등 노동시장 내 양성평등 달성과 함께 가족 내 돌봄에 있어서 남성의 역할을 강조하고 있다. 이혼 및 별거로 인해 경제적 고통을 받지 않고 성장할 수 있도록 특별지원금을 지급하고 있다.

스웨덴의 부모보험(박옥임 외, 2017: 66)은 임신, 출산, 육아와 관련된 휴직과 소득유지를 보장하는 대표적인 제도를 실시하고 있는데 그 내용은 **표 4-11**과 같다.

표 4-11 스웨덴 가족 지원정책

정책		내용
특별지원금		• 부모의 이혼 및 별거가정을 위한 지원금으로 부모의 결혼생활의 문제로 인해 아이들이 경제적으로 고통 받지 않도록 배려
부모 보험	임신 특별수당	• 임신에 따른 건강문제로 출근하지 못할 때 임신 60일부터 출산까지 50일 동안 사용
	부모수당	• 출산 10일 전부터 출산준비를 할 수 있도록 휴직처리를 해주고 특별보너스 지급 • 출산 모뿐만 아니라 입양을 하는 부모에게도 제공 • 출산 후 최대 480일 동안 육아와 건강회복에 전념할 수 있도록 하며 480일의 소진은 개인의 사정에 따라 달라짐 • 480일을 모두 소진하였다 하더라도 자녀가 질병으로 학교나 유아원에 가지 못할 경우 자녀가 15세가 될 때까지 자녀 1인당 120일을 자녀병상휴가로 사용 • 쌍둥이를 출산했을 경우 180일의 유급출산휴가를 사용
아동보조금		• 경제수준에 관계없이 태어나는 첫 달부터 16세까지 지급

출처: 한국보건사회연구원(2015). 스웨덴 재구성.

스웨덴은 저출산을 극복하기 위해 자녀 출산부터 양육까지 지속적인 정책적 지원을 한 결과 출산율이 점차 증가 추세를 보이고 있다. 공공보육 부문에서 전체 아동의 75% 수혜율을 보이며 부모가 집에 머무르는 경우에도 모든 아동은 최소한 하루 3시간의 보육서비스를 받을 수 있도록 하고 있어 공공교육이 보편화되어 있음을 알 수 있다. 또한 1세 이하의 영아에 대해서는 가정교육이 선택될 수 있도록 지방청으로부터 월급을 받는 형식을 취함으로써 지역사회에 기반을 둔 양질의 아동보육이 보편적으로 이루어지고 있다. 보육의 유형도 다양하여 가정보육, 시설중심의 보육센터, 시간제 보육, 전업주부인 어머니와 아동을 위한 개방유아교육, 방과후 보육 프로그램 등이 제공되고 있다. 이러한 보육서비스를 제공할 때 고려하는 주요 사항으로 OECD(2006)는 보육시설에 대한 지원방식과 국가의 관리·감독 강화가 보육정책의 장기적 효과를 보장할 수 있는 방법이라고 제한함으로써 보육의 공공성을 강조하고 있다(박미은 외, 2012: 86).

3. 독일의 가족복지정책

독일은 여성들이 자녀양육과 취업을 병행할 수 있도록 하고, 자녀양육이 수입과 사회보장체계에 끼칠 수 있는 손실 발생이 최소화되도록 가족을 대상으로 하는 주요 수당으로는 아동수당과 부모수당이 있다. 초기 아동수당은 남성을 수급권자로 하여 가족 생계를 담당하는 아버지의 임금을 보충해 줌으로써 여성이 어머니로서의 역할을 충실하도록 하는 취지로 진행되었고 아동수당의 법체계는 자영업자 대상과 취업근로자 대상으로 구분된다(이영주 외, 2015: 83). 독일의 가족수당의 구체적인 내용은 **표 4-12**와 같다.

표 4-12 독일의 가족수당

가족수당	내용
아동수당	• 공공보육시설을 제공할 경우 가족 내 아동보육기능이 약화될 것이라고 우려하여 남성 가장의 임금을 보충해 줌으로써 성별 노동 분리를 고착화시키고자 함 • 아동수당은 임금 보충적 성격을 띠며 이혼, 재혼과 그리고 이에 따른 아동수당수급에서 발생할 수 있는 수급권이나 수급 액수 문제를 편입아동이라는 개념으로서 해결
부모수당	• 1986년 도입된 보육수당, 휴가제도는 여성을 대상으로 하는 여성정책이다. • 정책목표는 전통적 성역할 분리에 의한 파트너십 유지 • 1992년부터 동거 남성도 보육수당과 휴가 수급권을 가짐 • 2001년 취업활동과 가족생활을 병행할 수 있는 수단을 제시하기 위해 기존 보육수당이 제공했던 보육휴가를 부모시간으로 대체 • 이 정책은 아동보육으로 인한 근무시간 단축에 대한 법적 권리보장과 시간제 노동 제한 시간 연장을 통해 시간제 취업 노동기회 확대 그리고 부모기간을 동시에 사용할 수 있게 한 점 등은 아동보육의 주체를 여성에서 부모로 확대했다는 의미 • 부모시간제도는 1년이며 부모가 모두 사용할 경우 14개월까지 사용이 가능

출처: 한국보건사회연구원(2015). 독일 재구성.

4. 외국의 가족복지정책 비교 분석

가족정책이 잘 명시된 국가로는 프랑스 · 노르웨이 · 스웨덴이 있으며, 그 범위가 협소한 국가는 독일 · 오스트리아 · 핀란드 · 덴마크가 있고, 명시적 정책을 추구하지 않는 나라는 영국 · 캐나다 · 미국으로 분류되고 있다(이성희 외, 2012). 먼저 미국 · 스웨덴 · 독일을 중심으로 가족복지정책을 정리하면 **표 4-13**과 같다.

표 4-13 외국의 가족복지정책

구분	미국	스웨덴	독일
소득지원 정책	• 현금부조 – AFDC(대상: 부모의 부재, 사망, 무능력으로 아동을 양육할 수 없는 빈곤가정) • 조세정책 – 환급공제(근로소득 일정수준 이하 가구에 현금급여 제공)	• 연금제도 – 사회보험, 공공부조, 조세정책 • 가족수당 – 1948년 도입, 가족소득보장 성격이 큼	• 가족부담조정활용 – 아동수당 자녀세금공제
자녀양육 지원정책	• 부모휴가제도 – 1993년 가족 및 의료휴가법 • 헤드스타트 – 저소득가정 0~5세 아동과 그 가족이 대상 • 현물급여 – 의료부조, 학교급식 • 의료휴가법 – 12주 무급휴가 – 종업원 50인 이상 기업대상 • 보육서비스 – 직장 내 · 외 보육센터, 기업간 공동보육센터, 방학/주말 캠프, 가족 보육 네트워크 기타보육제도-보육바우처, 보육비용 상환 제도, 보육서비스제공제도, 소득세 과표제외제도 등	• 육아휴직 – 출산 후 6개월, 통상임금의 90% 지원 – 부모휴가기간(총 480일 제공, 출산 60일부터 아이가 8세 될 때까지 사용) – 부성휴가(출산 시 10일간의 추가 휴가)	• 사회보장급여 – 자녀양육 시 고용이 중단될 경우 지급되는 연금 • 육아 및 부모휴가법 – 14주 모성휴가, 휴가급여 전액 지원, 3년간 제공

노인부양 지원정책	• 전국가족간호자원프로그램 - 노인보호의 핵심적인 기구, 노인의 가족 케어 및 상담 및 교육 등 • 가족의료휴가제도 - 가족의 간병보호 휴가제도	• 노인부양 - 국가책임 - 그룹홈(치매노인), 요양원, 장기요양원	• 간병보험 - 재가보호, 부분시설보호 (주간보호, 단기보호), 시설보호 • 가족부(가족정책의 전달체계) - 가족 전체 복지와 개별 구성원의 복지 통합

출처: 강윤경 외(2017). 가족복지론 재구성.

5. 외국 가족복지정책의 동향

가족형태의 다양화는 확대가족, 한부모가족, 노인가족, 소년소녀가족, 독신가족 등으로 나타나고 있으며, 그 가운데 가족복지정책에서의 화두는 빈곤으로 인해 취약해진 아동과 노인에 대한 대책방안을 모색하는 것이었다. 외국의 경우 가족과 관련하여 최근 정책적 변화 경향을 지적하면 다음과 같다.

첫째, 부부공동과세에서 개인과세로 변화하고 있는 반면 부부가족을 대상으로 한 복지정책은 늘어나고 있으며 여성의 취업과 가족생활을 어떻게 조화시킬 수 있는가에 대한 방안을 마련하는 데 초점이 있다.

외국에서 가족복지정책에 대해 구체적인 논의가 시작된 것은 1940년 전후로 빈곤가족의 문제가 대두된 이후 활발히 전개되었다. 1970년대와 1980년대를 거치면서 전반적인 인구감소라는 인구학적 변화와 핵가족화와 여성노동력의 시장참여로 인한 가족생활의 변화로 인한 양성평등 및 부의 재분배라는 측면에서 정책적 접근이 이루어졌다.

외국의 여러 국가는 한 가구의 소득에 대해 가구를 단위로 종합과세를 하였으나 가족친화적인 정책을 지향하고 있는 스웨덴에서는 맞벌이 배우자에게 각각 분리과세를 채택하고 있으며, 다른 나라들도 점차 개인에 대한 분리과세로 전환하고 있다. 즉, 부부의 소득에 대해 공동과세를 하지 않고 개인 소득별로 과세한다는 것이다. 이러한 분리과세는 여성이 가족의 경제적 주체로서 남성과 동등한 지위를 보장받는 계기가 된다는 점뿐만 아니라 맞벌이 부부의 경우 두 사람의 소득으로 인해 오히려 불평등한 대우를 받았던 과세제도를 개편하여 평등한 소득의 재분배를 통한 가족복지의 증진이라는 점에서 의미가 크다.

둘째, 합법적 결혼과 동거커플 등 가족 관련 급여의 혜택을 볼 수 있도록 변화하고 있다. 세제상의 혜택과 더불어 80년대 이후 눈에 띄는 가족의 변화 중 하나는 결혼의 합법성에 커다란 의미를 두지 않는 동거커플이 증가했다는 것이며 더불어 혼외 출생아도 증가한다는 것이다.

프랑스는 1987년 이래 사실혼 관계라 하더라도 사회보장급여의 합법적 피부양자가 될 수 있도록 하였으며, 영국에서는 가족단위의 임금을 계산하는 데 있어서 결혼과 동거를 차별하지 않는다. 벨기에나 프랑스에서는 출산기피 문제를 해결하고 출산율을 높이기 위해 자녀양육 및 교육에 필요한 재정적 부담 및 다양한 서비스를 국가가 지원하는 다양한 서비스를 제공하고 있다. 이러한 현상으로 90년대는 합법적인 제도적 산물로서 가족에 대한 가치관이 더욱 위협받기에 이르렀다. 동거가 확산됨에 따라 동거커플을 합법적인 결혼커플과 차이를 둘 것인가에 대한 논쟁이 일어나고 있으나, 점차 동거와 합법적 결혼이 적어도 가족 관련 급여와 관련해서는 별다른 차별을 두지 않는 방향으로 변화하고 있다.

셋째, 가족복지정책의 보편적 가족수당이 소득조사를 통한 일부 선별주의적 성격으로 전환되고 있다.

2차 세계대전 후 북유럽에 도입된 가족수당제도는 사회의 핵심단위로서의 가족을 보호하고 지원하는 데 목적을 둔 보편주의적 제도를 채택하였다. 가족수당은 1930년대에 벨기에, 프랑스, 이탈리아, 스페인, 네덜란드에서 처음 도입하였으며, 그 뒤 40년대와 50년대에 대부분의 유럽국가에서 도입되었다. 스웨덴의 경우 아동수당과 부모보험을 도입하여 부모의 출산급여를 보장하고 아동의 연령이 18세가 될 때까지 아동수당을 받도록 하고 있다. 가족수당은 인구학적 특성이라는 가장 광범위한 기준에 의거하여 급여를 제공한다는 보편성을 특징으로 하는 정책임에도 불구하고 점점 많은 국가들에서 특정의 일부 표적화된 가족이나 저소득 가족의 소득을 보장하기 위한 소득조사나 자산조사를 병행하여 차별적인 급여를 제공하는 형태로 변화하고 있다.

넷째, 한부모가족의 급증으로 한부모가족의 빈곤에 대한 정책적 관심이 증대하였다. 한부모가족에 대한 정책적 관심이 고조된 것은 이혼율의 급증에 따른 가족형태의 변화와 특히 여성이 가장인 한부모가족의 빈곤 현상이 심화된 것에서

비롯된다.

영국・스웨덴 등은 한부모가족에 대해 가족수당과는 별도의 아동수당제도를 가지고 있으며, 독일・덴마크・그리스・프랑스 등에서도 한부모가족에 대해 그들의 특수한 욕구에 대처하는 급여체제를 수립하였다. 특히 여성 세대주가족의 빈곤은 여권론자 시각의 연구자들에 의해 복지국가의 성패를 평가하는 주요 지표로 거론되고 있을 정도로 중요한 정책이슈가 되고 있다(성정현 외, 2014: 132).

다섯째, 전통적 가족의 기능 유지와 재생산 독려 제도가 강화되었다. 전통적인 형태의 핵가족 구조가 약화되고 그 자리를 한부모가족, 동거커플 등으로 채워지므로 전통적인 방식의 보장급여가 아닌 새로운 형태의 급여에 대한 욕구가 증대하고 있다. 이에 대한 국가의 대응 중 주목할 부분은 신자유주의와 가족중심주의를 강조하는 국가들에서 현재의 가족을 유지, 강화하는 방향으로 정책들이 확대되고 있다는 점이다.

생각 & 토론 주제

○ 소집단별로 출산율을 높일 수 있는 방안을 생각해 보고 발표하기

○ 젊은이들의 생활 안정과 결혼 촉진을 위해서 필요한 정책에 대해서 생각해 보기
예: 기본소득제도, 공공 임대주택 보급 등

CHAPTER 05

가족복지정책의 전달체계와 관련법

가족복지 전달체계는 가족의 욕구와 문제에 적합한 가족복지정책 및 서비스 개발도 중요하지만 실제적인 효과적이고 효율적인 가족복지 전달체계의 역할도 매우 중요하다. 이러한 가족복지 전달체계는 가족복지를 원활하게 실행하기 위한 정부, 지방자치단체 그리고 민간 사회복지기관의 행정조직이다. 이러한 전달체계의 역할에 앞서 가족복지와 관련된 법은 가족복지정책의 법률적 기준과 근거를 뒷받침함으로써 가족복지정책을 정당화하고 있다. 따라서 이 장에서는 가족복지 전달체계와 가족복지 관련법에 대하여 다루고자 한다.

01 가족복지정책의 전달체계

가족복지 전달체계는 가족복지를 원활하게 실현하기 위한 정부, 지방지자체, 국가로부터 위탁받은 민간 사회복지기관의 행정조직으로서, 가족서비스의 공급자와 수급자를 연결시키기 위한 조직적 장치이며, 가족정책을 구체적인 가족서비스로 전환하여 가족집단과 그 구성원에게 효과적으로 전달하기 위한 조직체계이다. 따라서 사회복지 전달체계는 사회복지 실현에 매우 중요하다.

사회복지 재화나 서비스를 수급자에게 전달하는 전달체계는 서비스를 수급자나 이용자에게 원활히 전달하기 위해서는 사회복지정책 또는 사회복지 영역별 혹은 동일 영역에서도 개별 프로그램별로 다양하다. 프로그램의 내용에는 노동권 보장(보육정책, 방과후 보육정책), 부모권 보장(출산전 · 후 휴가, 육아휴직, 부성육아휴직), 돌봄 관련(노인장기요양보험), 소득보장을 위한 각종 정책(아동수당, 양육수당)을 실현하기 위한 것을 목표로 하며, 이를 실현하기 위하여 중앙정부, 지자체 주무부서와 민간 사회복지기관의 조직이 포함되며 모두 운영주체가 된다. 이러한 사회복지 전달체계는 주로 운영주체에 따라 공공전달체계와 민간전달체계로 구분할 수 있으며 운영주체에 따른 행정부서 및 정책내용은 표 5-1과 같다.

표 5-1 운영주체에 따른 행정부서 및 정책내용

행정체계	운영주체	행정부서	정책내용
공공전달체계	• 정부 (중앙, 지방자치단체)	• 여성가족부 • 보건복지부 • 고용노동부	• 노동권 보장 • 부모권 보장 • 노인돌봄 관련 • 소득보장 영역
민간전달체계	• 민간 또는 민간단체(기업, 비영리조직, 영리 조직)	• 종합사회복지기관 • 가정지원센터 • 다문화가족 지원센터 • 한부모가족 지원센터	• 사회복지서비스

1. 공공전달체계

공공전달체계는 국가 또는 지방자치단체가 수립하고, 직접 운영의 주체가 되어 정부 차원의 사회복지정책을 통한 사회보험과 사회복지서비스 등을 포함하는 구체적인 체계이다. 공공전달체계의 운영주체인 중앙정부는 정책의 결정, 예산확보, 지도감독을 하는 행정관리체계적 성격을 가지고, 지방자치단체는 정책을 직접적으로 실현하는 집행체계의 성격을 지닌다. 중앙정부는 가족복지 공급자로서 통일성 있는 서비스를 전국적으로 제공하고, 공공전달체계뿐만 아니라 가족복지 관련 법률을 통해 민간전달체계의 활동을 지원하고 규제하는 활동을 수행해야 한다.

우리나라의 중앙정부 가족복지담당 행정기구는 2000년까지는 보건복지부에서 주관했으나 2001년 여성부의 신설로 가족복지정책이 분리되어 이관되었다. 가족복지정책의 주무 부서인 여성가족부와 보건복지부, 고용노동부, 지방자치단체의 주요 업무 내용을 살펴보면 다음과 같다.

1) 여성가족부

우리나라는 사회와 가족구조의 변화에 따라 가족이 기존에 수행해 온 기능들 중 많은 부분을 사회에 이양하게 되었고 가족생활에 대한 부담요인이 증가하면서 가족문제 해결을 위한 정부의 지원정책이 시급하게 되었다. 이에 따라 2010년 3월 정부조직법이 개편되어 그동안 보건복지부의 업무가 여성가족부로 이관되면서 여성가족부가 가족복지정책의 주무 부처의 역할을 맡고 있다.

여성가족부는 여성이 가정이나 사회의 성 평등과 여성인권 보호를 추구하고, 여성주의적 관점에서 가복복지정책의 기초를 구축하는 데 영향을 미친다(강윤경 외, 2017: 277).

여성가족부에서는 여성정책의 기획·종합 및 여성의 권익증진, 가족과 다문화 가족정책의 수립·조정·지원, 여성·아동·청소년에 대한 폭력피해 및 보호, 청소년의 육성, 복지 및 폭력피해 예방 및 보호 기능을 목적으로 하며 간략히 정리하면 **그림 5-1**과 같다.

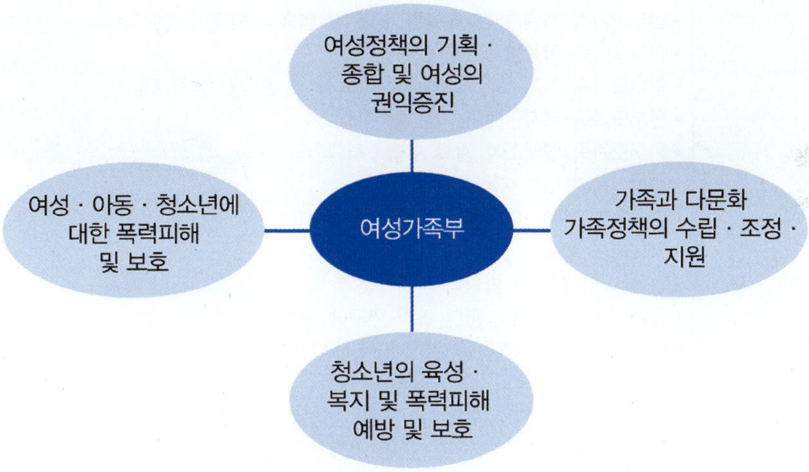

그림 5-1 여성가족부 가족정책 목적

출처: 이영실 외(2013). 가족복지론 재구성.

여성가족부 조직 중 명시적으로 관련 업무를 수행하는 부서는 청소년가족정책실의 가족정책관이고 이에 따른 주요업무를 다루는 과는 가족정책과, 가족지원과, 다문화가족정책과, 다문화가족지원과로 나뉘며 그 중요한 내용은 **표 5-2**와 같다.

표 5-2 여성가족부 가족복지정책 관련 담당업무

부처	내용
가족정책과	• 건강가정기본계획의 수립 · 조정 및 연도별시행계획의 총괄 • 중앙부처 및 지방자치단체 가족정책의 협의 · 조정 총괄 • 가족 및 가족친화 사회 환경 관련 법령의 관리 · 운영 • 건강가정정책의 평가 • 중앙건강가정정책위원회의 구성 · 운영 • 가족제도 · 가족 실태에 관한 조사 · 연구 • 건강가정 사업을 위한 아동 업무에 관한 정책의 개발 • 가정의 날 및 부부의 날 운영 등 가족 관련 행사에 관한 사항 • 가족 관련법인 · 단체의 육성 · 지원 및 지도 · 감독 • 건강가정사 · 가정봉사원의 양성 및 교육훈련 • 지역사회 가족기능 강화 관련 자원 연계 및 조정 • 가족친화 사회환경 관련 실태조사 및 계획의 수립 · 시행 • 가족친화 직장 · 마을 환경 조성 지원 및 가족친화기업 등의 인증 · 관리 • 결혼준비교육 · 부모교육 · 가족윤리교육과 가족가치의 실현 및 가정생활과 관련된 교육 등에 대한 지원 • 가족상담 · 교육 프로그램의 개발 · 보급 • 민주적이고 양성평등한 가족문화의 확산 및 건전가정의례의 보급에 관한 사항
가족지원과	• 아이돌봄서비스 등 가족의 자녀양육 지원 • 미혼모 및 청소년 한부모의 자립지원에 관한 사항 • 한부모가족 지원 관련 계획의 수립 및 법령의 관리 · 운영 • 한부모가족 아동양육 · 교육 등 지원 • 한부모가족 복지 및 시설의 자원 · 육성 및 종사자 능력개발 • 한부모가족 복지단체의 지원 및 관리 • 한부모가족 실태조사 계획 수립 · 시행 • 자녀양육비 이행 지원에 관한 사항 • 이혼위기가족에 대한 상담 · 교육 등의 서비스 지원 • 양육비 이행에 관한 계획의 수립에 관한 사항 • 양육비 이행 관련 법령의 관리 · 운영 및 제도개선에 관한 사항 • 양육비 이행 실태에 관한 조사 연구에 관한 사항 • 양육비 이행 인식개선을 위한 교육 · 홍보에 관한 사항 • 양육비가이드라인의 개발 · 활용에 관한 사항 • 양육비이행관리원의 지도 · 관리 및 감독에 관한 사항 • 양육비이행관리원의 운영에 관한 사항 • 양육비이행관리원의 지도 · 관리 및 감독에 관한 사항 • 양육비이행관리원의 긴급지원 제도의 운영에 관한 사항 • 한시적 양육비 긴급지원 제도의 운영에 관한 사항 • 양육비 이행을 위한 중앙행정기관, 지방자치단체 및 관계기관의 협의 · 조정에 관한 사항
다문화가족 정책과	• 중앙부처 및 지방자치단체의 다문화가족 지원정책 총괄 • 다문화가족 지원 법령 • 다문화가족정책위원회 및 실무위원회 운영 • 다문화가족 지원정책 기본계획 및 연도별 시행계획의 수립 · 평가

부처	내용
	• 다문화가족 지원 중장기 정책 수립, 정책 개발 및 제도 개선 • 다문화가족 관련 각종 계획·대책 수립 • 다문화가족 실태조사 실시 • 다문화가족 지원센터 운영(방문교육 포함) • 다문화가족 자녀 언어발달지원 및 통·번역서비스, 언어영재교실 • 다문화가족 지원센터 평가 및 현장점검, 타 부처 연계업무 • 다문화가족 지원프로그램 개발 및 센터 외부협력에 관한 사항 • 다문화가족 지원 사업 관련 연구용역 • 다문화가족 전국 네트워크대회 • 다문화가족 자녀 언어발달지원 사업 • 다문화가족 이중언어 가족환경조성사업 • 다문화가족 나눔 봉사단, 사례관리 서비스
다문화가족 지원과	• 다문화가족에 대한 사회적 인식개선을 위한 시책 추진 및 홍보 • 다국어지원 시스템 구축·운영 등 다문화가족의 의사소통 지원 • 결혼이민자 전문인력 양성 등 경제·사회적 자립 지원 • 결혼중개업 관리에 관한 법령의 관리·운영 • 결혼중개업 종사자 및 지방자치단체 관계 공무원의 교육에 관한 사항 • 결혼중개업 등록·신고의 관리 • 국제결혼 예정자의 사전 준비 지원에 관한 사항 • 국제결혼이민관의 설치 및 운영에 관한 사항
복지지원과	• 가정폭력 예방과 피해자 보호계획 수립·시행 • 가정폭력 예방 및 피해자 보호 관련 법령의 관리 및 제도개선 • 가정폭력 실태 조사·연구 및 시설평가에 관한 사항 • 가정폭력 피해자 보호시설 및 상담소의 지원·육성 • 가정폭력 가해자 교정프로그램 및 피해자 치료회복프로그램의 개발·육성 • 여성 긴급전화의 운영지원에 관한 사항 • 가정폭력 피해자의 의료·법률 서비스 지원 및 주거 등 자립 지원에 관한 사항 • 가정폭력 관련 시설 종사자 및 관계기관 담당자 교육 • 가정폭력 예방 등을 위한 대국민 홍보 • 이주여성 폭력피해 예방 및 보호에 관한 사항 • 일본군위안부 피해자에 대한 생활안정 및 기념사업에 관한 사항 • 일본군위안부 피해자 관련 조사·연구·교육 및 홍보

출처: 강윤경 외(2017). 가족복지. pp. 111-114 재구성.

2) 보건복지부

보건복지부는 「건강가정기본법」 및 「저출산·고령사회기본법」에 기초한 통합적 가족복지정책의 수립과 제도화를 위한 부서로서 가족복지와 관련되거나 가족복지에 영향을 초래하는 업무를 담당한다. 2010년 보건복지부로 개편 이전에는 보건복지가족부로 가족정책 주무 부서로의 역할을 해 왔으나 개편 이후에는 가족기능이 여성부로 이관됨으로써 보건복지부에서는 저출산 · 고령화에 대응하는 인구정책실 산하 출산정책과, 노인정책과, 보육정책과가 가족과 관련된 업무를 담당하고 있다. 보건복지부 가족복지정책의 주된 내용은 표 5-3과 같다.

표 5-3 보건복지부 정책관련 담당업무

부처	내용
출산정책과	• 저출산 관련 기본계획 및 시행계획의 수립 및 조정 • 저출산 관련 정책의 총괄 • 다자녀가정의 사회적 지원에 관한 정책의 조정 및 개발 • 임신 · 출산 및 자녀양육의 지원에 관한 정책의 수립 및 조정 • 인구 및 출산지원 관련 종합계획의 수립 및 조정 • 임신 · 출산 관련 정책의 총괄 · 조정 • 출산 · 양육에 유리한 사회 환경 조성에 관한 사항 • 출산 장려를 위한 홍보 전략의 수립 및 시행 • 출산 및 여성 관련 민간단체의 지원 • 저출산 · 고령화 대비 인력 · 재정 · 금융 등에 과한 정책의 총괄 및 조정 • 저출산 고령사회 노동인력의 확보 및 외국인력 확보 등에 관한 사항 • 인구변동에 따른 적정인구 구조 및 규모 분석에 관한 사항 • 보건복지 분야 여성정책 및 다문화가족정책의 총괄 및 조정 • 모자보건에 관한 종합계획의 수립 및 평가 • 모자보건에 관한 조사 및 연구 • 모자보건향상 프로그램 개발 및 보급 • 임산부 및 영유아에 대한 관리 및 지원 • 여성 · 어린이 건강정책 종합 및 조정 • 모유수유 장려에 관한 사항 • 산후조리원의 관리에 관한 사항 • 임신 · 출산 등에 관한 종합정보의 제공 • 불임부부 지원 사업 • 인공임신중절의 예방대책에 관한 사항 • 가임기 여성 건강증진에 관한 사항 • 모성건강 환경 조성 지원에 관한 사항
노인정책과	• 노인복지에 관한 종합계획의 수립 · 조정 및 조사 · 연구 • 노인보건복지 관련 법령에 관한 사항 • 노인실태조사에 관한 사항 • 경로효친사상 앙양 및 경로우대에 관한 사항 • 노인의 안전 및 권익향상에 관한 사항 • 노인 관련법인 · 단체의 지원 및 육성 • 노인보건복지 관련 국제협력에 관한 사항 • 치매 예방 · 관리 등 노인건강증진에 관한 사항 – 공립치매병원의 확충 및 지원에 관한 사항 • 독거노인 보호 및 노인 돌봄서비스 사업에 관한 사항 • 노인 여가 · 교육 등 사회참여 활성화에 관한 사항 • 노인주간 및 노인의 날 행사 지원 • 노인학대 예방에 관한 사항

부처	내용
보육정책과	• 중앙부처 및 지방자치단체의 영유아 정책(유아교육정책은 제외) 지원정책 협의·조정·총괄 • 영유아 정책에 대한 조사·연구·평가 및 제도개선 • 영유아 정책에 관한 종합계획의 수립 및 연도별 시행계획의 총괄 • 보육정책위원회의 운영 • 보육관련 법령의 관리·운영 • 보육재정의 중장기 투자계획 수립 • 보육예산의 편성·집행관리 및 정산·결산 • 보육서비스 이용권제도(보육전자 바우처)의 운영 및 관리 • 보육행정 전산화 • 지방자치단체 보육공무원 교육 • 보육개발원의 설립 및 지도·감독 • 영유아 및 영유아보육 지원정책에 대한 홍보 및 국민인식 개선사업 • 보육 관련 대외협력 및 교류활성화 지원 • 보육통계의 생산 및 관리 • 어린이집연합회 등 법인·단체의 지도·감독 • 어린이집 평가인증 계획 수립 및 평가인증 제도 운영

출처: 강윤경 외(2017). 가족복지 재구성.

3) 고용노동부

고용노동부는 우리 사회의 노동정책을 관장하는 주무 부서로서 가족복지정책을 직접 다루는 부서는 아니지만, 고용평등 차원에서 여성 근로자를 대상으로 직장과 가정생활 양립을 추구하는 근로복지정책을 추구함으로써 가족복지정책을 다루는 유관부서라 할 수 있다(강윤경 외, 2017: 271). 고용노동부는 고용정책실 여성고용정책과에서 여성고용확대, 모성보호, 출산급여, 육아휴직제도 등 가족정책 관련 주요 업무를 담당하고 있으며 주요 내용은 표 5-4와 같다.

표 5-4 여성고용정책과 주요 내용

부처	내용
여성고용정책과	• 여성고용확대 촉진정책 수립 • 산전·후 휴가 등 모성보호 제도 운영 및 개선 • 일과 가정의 양립지원 법령 제정 관련 업무 • 육아휴직 및 급여·장려금 제도 운영·개선 • 직장보육제도 개선 • 직장보육시설의 설치 및 운영

4) 지방자치단체

지방자치단체에서는 중앙부처에서 수립된 정책을 집행하고 서비스를 제공하며 담당부서로는 주로 보육, 아동청소년, 모·부자가족을 담당하는 팀, 국 단위의 기구에서 이루어지며 공무원들이 업무를 수행한다.

중앙부서에서 입안된 정책 및 추진내용이 지방전달체계로 내려오면 같은 조직 내에서 업무가 이루어지는 경우가 많으므로 지방자치단체는 실질적인 정책집행자가 된다. 가족복지정책을 담당하는 지방자치단체의 조직은 광역시·도 단위에서는 여성정책국, 보건복지여성국, 복지환경정책국 등의 명칭으로 구성되어 직무를 다루고, 시·군·구에서는 문화복지과, 시민복지과, 사회복지과, 가정복지과 등으로 다양하게 조직을 운영한다. 읍·면·동사무소와 아동, 노인, 장애인, 모·부자가정에 대한 사회복지서비스 업무를 관장하며 종합적인 복지행정서비스를 제공한다.

2. 민간전달체계

민간전달체계는 중앙정부 또는 지자체의 공공부문의 가족복지 전달체계 안에서 기능하는데 어려움이 따르는 복지의 사각지대를 해소하고, 사회변동에 의해 발생하는 문제를 역동적으로 먼저 대응하는 역할을 한다. 이러한 민간전달체계는 복지재단, 자원봉사단체, 사회복지협의회, 이용·수용시설 등의 민간 또는 민간단체를 통해 서비스 전달이 이루어지며, 정부의 부분적인 재정적 지원과 행정적 지도·감독 아래 다양한 형태와 방법으로 전달체계를 수립·운영되고 있다(강윤경 외, 2017: 118). 민간전달체계의 행정부서에는 가정지원센터, 다문화가족지원센터, 한부모가족지원센터, 종합사회복지기관이 있다.

1) 건강가정지원센터

건강가정지원센터는 수요자 중심의 서비스 전달체계를 갖추고 지역주민의 특성을 고려한 맞춤형 가족 지원서비스를 제공함으로써(이영실 외, 2013: 128) 가족유지율 저하, 이혼율 증가, 부양기능 문제, 위기문제 등 다양한 가족문제에 대처하여 가족의 안정성 및 가족관계를 강화하기 위하여 설치되었다.

건강가정지원센터는 2005년 「건강가정기본법」이 제정되고 이에 의거하여 가정문제의 예방과 치료를 위한 프로그램 개발, 가족문화사업의 전개, 정보 및 자료제공 등을 통해 중앙 · 시 · 도 및 시 · 군 · 구에 '건강가정지원센터'를 두도록 하여 시 · 군 · 구의 가족여성정책과, 사회복지과, 아동청소년과 등과 긴밀한 협력관계를 통하여 서비스를 전달한다. 또한 건강가정지원센터는 한부모가족, 다문화가족, 이혼가족 등 다양한 가족 지원을 위한 교육 및 상담, 문화 프로그램이 결합된 맞춤형 통합서비스를 제공하며 아이돌보미 지원, 장애아가족 양육지원사업 등 돌봄지원사업과 취약가족과 위기가족을 위한 가족역량강화사업, 미혼모 · 부자가족 지원사업을 함께 추진하고 있다. 건강가정지원센터의 전달체계는 여성가족부에서 위탁받아 수행하는 조직으로 중앙건강가정지원센터 산하에 시 · 도 건강가정지원센터 및 시 · 군 · 구 건강가정지원센터로 구성되어 있으며, 주요 내용은 표 5-5와 같다.

표 5-5 건강가정지원센터 주요 내용

센터실무조직	주요 내용
센터장	• 센터 대표 • 대외협력 업무
사무국장	• 센터사무총괄 • 센터 홍보 • 센터 제공서비스 질 관리 및 평가 • 센터 인력관리(회원 및 자원봉사자 관리) DB 구축연계
건강가정교육팀	• 가정생활설계교육 • 가정생활환경교육 • 식생활영양교육 • 의류관리수선교육 • 가정봉사원양성교육 • 가계재무관리교육 • 소비자교육 등 프로그램 기획 및 수행
건강가정상담팀	• 가정생활 상담 • 업무 전반 • 가족관계 향상 프로그램

출처: 강윤경 외(2017). 가족복지.

2) 다문화가족지원센터

다문화가족지원센터는 다문화가족성원을 위한 사회적응교육, 상담, 직업교육 등 서비스를 제공해 다문화가족의 한국사회 조기적응 및 안정적인 가족생활을 지원하고 있다. 더불어 다문화사회로의 변화에 맞춰 다문화가족뿐만 아니라 일반 가족에게도 다문화사회와 관련된 다양한 인식개선서비스를 제공하고 있다. 다문화가족지원센터의 전달체계는 중앙, 시・도 및 시・군・구에 다문화가족 지원센터를 두고 가족복지와 관련된 전문행정 전달체계를 구축하고 있다.

3) 한부모가족지원센터

한부모가족지원센터는 지역사회 내에서 일정한 시설과 전문인력을 갖추고 지역사회 내의 인적・물적 자원을 통해 한부모가족의 자립기반 마련과 삶의 질 향상을 위한 복지 실현을 위해 교육, 상담, 문화활동 등 다양한 사업을 추진하고 있다. 또한 미혼모・부자의 정보제공과 긴급지원을 통해 미혼모・부자의 위기상황을 극복하여 삶의 질을 높이고 행복한 생활을 할 수 있도록 종합적 서비스를 지원해 주고 있다. 한부모가족복지상담소는 한부모가족복지에 관한 사항을 상담하거나 지도하기 위하여 「한부모가족지원법」에 의해 특별시장・광역시장・도지사와 시장・군수・구청장은 관할 구역에 한부모가족복지상담소를 설치할 수 있다. 한부모가족지원센터의 사업내용은 **표 5-6**과 같다.

표 5-6 한부모가족지원센터의 사업내용

주요 목표	세부추진과제	단위사업
한부모가족의 생활안정과 자립역량 강화 종합지원	• 보편적 한부모가족 지원 • 한부모가족 역량강화 및 자립지원 • 한부모가족 맞춤형 서비스 • 한부모가족 상담지원 체계화	• 한부모상담 및 정보제공 • 한부모가족 특별후원사업 • 한부모자립지원 생활밀착형서비스 (한부모생활코디네이터) • 한부모가족 자조모임 지원 및 리더양성 • 한부모가족 주거지원사업 • 한부모 계속 학습지원 • 한부모 위기지원 • 미혼모・부 초기지원(수탁) • 재가한 부모 상담지원 • 시설입소자 상담・치료지원(수탁)
한부모가족복지시설 및 기관지원 활성화	• 한부모가족 서비스 총괄지원 • 한부모가족 네트워크 활성화 • 한부모가족 생활교육 프로그램	• 한부모가족복지시설 운영지원 • 한부모가족 지원기관 연계사업 • 한부모가족 프로그램 개발지원

주요 목표	세부추진과제	단위사업
한부모가족인식개선을 위한 사회환경 조성사업	• 미래지향적 한부모 지원 • 인식개선 사업확대 • 홍보 및 후원사업	• 한부모가족 권익증진 사업 • 한부모가족 자원봉사단 운영 • 한부모가족 이해교육 • 인식개선 연대사업 • 한부모가족 모두 하나 대축제 • 후원사업

출처: 강윤경 외(2017). 가족복지.

4) 종합사회복지관

사회복지관은 지역사회 내에서 일정한 시설과 전문인력을 갖추고 지역사회의 인적·물적 자원을 동원하여 지역사회문제를 해결하고 주민의 복지욕구를 충족시키기 위한 종합적인 사회복지사업을 수행하는 사회복지시설이다. 이러한 사회복지기관은 사회복지서비스 욕구를 가지고 있는 모든 지역주민을 대상으로 보호서비스, 자립능력배양을 위한 교육훈련의 기회제공 등 그들이 필요로 하는 복지서비스를 제공하고 가족기능 강화 및 주민상호 간의 연대감 조성을 통해 지역사회문제를 예방하거나 치료하는 매개역할을 한다.

02 가족복지 관련법

1. 건강가정기본법

1) 건강가정기본법의 의의와 입법목적

「건강가정기본법」에서 의미하는 용어들의 정의를 정리하면 가족이란 혼인·혈연·입양으로 이루어진 사회의 기본단위를 말한다. 가정이란 가족구성원이 생계 또는 주거를 함께 하는 생활공동체로서 구성원의 일상적인 부양·양육·보호·교육 등이 이루어지는 생활단위를 말하고, 1인가구의 의미는 1명이 단독으로 생계를 유지하고 있는 생활단위를 말한다. 건강가정이란 가족구성원의 욕구가 충족되고 인간다운 삶이 보장되는 가정을 의미하고, 건강가정사업이라 함은 건강가정을 저해하는 문제의 발생을 예방하고 해결하기 위한 여러 가지 조치와 가족의 부양・양육・보호・교육 등의 가정기능을 강화하기 위한 사업을 말한다(국가법령정보센터, 2018).

건강가정기본법의 입법목적을 보면 건강한 가정생활의 영위와 가족의 유지 및 발전을 위한 국민의 권리・의무와 국가 및 지방자치단체 등의 책임을 명백히 하고, 가정문제의 적절한 해결방안을 강구하며 가족구성원의 복지증진에 이바지할 수 있는 지원정책을 강화함으로써 건강가정 구현에 기여하는 것을 목적으로 한다.

2) 건강가정기본법의 주요 내용

2018년 1월에 개정된 「건강가정기본법」의 신설된 주요 내용은 제3조 제2호의 2의 내용으로서 '1인가구'라 함은 1명이 단독으로 생계를 유지하고 있는 생활단위를 말한다. 제15조 제2항 제10호의 신설내용에는 건강가정기본계획 수립 시 1인가구의 복지증진을 위한 대책을 포함하도록 하고 있으며, 제20조 제2항에서는 가족실태조사에 1인가구의 연령별・성별・지역별 현황과 정책 수요 등에 관한 사항을 포함하도록 하고 있다. 제35조 제3항에는 건강가정사 자격 인정에 있어서 법령에 따라 정규대학을 졸업한 사람과 같은 수준 이상의 학력이 있다고 인정되는 경우를 포함하도록 하는 내용을 담고 있다. 위의 내용을 바탕으로 「건강가정기본법」의 주요 내용을 살펴보면 표 5-7과 같다.

표 5-7 건강가정기본법 주요 내용

조	구분	주요 내용
제1조	목적	건강한 가정생활의 영위와 가족의 유지 및 발전을 위한 국민의 권리・의무와 국가 및 지방자치단체 등의 책임을 명백히 하고, 가정문제의 적절한 해결방안을 강구하며 가족구성원의 복지증진에 이바지할 수 있는 지원정책을 강화함으로써 건강가정 구현에 기여하는 것을 목적으로 한다.
제2조	이념	가정은 개인의 기본욕구 충족, 사회통합을 위하여 기능하도록 유지・발전되어야 한다.

조	구분	주요 내용
제3조	정의	1. "가족"이라 함은 혼인 · 혈연 · 입양으로 이루어진 사회의 기본단위를 말한다. 2. "가정"이라 함은 가족구성원이 생계 또는 주거를 함께 하는 생활공동체로서 구성원의 일상적 부양 · 양육 · 보호 · 교육 등이 이루어지는 생활단위를 말한다. 2의2. "1인가구"라 함은 1명이 단독으로 생계를 유지하고 있는 생활단위를 말한다. 3. "건강가정"이라 함은 가족구성원의 욕구가 충족되고 인간다운 삶이 보장되는 가정을 말한다. 4. "건강가정사업"이라 함은 건강가정을 저해하는 문제(이하 "가정문제"라 한다)의 발생을 예방하고 해결하기 위한 여러 가지 조치와 가족의 부양 · 양육 · 보호 · 교육 등의 가정기능을 강화하기 위한 사업을 말한다.
제5조	책임	① 국가 및 지방자치단체는 건강가정을 위하여 필요한 제도와 여건을 조성하고 이를 위한 시책을 강구하여 추진하여야 한다. ② 국가 및 지방자치단체는 제1항의 시책을 강구함에 있어 가족구성원의 특성과 가정유형을 고려하여야 한다. ③ 국가 및 지방자치단체는 민주적인 가정형성, 가정 친화적 환경조성, 양성평등한 가족가치 실현 및 가사노동의 정당한 가치평가를 위하여 노력하여야 한다.
제15조	건강가정 기본계획의 수립	② 기본계획(5년마다)에는 다음 각 호의 사항이 포함되어야 한다. 1. 가족기능의 강화 및 가정의 잠재력개발을 통한 가정의 자립 증진 대책 2. 사회통합과 문화계승을 위한 가족공동체문화의 조성 3. 다양한 가족의 욕구충족을 통한 건강가정 구현 4. 민주적인 가족관계와 양성평등적인 역할분담 5. 가정친화적인 사회 환경의 조성 6. 가족의 양육 · 부양 등의 부담완화와 가족해체예방을 통한 사회비용 절감 7. 위기가족에 대한 긴급 지원책 8. 가족의 건강증진을 통한 건강사회 구현 9. 가족 지원정책의 추진과 관련한 재정조달 방안 10. 1인가구의 복지 증진을 위한 대책 ③ 기본계획은 국무회의의 심의를 거쳐 확정한다. ④ 여성가족부장관은 확정된 기본계획을 지체 없이 국회 소관 상임위원회에 보고하고, 관계 중앙행정기관의 장 및 지방자치단체의 장에게 통보하여야 한다.
제20조	가족실태조사	① 국가 및 지방자치단체는 개인과 가족의 생활실태를 파악하고, 건강가정 구현 및 가정문제 예방 등을 위한 서비스의 욕구와 수요를 파악하기 위하여 3년마다 가족실태조사를 실시하고 그 결과를 발표하여야 한다. ② 제1항에 따른 가족실태 조사에는 1인가구의 연령별 · 성별 · 지역별 현황과 정책 수요 등에 관한 사항이 포함되어야 한다. ③ 제1항의 규정에 의한 가족실태 조사를 위하여 필요한 사항은 여성가족부령으로 정한다.

조	구분	주요 내용
제21조	가정에 대한 지원	① 국가 및 지방자치단체는 가정이 원활한 기능을 수행하도록 지원하여야 한다. ② 제1항의 규정에 의하여 지원하여야 할 사항은 다음 각 호와 같다. 1. 가족구성원의 정신적·신체적 건강지원 2. 소득보장 등 경제생활의 안정 3. 안정된 주거생활 4. 태아검진 및 출산·양육의 지원 5. 직장과 가정의 양립 6. 음란물·유흥가·폭력 등 위해환경으로부터의 보호 7. 가정폭력으로부터의 보호 8. 가정 친화적 사회분위기의 조성 ③ 국가 및 지방자치단체는 임신·출산·수유 및 육아와 관련된 모·부성권 보장을 위한 육아휴직 및 유급휴가시책이 확산되도록 노력하여야 한다. ④ 국가 및 지방자치단체는 한부모가족, 노인단독가정, 장애인가정, 미혼모가정, 공동생활가정, 자활공동체 등 사회적 보호를 필요로 하는 가정에 대하여 적극적으로 지원하여야 한다. ⑤ 제2항 및 제4항의 규정에 의한 국가 및 지방자치단체의 지원에 관한 세부적 사항은 관계 법률이 정하는 바에 의한다.
제23조	가족단위 복지증진	① 국가 및 지방자치단체는 사회보험·공공부조 등 사회보장제도의 운용과 관련하여 보험료의 산정·부과, 급여 등을 운용함에 있어서 가족을 지지하는 시책을 개발·추진하여야 한다. ② 국가 및 지방자치단체는 경제·사회, 교육·문화, 체육, 지역사회개발 등 각 분야의 제도·정책 및 사업을 수립·추진함에 있어 가족을 우대하는 방안을 강구하여야 한다.
제24조	가족건강증진	국가 및 지방자치단체는 영·유아, 아동, 청소년, 중·장년, 노인 등 생애주기에 따르는 가족구성원의 종합적인 건강증진대책을 마련하여야 한다.
제31조	이혼예방 및 이혼가정지원	① 국가 및 지방자치단체는 이혼하고자 하는 부부가 이혼 전 상담을 받을 수 있게 하는 등 이혼조정을 내실화 할 수 있도록 필요한 조치를 강구하여야 한다. ② 국가 및 지방자치단체는 이혼의 의사가 정해진 가족에 대하여 이들 가족이 자녀양육·재산·정서 등의 제반문제를 준비할 수 있도록 도움을 주는 지원서비스를 제공하도록 하여야 한다. ③ 국가 및 지방자치단체는 이혼한 가족에 대하여 양육비에 대한 집행력의 실효성을 강화하고 그 적용대상을 확대하도록 하여야 한다.
제32조	건강가정교육	① 국가 및 지방자치단체는 건강가정교육을 실시하여야 한다. ② 제1항의 규정에 의한 교육내용에는 다음 각 호의 사항이 포함되어야 한다. 1. 결혼준비교육 2. 부모교육 3. 가족윤리교육 4. 가족가치실현 및 가정생활관련 교육 등 ③ 제1항의 규정에 의한 건강가정교육에 관하여 필요한 사항은 여성가족부령으로 정한다.

조	구분	주요 내용
第35조	건강가정지원 센터의 설치	① 국가 및 지방자치단체는 가정문제의 예방·상담 및 치료, 건강가정의 유지를 위한 프로그램의 개발, 가족문화운동의 전개, 가정관련 정보 및 자료제공 등을 위하여 건강가정지원센터(이하 "센터"라 한다)를 설치·운영하여야 한다. ② 센터에는 건강가정사업을 수행하기 위하여 관련분야에 대한 학식과 경험을 가진 전문가(이하 "건강가정사"라 한다)를 두어야 한다. ③ 건강가정사는 다음 각 호의 요건을 모두 갖춘 사람이어야 한다. 1. 대학 또는 이와 동등 이상의 학교를 졸업할 것(법령에 따라 이와 같은 수준 이상의 학력이 있다고 인정되는 경우를 포함한다) 2. 제1호에 따른 학력 취득과정이나 그 밖에 여성가족부장관이 인정하는 방법으로 사회복지학·가정학·여성학 등으로 여성가족부령으로 정하는 관련 교과목을 이수할 것 ④ 센터의 조직·운영 및 건강가정사의 자격·직무에 관하여 필요한 사항은 대통령령으로 정한다. ⑤ 센터의 운영은 여성가족부령이 정하는 바에 의하여 민간에 위탁할 수 있다.

출처: 국가법령정보센터(2023). 건강가정기본법 재구성.

2. 한부모가족지원법

1) 한부모가족지원법의 의의와 입법목적

「한부모가족지원법」은 이혼·사별 등 다양한 이유들로 인하여 발생한 한부모가족의 경제적 어려움, 이웃과의 관계망 단절, 자녀교육 등의 어려움에 직면하게 됨으로써 이들에게 소득보장 및 취업알선, 주거보장, 의료보건 지원, 보육지원 등을 통해 국가적인 지원을 위한 법이다.

1989년 「모자복지법」으로 제정되어 2002년에는 「모·부자복지법」으로 개정되었고, 2007년에는 「한부모가족지원법」으로 재개정되었다. 최근 2018년 7월 일부 개정 시행되고 있으며, 이는 국가와 지방자치단체가 한부모가족의 권익과 자립을 지원하기 위한 여건을 조성하고, 이를 위한 시책을 수립·시행하도록 하며, 지원대상자 발굴을 위하여 필요한 자료 또는 정보의 제공과 홍보에 노력하도록 하기 위함이다. 또한 이혼 등으로 현재 혼인관계에 있지 아니하거나 미혼인 자가 출산 또는 출산 후 양육 등에 있어서 경제적 어려움을 겪을 경우 미혼모자가족복지시설을 이용할 수 있도록 이용 범위를 확대하며, 한부모가족에 대하여 정보 및 체계적인 상담서비스를 제공하기 위한 한부모가족 상담전화의 설치근거를 마련하는 등 한부모가족 지원에 필요한 제도적 미비점을 보완하여 생활안정과 복지증진에 이바지하고자 개정되었다.

2) 한부모가족지원법의 주요 내용

「한부모가족지원법」의 주요 내용과 2018년 7월 시행된 개정내용을 나누어 살펴 볼 수 있는데 먼저 주요 내용은 다음과 같다.

첫째, 한부모가족이 안정적인 가족 기능을 유지하고 자립할 수 있도록 지원함으로써 한부모가족의 생활 안정과 복지 증진에 이바지하는 것으로 하는 것을 목적으로 한다(제1조).

둘째, 미혼모자가족복지시설 이용 대상에 혼인 관계에 있지 아니한 자로서 출산 전 임신부와 출산 후 해당 아동을 양육하지 아니하는 모를 포함하도록 한다(제5조의2).

셋째, 국가와 지방자치단체는 한부모가족 지원대상자를 발굴하기 위하여 필요한 자료 또는 정보의 제공과 홍보에 노력하여야 한다(제5조의3 신설).

넷째, 매년 5월 10일을 한부모가족의 날로 정하고 한부모가족에 대한 국민의 이해와 관심을 제고한다(제5조의4 신설).

다섯째, 청소년 한부모의 학업과 양육의 병행을 위하여 그 자녀가 청소년 한부모가 속한 「고등교육법」 제2조에 따른 학교에 설치된 직장어린이집을 이용할 수 있도록 지원한다(제17조의2 제3항 신설).

여섯째, 한부모가족 상담전화를 설치·운영하여 한부모가족에 대한 전문적이고 체계적인 상담서비스를 제공한다(제18조의2 신설).

일곱째, 제5조에 따른 지원대상자 중 미혼이 아닌 여성에게도 기본생활지원형 미혼모자가족복지시설에 입소하여 임신·출산 시 안전 분만과 출산 후 양육 지원을 받을 수 있도록 한다(제19조 제1항 제3호 가목).

「한부모가족지원법」의 일부 개정한 내용을 포함한 주요 내용을 구체적으로 살펴보면 표 5-8과 같다.

표 5-8 한부모가족지원법

조항	구분	주요 내용
제1조	목적	한부모가족이 안정적인 가족기능을 유지하고 자립할 수 있도록 지원함으로써 한부모가족의 생활 안정과 복지증진에 이바지함을 목적으로 한다.
제2조	국가 등의 책임	① 국가와 지방자치단체는 한부모가족의 복지를 증진할 책임을 진다. ② 국가와 지방자치단체는 한부모가족의 권익과 자립을 지원하기 위한 여건을 조성하고 이를 위한 시책을 수립·시행하여야 한다. ③ 국가와 지방자치단체는 한부모가족에 대한 사회적 편견과 차별을 예방하고, 사회구성원이 한부모가족을 이해하고 존중할 수 있도록 교육 및 홍보 등 필요한 조치를 하여야 한다. ④ 교육부장관과 특별시·광역시·특별자치시·도·특별자치도의 교육감은 「유아교육법」 제2조제2호의 유치원, 「초·중등교육법」 제2조 및 「고등교육법」 제2조의 학교에서 한부모가족에 대한 이해를 돕는 교육을 실시하기 위한 시책을 수립·시행하여야 한다. ⑤ 국가와 지방자치단체는 청소년 한부모가족의 자립을 위하여 노력하여야 한다. ⑥ 모든 국민은 한부모가족의 복지 증진에 협력하여야 한다.
제11조	복지급여 신청	① 지원대상자 또는 그 친족이나 그 밖의 이해관계인은 제12조에 따른 복지 급여를 관할 특별자치시장·특별자치도지사·시장·군수·구청장에게 신청할 수 있다. ② 복지 급여 신청을 할 때에는 다음 각 호에 따른 자료 또는 정보 제공에 대한 지원대상자의 동의 서면을 제출하여야 한다. 1. 「금융실명거래 및 비밀보장에 관한 법률」 제2조제2호 및 제3호에 따른 금융 자산 및 금융거래의 내용에 대한 자료 또는 정보 중 예금의 평균잔액과 그 밖에 대통령령으로 정하는 자료 또는 정보(이하 "금융정보"라 한다) 2. 「신용정보의 이용 및 보호에 관한 법률」 제2조 제1호에 따른 신용정보 중채무액과 그 밖에 대통령령으로 정하는 자료 또는 정보(이하 "신용정보"라 한다) 3. 「보험업법」 제4조 제1항 각 호에 따른 보험에 가입하여 납부한 보험료와 그밖에 대통령령으로 정하는 자료 또는 정보(이하 "보험정보"라 한다) ③ 제1항에 따른 급여의 신청 방법·절차와 제2항에 따른 동의의 방법·절차 등 필요한 사항은 대통령령으로 정한다.
제12조	복지급여의 내용	① 국가나 지방자치단체는 제11조에 따른 복지 급여의 신청이 있으면 다음 각호의 복지 급여를 실시하여야 한다. 다만, 이 법에 따른 지원대상자가 「국민기초생활보장법」 등 다른 법령에 따라 지원을 받고 있는 경우에는 그 범위에서 이 법에 따른 급여를 하지 아니한다. 1. 생계비 2. 아동교육지원비 3. 삭제 <2011. 4. 12.> 4. 아동양육비 5. 그 밖에 대통령령으로 정하는 비용 ② 제1항제4호의 아동양육비를 지급할 때에 다음 각 호의 어느 하나에 해당하는 경우에는 예산의 범위에서 추가적인 복지 급여를 실시하여야 한다. 이 경우 모 또는 부의 직계존속이 5세 이하의 아동을 양육하는 경우에도 또한 같다.

조항	구분	주요 내용
		1. 미혼모나 미혼부가 5세 이하의 아동을 양육하는 경우 2. 34세 이하의 모 또는 부가 아동을 양육하는 경우 ③ 국가나 지방자치단체는 이 법에 따른 지원대상자의 신청이 있는 경우에는 예산의 범위에서 직업훈련비와 훈련기간 중 생계비를 추가적으로 지급할 수 있다. ④ 제1항부터 제3항까지의 규정에 따른 복지 급여의 기준 및 절차, 그 밖에 필요한 사항은 여성가족부령으로 정한다.
제17조	가족 지원서비스	국가나 지방자치단체는 한부모가족에게 다음 각 호의 가족 지원서비스를 제공하도록 노력하여야 한다. 1. 아동의 양육 및 교육서비스 2. 장애인, 노인, 만성질환자 등의 부양서비스 3. 취사, 청소, 세탁 등 가사서비스 4. 교육 · 상담 등 가족 관계 증진서비스 5. 인지청구 및 자녀양육비 청구 등을 위한 법률상담, 소송대리 등 법률구조서비스 6. 그 밖에 대통령령으로 정하는 한부모가족에 대한 가족 지원서비스
제17조 의2	청소년 한부모에 대한 교육 지원	① 국가나 지방자치단체는 청소년 한부모가 학업을 할 수 있도록 청소년 한부모의 선택에 따라 다음 각 호의 어느 하나에 해당하는 지원을 할 수 있다. 1. 「초 · 중등교육법」 제2조에 따른 학교에서의 학적 유지를 위한 지원 및 교육비 지원 또는 검정고시 지원 2. 「평생교육법」 제31조 제2항에 따른 학력인정 평생교육시설에 대한 교육비 지원 3. 「초 · 중등교육법」 제28조에 따른 교육 지원 4. 그 밖에 청소년 한부모의 교육 지원을 위하여 여성가족부령으로 정하는 사항 ② 제1항 제3호에 따른 교육 지원을 위하여 특별시 · 광역시 · 특별자치시 · 도 · 특별자치도의 교육감은 제19조에 따른 한부모가족복지시설에 순회교육 실시를 위한 지원을 할 수 있다. ③ 국가와 지방자치단체는 청소년 한부모의 학업과 양육의 병행을 위하여 그 자녀가 청소년 한부모가 속한 「고등교육법」 제2조에 따른 학교에 설치된 직장어린이집을 이용할 수 있도록 지원할 수 있다. ④ 여성가족부장관은 청소년 한부모가 학업을 계속할 수 있도록 교육부장관에게 협조를 요청하여야 한다.
제18조	국민주택의 분양 및 임대	국가나 지방자치단체는 「주택법」에서 정하는 바에 따라 국민주택을 분양하거나 임대할 때에는 한부모가족에게 일정 비율이 우선 분양될 수 있도록 노력하여야 한다.
제19조	한부모 가족복지시설	① 한부모가족복지시설은 다음 각 호의 시설로 한다. 1. 모자가족복지시설: 모자가족에게 다음 각 목의 어느 하나 이상의 편의를 제공하는 시설 가. 기본생활지원: 생계가 어려운 모자가족에게 일정 기간 동안 주거와 생계를 지원 나. 공동생활지원: 독립적인 생활이 어려운 모자가족에게 일정 기간 동안 공동생활을 통하여 자립을 준비할 수 있도록 주거 등을 지원

조항	구분	주요 내용
		다. 자립생활지원: 자립욕구가 강한 모자가족에게 일정 기간 동안 주거를 지원 2. 부자가족복지시설: 부자가족에게 다음 각 목의 어느 하나 이상의 편의를 제공하는 시설 가. 기본생활지원: 생계가 어려운 부자가족에게 일정 기간 동안 주거와 생계를 지원 나. 공동생활지원: 독립적인 생활이 어려운 부자가족에게 일정 기간 동안 공동생활을 통하여 자립을 준비할 수 있도록 주거 등을 지원 다. 자립생활지원: 자립욕구가 강한 부자가족에게 일정 기간 동안 주거지원 3. 미혼모자가족복지시설: 미혼모자가족과 출산 미혼모 등에게 다음 각 목의 어느 하나 이상의 편의를 제공하는 시설 가. 기본생활지원: 미혼 여성의 임신·출산 시 안전 분만 및 심신의 건강회복과 출산 후의 아동의 양육 지원을 위하여 일정 기간 동안 주거와 생계를 지원(제5조에 따른 지원대상자 중 미혼이 아닌 여성의 임신·출산 시 안전 분만과 출산 후 양육 지원을 포함한다) 나. 공동생활지원: 출산 후 해당 아동을 양육하지 아니하는 미혼모 또는 미혼모와 그 출산 아동으로 구성된 미혼모자가족에게 일정 기간 동안 공동생활을 통하여 자립을 준비할 수 있도록 주거 등을 지원 4. 일시지원복지시설: 배우자(사실혼 관계에 있는 사람을 포함한다)가 있으나 배우자의 물리적·정신적 학대로 아동의 건전한 양육이나 모의 건강에 지장을 초래할 우려가 있을 경우 일시적 또는 일정 기간 동안 모와 아동 또는 모에게 주거와 생계를 지원하는 시설 5. 한부모가족복지상담소: 한부모가족에 대한 위기·자립 상담 또는 문제해결지원 등을 목적으로 하는 시설 ② 제1항 제1호부터 제4호까지의 규정에 따른 복지시설의 입소기간 및 그 기간의 연장 등에 필요한 사항은 여성가족부령으로 정한다.

출처: 국가법령정보센터(2023). 한부모가족지원법 재구성.

3. 영유아보육법

1) 영유아보육법의 의의와 입법목적

「영유아보육법」에서 용어의 의미별 개념을 분류하면 영유아란 6세 미만의 취학 전 아동이 해당되며, 보육이란 영유아를 건강하고 안전하게 보호·양육하고 영유아의 발달특성에 맞는 교육을 제공하는 어린이집 및 가정양육 지원에 관한 사회복지서비스를 말한다.

우리나라가 보육제도를 처음 도입할 때는 탁아사업의 형태로 출발하여 1980년대 이후 여성 취업률이 급증하면서, 취업모의 탁아부담이 사회적 책임문제로 제기되었다. 그 결과 아동의 건전한 육성과 맞벌이 가정의 경제적 사회적 지원을 돕고, 영유아 및 가정의 복지증진을 위하여, 영유아의 보호 및 교육에 관하여 규정한 법률인 「영유아보육법」이 1991년 1월 14일 제정되었다.

「영유아보육법」 제1조에서는 영유아의 심신을 보호하고 건전하게 교육하여 건강한 사회구성원으로 육성함과 아울러 보호자의 경제적·사회적 활동이 원활하게 이루어지도록 함으로써 가정복지 증진에 이바지함을 목적으로 한다. 「영유아보육법」은 시대적, 환경적 변화에 따라 2004년 1월 8일 전면 개정되었으며, 최근 2017년 12월 19일에 일부 개정된 것은 현재 부모교육이 충분히 이루어지지 못하고 있어 영유아의 보호자에게 영유아의 성장·양육방법, 보호자의 역할, 영유아의 인권 등에 대한 교육을 실시하기 위함이다. 또한 국가나 지방자치단체의 장이 사업주로서 설치하는 직장어린이집에는 공무원뿐만 아니라 다양한 형태의 근로자가 종사하고 있는 점을 고려하여 관련 규정을 개정하는 한편, 산업단지에 우선적으로 국공립어린이집을 설치하도록 하는 등 현행 제도의 운영상 나타난 일부 미비점을 개선·보완하기 위함이며 최근 개정된 「영유아보육법」은 2019년 7월 1일에 시행되었다.

2) 영유아보육법의 주요 내용

「영유아보육법」의 주요 내용 중 시설 내용을 정리하면 다음과 같다.

① 국가와 지방자치단체가 영유아의 보호자에게 영유아의 성장·양육방법, 보호자의 역할, 영유아의 인권 등에 대한 교육을 실시하고, 교육에 필요한 비용을 보조할 수 있는 근거를 마련함(제9조의2 신설)

② 직장어린이집에 국가나 지방자치단체의 장이 소속 공무원 및 국가나 지방자치단체의 장과 근로계약을 체결한 자로서 공무원이 아닌 자를 위하여 설치·운영하는 어린이집을 추가함(제10조)

③ 우선적으로 국공립어린이집을 설치하도록 하는 대상에 「산업입지 및 개발에 관한 법률」 제2조 제8호에 따른 산업단지 지역을 포함함(제12조)

④ 보육교직원이 업무를 수행함에 있어 영유아의 생명·안전보호 및 위험방지를 위하여 주의의무를 다하도록 함(제18조의2 제2항 신설)

⑤ 보육의 우선제공 대상에 국가유공자 중 전몰자·순직자 및 보건복지부령으로 정하는 상이등급 판정을 받은 자의 자녀를 추가함(제28조 제1항 제6호 신설)

⑥ 영유아의 건강진단 실시여부를 어린이집 생활기록부에 기록하여 관리하는 등 건강관리를 하도록 함(제31조)

이외에 기존 「영유아보육법」의 주요 내용 및 개정내용을 살펴보면 표 5-9와 같다.

표 5-9 영유아보육법

조항	구분	주요 내용
제1조	목적	영유아의 심신을 보호하고 건전하게 교육하여 건강한 사회 구성원으로 육성함과 아울러 보호자의 경제적·사회적 활동이 원활하게 이루어지도록 함으로써 영유아 및 가정의 복지 증진에 이바지함을 목적으로 한다.
제2조	정의	1. "영유아"란 6세 미만의 취학 전 아동을 말한다. 2. "보육"이란 영유아를 건강하고 안전하게 보호·양육하고 영유아의 발달특성에 맞는 교육을 제공하는 어린이집 및 가정양육 지원에 관한 사회복지서비스를 말한다. 3. "어린이집"이란 보호자의 위탁을 받아 영유아를 보육하는 기관을 말한다. 4. "보호자"란 친권자·후견인, 그 밖의 자로서 영유아를 사실상 보호하고 있는 자를 말한다. 5. "보육교직원"이란 어린이집 영유아의 보육, 건강관리 및 보호자와의 상담, 그 밖에 어린이집의 관리·운영 등의 업무를 담당하는 자로서 어린이집의 원장 및 보육교사와 그 밖의 직원을 말한다.
제3조	보육이념	① 보육은 영유아의 이익을 최우선적으로 고려하여 제공되어야 한다. ② 보육은 영유아가 안전하고 쾌적한 환경에서 건강하게 성장할 수 있도록 하여야 한다. ③ 영유아는 자신이나 보호자의 성, 연령, 종교, 사회적 신분, 재산, 장애, 인종 및 출생지역 등에 따른 어떠한 종류의 차별도 받지 아니하고 보육되어야 한다.

조항	구분	주요 내용
제8조	한국보육진흥원의 설립 및 운영	① 보육서비스의 질 향상을 도모하고 보육정책을 체계적으로 지원하기 위하여 한국보육진흥원(이하 "진흥원"이라 한다)을 설립한다. ② 진흥원은 다음 각 호의 업무를 수행한다. 1. 어린이집 평가척도 개발 2. 보육사업에 관한 교육·훈련 및 홍보 3. 영유아 보육프로그램 및 교재·교구 개발 4. 보육교직원 연수프로그램 개발 및 교재 개발 5. 이 법에 따라 보건복지부장관으로부터 위탁받은 업무 6. 그 밖에 보육정책과 관련하여 보건복지부장관이 필요하다고 인정하는 업무 ③ 진흥원은 법인으로 하고, 주된 사무소의 소재지에 설립등기를 함으로써 성립한다. ④ 진흥원은 보조금, 기부금, 그 밖의 수입금으로 운영한다. ⑤ 보건복지부장관은 진흥원의 운영에 필요한 경비를 예산의 범위에서 지원할 수 있다. ⑥ 진흥원은 제2항제3호 및 제4호의 업무를 관련 전문기관 등에 위탁할 수 있다.
제12조	국공립어린이집의 설치	국가나 지방자치단체는 국공립어린이집을 설치·운영하여야 한다. 이 경우 국공립어린이집은 제11조의 보육계획에 따라 다음 각 호의 지역에 우선적으로 설치하여야 한다. 1. 도시 저소득주민 밀집 주거지역 및 농어촌지역 등 취약지역 2. 삭제 <2018. 12. 24.> 3. 「산업입지 및 개발에 관한 법률」 제2조 제8호에 따른 산업단지 지역
제13조	국공립어린이집 외의 어린이집의 설치	① 국공립어린이집 외의 어린이집을 설치·운영하려는 자는 특별자치시장·특별자치도지사·시장·군수·구청장의 인가를 받아야 한다. 인가받은 사항 중 중요 사항을 변경하려는 경우에도 또한 같다. ② 특별자치시장·특별자치도지사·시장·군수·구청장은 제1항에 따른 인가를 할 경우 해당 지역의 보육 수요를 고려하여야 한다. ③ 제1항에 따라 어린이집의 설치인가를 받은 자는 어린이집 방문자 등이 볼 수 있는 곳에 어린이집 인가증을 게시하여야 한다. ④ 제1항에 따른 인가에 필요한 사항은 보건복지부령으로 정한다.
제14조	직장어린이집의 설치	① 대통령령으로 정하는 일정 규모 이상의 사업장의 사업주는 직장어린이집을 설치하여야 한다. 다만, 사업장의 사업주가 직장어린이집을 단독으로 설치할 수 없을 때에는 사업주 공동으로 직장어린이집을 설치·운영하거나, 지역의 어린이집과 위탁계약을 맺어 근로자 자녀의 보육을 지원(위탁보육)하여야 한다. ② 제1항 단서에 따라 사업장의 사업주가 위탁보육을 하는 경우에는 사업장 내 보육대상이 되는 근로자 자녀 중에서 위탁보육을 받는 근로자자녀가 보건복지부령으로 정하는 일정 비율 이상이 되도록 하여야 한다. ③ 제1항에 따른 어린이집의 설치 및 위탁보육에 필요한 사항은 보건복지부령으로 정한다.

출처: 국가법령정보센터(2023). 영유아보육법. 재구성.

4. 저출산 · 고령사회기본법

1) 저출산 · 고령사회기본법의 의의와 입법목적

통계청(2022)에 의하면 합계출산율(여성 1명이 평생 낳을 것으로 예상되는 자녀수)은 2016년 1.17명에서 2019년 0.92명, 2022년 0.78명으로 감소하였으며, 우리나라의 인구구조를 위해 필요한 합계출산율은 2.1명, 경제협력개발기구(OECD) 35개 회원국 평균 1.68명인 데 비하여 2022년 합계출산율은 0.78명으로 초저출산현상이 지속되고 있는 반면, 고령화율은 2018년 14.3%(고령사회), 2023년 18.3%, 2026년 20.8%(초고령사회)로 전망되어 인구구조의 급격한 변화가 예상되고 있다(통계청, 2023. 고령인구비율).

「저출산 · 고령사회기본법」은 국가의 지속적인 발전을 위한 인구 구성이 균형과 질적 향상을 실현하고, 국민이 건강하고 안정된 노후생활을 할 수 있도록 하는 것을 기본이념으로 하고 있으며, 저출산 및 인구의 고령화에 따른 변화에 대응하는 저출산 · 고령사회정책의 기본방향과 그 수립 및 추진체계에 관한 사항을 규정함으로써 국가의 경쟁력을 높이고 국민의 삶의 질 향상과 국가의 지속적인 발전에 이바지함을 목적으로 한다.

2) 저출산 · 고령사회기본법의 주요 내용

저출산 · 고령화 문제는 심각한 사회문제로 대두되고 있으며 이에 대한 대처방안도 시급하다. 우리나라의 저출산 · 고령화가 빠르게 진행됨에 따라 통계청은 향후 장래인구 추계주기를 5년에서 2년으로 단축하였다. 「저출산 · 고령사회기본법」의 일부 개정 내용 중 제23조의2(저출산 · 고령사회정책 전담기구 설치) 신설 내용은 다음과 같다.

① 저출산 · 고령사회정책의 수립, 조정 및 평가 등 위원회의 업무를 효율적으로 지원하기 위하여 보건복지부에 저출산 · 고령사회정책 전담기구를 설치한다.

② 제1항에 따른 전담기구의 구성 및 운영 등에 필요한 사항은 대통령령으로 정한다.

이를 바탕으로 「저출산·고령사회기본법」의 주요 내용을 정리하면 표 5-10과 같다.

표 5-10 저출산·고령사회기본법

조항	구분	주요 내용
제1조	목적	저출산 및 인구 고령화에 따른 변화에 대응하는 저출산·고령사회정책의 기본방향과 그 수립 및 추진체계에 관한 사항을 규정함으로써 국가의 경쟁력을 높이고 국민의 삶의 질 향상과 국가의 지속적인 발전에 이바지함을 목적으로 한다.
제3조	정의	1. "인구의 고령화"라 함은 전체인구에서 노인 인구비율이 증가하는 현상을 말 한다. 2. "저출산·고령사회정책"이라 함은 저출산 및 인구 고령화에 따른 변화에 대응하기 위하여 수립·시행하는 정책을 말한다.
제7조	인구정책	국가 및 지방자치단체는 적정인구의 구조와 규모를 분석하고 인구변동을 예측하여 국가 및 지방자치단체의 지속적인 성장과 발전을 위한 인구정책을 수립·시행하여야 한다.
제8조	자녀의 출산과 보육 등	① 국가 및 지방자치단체는 모든 자녀가 차별받지 아니하고 안전하고 행복한 생활을 영위하며 교육과 인성함양에 도움을 주는 사회 환경을 조성하기 위한 시책을 강구하여야 한다. ② 국가 및 지방자치단체는 자녀를 임신·출산·양육 및 교육하고자 하는 자가 직장생활과 가정생활을 병행할 수 있도록 사회 환경을 조성·지원하여야 한다. ③ 국가 및 지방자치단체는 자녀를 양육하려는 자에게 양질의 보육서비스를 제공하기 위한 시책을 강구하여야 한다.
제9조	모자보건의 증진 등	① 국가 및 지방자치단체는 임산부·태아 및 영유아에 대한 건강진단 등 모자보건의 증진과 태아의 생명존중을 위하여 필요한 시책을 수립·시행하여야 한다. ② 국가 및 지방자치단체는 임신·출산·양육의 사회적 의미와 생명의 존엄성 및 가족구성원의 협력의 중요성 등에 관한 교육을 실시하여야 한다. ③ 국가 및 지방자치단체는 임신·출산 및 양육에 관한 정보의 제공, 교육 및 홍보를 실시하기 위하여 필요한 기관을 설치하거나 그 업무를 관련 기관에 위탁할 수 있다.
제10조	경제적 부담의 경감	① 국가 및 지방자치단체는 자녀의 임신·출산·양육 및 교육에 소요되는 경제적 부담을 경감하기 위하여 필요한 시책을 강구하여야 한다. ② 국가 및 지방자치단체는 제1항에 따른 시책의 강구 및 지원을 위하여자녀의 임신·출산·양육 및 교육에 소요되는 비용의 통계조사를 실시할 수 있다.

조항	구분	주요 내용
제11조	고용과 소득보장	① 국가 및 지방자치단체는 일할 의욕과 능력이 있는 고령자가 최대한 일할 수 있는 환경을 조성하여야 한다. ② 국가 및 지방자치단체는 연금제도 등 노후소득보장체계를 구축하고 노인에게 적합한 일자리를 창출하는 등 국민이 경제적으로 안정된 노후생활을 할 수 있도록 필요한 조치를 강구하여야 한다.
제12조	건강증진과 의료제공	① 국가 및 지방자치단체는 성별·연령별 건강상의 특성과 주요 건강 위험요인을 고려하여 국민의 건강증진을 위한 시책을 강구하여야 한다. ② 국가 및 지방자치단체는 노인을 위한 의료·요양 제도 등을 확립·발전시키고 필요한 시설과 인력을 확충하기 위하여 노력하여야 한다.
제13조	생활환경과 안전보장	국가 및 지방자치단체는 노후생활에 필요한 기능과 설비를 갖춘 주거와 이용시설을 마련하고 노인이 안전하고 편리하게 이동할 수 있는 환경을 조성하는 등 쾌적한 노후생활환경을 조성하고 재해와 범죄 등 각종 위험으로부터 노인을 보호하기 위하여 필요한 시책을 강구하여야 한다.
제15조의2	노후설계	국가 및 지방자치단체는 국민이 행복하고 활기찬 노후생활을 설계하기 위하여 재무·건강·여가, 사회참여 등 각 분야에서 적절한 상담과 교육을 받을 수 있도록 필요한 시책을 강구하여야 한다.
제16조	취약계층 노인 등	국가 및 지방자치단체는 저출산·고령사회정책을 수립·시행함에 있어서 여성노인·장애노인 등 취약계층의 노인에 대하여 특별한 배려를 하고 도시·농어촌지역 간 격차 등 지역의 특수한 상황을 반영하여야 한다.

출처: 국가법령정보센터(2023). 저출산·고령사회기본법. 재구성.

생각 & 토론 주제

- 가족복지실천 현장(종합사회복지기관, 건강가정지원센터, 다문화가족지원센터, 한부모가족지원센터 등)을 방문하여 설립 목적, 법적 근거, 주요 사업 내용을 조사하여 발표하기
- 가족복지 관련법(건강가정기본법, 한부모가족지원법, 영유아보육법, 저출산·고령화사회기본법)의 제정 배경 및 주요 내용을 조사하여 발표하기

PART 03

가족복지실천 과정

CHAPTER

06 초기 면접

가족복지실천을 시작하는 첫 단계인 초기 면접은 가족의 문제와 욕구를 확인하는 시점부터 가족이 서비스를 제공 받을 수 있는 클라이언트인지의 적합성 여부를 심사하여 결정하는 단계이다. 가족에게 적합한 서비스를 제공할 수 없는 경우 다른 기관으로 의뢰하고, 적합한 서비스를 제공할 수 있는 경우 그 가족은 기관의 클라이언트가 되어 다음 실천과정으로 이어진다. 이 장에서는 접수의 개념과 사례발굴의 방법, 초기 면접에서 사회복지사가 활용할 수 있는 주요 기법과 기술, 원칙들을 살펴본다.

01 사례발굴

가족복지실천에서 사회복지사가 가족을 만나는 경로는 다양하다. 다양한 욕구와 문제를 지닌 가족구성원이 직접 사례관리 기관에 찾아오거나 기관에서 적극적으로 대상자를 발굴하거나 타 기관 및 타인의 의뢰에 의한 방법으로 나눌 수 있다.

1. 자발적 방문

자발적 방문은 클라이언트 가족이 직접 사례관리기관에 찾아오거나 전화 또는 이메일로 서비스를 의뢰하는 경우이다. 클라이언트가 직접적인 요청을 하는 경우는 드물지만 이들은 서비스 욕구가 강하며 적극적인 자신의 욕구표출로 문제해결이 쉬울 수도 있다. 그러나 때로 무리한 서비스 욕구를 나타낼 수도 있어서 초기 면접에서 클라이언트의 욕구를 명확히 확인하여 적절한 수준의 사례관리에 대한 클라이언트와 기관체계 간의 상호이해를 촉진해야 한다. 특히 이러한 클라이언트는 이전에 사회복지서비스를 받은 경험이 있거나 다른 가족이나 이웃으로부터 사회복지서비스 이용에 대한 정보를 접한 경우가 많다. 이에 기존 서비스 경험에 대한 평가와 함께 가족의 기대와 욕구를 현실적으로 확인하는 것이 중요하다.

2. 사례관리자에 의한 발굴

사회복지사에 의한 발굴(outreach)은 사회복지사가 기관 밖으로 서비스가 필요한 이용자를 직접 찾아 나서는 것을 말한다. 즉, 자신의 욕구를 충족시킬 수 있는 서비스와 자원의 정보에 대한 접근이 어렵거나 자발적인 동기가 부족한 잠재적 서비스 이용자로 하여금 접근성을 높이기 위해 활용되는 방법이다. 이러한 방법은 노인이나 장애인 등과 같이 서비스를 필요로 하지만, 낙인(stigma)과 문제 확대 및 노출로 인한 두려움, 무력감 등으로 스스로 기관 접촉을 꺼리는 이용자를 찾아 나서는 경우에 적합하다.

아웃리치에 의한 방법으로 이용자에게 다가가려면 사전에 지역사회의 인구사회학적인 정보와 욕구를 알고 있어야 하며 관찰, 가정방문, 외부 정보를 통해 접근할 수도 있다. 가족복지실천기관에서는 지역의 관공서, 종교기관, 지역주민이 많이 모이는 곳 등을 중심으로 발굴 활동을 통해 사례발견의 노력을 기울일 필요가 있다. 특히 지역사회 주민들은 주변 이웃 가족의 상황을 잘 파악하고 있어서 큰 도움이 된다. 따라서 사회복지사는 반상회나 주민자치센터 등을 통해 어려움을 겪는 이웃들이 어디서, 어떻게 도움을 받을 수 있는지 등에 대해 적극적으로 홍보하고 사례발굴을 위한 연계체계를 구축할 필요가 있다. 지역 내 다양한 가족들의 위기상황에 민감하게 대응하고, 잠재적인 도움의 욕구를 표출시킬 수 있도록 적극적 아웃리치를 수행할 필요가 있다.

3. 의뢰

의뢰는 구체적 자원, 면담, 치료 또는 다른 유형의 복지서비스나 사회적 서비스를 얻기 위해 한 기관에서 다른 기관으로 또는 한 부서에서 다른 부서로 클라이언트를 보내는 것이다. 즉, 필요한 서비스를 제공해 줄 수 있는 외부기관이나 자원 또는 전문가에게 서비스 이용자를 직접 연계시켜 주는 것을 말한다.

의뢰는 외부인이 사회복지사에게 사례를 의뢰하는 경우가 있고 사회복지사가 필요한 서비스를 제공할 수 있다고 생각되는 외부기관, 자원, 전문가에게 가족을 의뢰하는 경우가 있다. 어느 경우이든 이용자의 욕구나 문제로 볼 때 사례관리서비스가 가장 적절하다고 생각되는 관리자에게 신중히 연결해야 한다.

의뢰의 중요한 활동은 가능하면 구체적이고 확실하게 의뢰자의 목표가 무엇인지를 확인하고 실행 가능한 목표에 도달하기 위해 표적 문제를 명확히 하는 것이 좋다. 제공된 서비스가 그들의 욕구에 유용한가, 그러한 서비스에 참여할 기회를 제공하며, 서비스의 연계가 잘 이루어지고 있는가도 확인하여야 한다. 최근 사회복지실천에서는 당사자의 자기결정권과 선택권이 강조되고 있기 때문에 의뢰과정에서 당사자의 자기결정권과 선택권이 존중되어야 한다(이채식 외, 2017). 필요한 경우 의뢰기관과 직·간접적으로 협상을 실시할 수 있다. 지역사회복지관의 경우 보건소, 시·군이나 읍·면·동 주민자치센터와 같은 공공기관 등에서 장애인가족이나 다문화가정, 한부모가족 등 다양한 가족의 문제가 의뢰된다. 이러한 사례의 발굴을 보다 원활하게 하기 위해서는 평소 지역 내 공공기관과 민간기관 등 다양한 기관들과 긴밀한 협력관계를 구축하고 있어야 한다.

02 접수 면접

1. 접수의 개념과 기능

접수(intake)는 문제를 가진 사람이나 가족이 사회복지기관을 찾아왔을 때 사회복지사가 그의 문제와 욕구를 확인하여 기관의 정책과 서비스에 적합한지를 판단하는 과정이다. 접수를 통해 기관에서 제공할 수 있는 서비스가 적합하다고 판단될 때 사회복지사를 찾아온 사람은 클라이언트가 되어 사정단계를 거쳐 적절한 서비스를 받게 된다.

접수 면접의 주요 기능은 클라이언트의 상황과 문제를 밝혀내는 것이다. 이를 통해 잠재적 클라이언트의 욕구가 기관의 목적과 서비스 내용에 적합한가의 여부를 판단하여 접수 여부를 결정하고 접수된 사례의 개입과정에 클라이언트가 최대한 참여하도록 유도한다.

사회복지사와 클라이언트의 첫 만남인 접수 면접은 관계의 양상을 결정하고 첫인상을 형성한다. 첫 만남에서 긍정적인 인상을 받게 되면 클라이언트는 적극적인 참여 의지를 갖게 되지만, 실망하거나 좌절하여 변화에 대한 동기가 약화되면 원조활동의 효과를 기대하기 어렵다. 따라서 원조활동의 성패는 첫 만남을 통해 클라이언트에게 동기를 부여하는 데에 있다.

사회복지사는 첫 만남이 호의적이고 긍정적인 경험이 될 수 있도록 두 가지 사항을 고려해야 한다.

첫째, 클라이언트가 가지는 두려움, 긴장감 혹은 양가감정을 완화시키고 비자발적인 클라이언트가 동기를 가질 수 있는 문제인지를 판단하여 서비스제공 여부를 결정해야 한다. 만약 기관에서 다룰 수 없는 문제라면 다른 기관에 의뢰해야 한다.

둘째, 사회복지사는 클라이언트를 틀로 유형화하지 않아야 한다. 즉, 비행, 부부폭력, 학습부진 등의 문제유형에 따라 클라이언트를 가정하거나 정형화해서는 안 된다. 클라이언트가 편안한 마음을 갖도록 관심과 존중을 보여주어야 한다. 이러한 태도여야만 클라이언트가 편안하게 자신의 문제를 말하게 된다.

2. 초기 면접의 과업

가족복지실천은 가족을 대상으로 하지만 가족원 중의 한 사람에 의해 요청되거나 기관에서 의뢰받는 경우가 대부분이다. 따라서 클라이언트에 의해 제시된 문제와 잠재되어 있는 문제, 최우선적 과제 등을 발견하고 신속히 확인하는 것이 중요하다. 이 과정에서 클라이언트와 기관과의 적합성을 평가하여 다른 기관으로 의뢰할 것인지를 결정하게 된다. 접수면담에서 사회복지사가 수행하는 과업은 문제 확인과 의뢰 두 가지이다.

1) 클라이언트의 문제 확인

문제 확인이란, 클라이언트가 놓여 있는 체계에 대한 심층적인 분석이 아니라 현재 명백하게 드러나 있는 문제를 확인하는 것이다. 문제 확인은 현재 가족 대상 클라이언트가 그의 문제를 호소하는 것에서 출발하게 되는데 사회복지사는 그 문제의 성격이 어떤 것인지, 그 문제가 그들에게 얼마나 중요한 것인지, 무엇 때문에 이러한 문제가 발생했는지 그 원인에 대한 탐색을 시작한다. 클라이언트의 문제는 처음에 호소하며 기관을 찾아온 이유가 될 수 있다. 이용자의 욕구가 무엇인지 분명히 파악해야 하며, 그 욕구가 기관에서 충분히 다루어질 수 있는 것이어야 한다. 또한 당사자가 인지하고 있는 필요(need), 혹은 자신의 생활 만족을 높이기 위해 원하는 것(want)을 포함하는 개념이며 인지하지 못한다 하더라도 그들의 삶의 질을 유지하거나 높이기 위해 반드시 충족되어야 할 잠재적 욕구까지도 포함한다.

예를 들어, 이혼위기의 부부갈등으로 해체될 위험에 처해 있을 때 기관의 주요 서비스 내용이 부부갈등 및 이혼위기에 대한 면담과 지원이라면 이 가족은 접수를 통해 기관의 클라이언트가 되는 것이다.

그러나 클라이언트가 처음 찾아온 이유와 실제 문제가 다를 수도 있다. 예를 들어, 청소년 자녀의 비행문제로 왔다고 하는 어머니의 경우, 어느 정도의 관계가 형성되었을 때 비로소 자녀의 비행보다 부부의 갈등으로 자녀의 비행이 나타난 것이며 부부갈등이 더 근본적인 문제라고 고백할 수 있다. 이런 경우 처음 제시된 문제는 자녀의 비행이었지만 실제 클라이언트의 문제는 부부갈등이다. 따라서 사회복지사는 클라이언트가 제시한 문제와 실제 문제를 정확하게 파악하고 기관에서 그에 관한 서비스를 제공할 수 있는지 평가해야 한다.

문제 확인의 목적은 닫힌 마음을 여는 일이며, 감정의 표현이나 수용에 의해서 관계의 유대를 확립하는 일 및 주관적 사고로 문제 속에 잠겨 있는 가족 대상 클라이언트와 사회복지사 양자의 지각을 증진시키는 일이다.

2) 적격성 심사

적격성 심사는 사례발굴을 통해 서비스를 신청한 사람을 대상으로 서비스제공의 적합성을 결정하는 것이다. 정해진 기준에 적합한 사람인가를 확인하고 서비스 이용자로 결정하는 과정이다. 이는 부적절한 의뢰와 서비스가 필요하지 않은 사람을 사정 이전에 판단함으로써 실제적으로 서비스가 필요한 이용자에게 신속한 서비스를 제공하려는 것이다.

여러 방법을 통해 서비스 이용자와 초기 접촉이 이루어지면 사회복지사는 이용자에 관한 기본적인 정보를 수집하는데, 이 단계에서는 아주 필수적인 부분으로 제한한다. 이는 잠재적 서비스 이용자의 특성상 초기에 지쳐 포기할 위험도 있고 본격적인 사정 과업과 중복될 수도 있다. 적격심사를 통한 원조 여부의 결정은 최대한 빠른 시일 내에 이루어져야 하며 3일을 넘기지 않는 것이 바람직하다(이준우, 2014).

3) 의뢰

사례관리의 궁극적인 목적은 서비스 이용자의 욕구를 충족하고 문제를 해결하는 것이다. 초기 면접에서 사례관리자는 의뢰된 클라이언트의 욕구를 명확하게 파악하여 욕구에 대한 기관의 서비스제공이 가능한지 여부를 판단해야 한다. 아울러 기관에서의 서비스제공이 클라이언트의 욕구를 충분하게 다루지 못할 경우에는 다른 기관에 의뢰하거나 보류 등의 결정을 해야 한다. 이때 사회복지사는 단순히 클라이언트를 보내는 것이 아니라 의뢰하는 기관의 정보를 제공하고 그

기관과 접촉할 수 있도록 도와주어야 한다. 의뢰하는 기관명과 위치, 서비스 내용과 접촉할 담당자 등 구체적 정보를 제공하고 가능하다면 그 기관의 담당자와 직접 연결해 주는 적극적인 활동이 되어야 한다(양옥경 외, 2010).

의뢰 시에는 반드시 클라이언트의 동의가 필요하므로 다른 기관에서 제공되는 서비스와 그 기관에 대해 클라이언트와 충분히 토론하고 거부감을 가지지 않도록 정서적으로 지지해 주면서 적절한 정보를 제공한다. 그 이후 의뢰한 기관에서 클라이언트가 적절한 서비스를 받고 있는지 반드시 확인한다.

4) 접수 면접지 양식

접수내용을 기록하는 양식을 초기 면접지(intake sheet)라 한다. 접수의 목적이 클라이언트의 문제가 무엇인지 그 문제를 기관에서 도와줄 수 있는지를 결정하기 위한 것이므로 기본정보, 가족관계, 주요문제, 기관에 오게 된 동기, 의뢰이유 등의 내용이 포함된다. 초기 면접지(표 6-1 참조)를 통해 수집된 자료들은 사회복지사가 본격적인 개입을 준비할 때 필요한 정보를 얻을 수 있다. 따라서 이 자료들을 정확하게 잘 파악하는 것이 사회복지사의 과업이며, 클라이언트를 이해하고 일차적 수준의 개입을 계획할 수 있다.

표 6-1 초기 면접지 내용

① 기본정보: 이름 성별, 나이, 결혼관계, 주소, 전화번호, 직업 등 ② 가족관계: 동거 중인 가족을 중심으로 가족원의 이름, 나이, 직업, 교육 정도, 종교, 관계 등 ③ 주요문제: 클라이언트가 사회복지사의 도움을 청하게 된 문제가 무엇이며, 언제부터 어떤 과정으로 지속 되었는지 등 ④ 기관에 오게 된 동기: 기관을 어떻게 알고 찾아왔는지, 소개를 받고 왔는지, 광고를 보고 오게 된 것인지, 다른 기관으로부터 의뢰되었는지 등 ⑤ 의뢰이유: 타 기관 혹은 가족으로부터의 의뢰일 경우, 의뢰한 이유 ⑥ 이전의 사회복지서비스를 받은 경험: 과거 어떤 사회복지기관에서 서비스를 받았는지에 대한 내용

03 초기 면접

1. 초기 면접의 과업

1) 클라이언트의 문제와 욕구파악

접수와 관계 형성을 중심을 하는 원조과정의 시작인 초기 면담의 목표는 잠재적 클라이언트가족의 문제와 욕구를 분명히 확인하는 것이다. 이와 함께 원조에 대한 클라이언트가족의 기대를 파악함으로써 기관의 목적과 기능에 적합한지를 평가한다. 그 결과로 원조제공 여부를 결정한 후 클라이언트가족이 이후의 원조과정에 적극적으로 참여하도록 동기를 부여하고 신뢰관계를 조성해야 한다.

사회복지사는 클라이언트가족의 문제와 욕구를 정의할 때 가족원 중의 한 사람의 견해에만 주의를 기울이기보다 모든 가족원의 인식을 고려하는 것이 필요하다. 당면한 이슈를 명확히 밝히기 위해서는 가족원 각자가 그 문제를 어떻게 보고 있는지를 파악하고 다른 가족원의 간섭이나 방해 없이 그 문제에 대한 자신의 시각을 자유롭게 표현할 수 있도록 돕는다(Hepworth 외, 2010). 필요하다면 개별면담을 병행한다. 문제와 욕구를 찾아내는 과정에서 그 이슈에 관심이 있는 가족원들 간에 상호작용할 수 있게 하여 문제해결에 도움이 되는 강점을 유지하도록 한다. 더불어 문제해결에 있어 가족원 각자에게 배타적인 책임이 돌아가지 않도록 문제를 규정한다. 가족원의 문제와 해결은 가족원 모두의 과업임을 인식시켜 책임의식을 갖고 개입과정에 참여하는 것이 중요하다.

2) 신뢰관계 형성

클라이언트가족 구성원끼리 혹은 가족과 사회복지사가 클라이언트가족에 대한 경험을 공유함으로써 가족의 응집력을 높이는 과정은 성공적 문제해결에 매우 중요하며 이를 위해 신뢰관계가 형성되어야 한다. 사회복지사는 관계형성을 위해 먼저 클라이언트가족이 있는 곳에 합류(joining)해야 한다. 합류란 가족의 세계 안으로 들어가는 것으로 가족을 수용하고 가족에게 적응하며, 가족의 신뢰를 얻는 것을 말한다. 합류를 잘하기 위해서 사회복지사는 가족에게 진정한 관심을 보이고 가족구성원의 이야기를 경청하고 공감하는 태도를 취한다. 가족의 언어패턴에 맞는 단어를 사용하거나 가족원들이 대화하는 방식에 따라 대화하며, 가족원들이 사용하는 호칭을 신중하게 고려해 사용하는 방식을 활용할 수 있다. 가족의 사회문화적 맥락에 따라 사회복지사가 존중해야 하는 관계가 있는지, 가족원들은 서로 어떻게 행동하는지, 어떤 태도를 지니고 있는지 등을 아는 것이 필요하다.

가족과 관계를 맺을 때 중요하게 고려할 것은 가능한 가족원 모두와 관계를 맺는 것이다. 가족이 처음 면접에 오게 된 것은 자발적으로 참여하는 경우도 있지만, 강제명령에 의해 참여하게 된 경우도 있다. 따라서 실제로 가족들의 참여동기가 다를 수 있음을 감안하여 가족단위의 개입을 시작하기 전에 가족원들의 참여동의가 선행되어야 한다. 사회복지사는 가족원들 중 특정 가족원과만 관계를 맺거나 특정인의 편을 든다는 인상을 주면 가족 전체와 관계형성이 어려워질 수 있다. 사회복지사는 가족원 각자의 경험에 대한 중립성과 민감성 사이에서 섬세하게 균형을 유지한다. 중립성을 잃으면 가족원은 소외감을 느낄 수 있으므로 가족을 돕는 사회복지사는 가족과 함께 연합해 나가면서 가족원 개개인과 조화롭게 관계를 형성해 나가야 한다.

3) 가족 초점

가족의 문제 혹은 가족의 역기능은 가족구성원 개인의 문제라기보다 가족체계의 장애나 어려움에서 발생하는 체계의 문제이다. 가족은 관계의 그물망으로 구성된 하나의 체계이다. 그러므로 만약 가족 중의 한 사람에게 어려움이 생기면 그것은 전체 가족에게 영향을 미친다. 가족구성원 한 사람의 문제로 사회복지기관에 의뢰가 되었다 할지라도 사회복지사는 가족 전체를 클라이언트로 생각해야 한다. 가족복지실천은 개별 구성원보다는 가족 내부구성원 간의 관계 혹은 가족과 외부환경과의 관계에 초점을 둔다. 따라서 사회복지사는 개별 구성원으로부터 가족 전체로 관심의 초점을 넓히고, 가족이 의식적·무의식적으로 클라이언트의 증상으로 확인된 것들에 스스로 기여하고 그것을 유지하고 있다는 것을 인식하게 해야 한다.

4) 사생활 보호

사회복지사는 초기 면담에서 가족들이 간섭받는다는 느낌이 들지 않도록 조심해야 한다.

가족의 사생활을 존중하고 목표를 수행하는 데 필요한 정보에만 초점을 두고 질문해야 한다. 가족이 개인적인 일에 대해 이야기하려 하면 사회복지사는 주의 깊게 듣고 지지적으로 반응하지만 동시에 시간 제한적이고 목표 중심적인 초점을 유지해야 한다. 너무 자유롭게 자신의 이야기를 나눈 가족원은 이후에 많은 것을 노출한 것에 대해 후회하기 쉽다. 초기 면담과정에서 사적인 대화를 나눌 수 있고 유용할 수도 있지만, 사적인 대화는 적절히 활용되어야 하며 치료적 관계가 형성되면 면담의 초점을 명확히 할 필요가 있다. 가족면담은 신중하고 목적이 있어야 하며 면담의 초점을 가족의 욕구와 관심에 두어야 한다.

2. 초기 면담의 원칙과 기술

1) 초기 면담의 원칙

초기 면담에서 활용할 수 있는 원칙들은 다음과 같다(Hepworth 외, 2010).

- 클라이언트에 대한 반응은 간단명료하게 기술하도록 요청하고 클라이언트의 메시지에 대해서는 감정 이입할 수 있는 태도로 반응한다. 이러한 반응은 라포형성에 도움이 되고 중요 정보를 얻는 데도 도움을 준다.
- 의뢰나 위임의 경우 사회복지사는 잠재적 클라이언트가 어떤 선택을 할 수 있는지 알려 주고 의뢰된 목적과 상황을 파악한다.
- 특정 가족원과 일을 하면서 다른 가족원의 참여가 필요할 경우 문제해결을 위해 다른 가족원의 도움이 반드시 필요하다는 것을 알리고 협조를 얻는다.
- 초기과정에서 사회복지사는 가족원과의 접촉을 조절하면서 가족개입이 필요하다고 판단되는 가족원들을 단계적으로 참여시킬 수 있다.

2) 초기 면접에서 필요한 기술

가족을 보다 효과적으로 돕기 위해서는 다양한 기술과 절차가 필요하다. 이러한 기술들은 사회복지사가 업무의 윤곽을 잡는 데 유용할 뿐 아니라 가족원에게 새로운 행동모델을 제시할 수 있다. 다음은 콜린스(Collins 외, 2010)가 제시한 가족면접을 위한 초기상담의 기본적인 기술이다.

- 가족이 표현하는 의미를 신중하게 경청하기
- 가족원 각각의 소망과 목표에 대한 언어적 · 비언어적 의사소통에 민감하게 대처하기
- 효과적인 문제해결과 관련된 가족의 어려움 파악하기
- 가족의 효과적 대처에 도움이 될 수 있는 기술 · 지식 · 태도, 환경적 조건 제공하기

가족복지실천에서 관계형성은 상호적 과정이다. 사회복지사는 가족에게 자신의 이름과 소속기관을 소개하고 자신의 역할에 대해 상세히 설명한다. 이를 통해 클라이언트 체계인 가족이 사회복지사와 함께 할 일에 대해 긍정적 관심을 갖고 믿음을 가질 수 있게 한다. 사회복지사는 외부인의 시각으로 가족에 중립적인 태도를 유지하는 것이 필요하며 동시에 관계형성을 위해 가족체계에 적응함으로써 가족체계에 합류해야 한다. 가족에 합류해 가족과 긍정적 원조관계가 형성되면 합류된 체계의 전체 구성원들이 변화과정에 함께 동참할 수 있다(Collins 외, 2010).

한편 언어적 의사소통보다 비언어적인 의사소통이 클라이언트의 사고와 감정을 전달하는 자료를 제공하는 경우의 수가 많다. 클라이언트의 비언어적 행동은 클라이언트의 분노 · 상처 · 불안 · 두려움과 같은 정서적 상태에 대한 주요정보를 제공해 준다. 따라서 사회복지사는 클라이언트의 비언어적인 표현인 목소리의 변화나 떨림, 눈물, 꽉 다문 입술이나 주먹, 다양한 행동 등을 민감하게 인지해야 한다. 햅워스(Hepworth 외, 2002)가 제시한 사회복지사의 비언어적 반응행동은 표 6-2와 같다.

또한 어떤 어려움에도 불구하고 사회복지사는 전문적인 초점을 유지해야 한다. 전문적인 원조관계는 단순한 우호관계와는 다르다. 가족에 개입하는 전문가로서

의 권위를 보여주어야 한다. 사회복지사는 개입의 효과적 진행을 위해서 전문가로서의 지식과 기술, 태도를 통해 클라이언트에게 믿음을 줄 수 있어야 한다. 개입과정에서 발생할 수 있는 혼란과 갈등은 슈퍼바이저와 논의하고 가치 딜레마 상황에 대해서는 윤리강령을 참고한다. 무엇보다 가족의 욕구를 우선으로 해야 하며, 목적이 있는 행동과 활동을 해야 한다.

초기단계의 관계형성과 초점유지에 도움이 되는 기능적 행동들은 다음과 같다(김수환, 2011).

- 가족원들이 표현하는 말과 의미에 대해 공감적으로 경청하고 민감하게 대처한다.
- 가족이 당면한 어려움과 고통을 이해하고 수용한다. 가능한 가족원 모두를 이해하고 좋은 관계를 형성하는 것이 바람직하며, 특정 구성원과의 제휴는 피해야 한다.
- 가족원과 가족생활에 대한 전반적인 사항을 파악한다. 특히 가족의 장점이나 긍정적이고 적극적인 면을 파악하는 것이 좋다.
- 사회복지사가 가족원에 대해 개인적인 친근함을 갖는 것은 나쁜 것이 아니지만 친근함이 지나쳐 전문적인 원조관계를 훼손하거나 가족구성원 간의 갈등을 일으켜서는 안 된다.
- 가족체계와 외부를 비교해서는 안 되며, 특히 가족원 간에도 비교해서 말하거나 자존심 상하게 하는 말을 해서는 안 된다.
- 가족의 문제는 숨겨진 정서나 감정의 문제가 있을 수 있으므로 정서나 감정의 흐름에 민감하게 반응하되 수용적이어야 한다.
- 사회복지사는 초기 면접에서 알게 된 어떤 비밀도 발설해서는 안 되며 가족들 간에 야기된 비밀을 조심스럽게 다루어야 한다.

표 6-2 사회복지사의 비언어적 반응행동 목록

내용	바람직한 반응	바람직하지 않은 반응
얼굴표정	• 직접적인 눈 맞춤 • 따뜻하고 관심 어린 얼굴표정 • 클라이언트와 동등한 눈높이 • 적절한 표정 • 이완된 입모양 • 미소 어린 표정	• 눈 맞춤을 회피함 • 사물이나 사람에 대한 고정된 시선 • 신경질적으로 눈썹 추켜올리기 • 지나치게 고개 끄덕임 • 하품, 얼거나 딱딱한 표정 • 부적절한 미소나 입술 물어뜯기
자세	• 팔과 손이 자연스러운 자세 • 적절한 제스처 • 약간 앞으로 숙인 자세 (주의집중을 하나 편안한 자세)	• 경직된 몸의 자세(팔짱 끼기) • 클라이언트에게 등 돌리기 • 의자 흔들기나 손가락 움직임 • 책상 위에 발 올리기 • 강조하기 위해 손가락질하기
목소리	• 시끄럽지 않으나 잘 들리는 목소리 • 부드러운 톤 • 클라이언트의 메시지에 대한 적절한 반응 • 적절한 말소리	• 듣기 힘든 혼잣말 • 단조로운 목소리 • 문법이 틀린 문장 • 긴 침묵 • 신경질적인 웃음이나 큰소리로 떠듦
물리적 거리	• 적절한 의자 간격	• 지나친 간격이나 밀착 • 책상이나 다른 장애물

출처: Hepworth, Rooney, & Larsen(2002). pp. 173-174; 김용환 외(2017). 재인용.

CHAPTER

07 사정과 개입계획

가족복지실천 방법에서 가장 강조되어야 할 부분은 사정이다. 정확한 사정이 적절한 치료 방향을 설정하는 데 있어서 매우 중요하므로 사회복지사가 클라이언트 가족의 기능을 정확히 사정하는 것은 문제해결과 밀접한 연관이 있다. 이 장에서는 클라이언트 가족의 문제 해결을 돕기 위한 개입 과정에서 먼저 무엇을 사정할 것인지를 살펴볼 것이다. 또한 사정에는 어떠한 도구를 활용할 수 있는지 알아보고, 어떻게 사정할 것인지의 사정방법을 살펴보고자 한다.

01 사정

사정은 클라이언트 가족에 대한 정보와 자료를 수집하는 과정을 통해 가족관계를 객관화하고 가족구성원 간의 의사소통을 체계화하는 것이다. 사정의 목표는 클라이언트 가족의 문제 및 욕구와 관련된 다양한 정보들을 의미 있게 분석하는 것이다. 이를 위해 사회복지사는 가족의 문제 및 욕구, 자원과 강점을 파악하고 이를 통해 문제해결의 방향을 설정한다. 가족특성을 고려한 문제와 관련하여 가족 안팎의 상호작용을 탐색하고 명확히 하는 과정을 통해 가족을 보다 깊이 있고 정확하게 이해할 수 있다.

1. 가족사정의 개념

사정은 수집된 자료를 해석하고 의미를 부여함으로써 최종적으로 문제를 규정하고 실천방향을 결정하는 일이다. 자료수집이 가족과 가족의 문제를 이해하는 데 도움이 될 만한 자료를 모으는 것이라면 사정은 정리된 자료를 분석하고 심사숙고하여 문제를 규정해 내는 작업이다. 문제들이 규정되면 문제의 중요성과 변화의 시급성을 기준으로 표적문제를 찾아내어 개입의 목표를 정하게 된다. 가족사정은 문제해결을 위해 가족을 하나의 단위로 보고 가족 내·외부의 환경체계와 그들 양자 간의 상호작용을 파악하기 위해 자료를 수집, 분석하여 개입을 계획하는 것이다. 즉, 가족사정의 목적은 우선 가족이 가족단위로 작업하기 적합한 가족인지 판단하고, 어떤 변화가 필요한지 결정하기 위해서이다. 또한 현실적으로 달성 가능한 단·장기 목표를 설정하고 더 나아가 가족의 변화를 위해 사용할 수 있는 환경과 지역사회 자원을 확인하는 역할을 담당한다.

사정과정의 과업은 문제를 파악해 내고 정보를 찾아 개입계획 수립에서 '무엇을'할 것인가에 대한 답을 계획하는 것이다. 즉, 충족되지 않은 욕구를 인지하고 욕구충족의 장애를 제거하는 방식을 설정하는 과정으로 다음과 같은 질문에 해답을 찾으려는 것이다.

① 가족은 이 면접에서 무엇을 얻고자 하는가? ② 왜 지금 이 시점에 상담을 받기로 했는가? 문제의 심각성은 어떠한가? ③ 누가 어떤 방식으로 문제를 제시하는가? ④ 과거 상담경험이 있는가, 있다면 어떠하였는가? ⑤ 문제해결을 위해 어떤 시도를 하였는가? ⑥ 가족구성원들의 장·단점은 무엇인가? ⑦ 문제의 원인은 무엇이며 가족과 다른 사회체계와 연결되어 있는가? ⑧ 의뢰인과의 관계는 무엇이며 이 가족에게 어떤 영향을 줄 수 있는가? ⑨ 가족구성원의 문제해결 동기는 어느 정도인가? ⑩ 가족사회복지사를 만나기 전 이미 해결된 문제는 무엇인가? ⑪ 가족사회복지사 개입에 대한 가족의 태도와 동기, 기대는 어떠한가?

2. 가족사정의 영역

1) 가족의 욕구

가족의 욕구 사정은 가족이 겪고 있는 문제를 적절히 판단하고 문제해결을 위한 가족의 장단점을 파악하며, 가족을 도울 수 있는 가장 효과적인 개입계획을 세우기 위해 필요한 작업이다. 가족의 욕구는 의식주와 같이 생존을 위해 충족되어야 하는 기본적 욕구와 자녀의 출산이나 독립, 성인으로서의 발달과정에서 발생되는 변화에 대한 적응 스트레스로 인해 생기는 발달적 욕구로 구분할 수 있다. 가족체계는 역동적으로 기능하는 복잡한 조직으로 공간과 시간의 차원에서 이해할 필요가 있다. 가족을 하나의 사회체계로 간주했을 때 가족구성원 개개인의 상위 체계임과 동시에 하위체계로서 확대가족, 이웃, 지역사회 등과 지속적으로 상호작용하는 것이다. 시간적 차원에서는 가족이 생애주기의 지속적 변화과정 속에서 요구 받는 과업에 대한 적응을 고려하고 세대 간에 전승되는 가족의 문화와 가치, 관계유형 등을 파악하는 것이다.

가족원 간의 문제가 생겼을 때 이 문제는 단순히 개별 당사자의 문제일 뿐만 아니라 가족 전체의 상호작용 속에서 발생하는 문제이므로 욕구 사정은 당사자의 욕구와 함께 가족 전체에 초점을 둔 욕구를 대상으로 실시되어야 한다. 다양한 실천현장에서 사회복지사는 특히 가족원의 개별 욕구가 다른 가족원의 욕구보다 우선시 되지 않도록 문제해결을 위한 최선의 개입 방향을 수립해야 한다.

현대사회의 변화과정에서 가족의 욕구는 다양한 긴장과 갈등을 겪으면서 점점 복잡한 양상을 띠고 있다. 특히 경제적 어려움으로 인한 저소득층 가족의 경제적·문화적 결핍은 자녀의 빈곤 세습을 낳고 전통적 가치와 현대적 가치의 충돌로 인한 세대 간의 갈등, 역할에 대한 혼란, 교육경쟁의 과열로 인한 부모-자녀의 기대와 욕구 간의 갈등이 증폭되고 있다. 그 외에도 폭력·학대·범죄·비행, 약물중독 등의 문제가 있는 가족들의 다중적 부담에 대한 사회적 서비스 요구도 무시할 수 없는 실정이다.

이처럼 현대사회의 가족체계가 경험하고 있는 다양한 문제와 욕구에 대해 사회복지사는 생태체계론적인 관점에서 포괄적으로 평가해야 한다. 가족과 환경이 어떻게 상호작용하는지를 이해하고 가족에게 필요한 사회적 지지와 사회환경을 확인하면서 가족의 욕구가 해결될 수 있는 방향으로 대처하고 평가가 진행되어야 한다. 가족을 생태체계적 관점에서 사정하기 위해서 사회복지사는 가족의 욕구와 이에 대응하는 자원과의 관계를 잘 파악해야 한다.

가족구성원의 상황과 관련하여 이들에 대한 이해를 위한 평가과정으로 지속적이고 언제나 수정 가능하다. 사정은 사회복지사와 가족구성원의 상호작용을 통해 전개되므로 관계가 잘 형성되어야 한다. 사회복지사와의 신뢰관계나 의사소통에 문제가 있을 수 있으므로 가족구성원이 면접에 반드시 협조적인 것은 아니다. 따라서 사회복지사는 가족구성원의 입장을 이해하고 공감할 수 있어야 한다.

가족의 욕구에 대한 사정과정은 각 구성원 모두에게 이루어져야 한다. 가족구성원이 각각 개별적으로 만나거나 또는 전체적으로 참여하는 것이 바람직하다. 가족문제를 다루는 사회복지사는 그들의 욕구가 무엇인지를 검토하고 이에 대한 사정을 정기적으로 검토하고 수정해 나가야 한다.

사회복지사는 구성원의 현재 문제와 욕구, 과거 생활사와 현재 상황에 대한 포괄적 사항, 즉 심리사회적 내력 등에 대한 정보를 가족의 개별 구성원으로부터 얻을 수 있다. 적절히 안배된 가족의 욕구 사항은 사회복지사로 하여금 문제해결을 위해 최선의 개입을 실행할 수 있도록 돕는 역할을 하는데, 가족의 욕구를 사정할 때 포함되어야 할 기본요소는 **표 7-1**과 같다(사회복지연구센터 편저, 2013).

표 7-1 가족욕구사정 기본요소

• 가족체계의 외부경계선	• 내부경계선과 가족의 하위체계	• 가족의 권력구조
• 가족목표	• 가족의 신화와 인식상황	• 가족의 강점
• 가족생활주기	• 가족의 의사결정과정	• 가족구성원의 의사소통양식
• 가족 외부체계와의 상호작용	• 가족의 정서와 감정표현 범위	• 가족의 역할
• 가족규범		

2) 가족체계

가족은 가족구성원 개개인으로 구성된 전체이며 지역사회를 구성하고 이에 적응하는 부분으로서 사회체계의 한 유형이다. 이러한 관점은 가족구성원 간의 상호작용뿐만 아니라 가족과 주변 환경과의 상호작용까지 모두 관찰하고 개입할 수 있다는 점에서 매우 유용하다.

(1) 가족 체계의 특징

가족체계이론은 가족이 사회적 체계라는 생각에 근거한다. 가족구성원은 상호 의존하는 관계특성이 있다. 체계 내 부분 간의 상호작용과 교류에 영향을 미치는 요소에는 대상과 속성, 관계, 환경이 있다. 대상은 가족구성원을 의미하며 속성은 가족구성원의 자질이나 성격특성, 가족이 지향하는 목표나 긴장을 의미한다. 관계는 가족체계 내부 간의 관계를 의미하며, 환경은 체계의 구성요소이면서 동시에 더 큰 사회체계로서 가족에 긍정적 또는 부정적 영향을 미치는 이웃과 지역사회, 국가 그리고 좀 더 광범위한 사회경제적 · 생태학적 체계를 포괄한다. 이러한 요소들이 상호 호혜적 관계를 형성하는 정도에 따라 체계는 개방적이 되기도 하고 폐쇄적이 되기도 한다.

개방체계는 체계 내 여러 요소와 환경 간의 상호작용이 원활하게 이루어지고 이를 통해 변화를 지향하는 경우를 의미하며 폐쇄체계는 상호작용이 잘 이루어지지 않아 에너지의 혼란상태에 이르는 것을 의미한다. 가족구성원 간의 상호 교류와 의사소통이 원만하고 상호 영향을 주고받는 개방체계일 경우 가족구성원의 성장과 응집력을 높이게 된다. 또한 한 사람의 행동은 다른 가족에게도 영향을 미치는데, 이는 반복적 상호작용으로 유형화되며, 체계로서 통합성을 유지하는 한편 경계를 형성하여 외부체계와 구분되기도 한다.

가족체계에서 상위체계로는 지역사회, 확대가족이 있고, 하위체계는 부부하위체계, 부모-자녀하위체계, 형제하위체계 등이 있으며 이 모든 체계는 상호작용하면서 에너지를 교환한다.

(2) 가족체계의 주요개념

① 가족의 항상성

가족구조와 기능에 있어 균형을 유지하려는 속성으로 가족 간에 존재하는 균형적 상태에 위협을 받으면 예전의 평온한 상태로 돌아가려고 한다. 이러한 항상성은 칭찬을 하거나 야단치는 것과 같은 피드백 과정에서 상대방의 행동을 강화하려는 가족규칙을 활성화함으로써 지속적인 균형관계를 유지하려고 한다. 가족규칙에서 지나치게 벗어나려는 행동은 피드백을 통해 저지된다. 가족 항상성은 가족위기 상황과 밀접한 관련이 있다. 아버지의 실직이나, 자녀의 장애, 갑작스런 질병 등은 가족의 위기상황 이후에 정상적 기능수행으로 되돌아가려는 경향이 있다. 사회복지사는 상호패턴을 재조직하고 패턴을 조절하는 새로운 규칙을 만들어 냄으로써 새로운 균형상태를 유지하도록 돕는다.

② 가족규칙

일상생활을 영위해 나가기 위해 모든 가족에게는 가족 특유의 규칙이 있다. 가족구성원은 그 규칙에 따르게 되며 그에 따라 행동하게 된다. 어떤 규칙은 말로 표현되며 어떤 규칙은 암묵적으로 규칙의 지배를 받는다. 가족구성원의 상호작용을 통해 규칙은 조직화되어 은연중에 불문율이 만들어진다. 가족체계에서 발견되는 암묵적 규칙이나 규범은 항상 기능적인 것은 아니며, 경우에 따라 역기능적일 수도 있다.

기능적인 가족규칙은 가족이 다양한 스트레스나 개인적 욕구, 가족 단위의 욕구에 유연하게 반응하도록 하며, 가족이 해결책을 찾을 수 있는 기회를 제공해 가족원들이 가족체계 내에서 적응적이며 건강하게 발달하도록 돕는다. 그러나 문제를 가진 가족의 경우 가족규칙은 가족원이 인정하지 않거나 개개인에게 효과적이지 않고 실제로 작동되지도 않는다. 비효과적인 규칙이라면 변화가 필요하고 긍정적이고 기능적이라면 발전시킬 필요가 있다.

따라서 가족을 사정할 때는 가족이 제시하는 문제 및 욕구가 가족의 역기능적 규칙과 관련 있는 것은 아닌지 혹은 역기능적인 규칙을 통해 반복적인 상호형태로 나타나고 있는 것은 아닌지를 사정해야 한다. 가족규칙이 역기능적이어서 가족 전체 혹은 개개 구성원의 적응과 발달을 가로막는다면 역기능적인 규칙을 찾아내 수정함으로써 가족구성원의 바람직한 성장을 도울 수 있다.

③ 가족경계

가족과 환경체계를 구분하는 경계는 가족과 가족이 아닌 환경을 구분하는 선이다. 가족과 남을 구분하는 것은 가족의 정체성을 보호하는 것이며, 가족구성원에 포함되는 사람과 그렇지 않은 사람을 구분하는 것이다. 부모와 자녀는 경계 내에 있으나, 친구는 아무리 가까워도 가족체계에 포함되지 않는다.

원칙적으로 가족의 경계는 침투성이 있어서 경계를 통해 정보와 자원이 가족 안으로 자유롭게 드나들 수 있어야 한다. 경계를 통해 가족원 사이에 허용되는 접촉의 양과 종류가 규정된다. 가족의 경계는 명확하면서도 융통성 있는 것이 바람직하다. 경계가 지나치게 경직되어 있거나 복잡한 경우 가족체계에 문제가 발생할 가능성이 높다. 명확한 경계는 가족체계의 안과 밖이 독립적이고 자율적이면서 동시에 상호개방적인 의사소통이 이루어지는 것을 말한다. 명확한 경계의 구성원은 '우리'라는 집단의식과 함께 '나 자신'의 개별성을 잃지 않는다(정문자, 2012). 경직된 체계는 체계들이 상호 분리되거나 고립되어 융통성이 없고, 다른 체계에 대한 관심과 지지가 제공되지 못하는 경우를 말한다. 반대로 혼돈된 경계는 체계 간에 독립성과 자율성이 결핍되어 지나치게 밀착된 상태로 체계 간 경계를 구분하기 힘든 경우를 말한다(조흥식 외, 2010).

이러한 가족의 경계는 가족 외부와의 경계, 가족원 간의 경계 및 가족 내 하위체계 간의 경계를 구분할 수 있다. 가족체계와 외부환경의 경계는 가족이 존재하는 지역사회나 이웃과 어느 정도의 교류를 하는지에 따라 개방형과 폐쇄형, 방임형으로 구분할 수 있다. 개방형 가족은 가족 외부와의 경계가 분명하면서도 침투력이 있는 가족이다. 이런 가족은 이웃과의 접촉이 활발하고 정보교환이 자유롭다. 반면 폐쇄형 가족은 외부와의 교환이 단절되어 침투력이 없고 지역사회나 이웃과의 접촉이 거의 없어 모든 정보나 매체가 부모의 통제하에 있다. 방임형 가족은 외부와의 구분이 없어 지역사회나 이웃과의 관계나 접촉과 관련하여 가족원 각자가 자기 멋대로 행동하는 경향이 있다.

가족원 간의 경계는 유리된 관계와 밀착된 관계로 나눌 수 있다. 가족원들의 관계가 정서적으로 차단되어 있고, 서로 활동을 나누지 않는 소원한 가족의 경우 이들은 유리된 관계이다. 이러한 가족은 무관심하며, 서로 관여도 하지 않는다. 반대로 가족원 간의 경계가 지나치게 개방되어 있거나 밀착된 경우 가족원이 서로 지나치게 관여하고 간섭하기 때문에 각 개인 본래의 모습이 약화되고 개인으로서 자율적이고 독립된 활동에 방해를 받는다. 밀착된 관계는 가족원 간의 충성도가 높고, 가족원 간에 의견일치를 강요한다(Callins 외, 2010). 관계가 지나치게 유리되거나 밀착된 가족은 모든 기능수행에 결함이 있지만 대부분의 가족은 어느 양극단에 위치하기보다 연속선상의 한 지점에 놓이게 된다.

경계는 가족과 하위체계의 독립과 자율성을 보호하며 상호경계는 경직된 경계에서 산만한 경계까지 다양하다. 하위체계 간의 상호역동은 이 경계선이 명확한지, 밀착되어 있는지, 유리되어 있는지에 따라 다르다.

④ 가족 하위체계

가족 하위체계는 가족구성원 간의 관계망으로 체계 내의 체계이다. 역동적인 체계인 가족은 성, 세대, 일반적 관심(지적 능력, 사회적 능력, 책임) 등에 따라 지속적으로 형성되기도 하지만, 필요에 따라 형성되었다가 일시적으로 사라지기도 한다. 자녀를 훈육하기 위해 부부는 지속적으로 연합을 형성하여 자녀에게 영향력을 행사할 수 있다.

하위체계는 각 구성원 하위체계를 비롯하여 부부하위체계, 부모-자녀하위체계, 형제-자매하위체계가 형성된다. 가족 사정에서는 가족구조와 기능과 관련하여 가족의 하위체계가 적절한 기능을 수행하고 있는지 평가한다. 가족의 하위체계는 각기 다른 정도의 힘이 행사되고 각기 다른 기술을 배운다. 각 가족구성원은 여러 하위체계에 동시에 속하기 때문에 다른 가족구성원과 다른 상호보완적 관계를 갖는다.

부부하위체계는 부부가 서로 지지하고 상호 만족스런 관계인지, 상호적응하는 데 어려움은 없는지, 각각 독립적인 행동을 할 수 있는지 등을 평가한다. 부모하위체계의 경우 부모가 적절한 양육을 할 수 있는지, 필요한 사회적 지원을 받고 있는지, 자녀의 출생과 성장에 적절한 통제와 지도를 하고 있는지를 평가한다. 부모-자녀 하위체계는 부모와 자녀 간의 관계가 좋은지, 자녀에게 적절한 통제와 허용을 하고 있는지를 평가하며, 특히 부모 중 어느 한쪽이 다른 쪽을 배제시키는 삼각관계가 있는지 등을 탐색한다. 또한 형제-자매하위체계는 동년배로서 상호 친밀관계를 유지하고 있는지, 과업에 대한 협력이 있는지를 평가한다.

⑤ 가족 의사소통

의사소통은 언어적 · 비언어적 메시지를 통해 사실적 정보 · 생각 · 감정을 전달하고 상호교류하는 과정으로 어떻게 소통하느냐에 따라 가족원들의 관계의 질에 영향을 준다. 의사소통은 일치성과 명확성의 측면, 수용성과 표현성의 측면에서 사정할 필요가 있다. 가족구성원 간의 의사소통 시 언어적 · 비언어적 · 상황적 수준에서 메시지가 일치하는지를 평가해야 하고, 생각이나 느낌을 분명히 전달하는지의 여부도 사정하는 것이 중요하다.

사회복지사는 가족이 다른 가족원의 생각과 느낌을 어느 정도로 수용하는가의 수용성과 자신의 생각과 느낌을 다른 가족에게 얼마나 표현하는가의 표현성을 사정해야 한다. 역기능적인 가족에서는 가족 상호 간에 무관심하거나 지지나 격려보다 부정적으로 반응하거나 평가절하하는 것이 대부분이다. 좋은 의사소통은 상대방의 말과 비언어적 표현이 일치하지 않을 때 이를 분명히 파악하여 명료화한다. 가족원 간의 수용이 자연스럽게 잘 이루어지고 있는 가족에서는 서로 상대방의 관점과 인식을 기꺼이 받아들이고, 다른 가족이 보이는 반응을 자연스럽게 받아들이며 자신의 느낌과 생각을 자유스럽게 표현한다.

⑥ 가족의 권력구조

가족의 권력이란 한 가족원이 다른 가족원에게 미치는 영향력을 의미한다. 가족은 이런 권력구조를 통해 가족원들의 행동을 허용 가능한 범위 내에서 유지하는 기능을 한다. 그러나 경우에 따라서 권력은 갈등의 원천이 되고 가정폭력과 같은 문제를 발생시킨다. 가족의 한 구성원이 다른 구성원과의 관계에서 차지하는 자원이 많을수록 그 구성원은 가족 내에서 더 많은 권력을 행사한다. 모든 가족은 체계 내에서 각 구성원들이 서로에게 행사하는 상대적 영향력의 크기와 의사결정에 참여하는 방식을 만들어 간다. 이러한 권력구조에 의해 가족체계가 개인들의 행동을 허용할 수 있는 범위 내에서 유지하고, 이러한 유지기능에 대한 지도력을 가짐으로써 그 집단의 생존 가능성을 최대화한다. 그러나 권력은 상대적인 것으로 단순히 정량화하기 힘들다. 가족구성원은 그 가족의 상황에 따라 각기 다른 권력을 가지고 있다. 사정단계에서는 가족의 권력기반과 권력배분에 대해 사정해야 하며, 가족의 권력구조가 체계의 유지기능을 순조롭게 수행하도록 하는지, 가족원들이 권력의 상대적 배분에 만족하는지 등을 파악한다.

가족의 권력구조는 대부분 단일하게 통일되어 있는 것처럼 보이지만, 실제로는 매우 복잡하다. 그러므로 어떤 결정에 누가 더 큰 영향력을 행사하는지, 권력의 균형은 어떠한지를 조사하는 것이 중요하다. 특히 전통적으로 우리 문화에서 중시되어 온 가부장적 신념과 현대사회에서 중시되고 있는 양성평등의 가치 사이의 갈등으로 인해 가족 내 권력 배분과 균형의 문제는 더욱 중시되고 있다.

3) 환경과의 상호작용

가족은 주변 사회환경과 끊임없는 상호작용을 통해 가족의 기본욕구를 충족하기 위한 필수자원과 지지를 확보한다. 주변 환경과 사회적 지지망을 구성하는 가운데 적응적 균형을 이루지 못한 가족은 결핍되거나 고립되어 지나친 환경적 스트레스로 인해 지치게 된다.

생태체계적 관점에서 환경은 미시체계, 중간체계, 외부체계, 거시체계로 구성되며 이러한 생태학적 환경은 한 구조가 다음 구조 속에 겹치는 일련의 겹구조로 볼 수 있다(Bronfenbrenner, 1979).

① **미시체계**: 전체의 물리적·사회적 환경 중에서 개인이 일상생활에서 직접 접촉하고 상호교류할 수 있는 부분이다. 가족, 또래 집단과 같이 개인에게 직접적으로 영향을 미치는 환경을 의미하며 활동, 역할, 대인관계 등으로 다른 환경의 영향을 받으며 개인별로 독특성을 지닌다.

② **중간체계**: 미시체계 간의 연결망으로 개인이 참여하는 두 가지 이상의 미시체계에 직·간접으로 영향을 주어 미시체계의 성격과 기능을 결정하는 환경이다. 학교, 직장, 교회 등의 일반적 환경특성이며, 이러한 환경은 개인의 생애 전이 및 환경변화에 따라 새롭게 형성되거나 확대된다.

③ **외부체계:** 개인이 직접 참여하지는 않지만 개인에게 영향을 미치는 환경적 요소를 의미한다. 개인의 발달은 개인이 직접 속하지 않은 외부체계의 사건들에 의해 영향을 받으며 외부체계는 미시체계와 중간체계의 질에 크게 영향을 받는다.

④ **거시체계:** 문화나 교육제도, 사회제도, 경제체제 및 법체계, 종교 등을 포함한다. 거시체계는 사회구성원 모두에게 공통적으로 해당되는 환경으로 미시체계, 중간체계, 외부체계 등에 포괄적으로 영향을 미친다.

따라서 사회복지사는 생태도를 활용하여 가족의 사회적 지지망이 가지고 있는 도움제공 능력에 대한 사정과 가족이 기능을 수행하는 데 환경이 어떻게 장애가 되는지 사정해야 한다. 또한 가족이 잠재력을 최대한 발휘하는 것을 방해하는 외부 환경적 장애요소를 검토하고, 가족의 기초체계는 욕구의 충족방법과 충족되지 않은 욕구가 있는지 검토한다.

4) 가족생활주기

가족은 결혼으로 형성되어 자녀의 출생, 성장과 더불어 발전・확대되고 자녀가 독립하거나 결혼함으로써 축소되어 부부의 사망으로 소멸한다. 이러한 시간에 따른 가족의 성장과 변화과정을 단계별로 고찰하여 각 단계가 가지고 있는 가능성과 문제점을 파악하고 생활의 흐름을 이해할 수 있도록 가족생활을 유형화한 것이 가족생활주기이다.

가족발달주기의 단계에서 가족은 고유한 발달이슈, 과업, 해결해야 할 잠재적인 위기에 직면하게 된다. 새로운 단계로의 전환에는 위기가 수반되어 가족체계는 이 위기에 적응해야 하는데, 어떤 발달주기에 자리하고 있으며 그 위기에 잘 적응했는지를 사정하게 된다.

가족은 발달단계뿐만 아니라 가족의 문화적・종교적 유산과 신념체계, 관계유형 등을 이전 세대에서 다음 세대로 이전함으로써 세대 간 과업성취를 통해 발달한다. 가족의 발달적 과업성취를 통해 가족발달은 이루어지고 이러한 발달적 관점에서의 사정은 가족을 시간적 차원에서 이해하고 대처할 수 있게 한다는 점에서 유용하다. 특정 발달단계에서 요구되는 가족 발달과업을 제대로 달성하지 못하면 가족발달은 중단되며 이러한 어려움은 다음 발달단계에 영향을 미친다. 따라서 사회복지사는 가족발달이 어느 단계에서 고착되어 있는지, 전이기의 스트레스가 발생하고 있는지, 가족구성원의 역할기대가 잘 이루어지고 있는지를 사정해야 한다.

가족생활주기는 한부모가족이나 재혼가족, 조손가족 등의 가족유형과 사회문화적 맥락에 따라 달라질 수 있다. 결혼연령의 상승, 출산율 감소, 평균수명의 연장, 여성의 역할변화, 이혼과 재혼의 증가 등은 가족생활주기에도 변화가 불가피하게 되었다.

카터와 맥골드릭(Carter & McGoldrick, 1999)은 가족생활주기의 단계와 단계별 과업을 제시하고 있는데 그 내용은 **표 7-2**와 같다.

표 7-2 **카터와 맥골드릭(Carter & McGoldrick)의 가족생활주기**

단계	발달과업
1 결혼전기	• 원가족으로부터 자아분화 • 친밀한 이성관계 • 직업과 재정적 독립하기
2 결혼적응기	• 부부체계 형성 • 배우자의 확대가족과 친구가 포함되도록 관계 재정비
3 자녀아동기	• 부부체계에 자녀를 위한 공간 만들기 • 자녀양육, 재정, 가사에 공동참여 • 부모, 조부모 역할을 포함하여 확대가족의 관계 재정비
4 자녀청소년기	• 청소년자녀가 가족체계 내·외 출입이 자유롭도록 부모자녀 관계 전환 • 중년부부와 진로문제 조정 • 노인세대를 돌보기 위한 준비 시작
5 자녀독립기	• 부부체계를 2인군 관계로 재조정 • 부모-자녀관계를 성인 대 성인관계로 발전 • 사돈과 며느리, 사위, 손자녀를 포함한 관계 재정비 • 부모, 조부모의 장애와 죽음에 대처
6 노년기	• 신체적 노쇠에 직면하면서 자신과 부부의 기능 및 관심유지 • 다음 세대가 중심 역할을 하도록 지원 • 노년기의 지혜와 경험으로 가족체계 내 여유 만들기 • 배우자, 형제, 친구의 죽음에 대비 생애 재검토 및 통합

출처: Carter & McGoldrick(1999); 장수미 외(2012). 재인용.

02 가족사정도구

가족사정도구는 가족뿐만 아니라 사회복지사에게 먼저 면접 자료를 구성하고 제시된 문제의 유형과 성격을 설명하는 의미 있는 인식지도(cognitive map)를 구체화 할 수 있는 장점이 있다. 또한 치료 초기에 자기 보고식 도구를 통해 얻은 정보는 치료의 결과 평가와 종결 후의 변화를 촉진할 수 있는 좋은 피드백 자료를 제공하는 중요한 자료가 된다. 실천현장에서 주로 사용되는 가족사정도구로는 가계도, 생태도, 사회적 지지망, 강점 사정 등이 있다.

1. 가계도

가계도(genogram)는 보웬(Bowen, 1978)의 다세대 가족체계이론에 근거한 사정도구로 2~3세대에 걸친 가족구성원에 관한 정보와 그들 간의 관계를 도표로 기록, 작성하는 방법이다. 가계도는 가족들의 이름과 연령, 직업 등에 대한 정보를 수집하여 기본적인 가족구조와 관계에 대한 평가가 가능하며, 탄생 · 결혼 · 별거 · 죽음과 같은 중요 가족 사건들의 세부적인 그림을 제공한다. 가계도를 통해 해당 가족의 구조적 특징이나 세대 간에 걸쳐 나타나는 생활 사건의 반복 등을 한눈에 볼 수 있고 가족이 호소하는 문제가 어떻게 가족 맥락과 연결되어 있는지 알 수 있다. 가족을 수평적 · 수직적으로 동시에 파악하여 가족에 관한 구조적 · 관계적 · 기능적 정보를 관찰함으로써 현재와 과거의 가족유형이 지닌 여러 역기능적 관계를 알 수 있다. 가족원들은 가계도 작성을 통해 스스로를 새로운 관점에서 볼 수 있게 되며, 시 · 공간을 통해 가족문제를 추적하도록 돕는 체계적 관점을 가질 수도 있다. 또한 가족의 정서적 문제를 재해석하여 약화시키거나 정상화할 수도 있다.

가계도를 통한 가시적인 기록기술은 가족사회복지사가 내담자의 많은 정보를 한눈에 파악할 수 있으며, 내담자와 원가족과의 관련성을 진단할 수 있어 치료나 목표설정이 용이하다. 또한 가계도 작성과정에서 사회복지사와 가족 간의 라포형성 기회를 제공하며 가족들이 신속하게 관여할 수 있게 하여 문제 확인과 해결에 도움을 준다.

1) 가계도 작성

가계도는 사회복지사와 가족이 함께 다양한 기호로 작성하는데, 먼저 가족구조를 도식화한다. 각자의 가족구성원이 한 세대에서 다음 세대까지 생물학적·법적으로 어떻게 관련되어 있는지를 도표로 묘사한다. 다음으로 가족이 진술한 가족구성원의 정보를 기록한다. 기록은 가족의 이력(성·연령·직업, 사망 시기, 형제 서열, 결혼상태 등)을 기록하고 중요한 생활 사건에 대해서는 인간관계 변화, 이사, 상실 등을 기록한다. 마지막으로 가족관계를 작성한다. 가족이 진술한 내용과 사회복지사의 관찰에 근거하여 가족구성원의 관계를 다양한 기호로 표현한다.

2) 가계도의 해석

먼저 가계도를 해석함에 있어 주목해야 할 것은 가족의 기본 구조이다. 가계도의 선이나 기호가 어떤 유형으로 연결되어 있는가에 따라 형제 순위, 가족형상 등의 관계구조를 검토할 수 있어 어떠한 주체나 역할 혹은 관계에 대한 가설을 세우는 것이 가능해진다.

다음으로 가족이 적응하고 있는 생활주기의 변천과 세대를 통해 반복되는 유형, 인생의 중대사와 가족의 역할, 가족의 균형과 불균형을 이해하는 것이다.

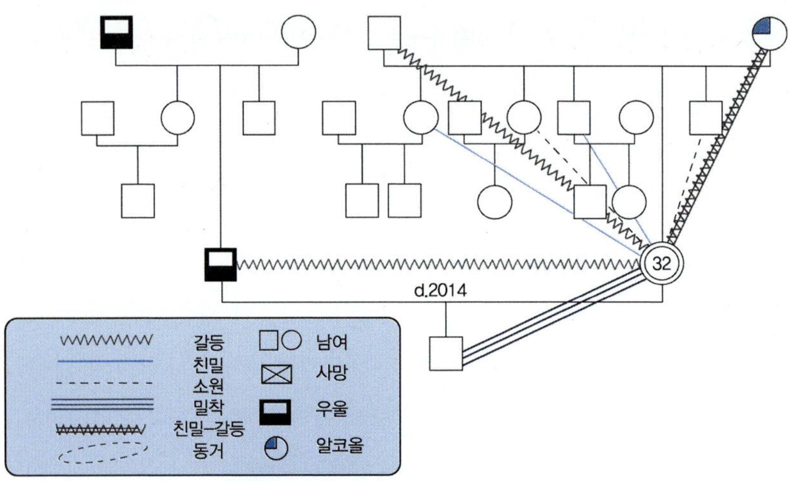

그림 7-1 가계도의 표준기호

출처: 박미은 외(2012).

가계도상에 기재된 연령과 시기를 고려하면 생활주기 사건이 표준범위 내에서 일어나고 있는지의 여부를 알 수 있다. 기준에서 벗어났다면 그러한 생활주기 단계에 적응하기 위해 어떤 곤란을 경험했었는지를 탐색해야만 한다.

또한 가족유형이 세대를 통해 반복 전달될 수 있으므로 가계도 상의 기능, 관계, 가족구조유형을 조사해야 한다. 가계도 상에 동일한 유형의 반복이 보인다면 그 유형은 과거만의 것이 아니라 현재와 미래에 계속된다고 생각해야 하고, 이러한 유형을 인식시킴으로써 가족구성원은 그 유형을 바꾸기 쉬워진다. 인생의 중대사와 가족의 역할 변화가 어떻게 서로 연관되어 있는지를 이해하고 가족구조, 역할, 기능의 수준, 자원의 유무 등에 있어 균형과 불균형의 문제도 검토해야 한다.

2. 생태도

앤 하트만(Ann Hartman, 1975)이 개발한 생태도(ecomaps)는 가족과 가족구성원과 환경 간의 상호작용을 그림으로 나타낸 것이다. 생태도는 가족과 환경체계들과의 관계를 이해하기 위한 도구로서 가족과 체계들 간의 자원교환, 에너지 흐름, 스트레스와 관련된 자료, 중재되어야 할 갈등, 메워야 할 간극, 활성화되어야 할 자원 등을 시각적으로 나타낸다. 또한 가족 전체와 환경체계들과의 관계뿐 아니라 개별 구성원들과 환경체계들과의 관계도 나타낸다. 특정 시점에 처해 있는 가족의 중요한 상호작용을 한눈에 살펴봄으로써 사회복지사와 클라이언트가 문제에 대한 통찰력을 얻고 문제해결을 위한 자원체계 파악에도 도움을 준다. 따라서 클라이언트가 생태도 작성에 참여하는 것은 가족기능의 향상을 위해 끌어들일 수 있는 자원이 무엇인지에 대한 논의를 가능하게 하여 개입계획 수립에 도움이 된다. 이러한 생태도는 가족사정뿐만 아니라 개입의 진행과 종결 과정에서의 변화를 확인하기 위한 도구로써 반복적으로 사용하기도 한다.

1) 생태도 작성

먼저 가족을 표현하는 원을 중앙에 그려 클라이언트와 가족을 표시한다. 다음으로 가족이 일상적으로 상호작용하는 관련된 직장 · 병원, 학교 친구, 사회복지 시설 및 기관, 확대가족 등 주변 환경체계는 중심 원 주변에 각각의 원으로 표시한다. 클라이언트와 가족체계를 포함한 모든 체계 간의 상호교류, 즉 관계의 흐름을 특정 기호로 표시한다. 마지막으로 클라이언트의 가족생활에 영향을 주는 환경체계를 중앙원의 주변에 배치시키고 그 관계를 다양한 선으로 표현한다. 생태도 작성의 모든 작업은 가족과 함께해야 하고 가족이 먼저 분석하도록 격려해야 한다.

2) 생태도 해석

먼저 생태학적 환경에서 가족을 전체적으로 이해한다. 가족이 이용할 수 있는 자원, 부족한 자원이나 지지는 무엇인지, 가족과 환경 간 관계의 본질은 무엇인지를 이해한다. 다음으로 가족과 환경과의 경계를 이해하기 위해 에너지 혹은 투입과 산출의 흐름이 쌍방적인지, 환경으로부터 가족에게 혹은 가족으로부터 환경에 일방적인지에 대해 이해한다. 가족 내부에 대한 이해를 돕기 위해, 가족구성원들이 외부체계와 서로 다르게 연결되어 있는지, 한두 구성원이 환경으로부터 단절되거나 긴장하는 관계는 아닌지, 가족이 함께 혹은 개별적으로 다른 체계들과 상호작용하는지에 대해 이해한다.

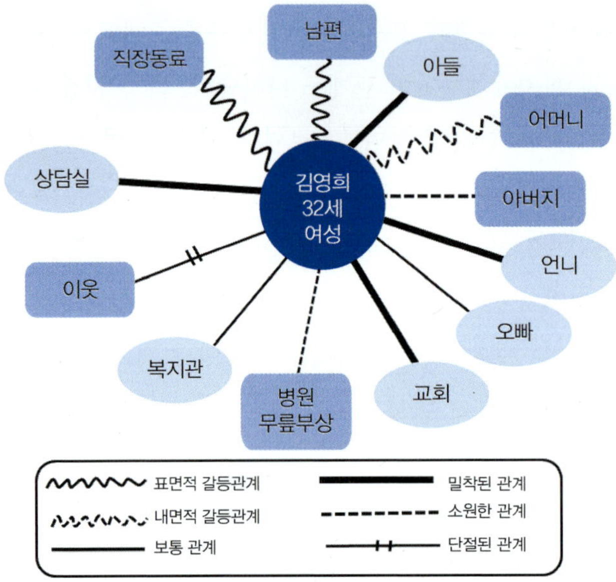

그림 7-2 생태도

3. 사회적 관계망 그리드

가족이 주거하고 있는 이웃과 지역사회를 포함하여 외부 사회체계는 지속적으로 가족과 상호작용하며 영향을 주고받는다. 따라서 사회복지사는 이웃 관계 탐방을 비롯한 다양한 도구들을 활용하여 가족이 외부의 사회체계로부터 어떻게 영향을 받는지 사정하고 평가해야 한다. 외부체계 영향 중 가장 강력한 것은 사회적 관계망의 사회적 지지이다. 사회적 지지란 사회적으로 친밀한 사람이나 존재라고 생각되는 사람들이 제공하는 언어적·비언어적 정보나 충고, 가시적 유형의 도움이나 행동, 수혜자에게 정서적·행동적으로 바람직한 효과를 제공하는 것이다. 사회적 관계망은 이런 사회적 지지를 제공하는 관계들의 망(network)을 의미한다.

사회적 관계망 그리드(social network greed)는 개인, 가족의 사회적 지지체계를 사정하는 도구로 사회적 관계망을 그림이나 표로 보여줌으로써 가족의 관계망 전체를 보여준다. 가족구성원의 사회적 관계망을 그림이나 도표로 그리는 것은 관계의 양과 질을 한눈에 파악하고 지속적 사정과 개입계획을 수립하는 데 도움이 된다. 또 대인적 역동성을 보다 명확히 함으로써 사정 평가를 잘 할 수 있고, 클라이언트 가족, 친구, 기타 사람들에 대한 자신의 감정과 태도를 명확하게 검토할 수 있다는 장점이 있다.

휘태커와 트레이시(Whitaker & Tracy)의 사회적 관계망표(표 7-3 참조)는 세로축에 가깝게 인식하는 사람들을 번호대로 써 내려가고 가로축에는 사회적 관계를 주고받을 수 있는 사회적 자원과 도구적 자원을 세부화시켜 놓은 것이다. 서로 교류하는 자원의 정도나 수준을 다시 3~4단계의 척도로 구분해 놓음으로써 교류의 질을 평가할 수 있도록 하고 있다. 이 표는 관계망 안에 있는 사람들이 클라이언트 또는 가족과 어떤 관계에 있고 이들이 주고받는 물질적·정서적·정보적 지원은 어느 정도이며, 도움의 방향은 어떠한지, 근접성과 접근빈도는 어느 정도인지를 종합적으로 파악할 수 있다는 점에서 매우 유용하다(성정현 외, 2010).

표 7-3 사회적 관계망 그리드

번호: 응답자: 이름:	**생활영역** 1. 동거가족 2. 다른 가족 3. 직장/학교 4. 조직 5. 다른 친구 6. 이웃 7. 전문가 ※ 기타	**물질지원** 1. 기억없음 2. 간혹있음 3. 거의 항상	**정서지지** 1. 기억없음 2. 간혹있음 3. 거의 항상	**정보/조언** 1. 기억없음 2. 간혹있음 3. 거의 항상	**비판** 1. 기억없음 2. 간혹있음 3. 거의 항상	**원조방향** 1. 양방향 2. 그들에게만 3. 그들이 당신에게	**친밀성** 1. 친밀성이 없음 2. 가까운 정도 3. 매우 친밀	**만남 빈도** 0. 보지않음 1. 몇회/연 2. 몇회/달 3. 몇번/주 4. 매일	**알고지낸 기간** 1. 1년 미만 2. 1년~5년 3. 5년 이상
01									
02									
03									
04									
05									
06									
07									
08									
09									
10									

출처: Lambert Maguire, 장인협·오세란 역(1996). 사회지지체계론. p. 98.

4. 가족조각

가족체계 사정에 사용할 수 있는 다른 방법에는 가족조각(family sculpture)과 시연(試演) 등이 있다. 이 두 가지 방법은 가족 내 권력관계, 경계, 갈등 등 가족 내 상호작용이나 역동을 파악하는 데 유용한 정보를 제공한다.

가족조각은 사티어(Satir)의 경험적 가족치료의 주요 기법으로 가족구조나 기능을 살펴볼 수 있는 사정기법으로 활용되며, 치료적 기법으로도 사용된다. 가족조각은 공간 속에서 가족구성원들이 몸을 이용해 다른 가족원들의 위치나 신체적 동작을 조각하게 하여 시각적으로 표현함으로써 가족의 이해를 돕는 기법이다.

가족구성원 중의 한 사람이 조각가가 되어 자신이 자각하고 있는 상황을 각 구성원에게 표현하도록 각자의 위치와 신체적 표현을 정해 준다. 나머지 구성원들은 조각가가 표현하고 싶은 것이 모두 표현될 때까지 그 자세를 유지한다. 모든 가족이 조각해 보도록 한 후 가족원 전체가 경험한 것을 이야기하도록 한다. 이 때 이성적인 피드백보다는 정서적 피드백이 더 중요하다. 가족원들은 다른 구성원들의 조각을 보는 과정에서 통찰력 · 이해 · 공감 · 동정 · 후회 · 사과 등의 감정을 경험하게 되며 말없이도 다른 사람의 관점을 이해하는 수단을 제공하므로 특히 말이 서투른 가족원에게 유리하다. 이런 과정을 통해 가족구성원은 가족체계 내의 신념이나 규칙이 어떻게 인식되고 또 그것이 어떻게 행동이나 태도로 표현되는지 확인할 수 있다.

5. 강점사정

강점사정은 문제해결 초점을 가족의 문제에 초점을 두는 것이 아니라 강점에 두고 사정하는 방법이다. 가족구성원들이 역기능적이고 어려운 문제로 좌절하지 않고 자신들의 강점에 기반해서 문제를 해결할 수 있는 개입을 수립하기 위해 사용한다. 가족 강점사정은 세 영역으로 나눌 수 있다.

첫째, 가족상호영역: 가족상호 간의 지지, 헌신, 상호인정, 가족원으로서의 정체성, 적응과 융통성, 가족의 관여도, 가족의 자부심 등

둘째, 가족과 다른 사람과의 상호작용 능력: 가족이 다른 사람에게 도움을 요청하는 것, 가족구성원을 옹호하는 것, 가족구성원을 위한 자원을 찾는 것, 필요한 보호를 구하는 것, 가족을 위한 자원 사용 등

셋째, 가족외부환경 영역: 가족의 자연적 지지망, 전문적 지지망 등

강점사정에서 사회복지사가 활용할 수 있는 지침들은 다음과 같다.

① 클라이언트를 믿어라.

② 클라이언트가 문제 요인들을 이해할 수 있게 도와라.

③ 클라이언트가 무엇을 원하는지를 발견하라.

④ 개인적인 부분에서부터 환경적인 영역으로 사정하라.

⑤ 문제에 대한 관점을 다각적 차원에서 사정하라.

⑥ 독특성을 찾아내라.

⑦ 클라이언트가 알아들을 수 있게 말하라.

⑧ 클라이언트와 사회복지사 간에 협력적으로 사정하라.

⑨ 비난을 삼가라.

⑩ 인과론적인 사고를 지양하라.

표 7-4 가족강점사정도구표

1. 거의 전혀	2. 가끔 한 번씩	3. 때때로	4. 빈번하게	5. 거의 항상

(　) 1. 우리 가족은 서로를 위해 좋은 일을 한다.
(　) 2. 우리 가족은 느끼는 대로 말할 수 있다.
(　) 3. 우리는 가족을 자랑스러워한다.
(　) 4. 문제가 있을 때 자녀의 제안도 환영받는다.
(　) 5. 우리 가족은 필요시 도움을 요청할 수 있는 친구와 친척이 있다.
(　) 6. 우리는 서로에게 관심이 있다는 걸 표현한다.
(　) 7. 우리는 서로의 이야기를 경청한다.
(　) 8. 우리는 가족으로써 함께 뭉친다.
(　) 9. 우리 가족은 유사한 가치와 신념을 가진다.
(　) 10. 우리 가족은 지역사회 혹은 종교집단 및 활동에 참여한다.
(　) 11. 나는 우리가 가족으로서 친밀한 것에 대해 행복하다.
(　) 12. 우리는 서로에 대한 감정을 이해하는 것이 중요하다고 믿는다.
(　) 13. 우리는 가족전통을 가지고 있고 이를 지켜나간다.
(　) 14. 자녀는 규칙과 훈육에 대한 의견을 말할 수 있다.
(　) 15. 문제가 있을 때, 우리는 동일한 문제에 직면한 다른 가족에게 기꺼이 도움을 요청할 의사가 있다.
(　) 16. 우리는 가족 내의 다른 사람들이 어떻게 느끼는지에 대해 관심을 갖는다.
(　) 17. 우리는 논쟁하지 않고 문제에 대해 이야기할 수 있다.
(　) 18. 우리는 우리 가족의 역사에 대해 자랑스러워한다.
(　) 19. 집안일은 가족원들에게 고르게 나누어진다.
(　) 20. 우리 가족은 필요할 때 외부의 전문적 도움을 구할 의사가 있다.
(　) 21. 우리는 서로를 존중한다.
(　) 22. 우리는 함께 이야기 나누는 것을 좋아한다.
(　) 23. 우리는 가족구성원은 서로에게 충성심을 느낀다.
(　) 24. 우리는 주요한 가족문제를 결정할 때 가족원은 의견을 나타낸다.
(　) 25. 떨어져 사는 가족원과 접촉을 유지하고 있다.

개별적 강점 점수표

가족 돌봄	1, 6, 11, 21번	총점		커뮤니케이션	2, 7, 13, 17, 22번	총점	
가족자부심	3, 8, 13, 18, 23번	총점		가족결속감	4, 9, 14, 19, 24번	총점	
지역사회 및 가족 유대	5, 10, 15, 20, 25번	총점					

6. 가족사정 검사도구

가족사정 검사도구는 자료와 행동을 수량화하는 데 유용하다. 표준화된 척도는 신뢰도와 타당도가 높은 것을 사용해야 하며, 심리검사는 이론적 기반 및 지식을 충분히 갖추어야 효과적으로 활용할 수 있다. 이러한 사정도구는 사정 과정의 여러 단계에서 선택적으로 사용할 수 있다. 가족과 첫 상담을 시작하기 전에 사전검사로 활용될 수 있고, 사정단계에서 그 가족이 처한 상황이나 문제에 따라 다양하게 선택할 수 있다(표 7-5 참조).

표 7-5 가족사정 검사도구

분류	사정도구
가족관계	가족체계분화척도, 성인애착척도, 의사소통유형검사 의사가족관여척도, 자아분화척도, 가족관계척도
결혼관계	결혼적응도, 결혼불만족척도, 갈등대처방안척도, 사랑의 표현척도, 결혼불안정지수
부모-자녀관계	부모와의 유대척도, 부모-자녀 간 의사소통척도, 부모의 수용성과 거부성척도, 양육스트레스척도, 부모양육행동척도
가족적응, 건강, 복지	원가족척도, 가족자원척도, 가족욕구조사, 가족응집력척도, 가족적응성척도
가족문제	이혼적응척도, 아동학대 및 외상척도, 부모갈등척도, 갈등진술척도

7. 사정방법

1) 면접

면접은 가족사정을 위한 가장 기본적이면서 중요한 사정도구라 할 수 있다. 면접에서 중시되는 것은 관찰, 경청, 질문하기와 답하기, 요약과 해석 등의 기술을 통해 사정에 필요한 정보를 끌어낼 수 있다. 사정을 위한 면접은 클라이언트가 처해 있는 현재 문제상황, 문제해결목표, 목표 달성을 위해 어떤 개입방법을 선택해야 할지 결정하게 된다.

면접을 실시할 때는 일련의 면접계획을 수립해야 한다. 이 계획은 대부분 잠정적이긴 하지만 면접의 목적과 방법, 대상, 시간 배치, 면접기술과 기법, 활용할 도구 등을 포함하는 것이 바람직하다. 이와 같은 면접 계획수립은 면접의 효과성을 높일 뿐 아니라 클라이언트에게 신뢰감을 줄 수 있다. 클라이언트의 마음을 탐색하기 위해 사용되는 면접 시의 질문은 기관과 대상에 따라 표준화된 질문지를 사용한다. 표준화된 질문지는 기관의 성격, 문제의 심각성 정도, 동일 문제가 지속될 경우 느끼는 심적 부담감의 정도, 예상되는 문제의 결과가 어떻게 나타날 것인지 등의 질문이 포함될 수 있다.

2) 관찰

비언어적 형태의 자료수집에 있어서 효과적인 관찰은 가족구성원의 말과 행동을 관찰함으로써 가족의 신체적 특징, 비언어적 행동, 에너지, 감정, 말과 행동의 불일치 등을 파악할 수 있다. 또한 가족 간의 관계, 가족 역할, 가족 기능 등을 이해 할 수 있다. 특히 아동의 경우 자신의 문제에 대해 직접 표현 할 수 있는 의사표현 능력이 부족하므로 관찰을 통해 아동의 일상적 습관, 놀이 행동, 또래관계, 학교생활, 부모-자녀관계, 가족생활 모습 전반을 살펴볼 수 있다.

관찰은 수집하고자 하는 정보의 종류에 따라 자연스러운 관찰과 형식적 관찰, 참여관찰과 비참여관찰로 구분할 수 있다. 면접상황에서는 대부분 가족구성원 간의 역동성을 자연스럽게 관찰한다. 그러나 특별한 정보가 필요할 때는 구조화된 관찰을 활용하기도 한다.

사회복지사는 가족을 사정할 때 면접을 통해 가족의 실제적인 정보를 얻을 수 있다면 가족 간의 상호작용 방식은 관찰을 통해 파악할 수 있다. 일반적으로 관찰은 면접현장에서 특정 과업이나 과제를 주어 그것을 시도하게 함으로써 이루어진다.

관찰이 강력한 사정도구이지만 내담자에게 공개할 경우 관찰자를 의식하여 원래의 행동과 다른 행동을 할 수도 있고, 지적장애가 있는 클라이언트의 경우에는 보호자의 동의하에 관찰한다 하여도 여전히 윤리적인 문제가 있을 수 있다. 또한 관찰자의 문화적 편견이나 사회적 통념 또한 객관적인 사정을 왜곡할 수도 있다. 따라서 가능하면 면접상황에서 가족구성원이나 가족구성원 간의 역동성을 자연스럽게 관찰할 수 있어야 한다.

03 개입계획

원조과정에서의 사정이 가족에 대한 정보와 자료를 수집하는 것이라면 개입계획은 사정평가에서 나타난 여러 가지 사항들을 변화시키기 위해 다양한 전략을 수립하는 것이다. 개입계획은 변화에 초점을 두고 사정과 개입을 연계하는 교량 역할을 한다. 개입계획은 클라이언트와 사회복지사에게 개입과정의 방향을 명확히 제시해 주어 어려움 없이 진행할 수 있도록 도와주고 개입이 끝난 후 그 결과를 효과적으로 평가할 수 있도록 도와준다. 따라서 이 과정에서 계획이 논리성을 가질 때 그 계획은 체계적이라 할 수 있다. 개입계획의 수립과정은 서비스이용자와 사회복지사, 자원을 이용하는 자원망들과의 긴밀하고 명료한 의사소통을 통해 실행된다. 이때 사회복지사는 클라이언트의 욕구가 가설적인 것이어서 실천과정에서 변화할 수 있으므로 충분히 융통성 있게 계획을 세워야 한다.

개입계획의 주요 기능을 살펴보면 다음과 같다.

① 클라이언트 가족의 주요 욕구나 문제 구체화

② 서비스관리의 목적, 클라이언트의 성과 목표를 명확히 하기

③ 서비스 전달과 사회적 지원의 역할 및 책임성 명확히 하기

④ 시간 설정

⑤ 계획을 점검, 평가할 수 있도록 효과성에 대한 지표를 분명히 하기

1. 개입계획의 과정

개입계획의 과정은 첫째, 클라이언트가 이루고자 하는 목표를 구체화하는 것, 둘째, 이러한 목표를 달성하기 위해 필요한 이용자의 변화를 명확히 하는 것, 셋째, 목표에 도달할 수 있도록 개입에서 변화전략 대안들을 선택하는 것, 넷째, 클라이언트와 사회복지사가 취할 활동을 결정하는 것, 다섯째, 이러한 활동을 완수하기 위한 시간계획을 세우는 것을 포함한다.

개입계획의 수립은 일반적으로 그림 7-3과 같이 이루어진다(홍선미 외, 2010).

1단계		2단계		3단계		4단계		5단계
성과목표 설정하기	⇨	우선순위 정하기	⇨	개입목표 결정하기	⇨	계약하기	⇨	실행하기

그림 7-3 개입계획의 과정

1) 성과목표 설정하기

1단계의 성과목표는 목적과 유사한 개념으로 가족복지실천의 목적, 개입을 통해 일어나는 서비스이용자의 긍정적인 변화 또는 기대되는 실천의 결과를 말한다. 성과목표는 사정 과정에서 드러난 각 영역별 문제나 욕구가 충족되었을 경우 궁극적으로 기대되는 가족의 변화로서 다소 덜 구체적일 수 있고 지향점을 나타낼 수도 있는데, **가족의 성과목표 유형은 다음과 같다.**

- 기술을 배우거나 필요한 지식을 습득한다.
- 중요한 결정을 한다(진로, 이혼 여부 등).
- 계획을 세울 때와 결정을 내릴 때 필요한 정보를 수집한다.
- 자신의 문제나 관심사를 주의 깊게 사정한다.
- 계획을 세운다.
- 행동을 바꾼다.
- 자신이나 다른 사람들에 대한 태도를 바꾼다.
- 특정 서비스와 프로그램 이용 가능성에 대한 정보를 수집한다.
- 프로그램이나 서비스를 문의하거나 등록한다.
- 손상된 관계를 회복한다.
- 생활환경이나 사건을 인식하거나 해석하는 방식을 수정한다.
- 변화할 수 없는 환경이나 상황에 보다 만족스럽게 적응하도록 한다.

벨로우와 밍크(Ballow & Mink, 1996)는 가족복지실천의 목적을 달성하기 위하여 사회복지사는 가족이 직면한 위기를 극복하도록 직접적인 서비스를 제공하거나, 필요한 자원을 연결하여 클라이언트의 욕구를 충족시키도록 하며, 클라이언트가 직접 훈련프로그램에 참여하거나 직업을 가질 수 있도록 능력을 개발하고 자원을 활용할 수 있는 능력을 개발할 수 있도록 사회복지사가 코치(coach) 역할을 할 수도 있다고 하였다.

성과목표는 시작 후 3개월 이내에 달성 가능한 목표로서 성취하기 쉬운 것으로 수립하고 중・장기 성과목표는 단기목표의 달성을 통하거나 단기목표와 무관하게 3~6개월 이상 기간 동안의 개입을 통해 변화를 가져올 수 있는 것으로 수립한다.

2) 우선순위 정하기

2단계에서 클라이언트가 이루고자 하는 성과목표가 여러 가지인 경우 사회복지사는 클라이언트와 합의를 거쳐 우선순위를 정해야 한다. 클라이언트와 사회복지사가 목표설정에 쉽게 합의할 수도 있지만 많은 목표나 문제 중에 우선순위를 정하는 데 상당한 시간이 걸리기도 한다.

우선순위를 정하는 과정은 다음과 같다.

첫째, 우선순위 결정은 이용자가 자기결정의 원칙을 기준으로 하여 클라이언트가 가장 많은 관심을 갖고 있거나 필요하다고 판단되는 것을 선택하도록 도와야 한다. 둘째, 사회복지사는 사정 내용을 근거로 전문가로서 판단하기에 이용자의 욕구나 문제 중 개입 우선순위가 높은 것으로 판단되는 항목을 2~3가지 작성한다. 셋째, 클라이언트와 사회복지사가 각각 선택한 우선순위를 함께 논의하면서 욕구나 문제를 재검토하고 상호관련성을 분명히 하기 위해 논리적으로 분류하거나 조합을 만들도록 한다. 넷째, 이때 사회복지사가 우선순위에 포함하도록 어떤 사항을 추천하는 경우 그 이유를 설명한다. 그리고 합법적인 권위나 해당 분야의 전문성을 가진 기관(아동보호전문기관, 법원, 정신건강증진센터) 등이 의뢰한 문제들을 포함해야 한다. 다섯째, 클라이언트는 사회복지사와 논의한 목록을 검토해서 우선순위가 높은 순으로 2~3가지를 선정하도록 한다. 너무 많은 과제를 선정하는 것은 오히려 실천의 효과를 떨어뜨릴 수 있으므로 1차적으로 가능한 과제들을 선정해서 성공을 경험한 후 점검과 평가를 거쳐 다음 계획을 수립하도록 한다.

3) 개입목표 결정하기

개입목표는 실천의 목적을 달성하기 위해 클라이언트와 사회복지사가 노력해야 하는 것을 구체화하고 세분화하여 측정과 평가가 가능하도록 기술한 것이다. 개입목표가 분명하지 않으면 원조과정은 방향성을 잃게 되고 결과를 평가할 수 없게 되므로 개입목표의 결정은 개입과정과 결과평가에 결정적인 영향을 미치게 된다. 적절하게 잘 개발된 개입목표는 다음과 같은 기준을 충족시켜야 한다(Woodside & McClam, 2004; 이준우 · 최희철, 2014 재인용).

- 누가, 무엇을, 언제, 어느 정도로 할 것인가가 표현되어야 한다.
- 목표는 투입의 형태로 서술하는 것이 아니라 산출이나 성과 형태로 기술해야한다. 예를 들면, 자녀양육 기술이 부족한 부모의 경우 '자녀양육 기술교육 실시'가 아니라 '자녀양육 기술 향상'으로 표현해야 한다.
- 긍정적인 용어를 사용한다. 즉 결석이 잦은 청소년의 경우 개입목표를 '학교에 결석하지 않는다'라는 표현보다 '매일 학교에 간다'가 적절하다.
- 행동적인 용어를 사용한다. 빈도, 지속기간, 강도 등으로 관찰 가능한 행동을 설명하는 것이 좋은데, 집안 환경이 불결한 이용자의 경우는 '집안을 청결하게 해야 한다'라는 표현보다 '주 3회 집안청소(비질 · 걸레질)를 한다'라고 표현한다.
- 달성되어야 할 주요한 결과 한 가지를 명확히 한다.
- 달성할 수 있는 표적 일자를 설정한다.
- 측정하고 검증이 가능할 수 있도록 구체적이고 양적인 것으로 서술한다.
- 작더라도 달성 가능한 목표를 설정한다. 목표가 작더라도 짧은 시간에 성취할 수 있어서 변화를 지속하는 동기를 얻을 수 있도록 목표는 세분화하고 성취 가능한 것으로 설정하는 것이 좋다.
- 서비스이용자나 개입에 참여하게 될 사람들이 쉽게 이해할 수 있어야 한다.

4) 계약하기

계약은 클라이언트 가족의 목표 달성을 위하여 사회복지사와 가족 간에 합의한 역할을 명확히 하고 개입기간 동안 기억할 수 있도록 돕는다. 또한 가족과 개입에 참여한 원조자들 각각이 책무성을 명시하여 수행 결과 평가의 기초자료가 될 수 있도록 한다. 계약에 포함되어야 할 내용은 다음과 같다.

- 개입의 목적이나 목표, 제공된 서비스의 바람직한 결과(성과목표)
- 성과목표를 달성하기 위해 서비스 이용자가 수행할 행동
- 사회복지사가 수행할 행동
- 서비스제공기관, 서비스 내용, 서비스기관과 제공자
- 개입 전체 기간
- 가족복지에 참여할 것으로 예상되는 기관이나 사람

5) 실행하기

개입방법에는 서비스제공, 서비스 연계, 클라이언트 옹호, 서비스 조정이 있다. 서비스제공은 클라이언트 가족의 목표 성취를 위해 제공되는 다양한 서비스를 말하는데, 사회복지사가 직접 제공하는 상담서비스와 타 원조자의 서비스를 포함한다. 서비스 연계는 클라이언트의 목표 성취를 위해 활용 가능한 서비스나 원조자를 연결하는 기능으로 사회복지사는 서비스의 양, 강도, 시기, 전달방법의 적절성, 서비스 내용의 적합성, 서비스 연계를 통하여 클라이언트 가족과 환경체계 간의 통합성을 고려해야 한다. 클라이언트 옹호는 스스로 획득할 수 없는 서비스들을 확보하도록 돕는 것이다.

개입과정에서 대부분의 클라이언트는 스스로 지역사회 자원을 활용하여 자신의 욕구나 문제를 해결하는 데 취약하므로 사회복지사가 말하고 논쟁하는 옹호는 클라이언트의 이익과 사회적 권위를 위해 광범위하게 수행될 수 있다. 사회복지사의 클라이언트 옹호, 클라이언트 자신의 옹호, 지역주민이나 조직을 대상으로 한 옹호·주택·고용·의료·교육 등이 있다.

2. 개입의 한계

개입의 범위를 정하는 데는 어려움이 있지만 우선순위 및 개입방법은 다음과 같다.

- 클라이언트가족의 욕구가 있고 해결 의지가 있는 부분에 우선 개입
- 서비스제공기관의 보유자원과 동원 가능한 범위 내에서 개입
- 문제해결은 클라이언트 스스로 해결할 수 있도록 하되 이것이 어려우면 일차적으로 가족, 그 다음 지역사회 자원을 연계하여 사회복지사가 개입
- 내부적으로 개입의 범위를 정해 놓는다.
- 사회복지사가 판단하기 어려운 문제는 팀 접근을 활용한다.
- 클라이언트보다 앞서지 말라. 문제해결을 위해 클라이언트가 충분히 준비된 후에 해결방법을 제시하라.

CHAPTER

08 개입과 종결 및 평가

가족복지실천은 사회복지사와 가족이 합의된 목표 달성을 위한 협력관계이다. 사회복지사가 가족을 만나 그들의 욕구와 드러난 문제들 가운데 실천과정을 통해 해결해야 할 표적문제를 설정하고 대안을 모색하는 과정이 개입이다. 이 단계는 구체적인 행동을 통해 가족에게 의도적인 변화가 일어날 수 있도록 지원하는 단계로서 다양한 실천모델과 복합적인 기술을 활용하는 것이 효과적이다. 이 장에서는 가족체계나 가족구성원 간의 관계뿐 아니라 가족체계에 영향을 미치는 보다 큰 환경체계 개입에 필요한 실천기술들과 종결 및 평가에 대해 살펴보고자 한다.

01 개입

1. 가족구성원에 대한 개입

가족구성원 간의 문제는 대부분 관계와 의사소통에서 발생할 수 있다. 이런 문제를 해결하기 위한 개입모델 혹은 기법들은 다양한 가족치료 접근에서 연유한다. 가족복지실천에서 유용하게 활용될 수 있는 치료기법들을 살펴보면 다음과 같다.

1) 탈삼각화

탈삼각화는 보웬(Bowen)의 가족치료 기법으로 제삼자를 두 사람의 관계에서 분리하여 삼각관계에서 벗어나게 함으로써 가족원들이 자아분화를 하도록 하는 것이다. 삼각화는 두 사람 사이에서 스트레스나 긴장 관계가 발생했을 때 제삼자를 두 사람의 상호작용 체계로 끌어들이는 관계이다. 이러한 삼각관계는 가족구성원 간의 관계에서만 발견되는 것이 아니며 조직이나 집단에서도 나타난다.

일반적으로 삼각화는 정교하고 비언어적인 규칙체계에 의해 유지되며 구성원 간의 의사소통 내용과 시기, 대상, 경계까지 규정하는 경향이 있다. 따라서 구성원들 간의 자유로운 상호작용과 관계형성을 방해할 뿐 아니라 문제를 은폐시키거나 분산하게 하여 문제해결에 도움이 되지 못한다. 그러므로 사회복지사는 가족 중 두 사람과 새로운 삼각관계를 형성하여 다른 구성원으로 하여금 탈삼각화하도록 도울 필요가 있다. 이와 같은 과정을 통해 삼각관계를 맺고 있는 사람 중 한 사람이 변화되면 가족 전체가 변화될 수 있다. 부부 간 갈등이 심한 경우 자녀를 삼각관계로 끌어들이게 되는데, 사회복지사는 그들의 갈등을 부모 스스로 다루게 한다. 또한 사회복지사를 삼각관계로 끌어들이려는 경우 이에 끼어들지 않고 객관적인 자세를 취해야 한다.

2) 재구성

재구성(reframing)은 가족구성원들이 문제가 되고 있는 특정 사건이나 행동 등을 다른 시각에서 좀 더 긍정적이고 다양하게 인식하고 받아들일 수 있도록 돕는 것을 의미한다. 재구성은 재명명(relabeling) 혹은 재규정(redefining), 재정의라고도 한다. 대인갈등을 경험하고 있거나 가족구성원이 현재 갈등을 경험하고 있을 때 원인이나 사건에 대해 지나치게 부정적으로 생각하는 경우 반대로 긍정적인 측면을 생각해 볼 수 있도록 한다.

예를 들어, 남편에게 모든 자원과 권한이 집중되어 있다고 불만인 아내의 경우 남편이 의사결정과 자원관리에 부담과 책임을 더 많이 지고 있다는 것으로 재구조화한다. 이것은 문제를 부부 간 권력의 불균형이나 불평등으로 인식하기보다 역할 재분배의 관점으로 재해석함으로써 좀 더 부드럽게 접근하도록 할 수 있다. 또 자녀의 사생활에 지나치게 간섭하므로 부모자녀 간의 갈등이 심화된 경우 부모의 간섭을 자녀에 대한 애정과 관심, 걱정으로 재구조화한다. 이렇게 함으로써 자녀의 부모에 대한 불만을 긍정적인 방향으로 바꾸는 데 도움을 줄 수 있다.

3) 역할연습

역할연습은 가족문제를 행동으로 표현해 보거나 새로운 양식을 실행해 보도록 하는 것으로 문제에 대한 인식과 경험을 재확인하는 데 도움이 되며 가족구성원에게 다른 사람의 역할 수행의 기회를 제공한다. 특히 말을 잘 하지 않거나 의사표시를 잘 하지 않는 가족에게 도움이 된다. 현재 문제로 제시된 것을 역할로 재현하거나 바꾸어 보도록 하고, 그것을 관찰하도록 한 후 감정이나 느낌을 표현하도록 하는 것은 가족구성원이 서로 감정을 이입하는 데도 매우 효과적이다.

4) 빈의자 기법

게슈탈트 치료에서 도입된 빈의자 기법은 부부간의 관계나 부모 자녀 관계에 포함된 문제들을 드러내는 데 도움이 된다. 가족구성원 중 어려움을 겪고 있는 사람 앞에 빈 의자를 두고 그 대상이나 상황을 상기하도록 하여 관련된 느낌이나 감정 등을 표현하도록 함으로써 감정을 환기할 수 있다. 이것은 자신을 성찰함과 동시에 상대방의 입장을 경험하도록 하는 효과가 있다. 빈의자 기법은 역할극의 요소를 포함하고 있으므로 사회복지사가 적절한 시점에 역할전환이나 행동시연 기법을 활용하기 위해서는 숙련된 기술이 필요하다.

5) 로프 기법

로프 기법은 밧줄을 사용하여 가족체계가 직접적으로 서로 영향을 주고받는 구성원들로 이루어져 있다는 것을 가시화하여 체험하도록 하는 방법이다. 먼저 가족 수만큼 줄을 준비하여 서로를 묶도록 한다. 이렇게 묶는 과정을 통해 가족의 관계를 파악할 수 있다. 가족구성원이 가족이나 묶인 줄을 흔들었을 때 한 사람만 흔들리는 것이 아니라 그 줄에 묶인 모든 가족구성원이 크든 작든 흔들리게 되는 경험을 하게 된다. 이를 통해 가족은 구성원의 문제가 모든 가족의 문제가 될 수 있으며, 묶은 밧줄을 잘 풀면 모든 밧줄이 잘 풀린다는 것을 체험하게 되어 문제해결의 도미노 효과를 확인할 수 있다.

6) 재구조화

가족은 위계적 순서로 서로 관계를 맺고 각기 서로 다른 체계에 속하여 복잡한 방식으로 상호작용하는 부분들의 합이다. 재구조화는 이러한 부분과 부분의 합, 즉 전체가 잘 작용할 수 있도록 체계를 활성화하는 작업을 말한다. 재구조화의 방법에는 경계 만들기, 역균형, 보완성을 들 수 있다.

경계 만들기는 서로 다른 체계에 속한 구성원들이 과도하게 밀착되거나 유리된 경우 일정 정도의 거리를 유지하도록 하는 것을 말한다. 즉, 가족 내 하위체계의 관계를 변화시키거나 하위체계 간의 거리를 바꾸는 데 목표를 둔다. 사회복지사는 가족구성원이 이야기할 때 누가 가로막고 지지하는지, 누가 도움을 주는지, 지나치게 개입하거나 연합하는지 등을 파악해야 한다. 이에 따라 경계를 만들기 위해 제 3의 인물 활용하기, 하위체계 만들기, 앉은 자리의 위치 바꾸기 등의 다양한 방법을 활용한다.

역균형은 체계 안에서 지위나 권력 구조를 바꾸는 것이다. 예를 들어, 가족구성원의 한 사람으로서 희생당하거나 낮은 위치에 있는 구성원을 위해 사회복지사는 다른 구성원과 제휴(affiliation)나 합세, 연합(coalition)하며, 때로는 다른 구성원을 무시하거나 공격하기도 한다. 이렇게 하여 낮은 지위에 있는 구성원에게 힘을 부여함으로써 가족 안에서 새로운 현실을 만들어 내는 것이다. 그러나 자칫 공정하지 못하고 일부 구성원만을 지원하게 되는 문제점도 있다.

보완성(complementary)은 부분이면서 동시에 전체인 가족구성원이 상보적 관계에 있음을 인식하는 것이다. 예를 들어, 하나의 부분인 가족구성원이 갈등을 겪고 있는 경우 이것이 단지 부정적 결과만을 초래하는 것이 아니라 문제에 기여하는 요소들을 살펴보고 그것을 가족 전체에 환류함으로써 장기적으로는 가족에게 긍정적으로 변화를 끌어낼 수 있다는 점에서 보완성이 있다는 것이다.

2. 의사소통 및 세대 간의 관계에 대한 개입

의사소통은 참여자들 간의 역동적이고 동시적인 상호교환이다. 의사소통에 참여하는 모든 사람은 쉬지 않고 언어적(말, 문장) 반응과 비언어적(몸짓, 눈짓 등 다른 단서들) 반응을 통해 메시지를 전달하고 받아들인다.

의사소통은 내용(report, digital)과 관계(command, analogue)의 두 가지 측면을 지닌다. 내용은 정보를 전달하는 것이고 관계는 정보를 받아들이는 것을 말한다. 의사소통은 언어와 비언어로 나누어진다. 언어적 소통 개념은 지식의 교환을 위해 매우 중요하지만 그 외 대부분은 상징적 행동인 비언어적 의사소통을 활용하는 경향이 있다. 그러므로 사회복지사는 가족기능에 관한 많은 정보를 알 수 있는 비언어적 의사소통을 읽어 낼 수 있어야 한다.

일반적으로 구성원 간에 이루어지는 의사소통이 직접적이고 명확하며 일관성 있고 무비판적일 때 기능적이고 건강한 가족이라 할 수 있다. 반면 의사소통하고자 하는 내용, 감정과 외적 표현이 불일치하거나 폐쇄적이며 부정적인 피드백을 제공하는 가족일수록 의사소통은 낮아진다. 타인의 메시지 부정, 메시지 무시, 혼란스런 메시지, 견해 차이, 이중구속과 같은 역설적인 의사소통은 문제를 일으킬 수 있다. 이러한 의사소통의 문제는 그 자체로서도 문제가 되지만 문제해결에도 방해가 된다. 따라서 가족의 의사소통 유형을 확인하고 의사소통 기술을 향상시키기 위한 기법이나 훈련을 알려 줄 필요가 있다.

1) 관심 기울이기: 경청과 공감

좋은 관계 형성을 위해서는 상대방이 전달하고자 하는 의미를 정확히 이해하려고 노력하고 관심을 기울이는 것이 필요하다. 관심 기울이기 기법으로 경청과 감정이입이 있다. 경청은 단순히 상대방이 말하고 있는 내용을 듣는 것뿐만 아니라 그의 감정, 행동, 태도, 표정 등을 듣는 것을 말한다. 이를 위해 관심 전달의 몸자세와 움직임이 중요하며 시선의 접촉, 즉각적인 언어 반응을 보이는 것이 필요하다. 이러한 적극적 경청의 기술로는 명료화, 바꾸어 말하기, 반영, 요약, 침묵의 탐색(exploring silence)과 같은 상담기술을 들 수 있다.

감정이입이나 공감은 상대방의 주관적 경험과 감정을 정확하게 인지하고 그 의미를 포착하여 상대방을 잘 이해하고자 하는 것이다. 이것은 상대방에게 주의를 기울이고 비언어적 단서에 민감하게 반응하는 것을 통해 전달된다. 공감을 표현하기 위해서는 적극적 경청기법을 활용하는 것이 필수적이다.

2) 나 전달법(I-Message)

자신의 감정을 잘 표현하지 못하거나 수동태로 표현하는 경우 문제의 진위나 그것에 대한 감정을 제대로 전달하지 못할 수 있다. 이런 경우 자신의 감정을 잘 표현하도록 독려하는 기법으로 나 전달법을 가르칠 수 있다.

가족갈등을 줄이는 데 효과적인 나 전달법은 자신의 감정을 잘 표현하도록 "나는 ~라고 느낀다(말하는 사람의 감정), 당신이 ~할 때(가족원의 행동), 왜냐하면(설명)"으로 이루어진다. 예를 들면, "나는 당신이 늦겠다는 전화를 하지 않을 때, 당신의 안전이 걱정되기 때문에 항상 화내게 돼요"와 같이 나 전달법을 사용하는 것이다. 이 경우 문제나 사건에 대해 주관적으로 경험하는 감정을 명료하게 표현함으로써 상대방에게도 감정의 정도를 좀 더 확실하게 인식시키는 효과를 가져다줄 수 있다. 특히 구성원 간에 갈등이나 논쟁이 벌어지는 상황에서는 비난과 책임을 묻게 되는 You- Message 대신 주관적 실망이나 분노, 좌절을 표현할 수 있는 I-Message가 더 효과적이다. 이러한 나 전달법을 사용할 때 다음과 같은 지침을 활용할 수 있다.

- 사람이 아니라 행동 기술하기
- 인과관계가 아니라 관찰 사용하기
- 판단이 아니라 행동적인 기술 사용하기
- '전혀'나 '항상'처럼 일반화하는 용어 피하기
- 순간을 얘기하기
- 충고가 아니라 아이디어를 공유하기

3) 전화 · 편지 · 방문과 가족의례의 활용

가치와 생활양식이 급변하는 사회에서 세대 간의 괴리감은 가족구성원으로 하여금 어려움을 겪게 하는 중요 문제 중의 하나이다. 부모와 자녀, 조부모와 손자녀 간의 세대 차이에서 발생하는 거리감을 완화하기 위해 가족 중재나 세대 이어주기 기법이 유효하다. 예를 들어, 부모-자녀 세대 간의 세대 격차는 의미 있고 편안한 사람 대 사람(person to person)의 관계를 형성하는 데 초점을 두어야 하고, 지나친 밀착은 분화나 탈삼각화를 통해 거리감을 두도록 할 수 있다. 이러한 개입 전략으로 방문과 편지, 전화 등과 같은 연락(contacts), 가족의례의 활용을 들 수 있는데, 이들은 정보를 수집하는 데 도움이 될 뿐 아니라 변화를 시도하고 새로운 변화를 전달하는 데도 도움이 된다.

특히 가족의례나 기념일은 가족으로서의 정서를 느끼게 해 주고 가족구성원 간의 관계를 이어주는 중요한 기능을 한다. 그러나 대부분 성인 간의 만남은 의례적이고 의무적이어서 관례화된 패턴을 깨고 가족 식사 모임과 같은 새롭고 편안한 의례를 마련하는 것이 바람직하다. 그 자리에서 진로나 주거 등의 관련 문제를 놓고 조언을 구하거나 개별 구성원 간의 시간을 가질 수 있게 한다면 진정한 관심을 바탕으로 한 사람 대 사람의 관계가 좀 더 심화될 수 있다.

대부분의 클라이언트가 편지 쓰기를 주저하지만 실제로 강력한 효과를 거둘 수 있는 도구로서 편지교환이나 전화 걸기 등을 통해서도 관계를 변화시킬 수 있다. 부모가 같은 자리에서 등을 맞대고 편지를 쓰는 모습 자체가 자녀에게는 기쁘고 놀라운 사실이 될 수 있다. 상대방에게 보내지 않더라도 편지 쓰는 과정 자체가 감정을 새롭게 환기하는 효과가 있다.

4) 의사소통 입장

사티어(Satire, 1976)에 따르면 가족구성원은 의사소통을 할 때 다양한 입장을 취하게 된다. 의사소통 입장의 유형을 살펴보면 계산적이거나 따지는 유형, 책망하거나 공격하는 유형, 저자세나 어물쩍한 유형, 주의가 산만하거나 조종하는 유형, 솔직하고 분명한 유형으로 구분할 수 있다.

가족구성원에게 여러 가지 유형 중 하나를 선택하여 각 입장에 대한 감정을 서로 나누고 상대방의 입장에 대해 반응하도록 하는 것이 의사소통 입장이다. 이러한 경험을 통해 구성원들은 효과적이고 합리적인 의사소통의 방법을 배우고 인식하게 된다.

3. 외부환경에 대한 개입

사회복지사의 개입 대상은 환경 속의 가족으로 개인과 가족에 초점을 두면서 동시에 가족의 기능에 영향을 미치는 체계에도 관심을 가져야 한다. 가족구성원을 돕기 위해 가족 전체의 관여가 바람직한 것처럼 가족을 돕기 위해서는 가족과 상호작용하는 모든 체계를 고려해야 한다. 이러한 접근을 위해 사회복지사는 가족구성원 개개인과 가족의 변화와 향상을 목표로 가족과 환경 간의 상호작용에 개입한다. 즉, 사회복지사는 가족구성원이 지식과 기술을 획득하고 유용한 자원이나 기회를 활용하는 데 자신감을 가질 수 있도록 노력해야 한다. 이와 함께 필요한 자원을 만들어 내고 그것에 접근할 수 있는 환경이 되도록 촉진자, 중개자, 대변자, 협의자, 조정자의 역할을 수행하게 된다.

1) 서비스 전달체계의 개선

지역사회에서 어떤 가족은 서비스와 자원 정보가 부족하여 서비스의 수혜에서 배제되며, 어떤 가족은 서비스의 중복 때문에 전문가의 조정을 필요로 한다. 특히 빈곤이나 알코올, 학대 등과 같이 복합적이고 심각한 문제를 겪고 있는 가족은 지역사회복지관과 학교, 병원, 법원, 경찰서 등 다양한 체계와 연관되면서 서비스 프로그램이 중복될 가능성이 있다.

서비스 배제나 중복문제에서 사회복지사는 먼저 가족의 기능에 부정적인 영향을 미치는 외부 환경적 요소에 관심을 기울이고 필요한 자원의 발견과 강화, 서비스 조정을 해 나가는 것이 필요하다. 여기에는 자연적 원조망이나 자원봉사자, 준전문가를 동원하고 활용해야 한다. 즉, 서비스망에 내재한 복잡성과 모순을 평가하고 개인과 가족이 미궁 속에 빠져 버리는 것들을 인식하기 위해 사회복지사는 총체적 관점에서 체계를 사정, 평가하고 계획을 세우고 조정, 중재하는 사례 관리자 역할을 수행한다.

이러한 역할 수행을 위해 사회복지사는 지역사회 내 기관들과 좋은 관계를 유지하고 의사소통을 원활히 해야 한다. 또 서비스 전달을 조정하고 조절하기 위해 기관의 중요한 사람들과 만나야 할 필요도 있다. 즉, 가족이 상호작용하는 체계에 대한 정보를 수집하고 문제의 우선순위를 정한다. 또한 기관과 연계할 수 있도록 가족의 장점을 찾아내고 복합적 문제를 가진 가족에 대해 기관의 부정적 견해를 바꿀 수 있도록 노력하며 약화된 비공식적 관계망을 동원하고 유지해야 한다.

2) 지역사회 자원의 활용

사회복지사는 때로 가족과 지역사회 자원 간의 관계를 재수립하고 재규정하기 위해 가족의 대변자 역할을 하게 된다. 이는 주로 가족과 지역사회를 이어주는 연계 역할의 첫 단계로 가족과 지역사회나 병원, 학교, 복지관 등의 특정 기관에 대해 가지고 있는 부정적 감정을 극복하도록 돕는 것이다. 예를 들어, 가정이나 기관에서 비공식적으로 만나도록 주선하는 것은 가족에 대한 직접적 서비스만큼이나 중요하다.

사회복지사는 단순히 가족을 자원에 의뢰하기보다는 역할모델과 대변자로서의 역할을 해 주는 것이 좋다. 예를 들어, 아동이 행동상의 문제를 보일 때 가족이 아동 놀이치료기관이나 청소년수련원과 같은 기관의 서비스를 받을 수 있도록 의뢰하고 안내해 주어야 하며, 가족이 서비스를 이용할 수 있도록 도와야 한다.

3) 가족 관계망 개입

사회복지사는 관심의 범위를 확대하여 사회적 관계망을 변화의 표적이나 자원으로 인식하고 가족 관계망에 개입할 필요가 있다. 가족 관계망은 가족, 친구, 이웃, 동료의 관계망 속에 있는 에너지와 자원을 재활용하여 가족이 겪고 있는 어려움을 완화하는 데 필요한 필수적 지지와 만족, 통제를 제공하고 지역사회 전문가들과 관계망 개입을 위한 팀 접근을 시도하는 것을 의미한다. 다른 전문가 개입에 대해 가족구성원은 간섭이나 가족 비밀의 노출로 인식할 수 있으므로 가족과 함께 지역사회 전문가 중에 누구를 포함시킬 것인가를 논의하는 과정을 거쳐야 한다. 가족 관계망 개입에는 몇 단계가 있다(성정현, 2014).

첫 단계는 집단으로 하여금 함께 모이도록 하고 응집력을 갖도록 하는 부족화(tribalization)이다. 둘째는 양극화(polarization)인데, 불일치와 문제에 대한 대안을 표현하도록 함으로써 응집력을 떨어뜨리는 단계로 가족구성원은 서로 다른 관계망으로 갈라진다. 셋째 단계는 동원(mobilization)으로 관계망의 리더와 활동가들이 자원을 동원하고 집단이 특정 행동을 지향하도록 촉구하게 된다. 이러한 노력에도 불구하고 문제가 쉽게 해결되지 않으면 네 번째 단계인 좌절(depression)을 거친다. 마지막으로 다시 수행하는 타개(break-through)의 단계를 거쳐 회기를 종결하게 되는 소모-고양(exhaustion-elation)의 단계에 이르게 된다.

4) 의뢰

때로는 가족문제의 복합성 때문에 구성원 개개인을 전문가나 기관에 의뢰해야 할 경우가 있다. 그러므로 사회복지사가 가족에게 영향을 미칠 수 있는 지역사회 내 다른 전문가들과 서비스체계를 인식하고 관계를 형성해 두는 것이 매우 중요한 자원이 된다. 의뢰를 할 경우 일차적으로 사회복지사는 기관이 만들어 놓은 서비스 네트워크의 성격을 파악하고 정확하고 신속하게 의뢰하거나 의뢰 방법을 결정한다. 기관 외부의 다른 전문가에게 의뢰할 경우 의뢰하는 목적에 대해 체계적 사정 평가를 하고 상호 간에 그 목적을 명확히 한다. 그렇지 않으면 전문가들은 각기 다른 비밀스런 정보를 소유하거나 각자가 다른 진단을 하게 되며, 그 가족에 대해 다른 인상을 갖게 되어 결국 부정적 탈삼각화(detriangulation)의 결과만 남을 수 있다(Hartman & Liard, 1984).

02 종결

가족복지실천의 마지막 단계인 종결은 원조를 받은 가족이나 개인에게는 특별한 의미를 갖게 된다. 종결은 사회복지사와 클라이언트의 욕구가 충족되거나, 가족복지실천의 목표가 달성되어 더 이상 서비스가 필요하지 않다는 합의적인 판단이 있을 때 이루어진다. 종결단계는 클라이언트가 개입단계에서 성취한 바를 유지하고 지속적으로 성장시키는 데 영향을 미친다. 따라서 상담 동안의 의존적인 상태에서 벗어나 사회의 관계망 안으로 들어가 상호 의존관계를 유지할 수 있도록 배려하고 유도해 주어야 한다. 또한 이 과정에서 종결 유형에 따른 클라이언트와 사회복지사 자신의 정서반응을 다루어야 하며, 해결되지 못한 문제의 경우는 타 기관에 의뢰할 수도 있다.

1. 종결 유형

종결은 일반적으로 가족의 문제가 해결되었을 때 이루어지는 것이 가장 바람직하지만, 환경적 상황이 변하거나 가족이 원하여 종결되기도 한다. 종결은 보통 계약이 이루어지는 상담 초반에 계획되어 있어 가족과 종결에 대해 의사소통을 하지만 예기치 않은 것일 수도 있다. 가족과 종결하게 되는 경우는 대략 가족의 문제가 성공적으로 해결되어 종결되는 경우와 미리 시간 제한적 계약을 한 경우, 가족문제의 해결에서 진전이 나타나지 않아 가족구성원과 사회복지사의 협의 하에 종결하는 경우가 있다. 실천과정에서 가족구성원이 비협조적이거나 저항이 심각하여 더 이상의 진행이 어려운 경우, 사회복지사의 개인적 사정으로 종결하는 경우로 나누어 볼 수 있다(김익균 외, 2003). 서비스 종결을 위해 사회복지사는 종결표에 제시된 항목들을 점검하여 대부분의 문항에서 긍정적인 반응을 얻게 되면 사례를 종결해도 좋다(표 8-1 참조).

1) 종결 시점을 계획한 경우

원칙적으로 개입계획을 수립할 때 종결의 시점도 함께 고려한다. 사회복지사는 가족의 문제, 개입방법, 전략을 고려하여 초기 단계에 미리 가족에게 종결 시기를 알려주며, 그 시기가 되었을 때는 다시 종결을 상기시키고 종결과 관련된 과제들을 함께 해결해 나가게 된다. 미해결 문제가 남아 있을 때는 종결 시기를 늦출 수 있지만, 가족이 스스로 해결할 수 있는 시점이 되면 종결하는 것이 바람직하다. 이런 경우 가족구성원은 성취감이나 자유로움 같은 긍정적 감정을 경험할 수 있다.

표 8-1 가족복지 종결을 위한 응답목록

	문항 내용	응답	
		예	아니요
1	제시된 문제는 해결되었는가		
2	가족의 상호작용이 개선되었는가		
3	달성된 변화를 측정할 수 있는가		
4	심리사회적 수행 면에서 긍정적인 변화가 이루어졌는가		
5	가족이 더 효과적으로 의사소통하고 있는가		
6	학대가 발생하였다면 가족이 학대로부터 안전한가		
7	공식적인 지지망이 유용하고 가족들이 알고 있는가		
8	가족은 필요할 때 전할 수 있는 적절한 비공식 망을 가지고 있는가		
9	가족이나 개인 구성원이 지역사회 내 전문서비스에 의뢰되었는가		
10	가족이 전문서비스로 의뢰하는 데 동의하는가		
11	가족은 일상생활에서 기능하는 기술을 배웠는가		
12	모든 가족원의 기본적인 신체적 욕구가 충족되고 있는가		
13	사회복지사와 가족은 가족의 현재까지의 진전을 평가하고 있는가		
14	가족은 실시된 서비스에 만족하고 있는가		
15	가족은 그들의 변화를 인식할 수 있는가		
16	가족은 변화를 이루는 데 기여한 자신들의 역할을 알고 있는가		

출처: Callins, Jordan, & Callman(1999).

2) 가족문제에서 진전이 나타나지 않는 경우

전문가의 노력에도 불구하고 클라이언트가 약속시간을 잘 지키지 않거나 면접 일정을 자주 변경하는 경우 사회복지사는 가족의 상담을 계속할 것인가에 대해 양가감정을 가지고 있을 수도 있다는 걸 알아야 한다. 가족문제에서 변화가 나타나지 않거나 진전이 없는 것은 가족구성원 중 일부가 상담에 대해 불편함을 느끼는 데서 비롯될 수 있기 때문이다(노혜련, 1995). 이 중 가족문제에서 진전이 없는 경우 사회복지사는 자신의 능력 부족이라 생각할 수 있고 가족도 사회복지사의 책임으로 전가할 수 있다. 그러나 사회복지사는 가족문제를 해결해 주는 사람이 아니라 가족이 해결할 수 있도록 원조하는 전문가이다. 그러므로 가족문제에서 진전이 없는 것을 주제로 설정하여 가족과 함께 개방적으로 논의해야 한다. 이 과정을 통해 사회복지사가 미처 인식하지 못한 다른 불만이나 문제가 있었는지 파악하고 종결 혹은 의뢰와 같은 대안을 모색해야 한다. 이러한 절차는 가족문제를 해결하는 방법을 학습하도록 하는 효과가 있다.

3) 가족구성원이 비협조적이거나 저항이 심한 경우

초기 단계에서 이미 가족구성원 전체와 계약을 수립했지만, 실제 중요한 개입 과정에서 가족구성원의 저항에 부딪히는 경우가 있다. 이때 저항은 사회복지사에 대한 저항이라기보다는 기존의 안정성과 평형을 위협하는 새로운 변화에 대한 저항인 경우가 많다. 이런 경우 클라이언트 가족에게 종결할 수 있는 권리가 있다는 것을 알려주되 그동안 변화된 것과 성취한 것을 돌아볼 수 있는 기회를 갖도록 하는 것이 바람직하다. 이것은 가족 스스로 종결의 타당성을 재검토하고 의사 결정하도록 하는 장점이 있다.

2. 종결 과제

어떤 경우로 종결을 하든 사회복지사는 가족과 함께 그동안의 과정을 검토하고 초기에 세웠던 목표나 기대가 어느 정도 달성되었는지 평가해야 한다. 또 가족구성원이 가족의 성장 및 변화를 인식할 수 있도록 도와주며, 종결과 관련된 정서를 다루어야 한다.

1) 종결에 대한 준비

종결을 앞두고 사회복지사는 자신의 감정을 되돌아보고 직면할 필요가 있다. 일정 기간 동안 친밀하고 강렬하게 이루어지는 실천과정을 종결하면서 사회복지사는 슬픔과 상실감, 죄책감, 분노 등 다양한 정서를 경험할 수 있다. 이것은 전문가에게도 힘든 일이므로 이런 감정을 정확히 인식하고 직면해야 한다. 그렇지 않으면 종결을 연기하거나 혹은 종결에 대해 냉담하고 사무적으로 이야기하는 부정적 태도를 취할 수도 있다. 또한 가족구성원이 종결에 어느 정도 다다랐으며, 종결에 대해 어떤 반응을 보일 것인지에 대해서도 준비해야 한다.

2) 목표 및 변화의 평가

종결단계에서는 가족문제에 대한 초기 목표가 어느 정도 이루어졌는가를 평가해야 한다. 전반적 만족도를 알아보기 위해 가족구성원이 그동안 느낀 점이나 만족한 점이나 기대에 미치지 못했던 점을 솔직하고 개방적으로 논의하는 시간을 갖는 것이 좋다. 객관적 평가를 위해서는 목표에 적합한 척도나 측정도구들을 함께 사용하는 것이 바람직하다. 마지막으로 사회복지사의 실천에 대한 피드백을 제공할 시간을 마련하여 전문가 자신의 입장을 성찰하고 성장할 수 있는 기회로 활용할 수 있도록 해야 한다.

3) 종결과 관련된 정서적 문제

종결 시 클라이언트는 상실감과 두려움, 의존, 슬픔, 자유로움, 성취감 등 복합적 정서를 경험할 수 있으며, 이것을 다양한 방식으로 호소하는 경향이 있다. 예를 들면, 처음 의뢰했던 문제가 다시 나타났거나 새로운 문제가 발생하였기 때문에 서비스를 좀 더 연장할 것을 요구하거나 사회복지사를 대체할 만한 새로운 대안을 찾으려고 할 수 있다. 이런 경우 사회복지사는 그 문제를 가족과 함께 개방적으로 논의해야 한다. 또 종결에 대한 사회복지사의 정서적 경험도 함께 이야기함으로써 가족이 경험하는 정서가 보편적인 것임을 알려주고 일반화시키는 것이 필요하다.

4) 변화의 유지 및 사후 관리

실천과정 동안 성취한 변화와 미래의 계획을 이야기하는 것은 가족구성원과 사회복지사에게 성취감을 느낄 수 있게 하며 종결 후에도 변화를 지속시키는 데 기여하는 효과가 있다. 가족의 상황에 따라 달라질 수 있지만, 사후 면접에 대한 약속이나 전화 연락을 통해 가족의 근황을 묻는 경우, 성공적으로 대처해 나가고 있다면 그것을 축하하거나 격려해 주는 것이 좋다.

5) 의뢰

문제가 아직 해결되지 않았지만, 주거지의 변화 같은 환경의 변화로 종결하거나 출산이나 이직과 같은 사회복지사 개인 사정으로 종결할 경우 클라이언트를 의뢰해야 한다. 특히 클라이언트가 전문적 도움을 필요로 하거나 특정 자원을 필요로 할 경우 적합한 전문가나 기관에 대한 정보를 파악하여 의뢰함으로써 서비스의 일관성과 연속성을 유지할 수 있도록 한다.

3. 종결 진행단계

건설적으로 종결하기 위해서는 다음의 5단계가 필요하다.

1) 리사이클

원조과정의 마지막에 가까이 올 때 사회복지사와 각 가족원은 변화된 것에 대해 토론하면서 가족사회복지의 경험에 대해 평가할 수 있는 기회를 가져야 한다. 이러한 기회를 통해 가족은 무슨 변화가 일어났으며 무엇이 이런 변화를 일으켰는지를 이해하게 된다.

리사이클(recycle)은 가족복지에서 중요한 사건을 재검토하는 기법이다. 이는 협상한 목표가 달성되지 않았거나 추가의 문제가 나타났다면 리사이클을 통해 사회복지사는 다른 기관이나 같은 기관 내의 다른 사회복지사에게 의뢰할 필요성을 알게 된다.

2) 변화에 대한 자각 유도하기

가족구성원은 상담 과정에 대한 자신들의 반응을 사회복지사와 토론한 이후에 사회복지사의 피드백을 받아들일 수 있다. 사회복지사와 가족구성원이 진행 과정에 대해 지각하는 바를 서로 교환함으로써 가족구성원들의 변화를 유발하는 개념적인 이해와 도구 모두를 발전시킬 수 있게 된다. 이러한 반영은 가족구성원들의 자존감의 강력한 원천이 될 수 있다.

종결할 때 가족이 향상된 면이 미흡하여 스트레스 상태에 있다면 사회복지사는 개입의 부정적인 측면과 긍정적인 측면에 대해 균형 있게 토의할 수 있어야 한다. 부정적인 부분은 이후 작업할 목표를 제시해야 하며 회기가 성공적이지 않은 이유에 대해 슈퍼바이저와 함께 탐색할 수도 있다. 또한 사회복지사는 가족의 강점을 강화시켜 주는 것도 중요하다. 변화에 대한 공로를 가족에게 돌리고 격려해야 한다.

3) 진전을 견고하게 하기

종결의 세 번째 단계는 달성된 목표를 유지하고 확립하는 방법을 강조하기 위해 미래에 대해 이야기하는 것이다. 가족이 미래에 대한 전략을 개발하도록 돕는 것은 이미 획득한 것을 확고하게 하는 탁월한 방법이다. 가족이 다른 지역사회 지지체계로 전환할 수 있도록 사회복지사는 적절한 시기에 도울 수 있다.

종결은 끝이 아니라 전환이다. 종결을 이런 방법으로 클라이언트에게 묘사하는 것은 성취한 것을 인식하게 하고, 나아가 이제부터 다시 새롭게 시작한다는 것을 의미한다. 원조 관계에 참여하는 것은 자기 자신과 가족 그리고 원조과정에 대한 믿음이 필요하다. 어떤 개입은 즉각적인 결과를 나타내지 않지만, 미래에 영향력을 발휘할 수 있다.

사회복지사는 가족구성원들이 스스로에 대해 다르게 볼 수 있게 하고 이후의 도전에 대해 적절하게 대처할 수 있다는 보다 나은 확신을 갖게 하며 또한 새로운 기술과 지지적인 희망을 얻을 수 있게 한다. 이러한 부분은 가족에게 매우 유익하다.

4) 사회복지사에게 피드백 제공하기

공식적인 종결에서의 대면 토론은 중요한 의미를 지닌다. 마지막 회기에서 성과에 대해 평가할 수 있는데 첫 번째 단계는 가족이 지각하는 성공을 가족과 함께 평가한다. 사회복지사는 가족구성원에게 함께 작업하는 동안 무엇이 도움이 되었는지, 변화되지 않은 것 중 변화를 바라는 것이 무엇인지를 질문할 수 있다.

이러한 질문으로 가족은 과정 중에서 잘한 점과 부족한 점들에 대해 지적할 수 있는 기회를 얻게 된다. 사회복지사는 피드백에 방어적으로 반응하지 않고 감사를 표현하며 가족원의 기여가 개입에 도움이 될 것임을 알린다. 마지막 시간에 평가하는 작업과 더불어 비교자료를 얻기 위해 다른 측정도구와 사정도구를 사용할 수 있다.

5) 종결 이후의 문제를 다룰 수 있도록 가족 준비시키기

종결의 마지막 단계는 가족들이 이후의 도전들, 즉 변화나 실패를 가져올 수 있는 도전에 대해 예견하는 것이다. 사회복지사는 가족이 예견한 도전을 다루기 위해 계획한 것을 묘사해 보라고 요구해야 한다. 또한 사회복지사는 이러한 테마를 가족의 강점을 강화하고 새로 개발한 기술을 강화하는 데 사용할 수 있다. 가족이 미래를 준비하게 하는 또 다른 방법은 모임의 간격을 점점 늘려서 가족원들이 프로그램에 의존하는 것을 줄여 나가도록 격려하는 것이다.

4. 종결 시 사회복지사의 과업

1) 선결의식

사회복지사는 가족사회사업의 기능과 한계를 인식하고 종결 이후에 달성해야 할 목표를 가족구성원에게 규명하도록 돕고 사회복지사의 역할과 다른 원조자의 역할에 대해 비교 설명한다. 더불어 가족과 그 가족원들의 강점을 파악하고 종결 이후 가족을 지원할 수 있는 지역사회자원을 검토하여 가족이 이러한 자원과 연결될 수 있도록 돕는다. 또한 종결과 관련된 느낌을 나누도록 가족원들을 격려한다.

2) 종결 시 피해야 할 역기능 행동

사회복지사가 피해야 할 역기능 행동에 대한 주의 사항은 다음과 같다.

- 가족과 종결에 대해 토의하는 것을 주저하는 것
- 종결을 연기하는 것이 정당화되지 않았음에도 종결을 연기하는 것
- 작업 중단에 대한 가족성원의 느낌에 대한 토론을 회피하기
- 가족복지실천과정에서 이룬 변화에 대한 사회복지사의 역할 과소평가
- 문제해결 노력에 대한 가족의 공로를 인정하지 않는 것

5. 클라이언트를 다른 전문가에게 의뢰하기

가족상담을 다른 전문가에게 의뢰하는 주요 이유는 가족의 문제가 복합적이고 특별한 사정과 치료자원이 가능한 기관에서 맡아야 할 필요가 있을 경우이다. 이사, 자원부족, 복합적 문제 등으로 인해 가족을 다른 전문가에게 의뢰해야 할 경우 사회복지사는 가족이 다른 전문가에게로 순조롭게 전환하도록 도울 수 있는 기술이 필요하다. 의뢰는 좋은 상담기술만큼이나 지역사회 내 자원에 대한 광범위한 지식을 필요로 하고 사회복지사는 자신이 부족하다고 생각해서는 안 된다.

클라이언트는 의뢰에 앞서 준비되어야 하고 사회복지사는 의뢰하는 이유와 의뢰가 가족에게 얼마나 유익한지를 설명해야 한다. 의뢰하기 이전에 사회복지사는

가족원들이 자신들의 걱정을 표현하고 의뢰에 대해 질문할 수 있도록 격려해야 한다. 마찬가지로 새로운 원조자는 의뢰 이유를 가족과 함께 명확히 해야 하고 오해가 있다면 충분히 풀 수 있도록 설명하여 순조롭게 진행해야 한다.

6. 사후지도

사후지도는 클라이언트 가족과 사회복지사의 공식적 관계가 종료된 1~6개월 후 가족구성원이 잘 적응하고 있는지 변화의 유지 정도를 확인하는 것이다. 사후지도는 가족구성원에게 사회복지사가 여전히 그의 변화 노력에 관심이 있음을 상기시킬 수 있고 가족의 상황이 어떠한지를 확인하고 전문적 개입의 효과성을 점검해 볼 수 있다.

몇 주 혹은 몇 달이 지난 후 클라이언트에 대한 평가는 종결과정에서 실시되었던 평가보다 훨씬 의미가 있을 수 있다. 가족은 늘 다양한 문제에 직면하게 되고 외부의 도움이 적절히 제공되면 문제해결은 훨씬 쉬워진다. 사후 회기에서 가족에게 아직 해결되지 않은 문제가 남아 있다면 필요한 도움을 제공할 수 있다. 사례의 종결이 문제를 종료했다기보다 가족의 상황을 전환시켰다는 개념을 적용하여 가족의 성장과 발달을 지켜보는 것이 필요하다. 이 경우 그동안 서비스를 제공했던 사회복지사가 필요한 도움을 제공할 수도 있고 다른 사회복지사에게 의뢰할 수도 있다.

03 평가

가족복지실천의 마무리 단계는 가족상담을 통하여 달성된 목표를 평가하는 단계이다. 평가는 사람이나 사물의 가치나 수준 따위를 일정한 기준에 의해 따져 매기는 것을 의미한다. 가족상담서비스의 평가는 가족구성원 측면에서 의미 있는 변화가 나타났는지, 지원계획대로 상담서비스가 제대로 이루어졌는지를 확인하는 것이다. 이러한 가족상담서비스 평가를 통해 지속적인 상담이 필요한지 종결해야 하는지를 결정한다. 평가의 개념, 평가종류, 평가수준 등을 살펴보면 다음과 같다.

1. 평가의 개념

사회복지분야에서 '평가'는 기관의 계획이나 정책 혹은 프로그램에 전반적으로 적용될 수 있다. 가족복지실천 평가란 가족복지실천 활동이 효과적이었는지 그리고 효율적이었는지를 판단하는 것이다.

가족복지실천에서 긍정적이고 극적인 결과가 나타난다 해도 이러한 긍정적인 변화가 종결 이후 얼마 동안 지속되고 유지되는가에 따라 성공 여부를 측정할 수 있다. 따라서 사회복지사는 가족에게서 종결 이후의 사후 정보를 얻는 것이 바람직하다. 성과에 초점을 두는 것은 사회복지사가 변화할 수 있는 개입을 하고, 현실적으로 가족들 스스로 자신의 문제에 대해 대처해 나갈 수 있는 방법을 생각하도록 돕는 역할을 한다.

클라이언트의 변화 이외에 결과를 측정하는 하나의 방법으로 사회복지사의 성과를 평가하는 것이다. 사회복지사의 유능함은 가족복지실천 개입의 성공에 중요한 요인으로 작용한다. 가족의 행동변화를 위한 목표설정 자체가 변화과정을 돕는 것처럼 전문가의 활동과 관련한 목표설정은 전문기술 발전에 도움이 된다.

2. 평가의 종류

가족복지실천의 평가는 가족상담서비스를 통하여 달성된 목표를 평가하는 단계이다. 두 가지 측면에서 평가를 고려해 보면 먼저 서비스 이용자 측면에서 이용자에게 의미 있는 변화가 나타났는지, 즉 바라던 목표대로 변화하였는지를 평가하는 것이다. 다른 하나는 서비스과정에 대한 평가로 서비스 지원계획대로 서비스제공이 제대로 이루어졌는지를 평가하는 것이다. 이 평가를 통해 지속적인 관리가 필요한지 또는 종결할 것인지를 결정한다.

1) 구조평가

구조란 서비스 간의 조직된 형태를 의미하며, 클라이언트를 보호하기 위해 서비스를 체계화하고 조직하는 능력을 말한다. 구조평가는 제공된 서비스 간의 조직화 된 형태를 평가하는 것으로 사례관리에 동원되는 자원, 기관의 신뢰도와 역량, 사례관리자당 사례 수, 행정적 지원 등을 포함한다.

또한 사례관리 구조의 질을 결정하는 필수 요소에는 서비스제공에 필요한 자원, 사회복지사의 전문성, 자격, 교육, 슈퍼비전, 전문가로서의 훈련수준, 사례관리자의 기능수행 능력 등이 포함된다. 즉, 구조평가는 구조를 형성하고 있는 요소의 질을 평가하는 것이라 할 수 있다. 어떤 요소가 현재 클라이언트의 문제를 해결하고 관리하는 데 적절하며 어떤 요소가 부족한지를 점검하고 확인해 나가는 것이다.

2) 과정평가

과정평가는 상담서비스가 어떻게 제공되었나를 평가하는 것으로 형성평가라고도 한다. 평가과정에서는 자원이용이나 실제로 제공된 서비스 수단 등의 사용 정도, 유용성 등을 측정한다. 엄밀한 의미에서 실천과정 중의 클라이언트나 가족구성원 또는 다른 서비스제공자들의 모니터링이나 피드백 등도 과정평가라 할 수 있다.

사례관리의 기초선 역할을 하는 과정평가는 실천지침이 있다고 볼 때 표준화된 과정이나 매뉴얼에 기초한 실천을 하고 있는지 확인하는 것이다. 서비스 실천 중에는 사회복지사의 민감성이 요구되므로 표준화된 기준이 마련될 경우 실천평가는 매우 쉽다. 왜냐하면 표준화된 과정이나 매뉴얼은 사례관리자의 통찰이나 주관적 판단에 의지할 수밖에 없는 모호한 평가기준을 좀 더 가시적이고 분명한 지표로 제시할 수 있어서 누구나 기본적인 사례관리의 질을 유지할 수 있다.

3) 결과평가

종결 시 이루어지는 평가를 총괄평가라고도 한다. 효과성과 비용에 관한 내용, 서비스 이용의 수준, 전체적인 기능 수준과 능력, 가족 기능의 수준, 삶의 질 수준 등이 평가자료로 활용될 수 있다. 궁극적으로 사회복지실천의 질은 결과평가를 통해 가늠된다. 그러나 기준선 측정이 없거나 측정 도구가 미리 규정되어 있지 않았을 때는 주관적인 평가가 될 가능성이 많고 정밀하지 않을 수도 있다는 것을 충분히 고려해야 한다.

일반적으로 결과평가를 실시할 때는 다음과 같은 내용을 평가지표로 삼는 것이 도움이 된다.

- 비용 효과성 및 비용억제 등 비용에 관한 내용
- 신체적 · 정신적 · 사회적 기능을 포함한 전체적인 기능 수준과 능력
- 비공식적인 보호 또는 친밀도와 같은 가족기능
- 자율성은 물론 심리사회적인 안녕과 만족 등의 삶의 질
- 응급실 혹은 재가서비스 등 다양한 서비스 이용 수준

4) 서비스 이용자의 만족도 평가

서비스의 지원계획, 서비스와 지원계획의 이행, 이용자에게 전달되는 서비스와 지원의 효과에 대한 이용자의 만족도를 평가하는 것이다. 즉, 서비스이용자의 표출된 욕구를 해결하기 위해 계획된 프로그램과 관련된 자원과 과정 및 결과, 효과성, 사회복지사에 대한 만족도의 정도를 평가하는 것이다.

3. 평가의 수준

평가수준은 각 항목을 평가할 때 항목별 적용 사항을 정리한 것이다. 문제를 규명하고 해결해 가는 과정에서 사회복지사와 클라이언트가 충분한 합의과정을 거쳤는지, 상담서비스 과정에 투입된 자원은 적절했는지, 마무리 단계에서 도출된 결과에 클라이언트가 만족하는지 등에 대해 항목별로 점검하는 것이다.

1) 사회복지사와 클라이언트가족 모두의 참여 노력

상담서비스 전 과정에서 사회복지사와 클라이언트는 지속해서 파트너십을 유지해야 한다. 무엇을 문제로 규명하고 어떤 문제를 먼저 해결해야 할 것인지, 어

떻게 해결하고 어떤 자원을 투입할 것인지, 어떠한 목적으로 서비스관리를 수행할 것인지 등에 대해 함께 참여하고 해결해야 한다. 그러므로 이러한 관계 속에서 사회복지사와 클라이언트는 자신이 얼마나 자발적으로 참여했으며, 주체적으로 자신의 의사를 결정했는가 등을 회고하고 점검하며 평가하게 된다.

2) 결과

결과는 사회복지사와 클라이언트가 궁극적으로 얻어 내고자 한 것인지, 기대했던 만큼의 수준인가를 평가한다.

3) 적합성

클라이언트와 함께 달성하고자 했던 결과물을 얻기까지 투입된 자원의 내용과 양, 질이 적합했는가의 효율성을 점검하는 것이다.

CHAPTER

09 가족치료

이 장에서는 가족문제 해결을 위한 가족치료적 접근을 위해서 보웬(Bowen)의 가족치료모델, 구조적 가족치료모델, 경험적 가족치료모델, 해결중심 단기가족치료모델, 여성주의 가족치료모델, 이야기치료모델 등의 주요 개념과 치료목표, 치료기법, 가족치료 현장의 실태와 전망을 살펴보고자 한다.

01 가족치료모델

1. 보웬(Bowen)의 가족치료모델

1) 주요 개념

보웬이 제시한 가족치료모델의 주요 개념으로는 자기분화, 삼각관계, 핵가족 정서과정, 가족투사과정, 다세대 전수과정, 출생순위, 정서적 단절, 사회정서적 과정 등이 있는데 그 내용은 다음과 같다(Bowen, 1978; 이영실, 2010, 2011).

(1) 자기분화

자기분화(differentiation of self)는 보웬 이론의 핵심개념으로서 정신내적인 동시에 대인관계적 개념이다. 이 개념은 자신과 타인의 구분, 정서적 과정과 지적 과정을 구분할 수 있는 능력과 확고한 자아와 거짓자아의 구분이다. 자기분화가 되지 못한 사람은 자기감정이 넘쳐 객관적 사고를 거의 하지 못한다. 그리고 주위 사람의 감정에 지배를 받아, 맹목적으로 추종하거나 분노를 느끼며 배척한다. 자기분화가 잘 이루어진 사람은 사고와 감정이 균형을 이루어 강한 정서와 자발성을 가지고 있지만, 정서적 충동에 저항할 수 있는 자제력과 객관성을 가지고 있어 가족의 정서적 혼합으로부터 벗어날 수 있다.

(2) 삼각관계

삼각관계(triangulation)는 가족구조 안에서 두 사람 간의 갈등 및 스트레스를 해결하는 방법으로 가족의 다른 구성원을 끌어들여 관계를 형성하는 것이다. 이 관계는 고정적이지 않으며 사이가 멀어질 때 발달하기 쉽다. 두 사람 관계에 문제가 없을 때는 안정되지만 불안이 일어나면 약한 사람이 삼각관계를 만들어 안정을 되찾으려 한다.

(3) 핵가족 정서과정

핵가족 정서과정(unclear family emotional process)은 해소되지 못한 불안이 개인에게서 가족에게로 투사되는 것이다. 결혼하기 전에 자아가 분화되지 못한 사람일수록 불안을 더욱 심하게 느끼고, 부부 간의 융합 또한 더욱 심해지며 가족이 감정적으로 서로 강한 결속력과 유대감을 갖는 것을 의미한다. 자신의 원가족에서 자기분화가 잘 안 된 사람은 결혼 후 부부관계에서 강한 융합을 이루려는 경향이 있다.

(4) 가족투사 과정

가족투사 과정(family projection process)은 부모가 자신의 미성숙함과 분화부족 등의 문제를 자녀에게 전달하는 과정이다. 어머니가 자신의 불안을 자녀에게 집중시키면, 자녀의 기능은 저하되고, 이러한 자녀의 미발달은 어머니로 하여금 더욱 통제할 구실을 제공한다. 어머니는 이러한 자녀에게 과도한 관심을 나타냄으로써 불안에서 벗어나지만, 자녀로 하여금 정서적으로 더욱 문제를 드러낼 소지를 제공하여 자녀는 정서적 문제를 갖게 된다. 이와 같이 미숙한 자녀는 결국 심리적 문제를 일으키고 자녀에게 부모로 하여금 더욱 관심을 쏟게 해서 기존의 가족유형을 더욱 공고히 한다.

(5) 다세대 전수과정

가족정서과정, 즉 자기분화수준, 삼각관계, 융합, 정서적 단절 등은 다세대 전수과정으로 전개된다. 부모보다 분화가 덜 된 사람(제2대)은 결혼할 때 자기 부모와 마찬가지로 분화수준이 자신과 비슷한 배우자를 선택하게 된다. 자녀의 자기분화수준이 현재 속해 있는 세대에서만 형성되는 것이 아니고 여러 세대를 거치는 동안 전개되어 온 투사과정에서 형성된다는 것이다.

(6) 출생순위

출생순위 개념은 자녀출생순위에 따라 고정된 성격 특징을 발달시키는 것으로서 부모와 자녀가 맺는 복잡한 삼각관계에 초점을 둔다. 장남(장녀)은 다른 형제보다 권력과 권위를 더 추구하고 부모와 강한 감정적 유대관계를 가지고 삼각관계에 빠질 위험이 높으며 자기분화수준이 떨어질 가능성이 많다. 반면에 다른 형제들은 집안 내에서 약자로서 자기 지위에 만족하지 않지만 상대적으로 외부의 경험에 대해서 개방적이고 독립적이며 분화수준도 높다.

(7) 정서적 단절

정서적 단절(emotional cut-off) 개념은 부모와의 관계에서 과거에 해결하지 못한 정서적 애착을 처리하는 과정으로, 격리, 위축, 멀리 떠남, 부모에 대한 거부 등의 방법을 사용한다. 정서적 단절은 세대 간의 미분화(그리고 이와 관련된 정서적 강도)를 처리해 나가는 방법을 말한다. 세대 간의 정서적 융합이 심할수록 단절이 일어날 경향이 높다. 어떤 사람은 부모와 멀리 떨어짐으로써 심리적 거리를 두려고 한다. 어떤 사람은 개인적 문제에 대한 대화를 기피하거나 자신을 가족들로부터 고립시킴으로써 거리를 두려고 한다.

(8) 사회정서적 과정

사회정서적 과정(social-emotional process)은 사회에서 일어나는 정서적 과정이 모든 가족에게 영향을 미치는 배경처럼 가족 내에서의 정서적 과정에 영향을 미친다는 사실을 가리킨다. 사회정서적 과정은 사회적 불안의 증대가 가족 내에서의 기능적 분화수준을 점진적으로 떨어뜨릴 수 있다는 것을 말해 준다.

2) 치료목표

보웬의 치료목표는 크게 네 가지로 설명할 수 있다(Bowen, 1978). 첫째, 불안을 감소시키고 자기분화수준을 높이고, 둘째, 자기분화는 치료목표인 동시에 성장목표이며, 셋째, 분화되지 않은 가족자아집합체에서 자신을 분리 독립시켜 정체감을 형성하고, 자기충동적, 정서적 사고와 행동에서 자유를 획득해 나갈 수 있도록 돕는 것이다. 마지막으로, 분화되지 않은 가족자아집합체에서 자신을 분리 독립시켜 정체감을 형성하고 자기충동적·정서적 사고와 행동에서 자유를 획득해 나갈 수 있도록 돕는다.

3) 치료기법

보웬의 가족치료에서 가장 많이 사용되는 8가지의 기법은 다음과 같다(Goldenberg & Goldenberg, 1991; Bowen, 1978; 이영실 외, 2010, 2011; 이영실 외, 2017 재인용).

(1) 가계도

가계도의 주요한 기능은 사정·평가하는 단계에서 자료를 조직하고 치료과정을 통하여 관계과정과 핵심적 삼각관계를 추적하는 것이다.

(2) 삼각관계로부터 분화

삼각관계로부터 분화기법은 가족체계 내의 갈등적 관계과정에서는 증상과 관련된 삼각관계를 가지고 있다는 가정을 기초로 하고 있다. 이 기법은 치료자가

의도적이며 일시적으로 삼각관계에 들어가기도 하고 벗어나기도 하면서 가족의 삼각관계를 깨는 것이다. 치료자의 자기분화수준이 높을수록 치료자는 정서적 균형을 유지할 수 있다.

(3) 가족조각

가족조각은 몸짓, 거리, 신체적 행동 등을 통해 조각의 의미를 전달하는 것으로, 가족구성원에게 그들 가족을 '조각'해 보라고 요청하고 가족구성원에게 그들 관계의 성질을 묘사하는 방식으로 자세를 취해야 한다. 조각하기는 말 없이도 다른 사람의 관점을 이해하는 수단을 제공함으로써 특히 말이 서툰 가족에게 유용하다.

(4) 관계경험

관계경험은 핵심적 삼각관계를 구조적으로 변화시키기 위한 것이다. 궁극적 목적은 가족구성원이 체계과정을 알도록 하며, 체계과정에서 자신의 역할을 인식하도록 돕는 것이다. 관계경험은 다른 사람의 요구에 대하여 회피하거나 항복하는 것을 변화시킬 수 있는 방법을 찾도록 하는 것이다.

(5) 코칭

코칭(coaching)은 치료자가 가족문제를 가지고 오는 클라이언트에게 개방적이고 직접적으로 접근하도록 하는 기법이다. 치료에서 형태는 다르지만 치료자가 개인적, 정서적으로 관여하게 되는 역할과 관련된 것이다. 코칭의 목적은 이해를 증가시키며, 자기에게 초점을 두도록 하고, 가족구성원 간에 좀 더 기능적인 애정관계를 발전시키도록 하는 것이다.

(6) 자기입장 취하기

다른 사람이 행동하는 것에 관하여 말하는 것 대신에 자신이 느끼는 것을 말함으로써 자기입장을 취하는 것으로, 정서적 반응의 악순환을 깨는 가장 직접적인 방법이다. 상대방이 말하는 사람의 상태를 이해하게 하며, 반응적이며 악순환적인 대화를 벗어나서 무엇인가 해결방법을 찾을 수 있는 생각을 시작하게 할 수 있다.

(7) 정서과정 학습

보웬은 부부와 상담할 때 먼저 한 사람에게 관심을 두고 최소한의 상호작용을 하도록 한다. 이것은 다른 사람은 관찰을 통하여 정서과정을 학습하도록 하려는 데 목적이 있으며, 감정적으로 관여하는 것을 제지시키려는 의도가 있다.

(8) 자신의 이야기 들려주기

클라이언트에게 치료 장면 녹화 내용을 보여주거나 녹음한 이야기를 들려주는 방법이다. 자신의 이야기를 어떠한 방법이든 보거나 듣게 될 때 가족구성원은 방어적인 태도를 줄이고 가족기능에 관하여 배우게 된다.

2. 구조적 가족치료모델

1) 주요 개념

구조적 가족치료의 주요 개념은 하위체계, 위계질서, 경계, 제휴, 세력, 가족적응, 가족구조 등이 있다(Minuchin, 1974; Gurman & Kniskern Eds, 1991; Nichuls & Schwartz, 2001; 이영실 외, 2017 재인용).

(1) 하위체계

미누친(Minuchin, 1974)은 하위체계 주변의 경계를 명백히 하는 것은 새로운 체계를 만드는 것보다 더 중요하다고 하였으며, 가족구조 내에서 불분명한 경계선, 역할, 기대, 세력, 권위로 인하여 발생하는 가족구조상의 문제에 특별한 관심을 두고 연구하면서 치료기술을 발전시켰다. 가족체계의 구조는 아이들끼리 만들어

내는 자녀 하위체계, 아버지와 어머니에 의해 만들어지는 부모 하위체계, 남편과 부인에 의해 만들어지는 부부 하위체계로 이루어져 있다. 각각의 하위체계는 고유의 기능과 특징을 가지고 있다. 미누친은 가족 하위체계의 경계를 표시하기 위해 **그림 9-1**과 같은 도표를 사용하고 있다.

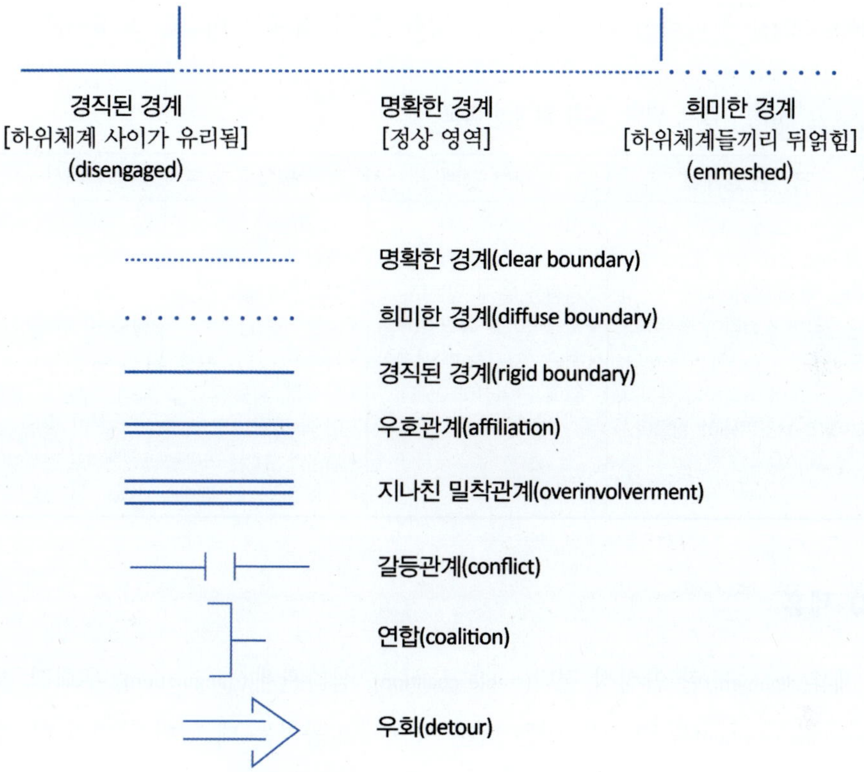

그림 9-1 가족 하위체계의 경계도표

(2) 위계질서

위계질서(order of rack)는 하위체계 간의 규칙이며 우선순위를 말한다. 예를 들어, 부모 하위체계는 자녀 하위체계보다 위에 있다. 상위체계는 전체 가족에 대한 의사결정권을 갖고 전체 가족구성원의 행동을 통제하고 지배하는 규칙을 만들고 이를 시행한다.

(3) 경계

경계(boundary)는 가족과 하위체계의 독립과 자율성을 보호한다. 상호 경계는 경직된 경계에서부터 산만한 경계까지 다양하다. 하위체계 간의 상호 역동은 이 경계선이 명확한지(명확한 경계선), 밀착되어 있는지(밀착된 경계선), 분리되어 있는지(경직된 경계선)에 따라서 다르다. 경직, 명확, 밀착 경계선 비교는 표 9-1과 같다.

표 9-1 경직, 명확, 밀착 경계선 비교

경직된 경계선	명확한 경계선	밀착된 혹은 모호한 경계선
• 독립적 태도로 서로를 대한다. • 거리감, 소외감이 있다. • 자율적, 독립적이다. • 충성심과 소속감이 부족하다. • 도움 주는 능력이 부족하다. • 의사소통이 원활하지 못하다. • 가족의 보호기능이 힘들다.	• 기능적 가족이다. • '우리', '나 자신임'의 감정을 잃지 않는다. • 자율적이고 독립적이다. • 협동, 지지하며 서로의 삶에 관여한다.	• '너의 일은 모두 나의 일'이라는 태도이다. • 개인의 정체성이 모호하다. • 거리감이 없다. • 강한 소속감으로 자율성을 방해한다. • 가족구성원이 지지, 협동, 관여한다. • 문제를 자율적으로 탐색, 해결할 능력이 부족하다. • 개인의 분화는 가족을 배신행위로 간주한다. • 가족구성원의 문제는 전체가 반응한다.

(4) 제휴

제휴(alignment)란 안정적 결탁(stable coalition), 삼각관계(triangulation), 우회적 결탁(detouring coalition)을 말하며, 이는 다른 사람이 활동하는 데 있어 체계의 한 가족구성원이 합류되거나 대항하는 것을 의미한다. 다시 말하면 두 명의 가족구성원 혹은 하위체계가 협력적으로 상호작용하는 것이다. 긍정적 제휴는 가족 혹은 개인의 복지에 기여하지만 부정적 제휴는 경직되고 배타적인 성격을 지니며 가족의 문제를 야기한다.

(5) 세력

세력(power)과 관련된 구조적 문제는 첫째, 체계 내에서 기능적 세력의 부족인데 세력행사능력이 부족하거나 가족구성원이 세력행사를 허용하지 않는 것을 의미하며, 둘째, 발전할 수 있는 잠재능력을 억제하는 것으로 나이에 맞지 않게 행동하도록 강요하는 것을 의미한다.

(6) 가족적응

미누친은 가족체계 내에서 다음과 같은 네 차원에서 긴장이 발생된다고 보았다. 첫째, 한 가족구성원이 가족 외부의 세력과 접촉할 때이며, 둘째, 가족 전체가 가족 외부의 세력과 접촉할 때이며, 셋째, 가족의 발달단계상의 과도기일 때이며, 넷째, 한 가족구성원이 갖고 있는 특정한 문제일 때 긴장이 야기될 수 있다고 보았다.

(7) 가족구조

가족구성원이 상호작용하는 조직화된 패턴인 가족구조는 결정론적 개념이긴 하나, 그것이 행동을 규정하거나 합법화하진 않는다. 가족구조는 일반구속과 특이구속이 있는데, 전자는 모든 가족의 부모와 자녀는 서로 다른 양의 권위를 가지고 일련의 계층적 구조를 가진다. 후자는 가족구성원이 서로 다른 상호보완적 기능을 가진다. 만일 한쪽의 부모가 책임감이 강하고 유능하면 다른 한쪽은 그렇지 못한 경우가 허다하다. 이때에 유능한 사람이 아프다거나 어떤 면이 부족하면 다른 한 쪽이 그것을 떠맡게 된다.

2) 치료의 목적 및 목표, 치료자 역할

(1) 치료의 목적

구조적 가족치료에서 치료의 목적은 가족구조를 재구조화하는 것으로, 첫째, 역기능적 상호 거래유형을 변화시키기 위하여 가족구성원의 위치를 변화시키고 부모 하위체계를 강화하며, 둘째, 명확하고 융통성 있는 경계선을 만들고, 셋째, 좀 더 효과적으로 적응할 수 있는 대안방법을 발견하고 동원하는 것이다(Minuchin, 1974).

(2) 치료의 목표

구조적 가족치료의 일차 목표는 역기능적 구조를 바로잡는 일이다. 구조적 가족치료의 주된 목표는 다음과 같다(Minuchin 1974; 김규수, 2006; 이영실, 2017 재인용).

- 가족의 경계선을 바로잡는 일은 엄격한 경계선 또는 산만한 경계선을 분명한 경계선으로 바꾸는 일이다. 이를 위해 가족이 가지고 있는 규칙이 무엇

인지 알아야 하며 이러한 규칙들을 재조정하고 유연하게 만드는 일이 포함된다.

- 가족구성원이 그들의 구조를 변화시키도록 돕기 위하여 가족체계에 합류한다. 경계선을 변화시키고 하위체계를 재정렬하며, 치료는 가족구성원의 행동과 경험을 변화시킨다.
- 가족 내부에 있는 하위체계 간에 위계질서를 바로잡는 일이다. 부부하위체계는 전체 가족을 총괄하는 집행부 역할을 하도록 한다. 부부하위체계는 자녀하위체계보다 우위에 있어 여러 가지 연합을 해결하도록 노력한다.

치료자가 교류패턴의 변화에 직접적으로 개입해서 순환적으로 계속 유지하는 구조를 변형시켜 가족체계의 상호 교류규칙을 재구조화하고, 가족구성원이 서로 대하는 방법을 변화시키며, 가족이 좀 더 서로 만족하게 하는 데 있다.

(3) 치료자의 역할

치료자의 개입표적은 가족이고, 관심의 초점은 가족체계의 기능강화이다. 치료자의 주된 역할은 다음과 같다(Minuchin, 1974).

첫째, 가족구성원의 행동과 경험을 변화시키고, 가족구성원이 스스로 문제를 해결하도록 하며, 가족이 기능을 잘하도록 도와주는 역할, 즉 가족체계의 변형을 촉진하는 것으로 가족을 도와준다. 둘째, 가족 경계선이 분명해지고 가족 내에서 위계질서가 바로 서면 가족구조는 가족구성원의 성장을 돕는 역할을 한다. 셋째, 가족치료자는 가족을 지지하고 가족은 각 가족구성원을 지지하고 돕는 역할을 하도록 하며, 넷째, 가족치료자의 위치에서 가족을 합류시키며 가족구조를 조사·평가하며 가족구조를 변형시키기 위해 환경을 조성하도록 한다.

3) 치료기법

구조적 가족치료의 기법에는 합류하기, 실연화하기, 재구조화하기, 상호작용에 개입하기, 진단하기, 상호작용을 강조하고 수정하기, 경계 만들기, 균형 깨트리기, 가족의 전체에 도전하기 등이 있다(Minuchin, 1974; 이영실, 2017 재인용).

(1) 합류하기

가족체계는 항상성을 유지하려는 속성이 있으므로 치료자는 먼저 구성원을 이해하고 수용함으로써 가족에 합류하기(joining)를 한다. 특히 가족체계에 합류하기 위해서 치료자는 적응하는 능력을 갖고 있어야 한다. 치료의 초기과정을 단축시키고 촉진시키는 방법에는 유지(maintenance), 추적(tracking), 모방(mimesis)기법이 있다(표 9-2 참조).

표 9-2 합류: 유지, 추적, 모방기법

유지기법	• 가족구조를 지각하고 분석할 때 의도적으로 지지 – 어머니의 지도력이 강한 가족에 합류 → 어머니를 통해 자녀와 접촉 • 가족구성원 개인의 특성을 있는 그대로 받아들이는 것 – 개인의 장점 인정, 자녀의 침묵, 가족이 사용하는 의사소통, 표현방식 • 가족을 재구조화하는 데 사용 – 치료자가 형제하위체계를 지지 → 부모, 부부 하위체계 재구조화
추적기법	• 치료자가 가족의 의사소통과 행동의 내용을 따라 계속되도록 격려 • 비지시적 치료자가 가족에 합류하기 위하여 사용하는 전형적 방법 • 아내나 남편이 사용하는 용어, 의사소통패턴을 추적해 문제의 핵심파악
모방기법	• 치료자가 가족의 생활방식과 정서상태에 적응하기 위해 가족이 사용하는 언어, 몸짓, 대화방식을 따라 함 – 느리게 반응하는 가족구성원에게 치료자도 속도를 늦춰 반응 • 추적과 모방도 가족의 재구조화를 위해 사용할 수 있음 – 가족의 상호작용패턴 추적 → 가족은 밀착된 관계의 모습을 드러냄 – 특정 가족구성원의 생활경험을 모방 → 치료자와 가족구성원 간 연합이 이루어짐

(2) 실연화하기

치료자가 구상하고 있는 상호작용 방법을 가족들로 하여금 실제 행동을 통해서 연기하도록 만드는 방법이 실연(enactment)화 기법이다. 가족이 가지고 있는 역기능의 상호작용이 분명하게 보이도록 하기 위해서 치료자가 가족에게 실제 상호작용을 연기하도록 요구한다. 치료자는 가족이 연기하는 동안에 관찰하는 입장을 가지고 가족의 상호작용 속에서 역기능적 가족구조를 발견하고자 한다.

(3) 재구조화하기

가족의 구조를 변화시키기 위한 재구조화(restructure) 기법은 여러 분야에 적용된다. 가족이 가지고 있는 현실과 증상에 도전하기, 가족구조 속에 있는 경계선을 만들고 바꾸기, 가족 상호 거래유형을 실현화시키기, 경계선 만들기, 스트레스 고조시키기, 과제부여하기, 증상활용하기, 분위기 조작하기, 지지하고 교육 및 안내하기 등의 재구조화 기법이 사용된다.

(4) 상호작용에 개입하기

가족은 있는 그대로보다는 바람직하다고 생각하는 대로 자신을 기술하는 경향이 있다. 따라서 치료자는 가족에게 어떤 문제를 어떻게 다루는지 회기 중에 직접 실연(가족이 문제행동을 치료회기 중에 직접 보여줌으로써 치료자가 관찰, 변화하도록 하는 것)하여 가족의 상호작용 구조를 관찰하고 수정한다.

(5) 진단하기

가족은 대개 한 구성원에게 문제가 있는 것으로 파악하지만 치료자는 개인의 문제를 가족의 역기능적 상호작용의 결과로 이해하고 가족 전체가 변화함으로써 구성원 모두에게 도움이 되도록 문제를 진단한다.

(6) 상호작용을 강조하고 수정하기

가족의 역기능적 상호작용을 강조하고 수정하기(highlighting and modifying interactions) 위해서는 현재의 균형상태를 깨트리기 위한 자극적 방법이 필요하다. 구조적 치료자들은 이를 위해 강도를 사용하는데 강도를 이루기 위하여 정서반복 지속 등을 선택적으로 사용한다. 예를 들어, 심하게 떼쓰는 아이는 부모가 지속적 관심을 통해서 아동이 아무리 떼를 써도 아동에게 지지 말고 아동이 포기할 때까지 기다림으로써 문제를 수정하는 것이다.

(7) 경계 만들기

치료자는 지나치게 유리되거나 밀착된 하위체계 간의 경계를 가깝게 하거나 멀어지게 조절한다. 예를 들면, 어머니가 청소년 자녀를 지나치게 간섭하고 보호하는 경우에는 어머니와 자녀 간에 방해를 받지 않고 자신의 느낌과 주장을 이야기하도록 하는 경계를 만듦으로써 부모가 자녀의 이야기를 경청하여 자녀가 자율성을 확보하도록 한다.

(8) 균형 깨트리기

하위체계 간의 관계를 재배치함으로써 역기능적 가족 내의 균형을 깨트리기도 하는데, 이를 위해 가족치료자는 일부 구성원의 편을 들기도 한다. 예를 들면, 지나치게 권위적이고 지배적인 남편과 온순하지만 자신의 주장을 갖기 시작한 부인 사이에서 치료자는 의도적으로 부인의 편을 듦으로써 역기능적 균형을 깨트릴 수 있다.

(9) 가족의 전제에 도전하기

가족의 전제에 도전하기(challenging the family's assumptions)는 치료자가 가족구성원의 현실에 대한 인지를 변화시키거나 정보와 충고를 제공하는 교사 역할을 수행하는 것이다.

3. 경험적 가족치료모델

1) 주요 개념

경험적 가족치료의 주요 개념은 가치체계, 성숙, 자기존중, 의사소통, 가족규칙, 건강한 가족과 역기능적 가족 등을 들 수 있다(Satir, 1983; 김정진, 2008; 이영실 외, 2017 재인용).

(1) 가치체계

사티어(Satir, 1983)는 인간 속성에 관한 중요한 신념을 언급했으며, 사티어의 치료모델은 성장모델로서 인간의 가치체계를 강조하고 있다.

(2) 성숙

성숙은 경험적 가족치료의 중심개념이며 치료에 있어서 가장 중요한 개념이다. 사티어는 성숙한 사람과 미성숙한 사람의 특성, 역기능적 사람의 의사소통기술을 설명했으며, 동시에 개인의 성숙 정도를 의사소통 능력과 관련하여 설명하였다.

(3) 자기존중

사람은 자기감정 없이 성숙할 수 없다는 개념이며, 의사소통은 개인의 자기개념, 즉 자기상과 자기존중, 감정과 밀접한 관계라고 보고 있다.

(4) 의사소통

사티어는 의사소통을 주고받는 과정과 언어적 · 비언어적 과정을 중요시했으며, 메시지의 일치성과 불일치성에 많은 관심을 두었다. 가족체계 이해를 위해 역기능적 의사소통 유형을 회유, 비난, 초이성, 산만으로 분류하였다(표 9-3 참조).

표 9-3 사티어(Satir)의 역기능적 의사소통 유형의 언어도형

유형	말(words)	몸(body)	내면(insides)
회유형	동의한다. "당신이 원하는 것은 무엇이든 좋다. 나는 오로지 당신을 행복하게 해 주고 싶다."	회유한다. "나는 스스로 어떻게도 할 수 없다."	"나는 스스로 쓸모없는 존재라고 느낀다. 그가 없으면 죽은 사람이다. 나는 가치가 없다."
비난형	동의하지 않는다. "당신은 어떤 일도 제대로 하지 못한다. 도대체 어떻게 된 일이냐?"	비난한다. "나는 여기에서 우두머리이다."	"나는 외롭고 성공할 수도 없다."
초이성형	초합리적이다. "주의 깊게 관찰해 보면, 여기에 누구의 손이 일을 많이 해서 닳아 있는 것을 알아낼 수 있다."	계산한다. "나는 조용하고, 냉정하며 침착하다."	"나는 상처를 입기 쉽다."
산만형	무관하다. "말에 의미가 없다."	산만하다. (스트레스 상황을 회피한다.)	"아무도 돌봐주지 않는다. 나를 받아들이는 곳이 없다."

① **회유형**(placate): 자신의 내적 감정이나 생각을 무시하고 다른 사람의 의견에 맞추려는 성향으로 타인의 의견에 지나치게 동조하고 비굴한 자세를 취하며, 사죄와 변명을 하는 등 지나치게 착한 행동을 보인다.

② **비난형**(blame): 회유형과 정반대로 타인을 무시하고 자신을 강하게 보이려고 타인의 말이나 행동을 비난하고 통제하며 명령하는데, 외면적으로는 공격적 행동을 보이나 내면적으로는 자신이 소외되어 있으며 외로운 실패자라 느낀다.

③ **초이성형**(super-reasonable): 자신과 타인을 모두 무시하고 상황만을 중시하며 규칙과 원리원칙을 찾고, 극단적 객관성을 보이지만 내면은 쉽게 상처받고 소외감을 느낀다.

④ **산만형**(irrelevant): 초이성형과 반대로 자신, 타인, 상황을 모두 무시하므로 가장 접촉하기 어려운 유형이다. 위협을 무시하고 관계없이 행동하며, 말과 행동이 불일치하고 정서적으로 혼란스러워 보인다. 내면에 모두가 나를 거부한다고 생각, 무서운 고독감과 자신의 무가치를 느낀다.

⑤ **일치형**(congruent): 의사소통 내용과 내면의 감정이 일치하는 것을 말한다. 진솔한 의사소통을 하며, 알아차린 감정이 언어로 정확하고 적절하게 표현된다. 자신과 타인, 상황을 파악하고 높은 가치관을 가지고 있으며 심리적으로도 안정된 상태다.

(5) 가족규칙

가족규칙은 가족구성원의 행동을 규정하는 관계양상이다. 사티어는 가족 감정의 규칙을 중시하며 가족구성원의 문제 원인을 '나쁜 사람'에게서 찾지 않고 '나쁜 규칙'에서 찾는다. 가족체계의 행동규범과 속성, 의사소통을 지배하는 규칙을 강조하였다.

(6) 기능적 가족과 역기능적 가족

기능적 가족은 가족규칙이 융통적이고, 문제를 건설적으로 해결하며, 가족구성원이 서로를 양육한다. 그러나 역기능적 가족은 냉정하며, 억압된 분위기에서 권태롭고 우울하게 살아간다.

2) 치료목표

경험적 가족치료의 궁극적 목적은 각 구성원이 자기가치에 대한 안정된 감정을 발전시킴으로써 성장하도록 하는 것이다. 치료목표는 다음과 같다(Satir, 1983; 김혜숙, 2008; 이영실 외, 2017 재인용).

첫째, 대인관계의 상호작용에서 상호 존중과 신뢰를 할 수 있는 경험을 클라이언트가 직접 하도록 한다. 둘째, 사티어는 가족구성원이 직접적이며 '지금-여기'에서의 만남을 통하여 성숙한다고 믿었다. 셋째, 사티어는 경험에 의해서 잠재력이 개발되며, 발전하고 강화될 때 성장할 수 있다고 믿었으며, 이를 근거로 개인의 자기존중감을 안정화시키는 데 집중하였다. 넷째, 사티어는 자신의 자아가치와 존중감을 높이고 자기 인생을 스스로 결정하도록 돕는 것을 목표로 삼았다.

3) 치료기법

경험적 가족치료의 주요 기법은 가족조사, 치료도구로서의 밧줄, 재정의, 은유, 역할극, 유머, 접촉, '나'의 표현, 의사소통 입장, 가족생활연대기 등이 있다(Satir, 1983; 손병덕 외, 2008; 이영실 외, 2017 재인용).

(1) 가족조각

가족조각(family sculpture)을 사용하는 목적은 가족구성원 각자가 자신의 내면적 감정에 접함으로써 실제의 자신을 알고 느끼며 새로운 대처방법을 생각해 보기 위해서이다. 이러한 과정에서 가족의 의사소통유형, 권력구조, 경계선, 소속감, 개념화, 규칙, 가족체계의 융통성 정도를 파악할 수 있다.

(2) 치료도구로서의 밧줄

밧줄(rope)은 '상호작용, 연결 또는 관계'를 상징하며, 내면적 과정을 시각화하며 외현화시키는 방법으로 사용되고 있다. 가족구성원 수만큼의 밧줄을 준비하여 각자의 허리에 묶는다. 구성원은 밧줄의 묶임과 엉킴 상태를 보고 경직된 관계 및 연결상태를 인식하고, 엉킴을 풀기 위한 방법을 말함으로써 가족관계를 개선시키는 방법을 알게 된다.

(3) 재정의

재정의(reframing)는 증상의 긍정적 측면을 강조하는데, 부정적 의미를 긍정적인 것으로 변화시키기 위하여 사용하는 기법이다. 이미 벌어진 상황에 대하여 다른 언어를 사용하여 이에 대한 이해와 느낌, 생각이 바뀌도록 도와 가족을 변화시키는 방법이다.

(4) 은유

가족문제에 대한 직접적 묘사나 해석은 가족구성원의 감정을 자극할 수 있다. 은유(metaphor)는 어떤 생각을 표현하기 위한 수단으로 어떤 단어를 선정하여 사용할 수 있으며 이렇게 비유된 단어에 의해 그 생각에 대한 가족구성원의 논의를 진행할 수 있다.

(5) 역할극

역할극(roleplaying)은 실제 경험을 바탕으로 현재의 느낌을 노출시키는 것을 전제해야 한다. 과거의 사건이나 바람, 미래 사건에 대한 두려움을 치료회기 중에 직접 역할놀이를 해보게 함으로써 가족에게 피부로 느낄 수 있도록 기회를 제공하는 것이다. 지나간 기억을 회상하고 억압된 감정을 표출하여 정서적 경험을 강화시키는 개인치료에 유용하다.

(6) 유머

문제를 긍정적 맥락에서 보고 긍정적으로 묘사하게 함으로써 문제를 새로운 관점에서 볼 수 있게 한다. 유머(humor)의 사용은 클라이언트와 가족의 고통을 경시하여 다루는 것이 아니라 그 고통의 결과 생길 수 있는 긍정적, 건설적인 면을 재치 있게 다루어 줌으로써 클라이언트에게 희망을 주며, 문제를 긍정적으로 볼 수 있게 한다.

(7) 접촉

가족구성원과 초기 단계에 악수하기, 격려하기 위한 가벼운 어깨 두드리기, 상담실로 안내하기 위한 손잡기 등 지나치지 않은 접촉(touch)은 가족구성원의 저항을 감소시키는 비언어적 지지가 된다.

(8) '나'의 표현(I statement)

가족구성원 각자 자신의 기분, 느낌, 소망이 초점이 되는 이야기를 할 수 있는 기회를 갖게 함으로써 자기를 표현하고 이해시키는 방법을 알게 한다. "그 상황은 혼란스럽다"로 말하는 것이 아니라 "내가 혼란스럽다"로 말하게 한다.

(9) 의사소통 입장

사티어는 가족구성원에게 회유형, 비난형, 초이성형, 산만형 중 하나의 입장을 취하도록 한다. 가족구성원은 각 입장에 대한 감정을 서로 나누고 서로의 의사소통 입장에 반응한다. 이렇게 하여 가족구성원은 효과적 의사소통 방법을 배우고 어떻게 합리적이 되는지를 알게 된다.

(10) 가족생활 연대기

3세대의 가족생활 연대기(family fact chronology)를 적는 것이다. 조부모 출생에서 시작하여 일정한 나이에 이를 때까지의 사건을 연대순으로 적는다. 가족의 출생일, 사망일, 발생일과 경제난, 전쟁 등 중요한 역사적 사건도 적는다. 연대기를 정리하는 과정에서 가족이 경험한 개인적 · 사회적 · 역사적 상황을 이해할 수 있게 된다.

4. 해결중심 단기가족치료모델

1) 주요 개념

해결중심 단기가족치료(solution-focused family therapy)의 주요 개념은 정신건강에 대한 강조, 활용, 탈이론적·비규범적 클라이언트의 견해 중시, 간략화, 변화의 불가피성, 협력, 현재와 미래지향성 등이다(Shazer, 1985; Berge, 1994; 김정진, 2008; 김규수, 2006, 이영실 외 2017).

(1) 정신건강에 대한 강조

클라이언트가 어떤 증상이나 불평을 일으키는 양식에는 항상 예외가 있기 마련이다. 그 예외는 클라이언트의 긍정적 측면 및 문제해결의 측면과 미래에 초점을 맞추면 클라이언트의 바람직한 변화를 유도할 수 있다. 즉, 클라이언트의 긍정적인 면에 초점을 두며 치료에 활용함으로써 문제중심 대화보다 해결중심 대화가 이루어지며, 치료자와의 관계형성에 도움이 된다.

(2) 활용

클라이언트가 바라는 결과를 성취하기 위해 클라이언트가 이미 갖고 있는 자원, 지식, 믿음, 행동, 증상, 사회관계망, 환경, 개인적 특성 등을 치료에 활용한다.

(3) 탈이론적·비규범적 클라이언트의 견해 중시

이 개념은 인간행동에 대한 가설적 이론의 틀에 맞추어 클라이언트를 사정하고 평가하지 않는다. 클라이언트가 호소하는 모든 불평과 해결책을 수용하고, 독특성을 최대로 존중하여 개별화된 해결책에 도움이 되는 모든 방법과 기술을 절충적으로 사용하려고 노력한다. 따라서 클라이언트의 견해는 액면 그대로 수용되어 진정한 클라이언트 중심의 치료접근이 가능하다.

(4) 간략화

해결중심 단기가족치료는 치료목적을 달성하기 위해 치료방법의 경제성을 추구한다. 경제성은 복잡한 것에서 단순한 것으로 접근하는 것이 아니고, 단순한 것에서부터 복잡한 것으로 상담함으로써 성취한다. 복잡한 것은 필요한 때에만 다룬다. 치료목표는 클라이언트가 달성할 수 있는 작은 것으로 세우는 것이 중요하다. 치료는 파급효과를 가져온다고 믿기 때문에 치료개입은 가장 단순한 것에서부터 시작한다. 작은 변화는 큰 변화를 이끌기 때문이다.

(5) 변화의 불가피성

예외적 상황을 탐색하고 문제 상황과의 차이점을 발견함으로써 문제가 발생하지 않는 상황을 증가시킨다. 따라서 치료자의 역할은 긍정적 변화가 일어나도록 돕고, 이를 해결책의 구축으로 이어지게 하는 것이다.

(6) 협력

치료자와 클라이언트가 함께 해결방안을 구축하는 과정에서 협력을 중요시한다. 클라이언트가 치료자에게 협력할 때뿐 아니라 치료자도 클라이언트에게 협력할 때 목표가 이루어진다고 믿기 때문에 치료자는 클라이언트가 치료에 협력하도록 시종일관 의식적으로 노력해야 한다.

(7) 현재와 미래지향성

과거에 관하여 깊이 연구하지 않으며, 현재와 미래에 적응하는 것을 돕는 데 관심을 둔다. 즉, 클라이언트를 과거와 문제로부터 멀리하고, 미래와 해결방안을 구축하는 데 관심을 집중하게 한다.

2) 치료목표

전통적 가족치료가 과거에 대한 탐색을 통해 현재의 변화에 관심을 기울이는 반면에 해결중심 단기가족치료는 미래에 대한 탐색을 통해 현재의 변화에 초점을 둔다. 희망찬 미래를 상상하게 하는 질문은 문제해결의 분명한 길을 보게끔 하고, 그들이 원하는 것을 좀 더 명확하게 해 준다. 클라이언트가 성취할 수 있는 목표설정과정을 돕는 것을 사회복지사의 중요한 역할로 여겨야 하며, 치료목표를 설정하는 일곱 가지 원칙은 다음과 같다(Shazer, 1985; Berge, 1994; 이영실 외 2017 재인용).

① 클라이언트에게 중요한 것을 목표로 하기, ② 작은 것을 목표로 하기, ③ 구체적이고 명확하고 행동적인 것을 목표로 하기, ④ 없는 것보다는 있는 것에 관심 두기, ⑤ 목표를 중시하기보다는 시작으로 간주하기, ⑥ 클라이언트의 생활에서 현실적이고 성취 가능한 것을 목표로 하기, ⑦ 목표수행은 힘든 일이라고 인식하기

3) 치료기법

(1) 기본적 치료기법

해결중심 단기가족치료의 기본적 치료기법은 경청, 치료자의 비언어적 행동, 클라이언트가 사용하는 핵심 용어의 모방, 요약 등이다(Shazer, 1985; Berge, 1994; 김정진, 2008; 김경석 외, 2008).

① **경청**: 치료자가 클라이언트의 이야기를 주의 깊이 들음으로써 클라이언트가 중요하게 여기는 사람은 누구이며 자신이 원하는 것이 무엇인지를 알아내는 기술이다.

② **치료자의 비언어적 행동**: 클라이언트는 치료자가 자신의 말에 귀를 기울이고 존중하는 태도를 취하는지 여부에 매우 민감하다. 클라이언트는 치료자가 자신의 말을 진지하게 듣고 있는지를 치료자의 언어적 반응뿐 아니라 비언어적 행동을 통해 판단한다.

③ **클라이언트가 사용하는 핵심용어**: 클라이언트의 용어에 대한 탐색은 클라이언트에 대한 존중을 표현하기 위한 가장 중요한 방법 중의 하나이다. 그런 의미에서 클라이언트가 사용하는 핵심 용어를 전문적 용어로 재명명하는 것은 클라이언트에 대한 실례이고 자신감을 약화시키는 행동이라고 생각한다.

④ **요약**: 치료자는 요약을 통해 클라이언트의 이야기를 주의 깊게 경청하고 있다는 것을 재확인시켜 주고, 자신이 클라이언트의 말을 정확하게 듣고 있다는 것을 스스로 확인할 수 있게 한다.

⑤ **개방형 질문**: 개방형 질문은 클라이언트의 인지 영역을 확대시켜 준다. 또한 사실에 근거한 답만을 요구하는 것이 아니라 클라이언트의 태도나 사고, 느낌을 이야기하게 된다. 무엇보다 클라이언트의 준거틀이 많이 반영된다는 이점을 가지고 있다.

⑥ **쉽고 간략한 설명**: 클라이언트가 말한 것의 정수를 짧고 명확하게 하여 클라이언트에게 피드백하는 기술이다. 쉽고 간략한 설명의 경우에도 요약할 때와 마찬가지로 클라이언트의 핵심 용어를 사용하는 것이 바람직하다. 이 기법은 클라이언트에게 자신의 이야기를 명료화하여 확장할 수 있는 기회를 제공한다.

⑦ **침묵의 사용**: 침묵은 클라이언트뿐 아니라 초보 치료자를 불편하게 한다. 클라이언트가 침묵할 때 그 의미는 다양하다. 때로는 클라이언트가 자신의 생각을 정리하고 있을 수도 있고, 자신이 막 설명한 상황에 대해 혼란스럽거나 화가 나 있을 수도 있고, 현재 하고 있는 작업에서 짧은 '휴식'을 취하고 있을 수도 있다. 따라서 치료자는 클라이언트의 침묵을 존중하는 것이 중요하다.

⑧ **클라이언트의 비언어적 행동**: 클라이언트도 치료자와 마찬가지로 비언어적 행동을 통해 의사소통을 하기 때문에 치료자는 클라이언트의 행동과 그 변화에 주의를 기울여야 한다.

⑨ **자기노출**: 치료자의 자기노출이란 클라이언트에게 자신의 개인적 관찰, 경험이나 생각을 이야기하는 것이다. 해결중심적 접근에서는 치료자가 클라이언트에게 자신의 경험을 이야기하는 것을 권장하지 않는다. 해결의 가능성은 가능한 한 클라이언트의 준거틀과 과거의 경험 속에서만 찾아야 한다. 그러나 치료자의 생각을 클라이언트에게 밝히는 것이 중요할 때가 있는데 클라이언트가 상담을 어떻게 경험하고 있고 그들이 삶에 대해 어떤 인식을 하고 있는지를 명료화하기 위해서 사용한다.

⑩ **칭찬**: 칭찬은 진술된 목적을 달성하기 위해 클라이언트의 강점과 과거의 성

공을 중심으로 치료자가 클라이언트에게 제공하는 찬사와 지지기술이다. 칭찬은 클라이언트에게 친절하거나 잘해 주기 위해 하는 것이 아니라 클라이언트가 말이나 '과정'을 통해 전달한 것을 근거로 '현실에 기초한' 것이어야 한다.

⑪ **클라이언트의 지각에 대한 확인**: 치료자는 클라이언트가 갖고 있는 문제의 성질, 문제 해결을 위해 시도한 노력, 삶 속에서 달라지기를 원하는 것, 문제 해결을 위해 효과가 있었던 것과 없었던 것 등을 포함하는 많은 것들에 대해 그들이 가지고 있는 '지각'에 대해 물어볼 필요가 있다. 클라이언트가 지각하고 있는 것에 대한 표현은 클라이언트의 준거틀과 경험 사이의 상호작용을 나타낸다.

⑫ **감정이입**: 감정이입, 즉 '통제된 감정적 관여'는 클라이언트의 이야기를 듣고 감동하고 마음이 움직여지는 상태를 요구한다. 치료자는 클라이언트가 의사소통하는 것을 인지적으로 이해하는 것에 그치는 것이 아니라 클라이언트의 이야기를 감정과 사고, 즉 치료자의 온 존재 또는 가슴으로 '이해'하는 것을 의미한다.

⑬ **초점을 클라이언트에게 되돌리기**: 클라이언트는 종종 자신의 문제에 대해 무기력하고 문제해결 가능성의 여부는 다른 사람에 의하여 좌우된다고 이야기한다. 치료자는 클라이언트의 무기력을 가능성으로 전환하기 위해 클라이언트가 자신의 상황이나 다른 사람에 대해 갖고 있는 불평으로부터 "이 상황에서 무엇이 달라지기를 원하는지" 그리고 자신은 그 해결책에 어떻게 참여할 것인지로 바꾸어야 한다. 이러한 과정을 '문제중심적 대화'로부터 '해결중심적 대화'로의 전환이라고 부른다.

⑭ **해결중심적 대화의 확대**: 해결중심적 대화란 치료자와 클라이언트가 자신의 생활에서 달라지기를 원하는 것과 그러한 일이 일어나게 할 가능성에 역점을 둔다. 해결중심적 대화를 확대하기 위해서는 상담 초기에 클라이언트의 문제가 무엇인가? 클라이언트가 원하는 것, 즉 달라지기를 바라는 것이 무엇인가? 그러한 일이 일어난 때가 있었나?(예외 탐색) 그리고 그러한 일이 일어날 가능성에 대해 자세하게 이야기하게 될 때 클라이언트는 더욱더 희망을 갖게 되고 문제해결 가능성에 대한 자신감을 갖게 된다.

(2) 성공적 질문기법

해결중심 단기가족치료에서 질문기법은 면접 전 변화에 관한 질문, 예외질문, 기적질문, 척도질문, 대처질문, 칭찬질문, 관계성 질문 등이 있다(Shazer, 1985; Berge, 1994; 김정진, 2008; 김경석 외, 2008; 이영실 외, 2017 재인용).

① **면접 전 변화에 관한 질문**: 해결중심 단기가족치료의 기본가정은 변화란 불가피한 것이므로 계속적으로 일어나고 있다는 것이다. 따라서 지난번 면접을 약속한 후 지금까지 일어났던 클라이언트의 변화에 대한 질문은 때로 중요한 단서를 제공한다. 면접 전의 변화가 있는 경우는 클라이언트가 이미 지니고 있는 해결능력을 인정, 칭찬하고 강화하고 확대할 수 있도록 격려한다.

② **예외 질문**: 예외란 클라이언트가 문제로 생각하고 있는 행동이 일어나지 않는 상황이나 행동을 의미한다. 어떠한 문제에도 예외는 있기 마련이라는 것이 해결중심 단기가족치료의 기본 전제이다. 해결중심 단기가족치료에서는 한두 번의 중요한 예외를 찾아내서 계속 그것을 강조하면서 클라이언트의 성공을 확대하고 강화시켜 준다. 클라이언트가 행한 우연적 성공을 찾아내 의도적으로 계속 실시하도록 격려한다. 이것은 예외상황을 찾아내 그것을 밝히고, 클라이언트가 가지고 있는 자원을 활용하여 자아존중감을 강화하는 것이다. 예외질문은 첫 면접에서 대체로 목표설정 후에 사용되고 2회 면접부터는 "무엇이 더 좋아졌는가?"라는 식으로 물을 수 있다.

③ **기적질문**: 기적질문은 문제 자체를 제거시키거나 감소시키지 않고 문제와 떨어져서 해결책을 상상하게 하는 것이다. 이 질문을 통해 치료자는 클라이언트가 바꾸고 싶어 하는 것을 스스로 설명하게 하여 문제에 대한 집착으로부터 벗어나 해결중심 영역으로 들어가게 한다.

④ **척도질문**: 척도질문은 숫자의 마력을 이용하여 클라이언트에게 자신의 문제, 문제의 우선순위, 성공에 대한 태도, 정서적 친밀도, 자아존중감, 치료에 대한 확신, 변화를 위해 투자할 수 있는 노력, 진행에 관한 평가 등의 수준을 수치로 표현하도록 하는 방법이다. 이러한 척도질문을 통해서 치료자는 클라이언트의 변화과정을 격려하고 강화해 주는 구체적 정보를 얻을 수도 있다. 첫 면접에서는 면접 전 변화상태나 동기에 대해 파악한다.

⑤ **대처질문**: 자신의 미래를 매우 절망적으로 보아 아무런 희망이 없다고 하는 클라이언트에게 주로 사용한다. 절망적 상황에 빠져 있는 클라이언트에게 희망을 심어 주기란 쉬운 일이 아니다. 대처방안에 관한 질문을 통해서 치료자는 클라이언트의 신념체계와 무력감에 대항해 보는 동시에 클라이언트에게 약간의 성공을 느끼도록 유도할 수 있다. 이러한 질문을 통해서 치료자가 클라이언트에게 심어 주고자 하는 것은 클라이언트 자신이 바로 대처방안의 기술을 가졌음을 깨닫게 하는 것이다.

⑥ **칭찬질문**: 칭찬을 하는 것은 여러 가지 이점이 있다. 그중에서도 클라이언트 자신에 대한 개념을 바꾸어 주고 클라이언트로 하여금 치료자의 말에 따르도록 하는 데 유용하다. 칭찬에는 면접과정에서 나온 내용에 대하여 직접적 칭찬을 하는 경우와 "어떻게 그렇게 하셨나요?"로 질문하는 간접적 칭찬이 있다.

⑦ **관계성 질문**: 가족 및 부부 간의 관계성에 관한 질문을 통해 보다 효과적인 인간관계를 증진시켜 준다.

4) 치료단계

해결중심 단기가족치료의 치료단계는 다음과 같다(Shazer, 1988; 최경석 외, 2006; 이영실 외, 2017 재인용).

(1) 본 치료에서 해결되기를 원하는 목표를 확인한다.

(2) 문제가 없는 예외의 상황을 발견한다.

(3a) 예외의 상황이 있는 경우, 예외의 상황이 의도적인가 우연적인가를 확인한다.

(3b) 예외의 상황이 없는 경우, 문제가 해결되었다고 했을 때 "어떻게 다르게 행동할까요?"라는 기적질문을 한다.

(4a) 같은 것 더 하기: 클라이언트에게 예외적 상황이 일어날 수 있는 행동을 더 많이 하게 하는 과제를 준다.

(4b) 어떻게 그렇게 되었는지 발견하기

① 클라이언트에게 예외의 상황이 언제, 어떻게 전개되는지를 관찰하게 한다.

② 지금부터 다음 면접 때까지 예외가 얼마나 있을지를 예상하도록 한다.

(4c) 아주 작은 부분 실행하기: 기적이 일어난 것처럼 행동하게 하고 무엇이 달라지는지를 관찰하게 한다.

(4b) 대처방식에 대해 관찰하기

① 다음 면접 때까지 왜 상황이 더 나빠지지 않는가를 관찰하게 한다.

② 다음 면접 때까지 클라이언트의 생활에서 더 일어나기를 원하는 것이 무엇인가를 관찰하고 그것을 보고하게 한다.

5) 치료관계 유형

클라이언트가 원하는 것에 주의를 기울이는 것은 중요하다. 이를 위해서는 클라이언트가 원하는 것을 작업하는 방법을 알아야 한다. 치료를 시작하려면 어떤 유형으로 이곳에 와 있는지 파악하고 관계의 본질을 인지해야 한다(Berge, 1994; 김규수, 2006; 김정진, 2008).

(1) 고객형

고객형(customer type) 클라이언트는 문제를 해결하기 위하여 어떠한 것이든 시도하려는 동기가 있는 사람이다. 그는 문제를 시인하고, 문제해결을 위해 도움을 요청하며, 변화를 위해 무엇인가를 할 준비가 된 것을 언어적, 비언어적으로 표현한다. 이러한 클라이언트는 상담을 통해 무엇을 이루고자 하는지에 대해 생각해 보았고, 그러한 것을 달성하기 위해서는 자신의 노력이 필수적이라는 것도 깨닫고 있다. 따라서 치료자는 고객형의 클라이언트와 매우 긍정적이고, 협력적인 치료관계를 쉽게 발전시킬 수 있다.

(2) 불평형

불평형(complaint type)은 자신의 의사와는 상관없이 법원, 직업훈련, 보호관찰관, 학교, 가족, 고용주 등의 명령, 즉 타의에 의해 상담자에게 온 상황에서 볼 수 있다. 이러한 클라이언트는 치료목적, 목표, 해결방안 등이 자신이 원하는 것과 상반된다고 느끼기 때문에 문제에 대한 책임감이 없거나, 자신의 문제를 인정하지 않는 경향이 있다. 방문형 클라이언트에게는 무조건적 존중과 칭찬을 통하여 다음 면접에 다시 올 수 있도록 한다.

5. 여성주의 가족치료모델

1) 주요 개념

여성주의 가족치료(feminist family therapist)의 주요 개념은 중립성의 문제, 권력과 성, 순환적 인과론 내 직선적 인과론, 상보성의 문제, 사회적 배경, 과정 대 내용 등이 있다(Bogard, 1988; Goldner, 1991b; Lueptnitz, 1988; 최경석 외, 2006; 이영실 외, 2017 재인용).

(1) 중립성의 문제

여성주의 가족치료자들은 중립성을 지키는 것은 가정폭력을 설명하지 못하여 불평등을 감추게 하고, 인간관계 내에 있는 권력에 대해 고려하지 못하게 하기 때문에 가족치료를 받는 여성에게 해가 된다고 본다. 좀 더 나아가 가족치료의 중립성은 여성에 대한 남성의 지배를 강화하는 가부장적 관점 또는 남성중심적 관점이라고 지적되기도 한다.

(2) 권력과 성

여성주의 가족치료자들은 부부의 권력구조를 보면 부인의 행동은 자신이 경제력이 없고 남편과의 관계에서 다른 종류의 권력이 없기 때문에 부인이 남편과의 권력에서 뒤로 물러나 있다고 보고 있다. 또한 여성주의 가족치료자들은 성은 가족체계를 조직하는 기본 원칙이며 사회에 존재하는 사회위계(나이, 성, 계급 등) 중의 하나이고 여성은 남성보다 권력을 덜 갖고 있는 것이 현실이라 보며, 이러한 현실은 여성을 억압하는 사회, 정치, 종교적 체계의 직접적인 직선적 결과로 보고 있다.

(3) 순환적 인과론 내 직선적 인과론

여성주의 가족치료자들은 인간관계를 완전히 설명하기 위해서는 순환성 인과론의 개념뿐만 아니라 직선적 인과론, 즉 직선적 사고도 필요하다고 보고 있다. 직선적 인과론은 가족 역기능 형성 전의 사건, 구조, 문화적 관습 등을 이해하도록 돕기 때문이다. 따라서 가족 내 인간 상호작용의 복잡성을 충분히 설명하기 위해서는 개인발달 및 심리, 가족 상호작용, 사회적 또는 역사적 배경 등 세 가지 차원이 있다.

(4) 상보성의 문제

가부장적 이데올로기 안에서 자신의 역할은 일의 세계보다 더 좋은 분리된 장소이며 상보적 관계의 장소라고 볼 수 있는데, 상보성이란 '이것 아니면 저것' 같은 강요된 선택이라고 할 수 있다. 여성주의 가족치료자들은 그런 강요된 선택 또는 이분법은 개인에게 선택의 자유를 제한하기 때문에 '이것과 저것' 또는 다양성이 존재해야 한다고 주장한다.

(5) 사회적 배경

여성주의에서는 사람이 존재하는 그 사회배경이 인간의 행동을 결정하는 중요한 요인이라고 보고 있다. 여성주의 가족치료자들은 가족의 문제를 제대로 이해하기 위해서는 가정에 영향을 주는 사회적 배경을 고려해야 한다는 것이다.

(6) 과정 대 내용

여성주의 가족치료자들은 체계이론에서 주장한 논리, 즉 많은 가정에서 공통된 상호작용패턴으로 밝혀진 것들이 여성을 병리화하고, 사회가 만들었을 문제를 여성이 만들었다고 비난해 온 것 등을 반박하고 있다. 예를 들면, 과잉 개입하는 어머니와 과소 개입하는 아버지의 경우, 남편은 가정을 돌보지 않고 오로지 직장 일만 하면 된다는 우리 사회의 직업문화와 가부장적 유산의 결과인데, 이것을 부인이 과잉개입하면 남편이 과소개입하게 된다는 상호작용패턴으로만

봄으로써 여성을 병리화한다는 것이다. 따라서 여성주의 가족치료자들은 가족의 문제를 제대로 이해하기 위해서는 가족구성원의 상호작용방식뿐만 아니라 상호작용의 내용과 과정에 참여하는 가족구성원에게 주는 의미가 고려되어야 한다고 보고 있다.

2) 치료목표

여성주의 가족치료는 기존의 가족치료의 큰 틀에는 동의하지만 여성주의의 이론과 가치 및 방법을 우선적으로 중시하는 모델이다. 여성주의 가족치료는 성차별적 사회화의 결과로 가족에서 여성이 겪는 독특한 문제를 대상으로 하고, 여성이 불이익을 당하지 않도록 가족문제의 해결을 유도하여 주는 것이 치료목표이다. 여성주의 가족치료 목표는 가족 전체의 요구 및 가족구성원의 개별화된 요구에 의하여 가족문제를 성적 고정관념의 문화, 권력관계와 관련시켜 보려 하고, 가족구성원의 상호작용을 사회제도에 연계시켜 도움을 주고자 한다. 여성주의 가족치료의 목표는 가족구성원을 가부장주의에 입각한 전통적 가족구조에 적응시키는 데 있지 않고 전통적 가족구조를 변화시키는 데 있다(Hare-Mustin, 1978; Avis, 1986).

3) 치료기법

치료전략과 기법은 클라이언트 행위의 전후맥락을 변화시키고 그것에 도전하는 점이 중시된다. 특히 성차별적인 전통적 구조와 제도를 평등하게 변화시키는 데 전략의 초점이 맞춰진다. 여성주의 가족치료기법은 성역할의 분석, 남성과 여성 클라이언트 간의 권력균형의 변화, 여성 클라이언트에게 힘 부여하기, 기술훈련 등 치료기법이 사용되고 있다(Norsworthy, 2000; Sheinberg, 1992; 이영실 외, 2017).

(1) 성역할의 분석

성역할의 분석기법으로는 첫째, 남녀 간의 성차에 의한 지위와 권력의 불평등을 고려하도록 클라이언트를 교육하며, 둘째, 남성의 근친강간이나 구타 등 학대

행위를 사회가 남성에게 폭력을 조장시키는 것으로 재규정하며, 셋째, 클라이언트가 제기하지 않더라도 치료자가 성역할의 쟁점을 제기하며, 넷째, 본가(本家)의 문제를 다룰 때 성역할의 쟁점을 도입하며, 다섯째, 이혼이 남성과 여성에게 차별적으로 영향을 미치는 것에 대해 논한다. 여섯째, 사회화의 영향을 받은 문제에 대해 클라이언트가 내린 규정을 재규정하고 이에 대해 도전하며, 일곱째, 클라이언트에게 남성과 여성에게 주어진 억압적 역할에 대해 교육한다.

(2) 남성과 여성 클라이언트 간의 권력균형의 변화

남성과 여성 클라이언트 간의 권력균형의 변화를 이루기 위해서는 먼저 남녀 간의 평등한 관계를 발달시키도록 클라이언트에게 도전하도록 하며 클라이언트에게 대안적 성역할 행동을 제시하여 준다. 둘째, 부부가 보다 평등하게 자녀양육의 책임을 맡도록 논의하게 하며 가사책임을 평등하게 분배하는 것에 대해 논의하게 한다. 셋째, 개인의 행복이 결혼관계를 유지하기 위해 희생되어서는 안 된다는 점을 지적하여 주며 가족문제를 설명하기 위해 비성차별적 가정(假定) 등을 제공한다. 그리고 자녀에게 부여된 성역할에 고정적으로 얽매이지 않도록 지원한다. 넷째, 남녀 클라이언트에게 변화의 책임이 같이 있다는 입장을 취하며, 남성이 여성의 역할을 기꺼이 할 수 있도록 도전시킨다. 그리고 여성 클라이언트가 가족 외부에서 지위를 획득할 수 있는 일에 개입할 수 있도록 지도하여 준다. 다섯째, 예견된 성역할의 변화를 촉진시킬 수 있도록 가족이 지지망을 발달시키는 것을 도우며, 전통적 성역할을 극복하는 클라이언트의 행동을 지원하여 준다.

(3) 여성 클라이언트에게 힘 부여하기

치료자가 여성 클라이언트에게 힘을 부여하기 위해서는 다음과 같은 사항을 여성 클라이언트에게 적용해야 한다. 첫째, 여성 클라이언트가 가족에 기여하는 것을 강조함으로써 여성 클라이언트의 자부심 증진, 역량강화, 의사결정 및 자기주장 등을 격려하고 고취시켜 주어야 한다. 둘째, 여성 클라이언트가 남성에게 지지를 얻기보다 그녀 자신의 사회적 지지망을 개발하도록 격려하여 준다. 셋째, 여성 클라이언트가 자신의 의존성 유형을 파악하고 다루도록 가르치며, 여성이 전통적이고 비전통적인 역할을 함에 있어서 그 능력을 지원하여 준다. 넷째, 가정 내외에서 자신의 개인적인 삶에 대해 논의하는 여성 클라이언트를 도울 뿐만 아니라 개인적 시간에 대해 논의하려는 이들을 돕는다.

(4) 기술훈련

치료자는 클라이언트에게 다음과 같은 기술훈련을 시킨다. 먼저, 여성 클라이언트가 화를 낼 때, 나-전달법과 같은 기능적 자기주장의 방법으로 의사표현을 할 수 있도록 교육시킨다. 둘째, 클라이언트가 새로운 성역할행동을 익히는 것을 돕기 위해 역할연기를 사용한다. 셋째, 여성 클라이언트가 남편과 아동의 요구에 덜 민감하도록 하고 자신의 요구를 평가하고 충족하도록 가르친다. 넷째, 남성 클라이언트가 자신의 감정을 인식하고 표현하도록 하고 가족의 정서적이고 양육적인 욕구를 충족시키도록 가르친다.

4) 치료자의 역할

가족치료자의 역할을 보면, 첫째, 클라이언트와 치료자 간의 관계에 있어서 평등한 관계를 매우 강조하며, 둘째, 치료자는 숙련가라기보다는 촉매자의 역할을 하며, 셋째, 치료자는 자신의 가치를 클라이언트에게 명백하게 밝힌다. 넷째, 도구적(instrumental) 행동과 표출적(expressive) 행동 양자를 모델화해 주며 여성의 성역할 가치에 대해 명백하게 스스로 평가하도록 격려하여 준다(Gilbert, 1980; Libow 외, 1982). 노스워티(Nosworthy, 2000), 존스(Jones, 1990), 샤인버그(Sheinberg, 1992) 등의 여성주의 가족치료자들은 치료자의 주요 역할을 다음과 같다고 주장했다.

(1) 진단검사와 낙인 비사용

진단검사와 낙인(label)은 여성에게 편견을 갖게 하고, 치료자의 권력을 크게 하며 검사결과는 일시적인 것이 아니라 영원한 특성으로 인식될 가능성이 있으므로 사용하지 않는다.

(2) 치료의 목표와 규칙에 대한 계약

치료의 목표와 규칙에 대해 계약하는 것은 치료과정의 한 부분인데, 이러한 작업은 치료자의 권력을 제한하여 주며, 여성의 협상기술을 제고하여 준다.

(3) 소비자의 입장에서 클라이언트 목표설정

클라이언트는 소비자(고객, comsumer)의 입장에서 스스로의 목표를 설정하고, 치료자의 서비스를 평가하게 된다. 클라이언트가 자신의 성역할이 어떻게 형성되었고, 이것이 자신에게 어떤 득실을 가져왔는가를 분석하는 것이 클라이언트의 의식을 변화시키는 데 사용된다.

(4) 정치적인 것과 개인적인 것 구분하게 하기

치료는 클라이언트가 정치적인 것과 개인적인 것을 구분하게 도와줌으로써 여성은 자신의 요구와 사회적 요구 간의 차이를 구분할 수 있으며, 자신의 경계를 보다 명확하게 규정할 수 있도록 돕는다. 이해와 통찰력은 여성에게 힘을 부여하고 행동으로 옮기도록 도와주며, 클라이언트가 변화의 책임이 있다는 인식을 갖도록 도와준다. 치료자가 자신을 노출시키는 것은 치료자와 클라이언트 간에 여성으로써 겪게 되는 경험의 공통성을 강조하여 주는 것이고, 전문가의 성격을 덜 강조하는 것이다. 과제는 치료에서 다루어진 것 이상의 것이 제공될 수 있으며, 클라이언트에게 문제해결을 위한 도구가 제공된다.

(5) 클라이언트를 사회화하게 하기

치료자는 클라이언트가 여성의 역할을 사회화됨으로써 당했던 불이익을 인식하게 됨에 따라 생기게 되는 분노의 처리를 도와준다.

(6) 남성적 이상형에 도전하게 하기

엄격하고, 합리적이고, 인지적인 문제해결접근법으로 대표되는 남성적 이상형에 도전하기 위해 정서적 표현에 대한 확인이 사용된다.

(7) 클라이언트의 의존성 감소시키기

시간제한적 치료와 행동목표가 의존성을 감소시키고 클라이언트 생활에서 행동을 활성화시키기 위해 사용된다.

(8) 여성 클라이언트 상호 간 신뢰감 배우게 하기

치료자의 권력을 약화시키고 여성이 서로 간에 신뢰하도록 배우며 여성문제의 공동성을 인식하는 것을 돕기 위해 집단이 활용된다.

6. 이야기치료모델

1) 주요 개념

이야기치료(narrative therapy)는 어떤 경험은 다른 위치에 있는 또 다른 자신의 경험과 관계가 있으며, 그것이 어떠한 의미를 가지느냐는 자신의 이야기가 결정하며, 자신의 경험 속에서 어떤 것을 버리고 어떤 것을 선택하는가도 이야기가 결정한다. 그리고 이야기치료는 경험을 어떻게 표현하는가도 이야기가 결정하고 이야기는 삶의 방식이나 인간관계에 영향을 주는 경향을 결정한다고 주장하고 있다(White, 1990). 이야기치료의 주된 개념은 크게 사회구성주의, 포스트모더니즘의 철학적 전제인 이야기 모호성, 이야기를 만드는 주체로서의 인간경험 해석 등이 있다(Nichols & Schwartz, 2002; White & Epston, 1990; White, 1990; 이영실 외, 2017 재인용).

(1) 사회구성주의

이야기치료에서는 클라이언트가 현실을 깨닫게 되는 것은 그 클라이언트를 둘러싸고 있는 문화적 힘의 역동에서 나오고 있음을 강조하고 있다. 즉, 인간의 자아는 사회관계 속에서 그리고 이야기 속에서 구성하고 있다는 것이다. 따라서 이야기치료의 목적은 인간 자신의 삶의 주인공이 되는 길을 함께 찾는 데 있다.

(2) 이야기 모호성(포스트모더니즘의 철학적 관계)

시대적 사조와 흐름을 같이하는 포스트모더니즘의 특징은 전통과 단절, 불확실성과 모호성, 중심을 거부하고 주변성 강조, 행위 자체 중요시, 개방성과 가변성 등으로, 이야기치료의 기본 전제는 이러한 포스트모더니즘의 특징을 기반으로 개인의 경험을 통해 나타나는 이야기의 세계는 근본적으로 모호성을 지니고 있다는 것이다.

(3) 인간경험 해석(이야기를 만드는 주체)

인간은 자신의 삶을 문화와 환경의 배경 맥락 안에서 해석하며, 자신의 삶에 의미를 만들어 가는 인간, 역사적 진실에 관심 있는 인간이 아니라 이야기의 진실에 관심 있는 인간에 의미를 둔다. 다시 말하면, 만드는 주체가 어떤 경험을 했느냐가 중요한 것이 아니라 그 사실을 어떻게 해석하느냐가 중요하다.

2) 치료목표

이야기치료의 목표는 클라이언트가 지역사회에서 문화적 배경, 자신의 지식과 기술을 근거로 대화의 준거틀을 새롭게 만드는 것을 돕는 것이다. 화이트(White, 1990)가 제시한 이야기치료의 목표는 다음과 같다.

첫째, 클라이언트가 자기 자신에 대한 부정적 사실을 다시 구성하도록 돕는다. 둘째, 클라이언트가 자신의 생활과 정체성에 대하여 갖고 있는 허술하고 빈약한 결론을 깨고 벗어나도록 하고 예외적인 풍성한 자신의 이야기를 하도록 한다. 셋째, 클라이언트의 생활에서 오는 풍성한 이야기를 클라이언트가 말하도록 지지한다. 넷째, 클라이언트가 누구였는지보다는 다른 사람이 되도록 선택권을 준다. 다섯째, 클라이언트와 협력하면서 클라이언트와 다른 사람들을 연결시키는 데 도움이 되는 방법을 강조한 새로운 이야기를 공동저작한다. 여섯째, 클라이언트가 능력을 가진 사람으로 삶의 이야기를 발전시킬 수 있도록 협력한다.

3) 치료기법

이야기치료의 기법은 잃어버리고 있던 이야기를 끄집어내고 사람들을 지배하는 문제로부터 그들을 분리하여 힘을 부여하도록 고안되었다. 화이트(1990)는 치료면접 과정에서 어떤 것도 주장하거나 해석하지 않고 단지 질문과 대답을 반복하였다. 이야기치료의 다양한 기법을 통하여 자신과 문제, 관계에 대한 클라이언트의 이야기를 다시 만드는 과정을 촉진한다. 이야기치료기법의 가장 큰 특징은 질문형식에 있으나 정형화된 범주를 가지고 있는 것은 아니다. 이야기치료의 주된 기법은 다음과 같다(White, 1990; 정문자 외, 2007; 김규수, 2006; 손병덕 외, 2008; 이영실 외, 2017).

(1) 문제의 외재화(표출화)

화이트(1990)가 이야기치료의 구체적 기법으로 개발한 문자 그대로 문제의 외재화는 문제의 내면화를 뒤집는 방식이라고 할 수 있다. 문제의 외재화란 문제를 외부로 추출해 낸다는 의미를 가진다. 이것은 문제에 의해 지배되는 이야기로부터 해방되기 위해 문제를 외부로 표출시키는 의인화 기법이다. 이러한 대화를 통해 사람들은 문제가 자신의 모두를 표현해 내고 있지 않다는(자신은 곧 문제다) 희망을 가짐으로써 그 문제를 해결할 수 있는 희망을 주는 것이다. 이 방법은 클라이언트에게 강요되기보다는 그들이 자신의 딜레마를 말해 가는 가운데 그들 자신의 언어에 의해 채택된 대안이라고 볼 수 있다. 즉, 클라이언트의 문제를 외재화한다는 것은 내면화된 증상을 인격화하는 것이다. 이야기치료자는 문제의 외재화를 통하여 클라이언트로 하여금 문제를 충분한 거리를 두고 바라볼 수 있도록 도와야 한다.

(2) 문제이야기와 상반되는 독특한 결과 찾아내기

외재화(표출화) 대화를 통해 예외적인 것을 끄집어내어 '독특한 결과(unique outcome)'를 형성하는 것은 이야기치료의 과정이며 기술이다. 독특한 결과는 현재 클라이언트가 하고 있는 이야기가 불완전하다는 점을 전제로 하는 것이다. 이야기치료는 삶의 경험이란 그 경험으로부터 만들어 낸 이야기보다 훨씬 더 풍부하고 많은 재료를 가지고 있지만, 이야기로 만들어지는 것은 극히 일부분에 지나지 않는다는 가정을 가지고 있다. 즉, 이야기 경험을 조직해 나가는 과정에서 빠트린 경험을 찾아내는 것이다.

(3) 전체 이야기 다시 쓰기(인정예식)

치료자는 새로운 이야기를 공동저작할 때, 클라이언트에 대하여 자신들의 특별한 형태의 질문을 통해 무엇인가를 끄집어 낼 수 있다고 생각하기보다는 클라이언트 스스로가 새로운 자기 이야기로 문을 열 수 있는 능력을 가진 사람이라고 보는 것이 중요하다. 때로는 치료자가 새로운 자기 이야기를 뒷받침하기 위한 보다 많은 증거를 찾기 위해 문제와 관계된 사건들을 넘어, 클라이언트의 역사적 시야로 범위를 확대할 수 있다. 또한 새로운 자기 이야기가 윤곽을 잡아 나감에 따라 초점을 미래로 옮길 수 있으며, 새로운 이야기를 채울 수 있는 변화를 계획하도록 돕는다. 희망적 미래의 이야기를 만들어 내게 함으로써 이야기는 과거, 현재, 미래를 포함한 완성된 이야기가 된다.

(4) 클라이언트 자신의 목소리 찾기

클라이언트가 자신과 환경 가운데서 자신의 목소리로 자신의 경험을 이야기한다는 것이 효과적이며, 건강한 관계망 형성에 가장 중요한 출발점이다. 클라이언트가 자신의 목소리를 찾기 위해서는 치료자는 첫째, 신뢰성 회복시키기, 둘째, 지배적 목소리에 저항할 수 있는 힘을 실어주기, 셋째, 클라이언트의 이야기에 주의 깊은 관심을 가지고 경청하기, 넷째, 사람과 문제를 분리하기(해체적 경청), 마지막으로 클라이언트는 자신의 삶에 창조적 저자가 될 수 있다는 시각을 가지게 해 주기 등을 강화시켜야 한다.

(5) 새로운 이야기의 강화

새로운 이야기를 끌어내기 위해 작은 변화에 대해 질문하는 것에서 시작한다. 예를 들면, “지난 주 술은 당신을 얼마나 통제했고, 당신은 얼마나 많이 통제 속에 있습니까?"라고 묻는다. 이와 같은 질문을 통하여 클라이언트는 자신에게 문제를 넘어선 힘이 있다는 사실을 깨닫게 되며, 비관적 이야기로부터 거리를 둘 수 있으면 덜 속박 당한다. 치료자는 각 회기 종결 부분에서 외재화하는 언어를 사용하여 작은 것이라도 독특한 성과를 강조하면서 그날의 면접을 정리한다.

(6) 재진술을 통한 이야기의 풍부화

이야기치료자들은 중요한 청중에게 새로운 이야기를 말하는 것과 다시 이야기하는 힘을 점차적으로 강조하였다. 이야기를 각각 다시 말하는 것은 더욱 풍성하게 하고, 점차 살아 있고 참된 것이 되게 한다. 진술과 재진술, 재진술에 대한 재진술을 통하여 긍정적 자아정체감에 대한 결론을 내릴 수 있도록 돕는다.

(7) 재저작 대화

재저작 대화(re-authoring conversation)는 새로 찾아진 독특한 결과들을 가지고 이야기를 만들어 가는 과정으로, 새로운 의미를 형성하는 과정이며, 치료의 후반기에는 이러한 재저작 대화의 과정으로 이루어진다. 즉, 이야기치료는 재저작 대화를 위한 탐구와 대안적 이야기를 연출해 가는 과정이라고 할 수 있다. 재저작 대화과정에서 이야기를 들어주고 현실의 삶에서 그 이야기를 실현하는 데 도움이 되는 외부증인집단(outsider witness group)이 동원되기도 한다. 이 외부증인집단은 새로 나타나기 시작하는 클라이언트의 증인이 되어 주고, 자신들의 삶의 이야기를 함께 엮어서 새로 시작된 이야기를 클라이언트의 삶을 더 굳건하게 만드는 데 크게 기여한다.

02 가족치료 현장의 실태와 전망

가족치료의 보급 과정과 가족치료가 이루어지고 있는 현장의 실태와 전망을 살펴보고자 한다.

1. 가족치료의 보급 과정

가족치료가 한국에 도입된 것은 1970년대 후반부터이며, 초기에 가족치료는 대학의 연구자들을 중심으로 소집단 연구모임을 통해 또는 대학의 정규 교과과정에서 주로 다루어졌으나, 그에 대한 관심이 꾸준히 증가하면서 관련 학회의 학술대회 및 워크숍 등을 통해 지속적으로 보급되어 왔다. 급격한 사회적 변동으로 가족문제가 다양화되면서 가족상담 및 치료에 대한 필요성이 강조되고, 대학과 대학원 등의 고등교육기관에 가족상담 전공이 개설되었고 「건강가정기본법」, 「다문화가족 지원법」 등에 근거하여 건강가정지원센터, 다문화가족 지원센터 등이 설립되면서 사회복지 현장에서 가족상담 및 치료가 이루어지고 있다. 또한 가족상담 및 치료관련 각종 학회, 민간 상담센터, 연구기관 등이 증가 추세에 있다.

2019년 7월 기준 한국 직업능력개발원에서 운영하고 있는 민간자격정보서비스(pqi.or.kr)에 등록된 '심리상담' 관련 자격증은 286개이며, 이 중 '가족상담' 관련 자격증은 141개, '부부상담'만을 전담으로 하는 자격증은 15개로 한국 직업민간자격정보서비스에 등록된 가족상담, 부부상담 관련 신규등록 건수도 매해 증가하고 있다. 신규로 등록된 가족상담자격은 2017년 14개, 2018년 15개, 2019년 12개이며, 부부상담만을 전문으로 하는 자격증도 2019년 15개가 신규로 등록되었다(https://pqi.or.kr/inf/qul/infQulList.do/).

우리나라 국립 상담기관은 인가과정을 거치게 되어 있으며 이에 해당하는 기관은 건강가정지원센터, 다문화가족지원센터, 청소년상담복지센터 등이 있다. 그러나 민간기관의 경우, 한국직업능력개발원에서 자격증 인가를 받거나 해당 교육청이나 세무서 등에 단순히 설립 등록을 하는 제도로 운영되고 있다. 상담에 대한 법적 정의가 부재한 상황에서 상담의 전문성, 특수성을 유지하지 못한 채 남용 및 오용되어 사용되기도 하고, 가족체계론, 가족상담이론 및 기법을 사용하는 가족상담 같은 고유한 전문적 영역구분이 필요함에도 대중의 혼란은 더욱더 가중되는 현실에 놓여 있다(고정은 · 최중진, 2019; 이선혜 · 신영화 · 서진환, 2005).

국내 상담사 자격 중 국가 자격증은 청소년상담사, 직업상담사, 장애인 재활상담사 등이 해당하는 검정형 자격이 있으며, 성폭력상담원, 가정폭력상담원, 건강가정사, 전문상담교사 등과 같은 과정이수형 자격이 있고(김인규, 2018), 보건복지부에서 실시하고 있는 바우처제도를 활용한 지역사회투자서비스 사업에서는 사회복지사나 민간 상담사 자격이 있으면 누구나 상담서비스를 제공할 수 있도록 하고 있다. 그러나 가족상담 전문가 자격은 국가자격이 부재한 가운데 민간자격 중 사설기관에서 운영하는 민간자격보다는 학회 차원의 민간자격이 더 큰 공신력을 가지고 있다. 이 중 한국가족치료학회는 1988년에 창립되었으며, 가족상담 분야로 전문화된 국내 최초의 학회(www.familytherapy.or.kr)로 자격증제도를 통해 가족치료전문가를 배출하고 있다.

2. 가족치료 현장의 실태

가족상담 및 치료는 전체 가족을 대상으로 하거나 부부, 부모-자녀, 형제 등 가족의 하위체계나 개별 가족구성원을 대상으로 가족관계를 원활히 유지 및 개선하며 가족의 문제해결을 돕는 활동을 하는데, 최근 가족상담을 필요로 하는 문제가 급격하게 증가하고 있는 추세이므로 공공 상담기관이나 민간 상담기관에서 가족원이 지닌 문제별로 다양한 가족상담이 이루어지고 있다.

현재 가족관련 상담서비스를 제공하고 있는 실천현장은 공공 영역에서는 보건복지부와 여성가족부 산하에 다양한 사회복지기관(센터)들이 있고, 민간 영역에서는 정신병원과 각종 상담기관(센터)들이 있는데 그 내용을 살펴보면 다음과 같다.

1) 사회복지실천 현장

(1) 사회복지관

사회복지관(전국에 463개소 운영)에서는 가족기능 강화를 목적으로 가족관계 증진을 위해서 교육 및 훈련 프로그램, 상담 및 검사 등 가족기능 보완사업과 아동·청소년 대상 진로탐색 및 지도, 사회성 향상 집단프로그램, 가정문제 해결·치료 사업의 일환으로 신체 및 정신장애인 교육·특수치료·사회적응프로그램, 청소년 및 위기가정, 폭력·학대가정 개입 등 부양가족 지원사업을 실시하고 있다. 또한 치매노인 및 장애인, 만성질환자 등 부양가족 지원과 다문화가정, 북한이탈주민 등 지역 내 이용자 특성을 반영한 사업을 실시하고 있다(보건복지부, 2019).

(2) 건강가정지원센터 및 다문화가정지원센터

현재 전국적으로 건강가정지원센터 151개소와 다문화가족지원센터 218개소가 설치되어 있으며, 건강가정기본법 제21조(가정에 대한 지원) 및 제31조(이혼예방 및 이혼가정지원), 한부모가족지원법 제17조(가족 지원서비스)에 근거하여 취약·위기가족이 가진 복합적 문제해결 및 욕구해소를 위해 지속적인 사례관리를 통해 가족기능 회복과 정서·경제적 자립역량 강화를 도모하고 있다.

주요 지원내용으로는 심리·경제적 자립, 역량강화를 위한 지속적인 사례관리, 부모교육, 가족관계, 자녀양육교육 등 프로그램 및 자조모임, 자녀 학습·정서지원(배움지도사 파견), 1:1 부모교육 및 가족상담(전문상담사 파견), 이혼위기가족 특화 지원사업으로 법원연계 이혼위기가족 지원사업을 수행하고 있는데, 그 내용은 다음과 같다(여성가족부, 2019).

첫째, 긴급위기가족 지원: 가정폭력, 이혼, 자살, 사망, 사고, 경제·사회적 위기사건을 직면하여 심리·정서적 불안, 건강 악화 등에 놓인 가족을 대상으로 긴급요구대응 일상복귀, 심리·정서지원 일상생활 안정 등 심리 정서적 지원, 가족상담·치료를 제공하고 있다.

둘째, 자녀상담: 아동 심리상태 확인, 이혼위기가정 아동의 심리정서 표현 지원, 자녀상담치료 등 심리정서적 지원을 하고 있다.

셋째, 가족상담: 가족관계 회복, 가족 간 효과적인 의사소통, 가족 안에서의 자기 탐색 지원, 부모-자녀관계 상담 등 단기가족치료를 제공하고 있다.

(3) 가정폭력상담소

가정폭력상담소는 「가정폭력방지 및 피해자보호 등에 관한 법률」에 근거하여 가정폭력을 예방하고 가정폭력 피해자를 보호함으로써 건전한 가정의 유지와 함께 가정해체를 방지하고, 전문상담원을 통해 심리·법률·의료 등 상담을 비롯하여 가정폭력 피해자의 후유증을 최소화함으로써 폭력 없는 '행복한 가정, 건강한 사회 만들기'를 목적으로 설립되었으며, 전국에 208개소(2018년 기준)가 있으며 개별, 집단상담, 지지와 자조집단을 통하여 매우 포괄적인 서비스를 제공하고 있는데, 상담자는 관련 법 제8조의3에 따른 교육 훈련 시설에서 상담원 교육과정을 이수하여야 한다.

(4) 성폭력상담소

성폭력상담소는 2010년 제정된 「성폭력방지 및 피해자보호 등에 관한 법률」에 근거하여 성폭력을 예방하고 성폭력 피해자를 보호·지원함을 목적으로 운영되고 있다. 상담소는 성폭력 피해의 신고접수와 이에 관한 상담업무를 담당하고 있으며, 성폭력 피해로 인해 정상적인 가정생활 또는 사회생활이 곤란하거나 그 밖의 사정으로 긴급한 보호가 필요한 사람을 성폭력 피해자 보호시설에 연계하거나, 피해자의 질병치료와 건강관리를 위하여 의료기관에 인도하는 등의 의료지원사업을 시행하고 있다. 또한 성폭력 예방을 위한 홍보 및 교육, 그 밖의 성폭력 및 성폭력 피해에 대한 조사·연구 등도 수행하고 있는데 전국에 128개소가 설립되어 있다.

(5) 정신의료기관

보건복지부 산하에 설치되어 있는 정신의료기관은 다음과 같다(보건복지부, 2019)

① 정신건강복지센터

최근 높은 자살률과 조현병 관리의 문제점, 아동과 청소년이 겪고 있는 정서·행동·발달의 어려움은 그 어느 때보다도 심각한데, 이에 대처하기 위해서 정부에서는 전국에 243개소의 정신건강복지센터를 설립해 중증정신질환 관리사업을 실시하고 있다. 주요 사업내용을 살펴보면, 정신질환으로 일상생활의 어려움이 있는 대상에게 1:1 맞춤형 사례관리서비스를 제공하여, 일상생활의 안정과 사회복귀 촉진, 만성화 예방과 재발방지를 도모하고 있다.

가족 지원서비스로는 가족교육을 통해서 정신질환에 대한 이해와 가족으로서 느끼는 심리 · 신체적 스트레스 경감을 지원하고, 아동 · 청소년의 정신건강문제를 조기 선별을 통해 증상을 개선하여 건강한 성장을 돕고 있고, 성인정신건강 증진사업을 통해서 정신건강문제를 점검하고 정신건강의 어려움에 관한 부분을 조기 발견하여 개입하거나 예방하고 있다.

② 국공립 정신병원

전국에 20개소가 있으며, 정신질환자 진료, 지역사회정신건강증진사업을 지원하고 있다.

③ 정신요양시설

만성 정신질환자 요양 · 보호를 위해 설립되었으며, 전국에 59개소가 있다.

④ 정신재활시설

병원 또는 시설에서 치료 · 요양 후 사회복귀 촉진을 위한 훈련을 실시하고 있으며, 전국에 349개소가 설치되어 있다.

⑤ 중독관리통합지원센터

중독 예방, 중독자 상담 · 재활훈련을 실시하고 있으며 전국에 50개소가 운영되고 있다.

⑥ 자살예방센터

자살예방 및 상담서비스를 제공하고 있으며, 전국에 32개소가 운영되고 있다.

⑦ 국가트라우마센터

재난이나 그 밖의 사고로 정신적 충격을 받은 트라우마 환자의 심리적 안정과 사회적응을 지원하며, 심리지원을 위한 지침의 개발 · 보급, 트라우마 환자에 대한 심리상담, 심리치료서비스를 제공하고 있다.

⑧ 지역사회서비스 투자사업

사회서비스란 「사회보장기본법」 제3조에 근거하여 국가 · 지방자치단체 및 민간부문의 도움이 필요한 국민에게 복지, 보건의료, 교육, 고용, 주거, 문화, 환경 등의 분야에서 인간다운 생활을 보장하고, 상담, 재활, 돌봄, 정보제공, 관련 시설의 이용, 역량 개발, 사회참여 지원 등을 통해 국민의 삶의 질이 향상되도록 지원하는 제도를 말한다. 이 가운데 지역사회서비스 투자사업은 지역 특성과 주민 수요에 따라 지자체가 기획 · 발굴한 사업을 실시하되, 대상자에게 바우처(이용권)를 주고 이를 이용하게 지원하므로 지역사회서비스 확충 및 일자리 창출 도모에 있으며, 아동・노인・장애인 등 계층별 특성을 고려한 돌봄, 재활, 사회참여 등 생애주기별 욕구와 지역 특성을 반영한 다양한 서비스를 제공하는 제도를 말하는데, 다양한 서비스 가운데 개별상담 및 가족상담 영역이 있으므로 사회복지사나 심리상담 자격증 소지자들이 활동하기 좋은 분야이다.

지역사회서비스 투자사업의 내용을 살펴보면 다음과 같다(www.socialservice.or.kr).

- **영유아발달지원서비스:** 발달지연이 우려되는 영유아에게 지연 영역의 발달을 촉진할 수 있는 운동, 언어, 인지, 정서, 사회성 발달중재서비스로 기본적인 정서표현 촉진, 가족・타인과의 사회적 활동촉진, 부모교육 및 상담을 제공한다.
- **아동・청소년 정서발달지원서비스:** 교육환경, 가족해체 증가로 인한 아동・청소년의 정서・행동적 문제해결
- **아동・청소년 심리지원서비스:** 심리・행동 문제의 조기 발견 및 개입을 통한 아동・청소년의 건강한 성장을 지원하기 위해 놀이・미술・음악프로그램, 심리상담프로그램을 제공한다.
- **인터넷 과몰입 아동청소년 치유서비스:** 인터넷 과다사용 아동・청소년을 조기에 발견하고 치료개입을 통하여 문제행동을 감소시키고, 인터넷 중독으로의 발전을 막아 건강한 사회구성원으로서의 성장지원을 위하여 심리검사, 심리상담, 부모상담 및 교육지원
- **정신건강 토탈케어서비스:** 정신질환자의 조기발견과 개입을 통하여 입원을 예방하고 지역사회에서 적응하여 취업 및 자립생활을 할 수 있도록 지원하는데, 상담, 위기상황 개입, 증상관리, 일상생활 및 사회적응, 취업지원서비스를 제공
- **자살 위험군 예방서비스:** 자살 위험군에 대한 조기 선별검사와 사례관리서비스제공을 통해 자살예방 및 사회적 부담 경감을 위해서 초기 상담 및 선별, 사례관리, 맞춤형 프로그램 실시(집단상담, 대인관계향상 등), 가족의 어려움을 해소하고 이용자를 이해하고 돌봄능력을 향상시키기 위한 서비스 제공

- 다문화가정 아동 발달지원서비스: 한국어 구사능력 향상을 통해 언어능력 향상 및 기타 서비스를 통해 자존감 및 사회성 향상 지원, 정서지원서비스를 제공
- 성인(청년) 심리지원서비스: 성인의 심리정서 지원, 건강성 회복을 통한 삶의 질 향상과 심리적 문제예방을 통한 건강한 사회구성원으로서의 역할 촉진을 위하여 심리정서적 문제(성격 · 우울 · 불안 · 강박 등)에 대한 개입 및 예방, 상황적 스트레스 대처능력 향상, 부부, 가족관계 향상 도모, 의사소통 기술 및 대인관계 향상 도모 서비스제공

2) 민간 치료기관

(1) 정신의료기관

전국에 1,534개 기관이 있으며, 정신질환자 진료, 심리상담 및 심리치료, 가족상담 등의 서비스를 제공하고 있다.

(2) 알코올 및 약물 관련 상담센터

알코올 전문상담센터인 '복지와 사람들', '한국마약퇴치운동본부 상담센터' 등이 있다. '복지와 사람들'에서는 알코올중독자의 배우자(부인)를 위한 행복한 가정 만들기 등의 프로그램을 운영하여, 배우자와 자녀들의 심리적 부담과 위기 시 대처능력을 향상시키도록 원조하고, 알코올 전문상담가 양성교육과 가족친목(Al-Anon) 리더 훈련을 제공하고 있다. '한국마약퇴치 운동본부 상담센터'는 서울을 비롯한 5곳의 상담센터를 운영하는 대표적인 민간기구로서 알코올을 포함한 약물중독자의 치료 및 재활 등을 제공하고, 약물중독자의 지역사회 복귀를 위한 중간의 집(Halfway house)을 운영하고 있다.

(3) 한국가정법률상담소

한국가정법률상담소는 1956년 창립되었으며, 경제적으로 어렵거나 법을 모르기 때문에 어려움을 겪고 있는 가족들에게 양질의 법률서비스를 무료로 제공해

주는 법률구조기관으로, 가정 내에서의 남녀평등 및 부부평등을 통해 민주적이고 건강한 가정 구현을 위해 활동하고 있다. 변화된 사회환경에 맞추어 도움을 기다리는 모든 이들에게 조금 더 가까이 가기 위해 사이버 상담소도 운영하고 있다. 가사, 민사, 형사, 파산사건 등 법률문제 전반에 걸쳐 무료 법률상담을 실시하고 있으며, 면접, 서신 및 전화·지상·순회·인터넷·출장상담 등 다양한 상담창구가 개설되어 있는데, 가정법률상담, 가정폭력상담, 화해조정과 무료대서, 소송구조 서비스를 제공하고 있다(http://www.lawhome.or.kr/).

(4) 한국가족치료학회

한국가족치료학회는 가족치료분야의 학문연구와 교육, 실천을 통한 개인, 가족, 사회 안녕과 성장에 기여함을 목적으로 1988년 설립되었으며, 회원 상호 간의 전문적 지식의 교류를 통해 가족치료분야의 발전에 기여하고 있으며, 연 4회 가족치료학회지 발간 및 연 2회 학술대회를 개최하고, 매달 가족치료 사례회의를 실시하여 회원 간 학문적 교류와 지속적인 토론의 장을 마련하고 있다. 또한 가족치료분야의 임상적 실천을 위해 학사 이상의 학위를 받은 자로서, 학회가 규정하는 필수교과목과 수련과정을 이수한 후 소정의 자격시험과 자격심사를 통과한 자에게 가족치료관련 전문가 자격증을 부여하고 있다.

(5) 사단법인 한국가족상담협회

여성가족부 비영리사단법인으로 가족관계에 어려움이 있는 이들에게 상담기회를 부여하고 가족관계 회복과 건강한 가정을 도모케 하며, 이 일에 종사하는 가족상담사를 양성·교육함으로써 가정과 사회의 행복에 기여함을 목적으로 설립되었다. 가족관계 회복(아동·청소년·여성·부부·노인)을 위한 전국지부 설립 및 가족상담소를 설립하는 운영사업을 하고 있다.

이 외에도 전국적으로 수많은 상담 및 심리치료기관(센터)이 다양한 가족치료이론에 근거하여 활동하고 있는데, 그 숫자는 파악하기가 쉽지 않다.

이상에서 살펴본 바와 같이, 가족상담 및 치료는 보건복지부와 여성가족부 산하의 사회복지기관에서 주로 시행하고 있으며, 보건복지부 및 여성가족부의 위탁을 받은 민간기관이 협력하는 형태로 가족상담을 제공하고 있는데 주로 사회복지사나 정신보건사회복지사, 정신보건임상심리사, 심리학 전공자들이 활동하고 있다.

사회복지기관의 경우, 사회복지 및 심리학 전공자들이 정신보건수련기관에서 1년 이상 수련을 받고 국가 공인 자격증을 취득한 후에 실천현장에서 활동하므로 어느 장도 전문성을 획득했다고 볼 수 있지만, 사회복지 전공자들은 사회복지사 자격증만 소지하면 관련분야에 취업이 가능하므로 상담 및 심리치료의 전문성이 매우 미흡하다고 볼 수 있다.

최근 정부와 지자체가 '지역사회서비스 투자사업'의 일환으로 취약계층 가족들에게 바우처제도를 활용하여 상담서비스를 제공하고 있는데, 활동 인력이 정규직이 아닌데다가 급여(상담비용) 수준이 낮으므로 석사학위 이상을 소지하고 전문적인 훈련을 받은 사회복지사나 상담전공자들의 참여가 저조하므로 전문성이 부족하고, 부실한 민간 자격증을 소지한 경우에도 활동이 가능하므로 전문적인 심리상담 및 심리치료서비스가 잘 이루어지지 못하는 상황이다.

민간영역에서는 석·박사학위를 소지하고 상담관련 전문 학회에서 일정기간 수련을 마친 후에 자격시험에 통과한 상담전문가들이 상담기관을 설립하여 유급으로 가족상담 및 심리치료 활동을 하고 있는데, 상담비용이 높은 편이라 취약계층들의 접근이 어렵다.

3. 가족치료 현장의 전망

급변하는 현대사회에서 가족상담에 대한 사회적 요구는 지속적으로 증가하고 있으며, 가족상담 전문가의 자격, 서비스전달체계, 관련제도 등에 대한 논의가 이루어지고 있다(정문자 외, 2018). 그러나 우리 사회가 가족상담 분야의 전문성을 인정할 수 있도록 관련 학회들이 힘과 의견을 모으는 것이 우선되어야 한다. 현재 가족상담 분야의 문제점과 이를 보완하기 위한 발전방안은 우리 사회 구성원들의 정서적 안정, 관계증진, 정신건강 등 사회적 안녕과도 직결되기 때문이다. 가족치료 현장의 질 높은 서비스제공과 상담자들의 수준 향상 및 전문화를 위한 개선 방향을 제시하면 다음과 같다.

첫째, 범람하는 상담관련 민간자격 가운데 가족상담자격증도 해마다 증가하고 있다. 가족 및 부부상담 자격증의 양적 증가에 비해 전문성에 대한 사회적 인정이 부족하므로 관련 법률이 제정되어 자격증을 국가에서 관리하고, 상담실천 영역의 질 관리를 위한 노력이 요구된다.

둘째, 가족상담 관련 학회들의 가족상담서비스의 전문화, 가족상담 전문가자격의 관리, 사회적 유용성 확대 등의 공통된 목적을 위해서는 하나의 협의체 구성이 필요하다. 이를 위하여 우선 가족상담 활동을 명확하게 규정하고, 가족상담 분야에서 필요로 하는 전문적 기본 상담 역량을 서로 합의하고 도출해 나가야 할 것이다. 역량 있는 가족상담 전문가를 인증하고, 그 능력을 전문상담서비스로 발현할 수 있도록 하는 것은 학회가 사회적으로 기여할 수 있는 부분이 될 것이다.

셋째, 가족관련 사회문제에 대응하기 위하여 보건복지부와 여성가족부 산하에 건강가정지원센터, 다문화가정지원센터, 가정폭력상담소, 지역사회서비스 투자사업 등이 있지만, 재정지원이 부족하여 전문성을 지닌 인력 배치가 이루어지지 못해 질 높은 가족상담 및 심리치료서비스제공이 어려워 서비스 이용자들의 만족도가 떨어지는 상황이므로 전문인력 배치를 위한 재정지원이 적극적으로 이루어져야 할 것이다.

생각 & 토론 주제

- 가족치료모델을 비교해 보고 자신이 선호하는 모델을 찾아보자.
- 해결중심 단기가족치료모델이 제시한 질문기법(예외질문, 기적질문, 척도질문, 대처질문, 칭찬질문, 관계성 질문)을 역할극화해서 발표하기

PART 4

가족복지실천의 대상과 영역

CHAPTER

10 빈곤가족

빈곤은 경제적 박탈만을 의미하는 것이 아니라 사회적 불평등, 심리, 문화적 박탈을 동시에 포함하는 개념이다. 만성적 빈곤과 빈곤의 대물림은 가족의 생존에 위협을 주고 가족의 불안정성을 증가시키고 이혼, 아동 비행, 학업 문제, 범죄, 알코올중독 등 다양한 결과로 이어질 수 있으며, 사회통합을 저해할 수 있다. 따라서 이 장에서는 빈곤과 빈곤가족의 개념과 특성, 원인에 대한 전반적인 고찰 및 빈곤가족의 실태와 문제점과 사회복지대책을 살펴보고자 한다.

01 빈곤의 개념과 원인

1. 빈곤의 개념

빈곤의 개념 정의는 다양하다. 전통적으로는 개인 또는 가족의 일차적 욕구인 의식주를 제대로 해결하지 못한 상태, 즉 생존을 위해 필요한 기본적 욕구가 충족되지 않은 상태나 그러한 욕구를 충족시키기 위한 기본적인 자원의 결핍으로 보았다. 사회복지학 사전에서는 '기본 수요의 부족현상으로 생활필수품의 결핍과 그것이 가져오는 육체적 · 정신적 불안감을 포함하는 생활상태'를 일컫는다. 일반적으로 '욕구가 충분히 만족되지 않은 상태'라는 정의에서 인간의 욕구는 다양하며, 인간의 다양한 욕구가 어느 정도 만족되어야 충분한 것인가에 대한 사회적 합의가 쉽지 않다.

빈곤은 경제적인 특성뿐 아니라, 사회문화적 특성을 포함하는 복합적인 현상이다. 빈곤에 대한 경제적이고 객관적인 관점의 접근은 절대적 빈곤과 상대적 빈곤의 개념으로 정의되며, 문화적 측면에서는 빈곤을 경제적 의미로만 해석하는 것은 빈민들을 위한 대책을 수립하기에 불충분하기에 빈곤을 문화적인 조건에 입각하여 정의하고 빈곤문화에 대한 이론을 발전시켰다.

최근에는 빈곤을 단순히 물질적 욕구를 충족할 수 있는 최소한의 소득 수준에 도달하지 못한 상태로만 보는 시각에서 벗어나 '삶을 영위하는 데 필요한 다양한 영역에서 불리한 조건에 처해 있는 상태'로 보다 넓게 해석하고 있는데, 그 내용은 다음과 같다.

1) 절대적 빈곤

고전적인 빈곤의 개념으로서, 최저 생활수준(continued survival)을 유지하는 데 필요한 생계비를 충족시키지 못하는 상태를 의미하며, 인간의 기본적인 생존욕구를 충족하기 위해 절대적으로 필요한 최소한의 자원을 충족시키지 못하는 상태를 말한다. 절대적 빈곤은 기본적인 생존에 대한 욕구 충족이라는 측면에서 파악하게 되며, 이러한 생활을 유지할 수 있는 최소한의 소득을 빈곤선으로 추정하게 된다.

국가의 정책적 빈곤선인 최저생계비를 기준으로 빈곤을 산출한 정도는 수치나 지수로 계량화하여 측정하는 방법에는 최저생계비 방식, 엥겔 방식이 있다. 최소한의 생활을 하는 데 필요한 소득이 어느 정도인가를 실제조사를 통해 파악한다는 것은 정책결정에 도움이 되지만, 산술적인 빈곤선의 주변에 있는 차상위계층에 대한 정책적 사각지대가 존재하게 된다.

2) 상대적 빈곤

절대적 빈곤의 개념이 일반 사회구성원의 생활수준과는 별개의 생존개념으로 결핍의 측면에 초점을 둔 반면, 상대적 빈곤은 전체소득분포상의 일정 비율 이하를 기준으로 산출한 정도로, 다른 사람들과 비교해 상대적으로 적게 가지고 있는 상태를 의미한다. 개인의 상황을 사회의 평균소득 수준 또는 표준생활 수준과 비교함으로써 규정하는데, OECD국가들은 중위가구 소득의 40~60%, EU국가들은 평균가구 소득의 40~60% 미만을 상대적 빈곤으로 규정한다.

상대적 빈곤개념은 불평등의 개념에서 파악되는데 다른 사람에 비하여 주관적으로나 객관적으로 소득·교육·기회 등의 포괄적인 가치의 상대적 박탈을 포함하며, 빈곤을 물질적 개념에만 국한시키지 않고 그 사회의 구성원들이 통상적으로 참여하는 사회·문화·경제적 활동 참여 여부까지 빈곤의 개념에 포함하고 있다. 저개발 국가의 수준에서는 절대적 빈곤이 더 중요한 빈곤 개념이나 전반적 경제사회적 수준이 향상될수록 상대적 빈곤에 대한 관심이 증가한다. 상대적 빈곤은 빈곤층과 사회구성원들 간의 차이를 반영하고, 국가 간의 빈곤층의 소득 및 생활상을 비교하며 한 사회의 경제수준의 변화를 반영하게 한다. 그러나 빈곤에 대한 절대적 개념의 단점에도 불구하고, 빈곤에 대한 정책에서는 절대적 빈곤과 상대적 빈곤개념의 기본적 필요 충족과 소득 불평등의 차원을 동시에 고려해야 한다.

3) 문화적 빈곤

빈곤은 단절된 세대에서 나타나는 단편적인 현상이 아니라, 사회화를 통하여 대대로 전수되는 하나의 생활양식으로 동적인 과정이다. 루이스(Lewis, 1966)가 주장한 빈곤문화론은 빈곤층 사람들이 도시 저소득층 밀집지역에 모여 살면서 사회의 지배문화와는 질적으로 상이한 태도와 가치, 행동을 포함하는 빈곤문화를 형성하여 자신들 특유의 생활방식으로 사는 것을 의미한다. 이혜숙·임은희(2009)에 의하면, 빈곤문화의 특징은 사회의 지배적 가치를 수용하지 못하는 사람, 모자·부자가정, 동거가정이 많으며, 쉽게 체념하거나 동기가 약하고 충동적이며 현재 중심적인 생활을 하는 사람들을 만들어 내고, 결국 희망의 부재로 아동에 대한 교육투자가 감소하며, 이러한 낮은 학력은 직업 선택의 기회를 좁게 하고 빈곤이 악순환되거나 빈곤탈출의 가능성이 낮아진다는 것이다.

빈곤문화론은 특정 계층에 대한 차별이라는 비난과 빈곤문화에 대한 세습은 편견이라는 주장이 있다. 그럼에도 불구하고 빈곤대책을 모색하는 데 있어서 아동양육의 방법 개선과 아동의 조기교육 프로그램 등의 사회적 서비스를 개발하는 데 근거를 제공하고 있다.

2. 빈곤가족의 정의

빈곤은 물질적 결핍과 개인적 속성의 결여, 심리・사회・문화・제도적 박탈과 소외 등으로 인한 개인과 사회의 총체적 결과이다. 빈곤가족은 물질적 결핍, 사회문화적 소외와 제도적 배제로 인하여 가구 전체 또는 가구원들이 인간으로서 생활하는 데 기본적으로 필요하다고 인정되는 자원이나 경제적 능력을 갖추지 못한 상태로 심리・정서적으로 손상되어 있으며, 긴장 상태, 억압 상태, 박탈된 상태에 처해 있는 가족으로 정의할 수 있다. 노인철(1995)은 빈곤가족을 세 유형으로 구분하여 설명하였다. 첫째, 노동능력이 없는 가난한 자로 질병・장애・노령 등의 이유로 근로능력이 없고 부양능력자가 없는 거택・시설보호 대상가구, 둘째, 근로능력이 있는 가난한 자로 자활보호 대상가구, 셋째, 잠재적으로 가난한 자로 불의의 사고나 사업 실패, 실직 등으로 빈곤에 떨어질 가능성이 있는 가구를 의미한다.

우리나라의 빈곤가족의 규정은 경제적 측면을 우선으로, 사회복지와 관련하여 공공부조의 대상자를 중심으로 빈곤가족을 파악, 최저생계비 이하인 대상을 의미하며, 최저생계비는 「국민기초생활보장법」에 따라 국민이 건강하고 문화적인 생활을 유지하기 위하여 소요되는 최소한의 비용으로 보건복지부장관이 공표하는 금액을 말한다. 법적으로 빈곤가족은 소득인정액이 최저생계비 이하인 가족을 지칭하며, 최소한의 기본적인 생활도 유지하기 어려워 생존권의 위협을 받는 가족을 의미한다. 이러한 절대적인 기준에는 해당되지 않으나, 일반 가족의 평균 생활수준에 미치지 못하여 생활의 어려움을 호소하는 광범위한 다수의 저소득층(차상위계층)들도 존재하는 현실에서 범주의 확대가 요청된다.

3. 빈곤의 원인

개인이나 가족이 빈곤 상황에 놓이는 데는 여러 요인이 복합적으로 상호 결합되어 작용하며, 다양한 빈곤집단의 특성에 따라 상이한 요인들이 영향을 미친다. 빈곤의 원인에는 성・연령 등의 인구학적 요인, 결혼상태 및 가구유형 등의 사회적 요인, 교육 및 건강상태 등의 인적자본요인, 사회적 관계망으로 구성된 사회적 자본요인으로 나누어 볼 수 있다. 김안나(2007)는 근로빈곤가구와 비근로빈곤가구를 비교한 빈곤의 원인으로 근로빈곤가구는 연령변수 등 인구학적 요인들보다는 결혼 상태 등 사회적 요인을 포함한 인적자본 등이 강한 설명력을 가지는 것으로 보았다. 사회적 관계망은 사회경제적 지위와 연계되어 기회와 정보 등을 획득하는 데 유용하지만, 취약계층의 경우 사회적 관계망이 미흡하여 빈곤에 처할 위험이 높다. 여기서는 빈곤의 원인을 책임소재에 따라 크게 개인적 요인과 사회구조적 요인으로 나누어 살펴보고자 한다.

1) 개인적 원인

개인적 원인은 자발적인 요인과 비자발적인 요인으로 나눌 수 있다. 자발적인 개인의 원인으로는 개인의 동기 부족, 낮은 성취동기와 열망수준, 무절제, 게으름, 의타심, 과다한 출산, 음주, 도박, 부적응과 같은 개인적 특성에 기초한 결함들이다. 비자발적인 개인의 원인으로는 부양의무자, 즉 가구주의 사망 · 질병 · 장애 · 노령 · 실직, 낮은 교육수준과 가족 해체로 인한 기능 상실 등은 소득감소와 더불어 빈곤의 원인이 된다. 비자발적 요인은 사회구조적 요인들과 연관되어 있으며, 빈곤의 악순환을 초래하기도 한다.

2) 사회구조적 원인

자본주의 사회의 구조적 특성상 자신의 노동력을 상품으로 판매해야 하는 구조에서 노동시장의 구조적 불평등, 취업기회의 제한, 고용불안정성과 임금차별 등은 빈곤가족의 원인으로 작용한다. 여성에 대한 취업기회 및 임금차별, 비정규직의 확산 등은 여성가장가족과 저임금근로자가족을 빈곤에 취약한 가족으로 만든다. 정책적으로 조세제도의 재분배 기능이 약할 때나, 정치적 조건에 의한 불로소득과 비정상적인 부의 축적은 계층 간 불평등의 심화로 빈곤을 강화시키게 된다. 또한 태풍과 지진, 산불과 같은 천재지변도 재산상의 손실과 함께 가족의 빈곤을 촉진하게 된다. 공적부조와 사회보장 등의 소득보장정책의 미흡, 사회복지서비스의 미흡 등 제도적 결함은 빈곤을 악순환시키는 사회구조이다.

02 빈곤가족의 실태와 문제점

1. 빈곤가족의 실태

빈곤층의 경우, 1인가구, 취약가구, 노인가구, 장애인가구, 비경제활동 가구주, 만성질환자 비율 등이 모두 높아 가구가 빈곤에 빠질 수 있는 다양한 요인을 복합적으로 가지고 있다. 기초생활보장 급여 등 공적이전소득 여부에 따라 기초생활보장급여 수급가구와 중위소득 40% 이하 비수급가구 간 소득역전 현상이 크게 발생하고 있어, 기초생활보장수급자에 대한 급여액 증액도 중요하나 비수급빈곤층에 대한 정부의 지원 확대가 보다 시급한 과제로 확인되고 있다.

1) 수급자 및 차상위계층 등의 규모

실태조사 결과, 기준 중위소득 50% 이하 빈곤층은 기초생활보장 총 수급자와 차상위계층의 합으로, 2014년 335만 명 대비 다소 감소한 309만 명(2015. 12월)으로 나타났다. 2015년 기준으로, 생계·의료급여 수급자는 144만 명, 주거와 교육급여 수급자까지 포함한 총 수급자는 165만 명으로 나타나 2014년 133만 명 대비 32만 명이 증가했다. 반면, 소득인정액 기준은 충족하나 기초생활보장 비수급빈곤층은 제도 개편 전 최저생계비와 유사수준인 기준 중위소득 40% 이하의 계층으로 2014년(118만 명) 대비 25만 명 감소한 93만 명으로 나타났다. 비수급빈곤층을 포함한 기준 중위소득 50% 이하 차상위계층은 전년 203만 명 대비 급감하여 144만 명으로 나타났다. 비수급빈곤층 감소는 2015년 맞춤형 급여 개편으로 인한 선정기준 및 급여액 인상, 기초연금 및 장애인연금 도입과 인상 등의 영향으로 추정되고 비수급빈곤층의 주요 원인은 부양의무자 기준 등일 것으로 추정되며, 복지 사각지대 문제를 개선하기 위해서는 부양의무자 기준의 단계적 개선이 필요함을 시사하고 있다.

2) 수급자 및 차상위계층 등의 생활실태

빈곤층의 경우, 1인가구, 취약가구, 노인가구, 장애인가구, 비경제활동 가구주, 만성질환자 비율 등이 모두 높아 가구가 빈곤에 빠질 수 있는 다양한 요인을 복합적으로 가지고 있다.

1인가구 비중은 수급가구(67.4%), 차상위계층(30% 이하 64.3%, 30~40% 68.8%, 40~50% 59.2%) 모두 전체가구(27.2%) 대비 2배 이상이었고, 단독·한부모·소년소녀가장 등 취약가구 비율은 전체가구의 경우 29%이나, 수급가구의 경우 76.5%에 달했다. 수급가구의 경우 전체가구(노인가구 29.6%, 장애인가구 6.4%) 대비 노인가구 비율은 2배(60.3%), 장애인가구 비율은 6배(38%) 높았고, 가구주가 비경제활동 인구인 경우는 전체가구(19.7%) 대비 4배 이상(81.8%)으로 나타났다.

기초생활보장 급여 등 공적이전소득 여부에 따라 기초생활보장급여 수급가구와 중위소득 40% 이하 비수급가구 간 소득역전 현상이 크게 발생하고 있어, 기초생활보장 수급자에 대한 급여액 증액도 중요하나, 비수급빈곤층에 대한 정부의 지원 확대가 보다 시급한 과제로 확인되었다. 아울러, 경제적 어려움으로 인한 생활 필수품목의 박탈(결핍) 경험은 기준 중위소득 60% 이하 빈곤층이 수급자와 비슷한 수준으로 나타났고, 특히 주거, 의료 박탈(결핍) 경험 비율 등이 높게 나타나 우선적으로 주거 및 의료지원 개선이 필요함을 시사하고 있다.

의료비가 가구에 부담이 된다는 응답은 전체가구의 경우 25.9%였고, 차상위계층의 경우 45% 내외였으나, 의료급여 수급가구의 경우 17.4%로 전체가구 중 가장 낮게 나타나 비수급가구 등 의료지원 사각지대에 대한 대책이 시급한 상황으로 나타났다. 만성질환자가 있는 가구는 수급가구 및 비수급빈곤층의 경우 70% 내외로 높게 나타났고, 중위소득 50~75% 사이 가구의 경우 40% 중반, 중위소득가구부터는 약 10%로 크게 감소하였다.

주거에서 비수급빈곤층의 주택가격과 전세금(중위소득 30% 이하의 경우 자가 3,450만 원, 전세 4,255만 원)은 수급가구(자가 6,446만 원, 전세 6,015만 원)보다 낮고, 월세 부담은 수급가구와 유사하거나 더 높은 수준(보증금 없는 월세 평균액, 수급가구 17만 원, 중위소득 30~40% 25만 원)이다.

난방을 못한 경험은 전체가구(2.6%) 대비 수급가구가 6.9배(17.9%), 차상위계층은 5배(13% 내외)로 나타났고, 집세를 못낸 경우는 전체가구가 2% 내외인 데 반해, 수급자 포함 중위소득 40% 이하에서는 5~7%로 다소 높게 나타났다.

교육에서 고등교육의 경우, 여러 이유로 대학진학이 어려웠다는 응답이 전체가구의 경우 8.9%인 데 반해, 수급가구는 28.6%, 차상위계층은 21.9%로 나타나 경제적 요인이 큰 것으로 나타났다. 자녀가 원하지만 사교육을 시키지 못하고 있다고 답한 비율은 전체가구는 평균 12.6%, 중위 75~100%인 경우는 12.2%에 불과하나, 수급가구는 70.4%, 차상위계층은 50.0%에 달했다. 교육비 미납경험(대학포함)은 수급가구에 비해 차상위계층과 소득인정액 50% 이하 구간 가구에서 더 높게 나타나, 다양한 지원을 받는 수급가구에 비해 차상위계층에 교육결핍이 높게 나타났다.

2. 빈곤가족의 문제점

빈곤은 성별과 연령, 가족구성원의 유형과 가구유형, 가족원의 건강정도, 직업과 교육, 지역 등과 연결되어 있다. 경제위기 이후 두드러지는 빈곤문제는 여성과 노인의 빈곤화이다. 여성가장 가구주의 빈곤화가 발생하는 이유는 유교적 전통에 기반한 가부장제 관행이 기혼여성의 노동시장 진입 단계뿐만 아니라, 노동과정에서도 사회적 배제와 차별로 나타나기 때문이다. 여성가구주 외에도 소년소녀가장가족, 경제적 능력이 없는 조손가족, 65세 이상 단독가구의 가족이 포함된다. 일반적으로 빈곤가족이 안고 있는 문제를 살펴보면 다음과 같다.

1) 빈곤가족의 경제활동

빈곤층은 주로 숙련된 기술이 필요하지 않은 업종에서 임시직 형태로 종사하는 경우가 많고, 미숙련직이나 판매서비스직, 또는 영세자영업 등에 주로 종사하고 있는 것으로 나타났다. 한국노동연구원 조사결과에 의하면, 서울 및 수도권의 저소득층 가구주의 약 30% 정도가 한 달 이상 일을 하지 못하고 있는 것으로 나타났으며, 특히 50대 이상 노령층의 실업상태가 심각한 것으로 나타났고, 취업한 가구주의 직업은 건설, 서비스 일용직 등이 두드러져 비공식적 직업군에 종사하는 비율이 높아 저소득층가구의 생계가 주로 비공식부문에서 이루어지고 있음을 보여주고 있다.

2) 복합적 가족관계의 문제

가족의 빈곤은 그들의 가족체계 문제나 환경적인 문제와 같은 다양한 문제들과 연결되어 있다. 빈곤가족은 불충분한 소득으로 인해 생활고에 시달리고, 불안해하며, 늘 긴장하게 된다. 맞벌이가족의 경우, 취업과 가사, 자녀양육 등 과다한 역할의 수행에 따른 어려움으로 육체적 · 정신적 피로가 누적된다. 또한 빈곤가족의 가구주는 불안정한 취업 속에서 생계유지라는 현실적인 문제를 벗어나기 위해 알코올에 의존하거나 가정폭력으로 이어지기도 한다. 빈곤가족은 부부갈등, 가족구성원에 대한 심리적 스트레스, 우울, 자아존중감 저하, 가족과 친구에게서 멀어지는 등 부정적 경험을 하게 된다. 빈곤가족의 역기능적 · 심리적 특성은 가족 내 하위체계 간 경계의 밀착, 분리가 많아지고 과잉의존, 소외, 갈등의 문제가 생길 수 있다. 가족경계의 문제에서 가족경계가 불안정해지면서 자녀와 부모 간에 삼각관계가 형성되기도 한다. 또한 명확하고 일관된 행위규칙이 부족함에 따라 의사소통이 불분명하며, 불만족스러운 관계가 지속되기도 한다.

저소득층의 많은 저학력 부부들이 부부관계에 대한 만족도가 낮고, 이혼을 많이 고려하였으며, 부부 간의 불화는 자녀의 공격성, 정서불안, 우울증 등을 촉진하여 행동장애나 비행문제를 일으키기 쉬운 것으로 나타났다. 또한 저소득층 가족은 노인부양, 장애인 돌봄, 간병 등에 대한 대처능력과 자원이 부족하여 어려움을 겪고 있는 것으로 보고되었는데(변화순, 2002), 가족원의 질병이나 돌봄을 요하는 장애는 당사자뿐 아니라 전 가족에게 영향을 주어 가족의 생활을 파괴하기도 한다.

3) 불안정한 직업

빈곤층가구주의 교육 수준이 낮은 편이며, 특별한 기술을 갖지 못한 미숙련 단순노동자들이 많으며, 임시 · 일용직 취업으로 취업형태가 불안정하여 실업과 취업을 반복하면서 사회보장 혜택도 적절하게 받지 못하는 실정이다. 비정규직 노동자로 일하는 성인 남성들은 고용불안, 저임금, 비정규직에 대한 차별, 실업 등으로 인해 직무 스트레스가 높으며, 정규직 근로자에 비해 신체질환과 우울증을 겪는 비율이 높고, 공장근로자들은 작업환경이 열악하여 산업재해와 직업병을 얻기 쉽다고 보고되었다.

4) 만성적인 건강질환

빈곤가족은 일반 가족에 비해서 만성적 질병률이 높고, 스트레스 해소나 건강유지에 필요한 운동, 레크리에이션 등에 참여할 기회가 적고 가족이 함께하는 여가활동이 부재하며, 열악하고 유해한 주변 환경, 부적절한 영양상태로 인하여 건강한 삶을 유지할 수 없게 될 확률이 높다. 빈곤은 비행, 범죄, 알코올중독 등과 같은 병리현상의 원인이 될 수 있다. 정신질환이나 약물남용의 의존성이 두드러지기도 하여, 여러 나라에서 정신질환자나 약물남용, 알코올중독자가 빈곤층으로 전락하는 것으로 알려져 있다.

주거와 노동환경의 열악함으로 심리사회적 스트레스가 높고, 이러한 스트레스는 건강을 손상시키는 주요 원인이 된다. 흡연, 과음, 위험한 성생활 등 건강에 위협이 되는 행동을 유발시키고, 우울증, 불면증, 신경질환, 운동량 저하 등에 영향을 미쳐 면역기능을 약화시키는 것으로 보고되었다. 만성질병은 현실적으로 높은 의료비 부담을 초래하고 결국 가족을 더욱 빈곤하게 만든다. 가족구성원에게 건강상의 문제가 발생하면, 적절한 치료와 서비스를 받아야 한다. 그러나 빈곤가족은 의료에 대한 접근성이 떨어지기 때문에 건강악화가 가속화되는 경향이 높다. 특히 가구주가 질병을 앓고 있어 근로능력을 상실하게 되면, 가족의 경제적 어려움은 가중된다.

5) 자녀양육 및 교육문제

자녀에 대한 학비부담은 학업중단이나 상급학교 진학 포기 등 미래의 안정된 취업의 기회도 제한될 수 있다. 빈곤가정의 부모는 생계유지를 위해 맞벌이를 하는 경우가 많고, 특히 야간에 일을 하는 경우가 많아 자녀방임과 유기의 소지가 빈곤가정에 더욱 많이 발생한다. 빈곤가족의 부모들은 스트레스와 갈등으로 비일관적이고 혹독한 양육행동이나 방임, 학대와 같은 양육행동으로 아동의 생애전반에 부정적인 영향을 미칠 수 있다(이상균 외, 2000).

6) 빈곤의 대물림

빈곤은 만성화되면서 빈곤탈출 가능성이 낮아진다(김아래미, 2006). 만성적 빈곤은 사회양극화를 불러일으키고 사회통합을 어렵게 한다. 소득수준으로 봤을 때, 양극단으로 갈수록 계층이동은 거의 일어나지 않아 부모가 극빈곤이나 만성빈곤에 처해 있을 때 자녀세대로 빈곤지위가 전이되는 경향은 훨씬 강한 것으로 나타났다(Eide & Showalter, 1999; 여유진, 2008). 이상은(2008)의 패널데이터를 활용한 빈곤이행연구에서 아동기 빈곤경험(부모세대의 빈곤)은 자녀의 빈곤에 많은 영향을 미치는 것으로 보고하였다. 빈곤의 세대 간 대물림은 악순환되는 경향이 높고 이러한 빈곤의 악순환은 가족을 새로운 문제로 연결시키는 경우가 많다. 부모세대가 가진 경제적 자원과 사회적 지위가 불평등하게 분포되어 있을수록 자녀세대의 사회성취에 미치는 가족의 영향은 크고, 근대사회로 올수록 길어진 교육기간은 부모에게 의지할 수밖에 없는 자녀세대에게 부모의 교육적 선택과 자원의 영향은 클 수밖에 없다(Boudon, 1973; Kelley, 1988; 방하남 · 김기헌, 2001에서 재인용). 교육기회와 노동시장, 소득보장정책은 빈곤의 전이과정 전반에 관련된다.

7) 열악한 주거 공간

고용불안과 소득불안정에 처해 있는 빈곤가족의 주거형태는 열악하다. 2015년 이후 국민기초생활보장제도 맞춤형 급여의 주거급여가 실시되고 있으나, 빈곤계층을 위한 국민임대주택의 수요자는 많고 공급은 여전히 불충분하다. 임대료를 정기적으로 낼 수 있는 가족은 공공임대주택에 거주할 수 있지만 주로 전세, 월세, 자가소유, 비거주용 형태의 주거에 살기도 한다. 자가소유자의 경우도 대부분 낮은 시세의 허름한 주택인 경우가 많다.

쪽방 생활자의 주거환경은 화장실과 상수도 보급률이 떨어지고, 난방시설이 불충분하며, 쓰레기 수거 등 위생상의 문제가 발생하기도 한다. 일반주택의 지하셋방에 사는 빈곤가구의 경우, 햇볕이 들지 않아 낮에도 전등을 켜야 하고, 습기가 많아 건강에 나쁜 영향을 주어 질병의 원인이 되기도 한다.

3. 빈곤과 가족구성원의 문제

1) 아동과 빈곤문제

빈곤이 아동에게 미치는 영향은 전반적인 발달영역에 걸쳐 나타나 아동의 건강, 인지, 학업성취 등의 영역뿐 아니라, 사회 · 정서적 발달영역에도 부정적인 영향을 미치며, 우울, 불안, 의존성과 같은 내재화 문제와 반사회적 행동, 과잉행동, 또래 갈등, 고집 센 행동과 같은 외현화 문제를 보인다. '의도하지 않은 학대와 방임'이 발생하기도 하며, 충분한 지도감독이나 역할모델을 제공하지 못하는 경우가 많고, 이로 인해 사회 · 정서적 발달문제들이 나타난다.

그러나 빈곤아동이라고 해서 바람직하지 못한 발달적 특성만을 갖는 것은 아니다. 빈곤한 계층의 아동들은 가족 내에서 보다 친근하고 애정적인 유대관계를 가지며, 실제적인 사회적 적응기술을 빨리 터득하여 어려운 상황에 대처할 수 있는 능력을 소유하기도 한다.

빈곤이라는 취약한 환경조건 아래에서도 아동의 부정적인 발달 산물의 가능성을 경감시키는 보호요인 중 가족과 관련된 요인으로는 첫째, 가족 중 한 사람과 밀접한 유대관계를 갖는 경우, 둘째, 어린 시절부터 양육자와 기본적인 신뢰로 안정적인 애착관계를 형성하는 경우, 셋째, 가족 내 역할에 서로 협조적이며 부모와 자녀의 역할이 잘 규정되어 있는 경우, 넷째, 통제와 애정이 적절하게 균형 잡힌 민주적인 양육행동을 하는 경우, 다섯째, 부모가 자녀의 미래에 대한 낙관적 견해를 가지는 경우를 들 수 있다(구인회 외, 2006).

2) 노인과 빈곤문제

노인빈곤의 동향 및 빈곤구성에 대한 연구들은(구인회, 2002, 2004) 빈곤의 노령화 현상을 지적한다. 급속한 고령화와 가족해체 및 부양의식 약화 등 가치관의 변화는 노인가구의 빈곤위험을 가중시킨다. 다른 연령집단에 비해 대다수의 노인들은 제한된 교육기회, 취업기회의 불균등으로 인해 노동시장에서 배제되며, 노동시장에 참여하는 경우도 불안정한 취업이 대부분이어서 빈곤화되기 쉽다.

노인들은 신체가 쇠약해져 상병률이 높으며, 만성질환의 발생 빈도가 높아진다. 뿐만 아니라, 일상생활에 지장을 가져오는 치매는 의료비 지출에 상당한 부담이 되어 의료빈곤층을 형성하기도 한다. 가족 수의 감소, 여성의 취업 및 사회활동 증가, 가족 내 돌봄 서비스 기능의 부족은 가족 내 노인의 건강보호를 어렵게 한다. 이러한 어려움은 노인 유기 및 학대, 노인의 빈곤화를 초래하기도 한다.

3) 여성가구주의 빈곤문제

1998년 경제위기 시 대량실업과 남성 실직 이후 이혼・별거 등의 가족구조 불안정이 증가되면서 '빈곤의 여성화' 현상을 확대시키게 되었다(강남식 외, 2002). 여성가장가구주의 자녀양육부담은 노동시장 참여를 어렵게 하고 빈곤문제를 가속화시킨다. 남녀 모두 저학력일수록 빈곤위험에 노출되어 있으나, 여성가구주의 경우에는 전 학력층에 빈곤이 잠재되어 있다. 남성빈곤이 노동시장의 위기와 관련되어 있는 것에 비해, 여성은 이혼, 사별, 혼외출산 등 개인의 생애과정 및 가족차원의 요인과 노동시장에서의 실업, 고용불안정, 성차별, 임금차별 등이 연결되어 만성적 빈곤화과정을 보여주고 있다(Ruspini, 2001; 송다영, 2006 재인용).

03 서비스 현황과 대책

1. 빈곤가족에 대한 서비스 현황

1) 국민기초생활보장제도

국민기초생활보장제도는 빈곤의 위험으로부터 국민을 보호하기 위한 공공부조제도로서 2000년 10월 1일부터 시행되었다. 전 국민을 대상으로 소득인정액 기준과 부양의무자 기준을 충족하는 취약계층에 대해 현물과 현금급여를 지급하는 의료 및 소득 보장제도의 역할을 수행하고 있는데, 수급자 중 노인 비중이 높아 저소득 노인에 대한 소득보장제도로서의 역할도 수행하고 있다. 수급자 선정기준은 소득인정액 기준과 부양의무자 기준을 동시에 충족시켜야 하며, 2015년 7월 1일부터 최저생계비 이하 가구에 대해 모든 급여를 통합 지원하던 방식에서 상대 빈곤선을 도입하여 급여별 선정기준을 다층화한 맞춤형 기초생활보장제도로 개편되었다. 맞춤형급여는 생계급여, 의료급여, 주거급여, 교육급여로 구성되며 해당 급여의 선정 기준도 각각 다르게 책정된다. 급여별 선정기준을 살펴보면, 2019년을 기준으로 기준 중위소득 대비 생계급여는 30%, 의료급여는 40%, 주거급여는 44%, 교육급여는 50%이다. 2019년 1월부터 노인, 장애인가구를 중심으로 부양의무자기준은 완화되고, 교육급여와 주거급여의 경우 부양의무자 기준을 적용하지 않는다. 빈곤가구를 대상으로 하는 자산조사와 같은 수급요건을 충족시키는 자산조사형 국민기초생활보장제도는 저소득층 지원제도에서 가장 핵심적이고 전통적인 급여방식이다. 급여별 선정기준 소득인정액은 표 10-1과 같다.

표 10-1 2019년 급여별 수급자 선정기준

(단위: 원)

가구규모	생계급여선정기준 (기준중위소득 30% 이하)	의료급여선정기준 (기준중위소득 40% 이하)	주거급여선정기준 (기준중위소득 44% 이하)	교육급여선정기준 (기준중위소득 50% 이하)
1인가구	512,102	682,803	751,084	853,504
2인가구	871,958	1,162,611	1,278,872	1,453,264
3인가구	1,128,010	1,504,013	1,654,414	1,880,016
4인가구	1,384,061	1,845,414	2,029,956	2,306,768
5인가구	1,640,112	2,186,816	2,405,498	2,733,520
6인가구	1,896,163	2,528,218	2,781,039	3,160,272
7인가구	2,152,214	2,869,619	3,156,580	3,587,024

출처: 보건복지부(2019).

표 10-2 2018년 및 2019년 기준 중위소득

(단위: 원/월)

가구원수		1인	2인	3인	4인	5인	6인
기준 중위소득	'18년	1,672,105	2,847,097	3,683,150	4,519,202	5,355,254	6,191,307
	'19년	1,707,008	2,906,528	3,760,032	4,613,536	5,467,040	6,320,544

출처: 보건복지부 보도자료(2019.1.14).

한편, 일하는 청년 수급자들이 자립 기반을 마련하여 탈수급할 수 있도록 제도를 개선했다.

청년층 등에게 지급되는 구직 활동과 관련된 정부지원금은 소득산정에서 제외하여 근로의욕을 높여 자립을 지원하고, 시설퇴소 아동 등에 대한 근로소득 공제 금액을 추가하여 소외되기 쉬운 취약 청년에 대해서는 지원을 더욱 확대하였다.

표 10-3 기초수급 소득인정액 산정 제외 정부지원금 종류

구분	대상자	대상자수	지원금액	소관부처
청년구직활동 지원금	졸업 후 2년 이내 취업준비 중인 청년으로 최대 6개월 지급	8만여 명	50만 원/월	고용부
자립성과금	수익금 발생한 자활근로사업단 참여자	7,400여 명	최대 60만 원/분기	복지부
시설퇴소아동 자립수당	시설 보호종료 후 2년간 지급	4,900여 명	30만 원/월	복지부

출처: 보건복지부 보도자료(2019.1.14).

아래 표는 경제활동연령에 속하는 저소득층이 주로 받을 수 있는 현금급여를 재정방식, 자산조사여부, 지급방식 등에 따라 자산조사형 급여, 조세형 급여, 사회수당형 급여, 사회보험형 급여로 나누어 본 저소득층 지원제도 유형과 생활보장과 자립지원으로 구분하여 나타낸 빈곤정책 현황이다.

표 10-4 저소득층 지원제도 유형

자산조사형 급여	저소득근로계층에게 지원하는 대표적인 자산조사형 현금급여제도인 국민기초생활보장제도는 빈곤에 대한 최종적인 안전망이다. 국민기초생활보장제도는 생활이 어려운 자에게 필요한 급여를 행하여 최저생활을 보장, 자활을 조성하기 위한 것으로 2000년부터 시행되었으며, 지난 40여 년간 시혜적 단순보호 차원의 생활보조제도에 그쳤던 것에서 벗어나 저소득층에 대한 국가책임을 강화하는 종합적인 빈곤대책으로 전환되었다. 「국민기초생활보장법」에 의한 수급자로 선정되려면 소득인정액 기준과 부양의무자 기준이 동시에 충족되어야 한다. 우선, 소득인정액(개별가구의 소득평가액과 재산의 소득환산액을 합산한 금액)이 급여별 선정 기준액 이하여야 한다. 급여별 선정기준은 중위소득(모든 가구를 소득순으로 순위를 매겼을 때, 가운데를 차지한 가구의 소득을 의미)을 기준으로 정하는데, 급여유형과 가구크기에 따라 기준액이 달라진다. 예로, 4인가구가 생계급여 대상이 되려면 소득인정액이 중위소득의 30%(1,384,060원) 이하여야 한다. 부양 의무자는 수급권자 1촌의 직계혈족(부모, 아들, 딸 등) 및 그 배우자(며느리, 사위 등)가 된다. 부양의무자 기준을 충족하기 위해서는 부양의무자가 없거나, 부양의무자가 있어도 부양능력이 없거나 부양을 받을 수 없어야 한다. 단, 교육급여와 주거급여는 부양의무자 기준을 적용하지 않는다.
조세형 급여	저소득근로빈곤층에 대한 조세형 급여는 근로장려세제이다. 근로장려세제는 근로장려금을 세금환급의 형태로 지급하는 것을 말한다. 이는 근로빈곤층의 근로유인을 제고하고 실질소득을 지원하기 위한 근로연계형 소득지원제도이다. 근로장려세제는 납부할 세금을 공제하는 데 그치지 않고, 납부할 세금이 없는 가구도 근로장려금을 현금으로 지급받을 수 있는 복지적 성격의 제도이다.
사회보험형 급여	1995년 도입된 고용보험은 실직근로자에게 실업급여를 지급하는 전통적 의미의 실업보험사업 외에 적극적인 취업알선을 통한 재취업 촉진과 근로자의 고용안정을 위한 고용안정사업, 근로자의 직업능력개발사업 등을 상호연계하여 실시하는 사회보험제도이다. 실업급여의 핵심은 구직급여와 취업촉진수당이다. 구직급여는 소정의 수급요건을 만족시키는 수급자격자의 생활안정을 도모하기 위해 지급되는 기본적 성격의 급여이다. 실직자 보호를 강화하기 위해 부상·질병으로 취업이 불가능한 수급자격자에 대해 구직급여에 갈음하여 지급하는 상병급여제도와 구직급여를 연장하여 지급하는 연장급여제도를 마련하여 시행하고 있다.
사회수당형 급여	급여대상이 저소득층에 제한되어 있는 장애수당(장애연금), 기초연금 등이 있다. 인구학적 특성에 따른 급여라는 측면에서 장애연금, 기초노령연금은 수당의 형태에 가까운 제도이나 급여대상이 저소득층에 제한되어 있는 측면에서 엄격하게는 수당은 아니라 할 수 있다.

표 10-5 생활보장과 자립지원으로 본 빈곤정책

구분	생활보장	자립지원
보건복지부	▪ 기초생활보장 **생계급여**: 기준 중위소득 30%에 해당하는 금액과 가구의 소득인정액과의 차액을 지급 **의료급여**: 근로능력 유무에 따라 1종, 2종으로 구분하여 지급 **주거급여**: 국토교통부 장관이 정하는 기준에 따라 지급 **교육급여**: 교육부 장관이 정하는 기준에 따라 입학금, 수업료, 교과서대, 부교재비, 학용품비 지급 **해산급여**: 수급자가 출산 시 1인당 60만 원 지급(단, 교육급여만 받는 수급자는 제외) **장제급여**: 수급자 사망 시 75만 원을 장제를 실제 행하는 자에게 지급(단, 교육급여만 받는 수급자는 제외) • 긴급복지지원: 위기가구 대상 생계 · 의료 · 주거 · 교육 · 장제 등 지원 • 자활촉진 프로그램: 자활장려금 지원, 희망키움통장사업, 내일키움통장 사업 • 주거현물급여 주거복지사업 • 정부양곡할인 지원사업	▪ 주체별 자활사업 **보건복지부**: • 종합자활지원계획 수립 • 자활프로그램 개발 · 추진 • 지역자활센터 지정 · 관리 **시 · 도 시 · 군 · 구**: • 지역자활지원계획 수립 • 자활기금의 설치 · 운영 • 급여 실시여부 및 내용 결정 • 자활기관협의체 운영 • 조건부수급자 책정 • 참여자자활지원계획 수립 · 관리 **읍 · 면 · 동**: 수급자 확인조사 **중앙 · 광역 · 지역 자활센터**: • 중앙자활센터: 자활지원을 위한 조사 · 연구 · 교육 및 홍보사업, 자활지원을 위한 사업의 개발 및 평가 • 광역자활센터: 광역단위의 저소득층에 대한 취 · 창업지원, 지역특화형 자활프로그램 개발 · 보급 • 지역자활센터: 자활의욕 고취를 위한 교육, 참여자 사례관리, 자활을 위한 정보제공 · 상담 · 직업교육 및 취업알선
타부처	• 국토교통부: 취약계층 주거지원사업-임대, 집수리, 전세자금지원, 가구 지원 등 • 교육부: 저소득층 교육복지사업-급식비 지원, 학비지원, 방과후학교 지원, 정보화 지원 • 산업통상자원부: 에너지 지원-전기, 가스요금 감면 및 지원	• 고용노동부: 종합취업지원 프로그램 개발 및 추진: 취업성공패키지-취업알선 및 직업훈련 지원 • 행정자치부: 지역공동체일자리 지원(차상위계층) • 국세청: 근로장려세제(EITC) 지원
지방자치단체	• 차상위 지원: 서울시 틈새계층 지원사업, 경기도 무한 돌봄 등 • 수수료 감면: 주민등록 발급수수료, 주민세, 적십자 회비 면제, 종량제 수수료, 장사시설 이용료감면, 쓰레기봉투 지급 등	• 행복키움통장: 차상위계층 자산형성 지원
민간	• 사회복지공동모금회 취약계층지원사업 등	

출처: 현외성 외(2017).

취약계층, 사회적 약자에 대한 지원제도의 최근 변화는 다양한 정부부처별로 지원제도의 개편과 확대이다. 정부부처별 달라지는 제도들을 살펴보면 표 10-6과 같다.

표 10-6 정부부처별 지원정책

정부부처	지원정책
기획재정부	근로장려금 확대 · 개편, 자녀장려금 지급 확대, 일용근로자 세부담 완화
문화체육관광부	• 경제적 어려움 때문에 운동과 학업을 포기하는 학생선수 없도록 장학금 지급 • 통합문화이용권 지원금 상향으로 소외계층 문화향유 확대
보건복지부	• 난임부부시술비지원사업 지원대상 및 지원규모 확대 • 부양의무자 기준 완화 등 기초생활보장제도 개선
고용노동부	청년구직활동지원금추진, 건설기계 특고 및 서비스업종 1인 자영업자 산재보험 적용
환경부	취약계층 슬레이트 주택 철거 및 개량 추가지원
여성가족부	• 지역 기반 성평등 교육 · 문화 확산 사업 추진 • 2030청년프로젝트 기획단 출범 · 운영 • 한부모가족 아동양육비 인상 • 한부모가족시설 아이돌보미 파견 • 아이돌봄서비스 질 개선 및 이용부담 완화 • 공동육아나눔터 운영 확대 • 가정폭력보호시설 퇴소 후 자립지원금 지원 • 디지털 성범죄 피해자 맞춤형 지원 확대 • 직장 내 여성폭력 방지 집중 프로그램 운영 • 폭력피해 이주여성 전문상담소 설치 • 해바라기센터 간호인력 확충
해양수산부	도서민 여객선 차량 운임 지원, 도서지역 생활필수품 해상운송비 국가지원
식품의약품안전처	노인 등 취약계층 급식 위생 · 영양관리 지원
산림청	산림복지소외자에 대한 산림복지 체험 기회 확대
금융위원회	중금리대출 공급 확대 및 금리 인하
국민권익위원회	행정심판 국선대리인제도 운영

출처: 대한민국정부, 『2019년부터 이렇게 달라집니다』.

2. 빈곤가족에 대한 대책

「국민기초생활보장법」이 지난 1999년 제정돼 2000년부터 시행되어, 제정 20주년을 맞이하였다. 당시 제정 이유를 '저소득 국민, 영세 도시빈민, 실업자 등을 지원하여 빈곤문제에 대한 사회안전망의 기초를 튼튼히 하는 한편, 빈곤가구별로 자활지원계획을 수립하고 그에 맞는 자활급여를 실시함으로써 빈곤의 장기화를 방지하려는 것'이라고 밝힌 바 있다. 그러나 「국민기초생활보장법」 제정 당시부터 문제되었던 부양의무자 기준이 지속되고 있고(일부 완화), 비수급빈곤층 문제도 있다. 또한 낮은 생계보장 수준과 가혹한 재산 소득환산제도, 다른 사회보장제도와 단절적 운영 등도 문제점으로 지적됐다. 아울러 노인 빈곤 가속화와 신빈곤층으로 불리는 중장년 빈곤, 청년 빈곤 문제 등은 앞으로 해결해야 할 과제이다.

빈곤은 물질적 자원의 부족뿐만 아니라, 교육, 의료, 지위의 상향이동 등 사회적 가치의 빈곤을 동시에 의미한다. 또한 개인의 성취동기, 열망 수준, 자아실현 등의 심리적 차원의 박탈과 문화적 가치로 부터의 소외 등을 의미하기도 한다. 즉, 빈곤은 경제적 박탈만을 의미하는 것이 아니라, 사회적, 심리 · 문화적 박탈을 동시에 포함하는 개념으로 심각해지는 빈곤문제의 해법을 찾기 위해서는 빈곤정책과 가족복지의 사각지대를 줄이려는 노력이 필요하다. 빈곤은 단순히 경제적인 궁핍의 문제가 아니라, 보다 복잡한 문제로 경제적 결핍의 결과, 가족 이혼, 아동비행, 학업문제 등 다양한 결과로 이어질 수 있다. 아동에게 정상적인 발달과업 성취에 장애를 가져오고, 성인이 되어서까지 부정적인 영향을 미치게 된다. 따라서 빈곤정책의 대상을 확대하여 중산층에 대한 빈곤화 예방, 빈곤층의 탈빈곤 촉진이 강화될 필요가 있다.

1) 국민기초생활보장제도 개선

우리나라에서 빈곤가족을 위한 가족복지정책 차원은 사후적 생활지원방식이며, 현재 최소한의 생활보장을 목적으로 하는 공적 지원제도로 국민기초생활보장제도가 시행되고 있다. 맞춤형 급여는 기존 국민기초생활보장제도에서 수급가구로 선정되면 동 제도에서 제공되는 모든 급여를 받을 자격이 주어졌던 것과는 다르게, 수급가구의 필요와 욕구에 맞추어 생계급여, 의료급여, 주거급여 및 교육급여를 통합적으로 혹은 개별적으로 수급이 가능하도록 개선되었다.

그러나 생활보호법의 단순한 구제에서 「국민기초생활보장법」의 자활로 그 패러다임이 변화했음에도 불구하고, 여전히 자활에 대한 노력이나 접근이 부족한 상황이다. 맞춤형 기초생활보장제도가 시행되었으나 단순히 대상자를 세분화하고 일부 급여의 대상자를 늘렸을 뿐, 수급자로 하여금 스스로 자활하도록 돕는 정책이 시행된 것은 아니다. 비수급빈곤층의 존재는 기초생활보장제도의 운영방법, 특히 선정기준과 밀접한 관련이 있는데, 이는 수급자를 선정하는 데 있어 사용하는 기준은 최저생계비뿐만 아니라, 재산기준과 부양의무자기준이 있고 한 가지 기준이라도 부합되지 않으면 실제 소득이 최저생계비가 되지 않는다고 해도 기초생활보장수급자로 선정되지 않는다는 것이다.

낮은 기본재산액과 까다로운 선정기준은 수급자가 되기도 어렵지만, 수급자가 되어도 살기 어렵다. 수급자라도 되고 싶고, 탈수급자가 되어도 탈빈곤이 될 수 없는 모순적인 현실이다. 기초생활보장제도는 가난한 이들의 최저생활을 보장할 뿐만 아니라, 자립과 자활을 돕는 것을 목표로 하고 있다. 따라서 선정기준과 보장수준의 상향으로 수급자의 인간다운 삶과 선정기준의 완화를 함께 도모해야 한다.

2) 빈곤가족 지원서비스 전달체계 개선 확대

빈곤가족 지원사업은 그 범위가 매우 포괄적이고 제공되는 서비스도 다양하여 어느 한 곳에서 책임성 있게 신청받고 판단하여 최종 서비스제공 단계로 이어가주지 못한다. 중앙정부에서부터 갈라지기 시작한 서비스는 시・군・구로 내려오면 더 복잡해지고, 서비스 종류마다 당사자가 일일이 접촉해야 한다. 현금을 주는 복지급여는 신청 시 수급자격 여부가 명확하나, 장애인・노인・아동 등을 대상으로 하는 사회서비스 영역은 자격 여부도 분명하지 않고 서비스를 결정하는 주체도 명확하지 않다. 현재와 같이 분절적이고 복잡다단한 복지서비스 결정과 제공 구조에서 서비스의 효과를 기대하긴 쉽지 않다. 따라서 중앙부처 간은 물론, 지자체와 공공과 민간, 그리고 각 전문가 및 관련 단체의 협력체계 구축이 요구된다. 이러한 협력체계 구축을 통하여 보건・복지・교육・여성・고용・조세, 주택정책 등이 상호 유기적으로 결합되어야 한다. 가족 관련 전문가 또는 조직의 체계적 협력관계 형성을 위한 예산지원, 업무량 조정, 장소제공 등의 기본적 인프라와 네트워크 형성에 무엇보다 힘써야 한다. 이를 통하여 조직의 구조와 체계, 조직 내의 자원 및 각각의 전문가들이 인식하고 있는 영향력, 서로의 역할에 대한 명확한 정의, 전문가 간 또는 조직 간의 서로 다른 우선순위와 가치들이 조화를 이루어 서비스가 필요한 당사자에게 전달될 수 있도록 해야 한다. 현 정부의 포용국가 사회정책 3개년 계획은 현재보다 더 많은 재원과 더 다양한 사회서비스 프로그램으로 국민들의 인간다운 기본 삶을 보장하고자 한다. 정부에서 행하고 있는 각종 서비스가 필요한 당사자의 사정에 맞는 최적의 서비스를 전달할 수 있는 구조가 갖춰질 수 있도록 전달체계의 개선이 필요하다.

3) 자활지원서비스

근로를 통한 소득보장으로 실직빈곤층의 빈곤탈출을 촉진, 미취업 수급자의 취업을 촉진해야 한다. 미취업 빈곤층의 욕구에 부응하고, 탄력적인 급여체계와 근로인센티브 지원체계를 갖추며, 노동의 수요와 공급을 조화시킨 프로그램 개발을 위하여 여러 부처가 협력하는 사업 추진체계를 갖추어야 한다.

4) 자녀양육관련 복지서비스

경제적 지원뿐만 아니라, 아동복지관이나 종합사회복지관을 중심으로 빈곤아동의 정상적인 발달을 도모할 수 있는 프로그램을 더욱 확대 · 실시하여야 한다.

5) 건강지원서비스

저소득층 가족들은 신체 및 정신건강을 위협하는 다양한 스트레스 요인에 노출되어 있어 의료와 복지 욕구를 동시에 표출하는 경우가 많다. 보건의료와 복지욕구가 있는 지역주민이 각각의 서비스제공기관을 찾아다니지 않고, 한 장소에서 필요한 의료복지서비스를 모두 제공받을 수 있도록 해야 한다. 빈곤가족을 대상으로 하는 사회복지실천이 가족구성원 개개인의 건강문제에 대한 직접적인 개입뿐만 아니라, 건강 관련문제를 예방하고 조기에 발견하여 치료할 수 있는 체계가 지역사회 내에 마련되어 환경적 개입이 이루어지도록 한다.

6) 가족관계 향상서비스

가족관계 향상서비스로 가구주와 가족구성원 개개인의 적응 능력 향상과 잠재력을 개발하여 가족구성원 스스로 빈곤으로부터 벗어날 수 있도록 부부관계 향상을 위한 부부상담, 가족치료 등을 지역사회 차원에서 해야 한다. 빈곤가구주를 대상으로 하는 개별치료, 가족관계나 가족구조에서 오는 문제들을 해소하고 가족구성원 상호관계를 원만히 하여 가족 내 생활에서 응집력을 갖도록 해 주는 가족치료, 빈곤가족을 둘러싸고 있는 생활환경 문제에 대한 환경치료가 중요하다. 단순한 가정방문이 아니라, 사회복지사가 클라이언트들의 자연스러운 환경에서 가족들과 일하기를 선택하여 가족구성원의 전반적인 발달영역에 걸쳐 부정적인 영향을 해소할 수 있도록 사회적 지지 및 관심으로 영향을 미치는 것은 보호심리 요인이 될 수 있다.

사례

- 정형진 君(가명)은 아버지와 둘이 산다. 아버지는 목수 일을 하는데, 출장을 가면 며칠씩 집을 비운다. 형진군은 홀로 지내면서 먹을 것이 없으면 음식물 쓰레기통을 뒤지곤 했다. 이 모습을 본 이웃의 신고로 드림스타트 아동통합서비스 전문요원이 형진 군을 방문했다. 조사 및 상담을 통해 아동발달센터 · 지역아동센터 연계, 반찬배달서비스 지원이 이루어졌고 아버지와의 관계도 개선되었다. 형진 군은 드림스타트를 새로운 가족, 고마운 엄마라 부른다.
- 김상수 氏(가명)는 60대 미혼으로 초등학교 1학년 중퇴 학력이 전부다. 돈을 벌기 위해 음식점을 3번이나 차렸지만 전부 실패했고 많은 빚과 함께 신용불량자가 되었다. 알코올 의존증에 걸려 기초생활 수급비로 근근이 생활해 왔다. 그러나 그는 취업을 위해 고용복지센터를 방문했고, 취업성공패키지로 연계되어 심층 상담 후 각오를 새롭게 다지게 됐다. '우리글 사랑반'에 등록해 한글공부도 시작했다. 중독관리통합지원센터에서 전문 알코올중독 상담도 받았다. 경제적 · 심리적 안정을 얻은 그는 눈물겨운 노력 끝에 주방장으로 취업해, 취업 2개월 만에 수급자에서 벗어났다.

출처: 보건복지부 보도자료, 2016.2.29.

생각 & 토론 주제

최저임금위원회는 2023년 최저시급을 9,620원(전년 대비 460원 인상)으로 의결하였다. 월 단위로 환산(주 40시간 기준 유급주휴 8시간 포함, 월 209시간)하면 2,010,580원이다. 이 급여로 빈곤 극복이나 인간다운 생활을 할 수 있을까? 외국의 최저시급액을 살펴보고 적절한 시급은 얼마나 되어야 하는지 함께 생각해 보자.

수업에 도움이 되는 자료

도서 Book

냔시 프레이저, 장석준 역(2023). 좌파의 길-식인 자본주의에 반대한다. 서해문집.

박선미 · 김희순(2015). 빈곤의 연대기. 갈라파고스.

살바도르 미누친, 박혜영 · 김현수 역(2001). 빈곤가족과 일하기. 나눔의집.

얼 쇼리스, 이병곤 · 임정아 · 고병헌 역(2006). 희망의 인문학. 이매진.

오스카 루이스, 박현수 역(2013). 산체스네 아이들. 이매진.

영화 Movie

똥파리(2009): 빈곤가정에서 학대받으며 성장했지만 가족애를 느끼며 살아가는 이야기

기생충(2019): 빈곤과 불평등, 계급갈등

브래스드 오프(1996): 신자유시대 탄광산업의 몰락으로 삶의 기반을 잃게 된 광부들이 브라스 밴드를 조직, 현실 저항과 희망과 비전을 찾아가는 이야기

가버나움(2019): 부모를 고발하는 빈곤가정 아이들의 이야기

나, 다니엘 브레이크(2016): 빈곤을 증명해야만 받을 수 있는 사회복지 서비스

빵과 장미(2000): 저임금, 노동착취와 해고의 위기 속에서 노동하는 사람들의 이야기

CHAPTER

11 한부모가족

최근 가족의 다양화 현상과 함께 한부모가족이 증가하고 있는 추세이다. 한부모가정은 인구사회학적 측면에서 뿐만 아니라, 경제적 빈곤을 초래하여 심각한 사회문제로 대두되고 있다. 따라서 우리 사회는 한부모가족을 개인적인 선택에 책임을 부과할 것이 아니라, 사회구조의 변화와 관계에 있다는 것을 인식하고, 가족이 안정적인 생활을 통해 사회에 잘 적응할 수 있도록 적극적인 지원정책이 요구된다. 이 장에서는 한부모가족의 개념과 실태 및 한부모가족을 위한 복지서비스 대책을 살펴보고자 한다.

01 한부모가족의 개념

한부모가족이란 결혼한 부부가 배우자의 사망이나 부모 중 한쪽의 이혼・유기・별거 및 미혼모・부 등의 여러 가지 사유로 인하여 한쪽 부모가 없거나, 법적으로 또는 현실적으로 한쪽 부모역할을 할 수 없는 부자(父子) 또는 모자(母子)의 형태로 이루어진 가족을 말한다(김혜경 외, 2012).

「한부모가족지원법」에서 한부모가족은 가족 구성상 부모 한쪽으로만 구성된 가족뿐 아니라, 부모가 모두 있으나 가족 기능상 한쪽이 단독으로 부모의 역할을 수행하고 있는 경우를 모두 포함한 개념으로 사용된다. 「한부모가족지원법」 제4조에서는 '한부모가족'이란 모자가족 또는 부자가족을 말한다. 이때 모 또는 부가 세대주이거나, 세대주가 아니더라도 세대원을 상실한 사실상 부양하는 자를 포함한다. '부'란 아동인 자녀를 양육하는 자를 말하는데, ① 배우자와 사별 또는 이혼하거나 배우자로 유기된 자, ② 정신이나 신체장애로 장기간 노동 능력을 상실한 배우자를 가진 자, ③ 교정시설, 치료감호시설에 입소한 배우자 또는 병역복부 중인 배우자를 가진 자, ④ 미혼자(사실혼 관계에 있는 자 제외) 등이다.

02 한부모가족의 유형별 개념 및 특성

한부모가족의 개념을 원인별 유형에 따라 구체적으로 분류하자면 가족해체의 원인으로는 부모 한쪽의 사망, 이혼 또는 별거, 배우자의 장기 입원, 미혼모 등이 있으며, 부모집단의 유형으로 분류하면 미혼모·미혼부로 구분할 수 있고, 자녀 돌봄 주체에 따라 모자가족과 부자가족, 조손가족으로 분류할 수 있다. 이러한 원인별 유형에 따라 구체적으로 구분하는 것은 가족구성에 따라 가족의 특성 및 문제가 다를 수 있으므로, 이들에 대한 적절하고 효과적인 지원이 중요하기 때문이다. 이러한 한부모가족의 개념 및 특성을 살펴보면 다음과 같다.

1. 이혼가족

이혼이란 법률적으로나 사회적으로 부부로서 인정받던 결혼관계에서 생긴 여러 문제를 해결하기 위한 방법으로 부부간의 갈등이나 기타 결혼생활을 계속 유지할 수 없다는 판단 아래 부부관계를 해소하여 남남으로 이별하는 행위 혹은 생존하고 있는 배우자 간의 협의에 의하여, 또는 재판상의 절차를 거쳐 혼인관계를 해소하는 것이다. 따라서 이혼가족이란 이혼에 의해 축소된 가족을 의미한다.

자녀가 있는 경우의 이혼은 결과적으로 부모 일방과 자녀로 구성된 한부모가족을 초래하며, 자녀의 양육권은 법에 의해 당사자의 협의에 따라 한쪽 부모에게 넘겨진다.

이혼은 부부관계가 소멸되는 것으로, 부모가 이혼을 하더라도 그 관계를 통해 형성된 부모-자녀관계는 그대로 지속되기 때문에 가족의 해체로 규정지을 수는 없다. 그리고 법적 이혼으로 모든 것이 끝나는 것이 아니라, 이혼 후 겪을 수 있는 심리적, 정서적, 경제적, 사회적 부모 역할 등 복합적 요소들이 상호작용하여 심각한 스트레스를 주게 되는 복합적 과정이다(김혜경 외, 2012: 223).

한국에서는 1970년대 후반부터 이혼이 점점 증가하고 있으며, 1990년대 이후에는 가족 간 불화나 건강상의 이유, 경제문제로 인한 이혼은 점점 감소하고 있는 반면, 부부불화에 의한 이혼은 점점 증가하고 있다(이영실 외, 2013: 253). 이혼증가의 배경에는 여성의 사회경제적 지위 변화, 이혼에 대한 태도의 변화, 이혼 관련 불평등 법 조항 개정, 성 역할 변화에 대한 남녀 간 수용의 차이 등이 있다.

2. 사별가족

사별이란 남편이나 아내 중 한 명이 사망하는 것으로, 남편이나 아내 중 한 명만이 남아 한부모가족을 이룬다. 남편의 사망으로 인한 모자가족의 증가는 다음과 같은 요인이 내재되어 있다고 볼 수 있다. 즉, 여자가 남자보다 평균수명이 길고 사회활동이 적어서 불의의 사고에 의한 사망이 적다. 또 남자의 경우는 재혼에 의해 비교적 짧은 시일 내에 한부모가족 상태를 벗어나지만, 여자의 경우는 그렇지 못하기 때문이다.

3. 미혼모 · 부가족

미혼모란 그 개념상 미혼 상태에서 혼전 임신 및 출산, 별거, 이혼, 사별 상태 등으로 배우자와 관계없는 아이를 가진 경우를 말한다(김혜경 외, 2012: 349).

이영실 등(2013)에 의하면 미혼모의 개념은 합법적이고 정당한 결혼 절차 없이 아기를 임신 중이거나 아이를 낳아서 기르는 여성을 말한다. 보통 이런 경우는 사랑하는 사람과 사귀다가 결혼식도 못 올리고 동거를 하고 갑자기 남자가 떠나거나 사망했을 경우가 많다. 다시 말하면, 미혼에 의한 미혼모가족은 법적으로 혼인을 하지 않은 상태에서 아이를 갖게 되어, 아이를 낳게 됨으로써 발생하는 가족형태로, 미혼부모는 통상 법적 요건을 갖추어 한 번도 결혼한 적이 없는 상태로 부모가 된 사람을 말하며, 엄격하게 따지면 기혼이지만 자신의 배우자 이외의 사람과 관계를 맺어 부모가 된 사람까지도 포함된다. 그리고 미혼부모의 자녀는 임신 중인 태아와 출생한 자녀 모두 포함된다. 그러나 현재 우리나라 법률에서는 미혼모란 정당한 혼인관계에 의하지 아니하고 성관계를 통해 자녀를 분만한 여성만을 의미하고 있어, 출산하지 않은 임산부는 법률적으로 미혼모의 범주에서 제외되고 있다.

최근 아이를 양육하는 미혼부(父)가 조금씩 증가하면서 미혼부가족, 즉 미혼부자가족의 양육미혼부와 그 자녀에 대한 사회복지적 개입의 필요성이 제기되어 「한부모가족지원법」에서는 미혼모와 더불어 미혼부도 지원대상이 되었다(이영주 외, 2015: 177).

우리나라에서는 통상적으로 미혼모는 10대 미혼모 혹은 20대 초반의 미혼모에 국한하여 사용되고 있으며, 이 장에서는 혼인하지 않은 상태에서 임신하게 되는 청소년과 여성을 중심으로 법적으로 결혼의 경험이 전혀 없는 가운데 임신을 하여 아이를 출산하게 된 여성으로 국한한다.

사례

미혼모 A씨는 수급자 신청을 하기 위해 동 주민센터에 갔다가 "시설에서 오셨어요?" "미혼모시네요?"라고 크게 말하는 직원 때문에 곤란한 상황을 겪었다. 사람들의 시선이 집중됐는데도 공개된 장소에서 상담을 진행했고, 미혼모에 대한 지원제도를 물어보니 '이것도 모르냐'며 대충 설명해 알아듣기도 힘들었다.

이렇게 미혼모·부, 한부모가족 등이 주민센터 등에서 사생활 노출과 차별적인 발언 등으로 불편을 겪자, 여성가족부와 저출산고령사회위원회가 이들을 응대하는 현장 공무원을 위한 '10대 민원응대 수칙'과 '한눈에 보는 지원제도 안내문'을 마련했다.

미혼 부·모 '10대 민원수칙'

1. 미혼 모·부 등 한부모 상담 창구를 쉽게 찾을 수 있도록 표시해 주세요.
2. 별도의 상담실로 안내, 상담실이 없을 경우 목소리를 낮춰서 응대해 주세요.
   (사생활 보호를 위해)
3. 업무와 직접적인 관련이 없는 질문(아이 아버지, 원가족, 가정사 등)은 삼가 주세요.
4. 나이가 어리다고 해서 반말을 사용하지 말고 인권을 존중하는 언어를 사용해 주세요.
5. "안돼요. 모르겠는데요"보다는 "다시 알아보고 방안을 찾아보겠습니다" 등의 긍정적인 답변을 해 주세요(민원인의 입장에서).
6. 개인정보 보호에 주의를 기울여 주세요.
   (후원물품 수령 시 등 타인에게 개인정보가 노출되지 않도록)

7. 가족관계증명서 발급 시에는 일반증명서와 상세증명서를 사용할 수 있다는 것을 안내해 주세요.(상세증명서를 요구하는 경우가 아니라면 일반증명서 발급)
8. 임신/출산부터 양육까지 전 과정에 걸쳐 지원받을 수 있다는 것을 알려 주세요.
(가족콜 1644-6621 및 미혼모부자 시설, 미혼모지원 민간단체 등에 대한 정보 제공 필요)
9. 혼인여부와 상관없이 임신, 출산, 양육상 생계의 어려움을 이유로 긴급복지 지원을 신청할 수 있음을 알려 주세요(시 · 군 · 구별로 조례에 규정).
10. 〈한부모에 대한 지원제도 안내문〉을 교부해 주세요.

출처: 여성가족부.

4. 조손가족

조손가족이란 아동이 부모의 사망 혹은 부모가 가구 내에 존재하더라도 부모 기능을 수행하지 못하는 경우, 18세 이하의 손자녀가 한 가정에서 조부모가 부모를 대신하여 양육되는 일차적 책임을 지는 가족을 지칭하는 것으로, 조손가정, 조손세대, 조손가구 등의 다양한 용어로 사용되고 있다. 조손가족은 일반적으로 조부모와 손자녀로 구성된 가족을 의미한다.

조손관계는 가족에서의 부모-자녀의 혈연관계가 수직적으로 확장된 구조를 가진다고 할 수 있다. 따라서 조손가족의 개념은 사회적 요인에 따라 성인자녀 세대의 가족해체 현상이 증가한다는 것을 전제로, 그들의 자녀를 의료적인 보호 · 교육 · 훈육할 수 없는 경우 조부모가 성인자녀를 대신하여 손 · 자녀와 6개월 이상 동거하면서 생활전반에 걸쳐 일차적 책임을 지고 있는 것이라는 개념 정의에 대해서는 어느 정도 합의를 보이고 있다고 볼 수 있다(이영주 외, 2015: 227).

사례

"제 이름이에요. 잘 썼죠?"

여섯 살 은석(가명)이가 스케치북에 이름 석 자를 또박또박 적어 자랑스럽게 내보였다. 그런 손자를 할머니 조모(63) 씨는 잠시 흐뭇하게 바라볼 뿐, 얼굴에 이내 그늘이 드리워졌다. 비좁고 허름하기는 해도 두 식구의 버팀목이 돼 준 보금자리를 떠나야 할지 모른다는 걱정이 요즘 들어 떠나질 않아서다. 할머니는 은석이 엄마가 100일도 안된 갓난쟁이를 버리고 가출했을 때부터 손자를 떠맡아 키웠다. 세 살 무렵 아빠도 사고로 숨지면서 가세는 갈수록 기울었다. 한 달 벌이라곤 은석이 앞으로 나오는 기초생활수급비 40만 원과 조 씨의 장애수당(신장장애 2급) 30만 원, 정부 양육보조금 15만 원 등 채 100만 원이 안 된다. 3년여 전 은행 대출 2,000만 원을 끼고 서울 동작구의 다세대주택에 전세(보증금 5,500만 원)로 들어왔지만 집주인이 바뀌면 언제 쫓겨날지 몰라 전전긍긍하고 있다. 그는 "손자가 성인이 될 때까지만이라도 살아 있는 게 유일한 바람"이라고 했다.

은석이네는 '조손(祖孫)가족'이다. 조부모와 손자녀로 이뤄진 가구 형태를 말한다. 20년 전만 해도 생소했던 이 용어는 외환위기를 지나면서 우리 사회 전면에 등장했다. 계속된 경기침체는 가족해체를 심화시켰고 부모와 성인 자녀 역할을 동시에 수행했던 '완충 세대'는 점점 사라져 갔다. 그렇게 주요 사회문제가 됐다.

출처: 한국일보, 2018.10.16.

03 한부모가족의 실태와 문제

1. 한부모가족의 실태

한부모가족의 유형은 다양하고 한부모가구의 수는 2014년 1,970천 가구, 2017년 2,127천 가구로 증가하였고, 비율적으로 보면 2012년 9.9%에서 2017년 10.9%로 계속 증가 추세에 있는 만큼 발생 가능한 문제점을 가늠하여 정책의 방향도 지원정책에 초점을 맞출 필요가 있다. 한부모가구의 현황을 살펴보면 **표 11-1**과 같다.

표 11-1 한부모가구 현황

(단위: 천 가구, %)

한부모가구 현황	연도				
	2014	2015	2016	2017	2018
전체가구	18,705	19,013	19,285	19,524	19,752
한부모가구	1,970	2,052	2,090	2,127	2,158
한부모가구 비율	10.5	10.8	10.8	10.9	10.9

출처: 통계청(2018). 2015~2045 장래가구추계.

한부모가구는 지속적으로 증가하고 있으며 모자가족 비율은 조금씩 감소한 반면, 부자가족의 비율은 지속적으로 증가하고 있다. 이러한 변화 가운데 한부모가족을 지원하기 위한 법적 제도도 함께 발전하였다. 1989년 「모자복지법」이 제정된 이래, 2002년에는 「모・부자복지법」으로 명칭이 변경되면서 부자가족에 대한 지원이 시작되었으며, 그 후 2007년에는 「한부모가족지원법」으로 개정되어 모자가족과 부자가족을 한부모가족으로 통합하여 칭하게 되었다. 한부모가족 가구주 성별에 따른 구성 비율을 보면 **표 11-2**와 같다.

표 11-2 한부모가족 가구주 성별에 따른 구성 비율

(단위: 천 가구, %)

구분		2000	2005	2010	2021
모자가구	비율(%)	80.4	79.1	78.2	67.4
	가구 수	904	1,083	1,247	1,763
부자가구	비율(%)	19.6	20.9	21.8	32.6
	가구 수	220	287	347	683

출처: 통계청(2021). 2015~2021 장래가구추계.

한부모가족의 형성원인에는 사별, 이혼, 미혼, 유배우자로 구분할 수 있다. 2000년 한부모가족 형성의 가장 주된 이유로는 사별이 전체의 1/2를 차지하였으나, 10년간 지속적으로 감소하여 2010년에는 전체의 1/3 수준으로 대폭 감소하였다. 그에 반하여 이혼 및 유배우로 형성된 한부모가족, 즉 부부의 이혼이나 한쪽 배우자의 가출, 장애 등으로 사실상 한부모가족의 비율은 2000년 44.4%에서 2010년 58.7%로 증가하여, 전체의 1/2을 훌쩍 넘겨 지속적으로 증가하였다. 따라서 한부모가족의 증가가 결국 이혼율과 유배우율의 증가에 영향을 가장 많이 받고 있음을 보여주는 결과이다.

한부모가족의 형성 원인을 살펴보면 **표 11-3**과 같다.

표 11-3 한부모가족 형성 사유

(단위: 천 가구, %)

연도별	총 가구 수(a)	한부모가구 수					한부모가구 비율(b/a)
		사별	이혼	미혼	유배우	계(b)	
2000	14,312	502(44.7)	245(21.9)	123(10.9)	252(22.5)	1,124(100)	7.9
2005	15,887	501(36.6)	399(29.1)	142(10.4)	328(23.9)	1,370(100)	8.6
2010	17,339	474(29.7)	523(32.8)	185(11.6)	413(25.9)	1,594(100)	9.2
2020	20,427	569(32.8)	456(25.8)	696(16.5)	684(24.9)	-	9.8

출처: 통계청(2021). 2015~2045 장래가구추계.

앞으로 한부모가족 자녀의 발생률은 지속적으로 증가하게 될 것으로 예측되는 가운데, 표 11-4에서 제시된 통계청 자료에 따르면, 한부모가족은 2035년 2,279 천 가구에 이를 것으로 추정되고 있다. 따라서 한부모가족에 대한 폭넓은 사회적 관심과 정책적 지원은 지속적으로 이루어져야 할 것이다.

표 11-4 장래가구 추계에 의한 연도별 한부모가족 전망

(단위: 천 가구, %)

구분	2020년	2025년	2035년
전체가구	19,878	20,937	22,260
한부모가구	2,068	2,174	2,279
비율(%)	10.4	10.4	10.4

출처: 통계청(2017). 2015~2045 장래가구추계.

한부모가구 형성요인별 현황을 보면, 연도별 이혼에 의한 한부모가구가 크게 증가하였고, 반면에 사별에 의한 한부모가구의 비율은 현저하게 감소하였다. 조손가구의 급격한 증가는 실제로 전체 아동 수는 감소추세인 반면, 조손세대 아동 수는 1995년 35,194명에서 2010년 69,175명, 2018년 기준 부모 없이 조부모와 함께 생활하는 18세 미만 아동이 속한 가구는 52,951가구, 총가구원수는 151,588명인 것으로 집계됐다. 조손가정에서 자라는 18세 미만의 아동은 59,183명이다. 연령별로 살펴보면 5~9세가 18,076명으로 가장 많고, 10~14세가 15,715명, 0~4세가 14,216명, 15~17세가 11,176명 순이다.

2. 한부모가족의 문제

한부모가족의 문제는 한부모가족이 된 직접적인 원인(이혼 · 별거 · 사별 · 미혼모와 미혼부)과 그 가족이 처한 상황(경제적 수준, 가사와 육아의 조력자 유무, 부모의 취업 여부, 가족의 크기, 지지체계)에 따라 직면하는 문제가 서로 다르다(이성희 외, 2012: 227).

한부모가족에 있어서 한부모가 자녀에게 부모 모두의 역할을 해 주어야 한다는 역할 부담, 특히 모자가족에서 나타나기 쉬운 경제적 어려움, 가족에 대한 자녀의 책임감 등 정신적인 갈등을 극복해야 하는 문제 등 제반 어려움이 발생하게 된다. 이러한 한부모가족이 처한 어려움, 즉 경제적 부양자원 감소, 역할과중, 지지세력 감소 등 가시적으로 나타나는 일반적인 장애요인들로 인하여 한부모가족의 문제를 파악해나가는 일은 중요한 사회적 과제가 되고 있다. 일반적으로 한부모가족이 처하게 되는 어려움을 구체적으로 살펴보면 다음과 같다.

1) 경제적 문제

경제적 어려움은 한부모가족이 직면하는 가장 큰 문제이며, 현실적으로 우리나라뿐만 아니라 다른 국가에서도 가장 크게 나타나고 있으며, 한부모가족이 경험하는 경제적인 문제는 부자가족보다는 모자가족에서 더 심각하게 나타나고 있다. 모자가족이 심각한 경제적 어려움을 겪게 되는 원인은 부(父)의 상실로 인한 소득의 감소뿐만 아니라 주택문제, 모(母)의 취업문제, 여성에 대한 차별과 과중한 양육부담 등에서 나타나고 있다.

이에 비해 부자(父子)가족의 경우는 모자(母子)가족에 비해 그 수가 적지만, 부자가족의 대다수는 부의 저학력과 저소득으로 인해 경제적으로 빈곤한 상태에 처해 있다. 이러한 환경에서 부자가족의 경제적 소득 중 가장 큰 비중을 차지하는 것은 자녀양육비로 나타나고 있으며, 직업선택에서도 부자가족은 자녀양육과 집안일 양쪽을 다 신경 써야 하기 때문에 이를 고려한 직업을 찾다보면 직업선택의 기회가 적어지고, 이직(移職)의 가능성도 높아져 더 악화되기도 한다(김윤재 외, 2013).

한부모가족의 경제적 어려움은 모 · 부자가족 모두 상당수 빈곤층에 처할 가능성이 높고, 이는 가족의 의료비 충당을 어렵게 하거나 월세나 전세비로 인한 주택문제를 해결해야 하는 등 인간의 가장 기본적인 생활이 침해받게 됨으로써 자녀양육의 불안정으로 이어질 확률이 높다(이성희 외, 2012).

조손가족의 경우, 조부모들은 평균 70대와 60대의 고령으로, 초등학교 졸업 이하의 저학력이 많아 경제활동이 쉽지 않으므로 경제적 어려움이 매우 심각하다. 조손가정의 친부모가 살아 있다 하더라도 친부 또는 친모로부터 경제적 지원을 받는 경우는 많지 않기 때문에 대부분이 최저생계비 이하의 빈곤층에 해당되며, 전체가구의 절반 이상이 생계유지를 정부와 공공기관의 지원에 의존하고 있는 실정이다. 조부모의 경제적 여력이 부재한 경우, 손자녀에게도 영향을 미쳐 빈곤의 대물림으로 이어지는 악순환이 되풀이될 수 있다는 심각한 문제점이 나타날 수 있다. 이러한 경제적 빈곤은 한부모가족 복지수준을 위협하는 가장 큰 요인이 되고 있다.

자녀양육의 문제에서는 한부모가정 아동은 부모의 부재로 인하여 가정, 학교 및 사회생활에서 많은 스트레스를 경험하고 있으며, 부모의 적절한 보호와 보살핌을 받지 못하며 방임된 상태에서 성장할 가능성이 많고, 또한 학교 성적이 떨어지고 결석이나 가출, 비행을 할 가능성도 높다(조영구 외, 2017: 192).

2) 심리 · 정서적 문제

한부모가족은 경제적 어려움뿐만 아니라, 배우자가 없음으로 인해 오는 역할갈등, 절망감, 책임감과 같은 스트레스로 인한 상실감과 소외감을 경험하게 되고, 사회적 편견과 차별 등으로 인해 심리적으로 위축되고 고독감 등 정서적 문제에 부딪히게 된다. 이러한 문제에 대해 구체적인 내용을 살펴보면 다음과 같다.

(1) 역할 갈등

한부모가족의 정서적 문제 중 가장 큰 부분은 과중한 역할 분담으로 부모나 자녀 모두 역할에 대한 혼란감을 경험하게 된다. 모자가족에서는 가족부양자로서의 부의 역할과 부자가족에서는 가정관리자로서의 모의 역할의 혼란감을 가지게 되어 과도한 역할 긴장, 역할 부담을 느끼게 된다. 이 경우 과중한 역할 수행으로 인해 자신이 지칠 뿐만 아니라, 자녀에 대하여 충분한 관심을 갖지 못한다는 죄책감이 자녀양육 문제에 어려움을 겪게 만든다. 특히 남편과 자녀에게 의존적인 삶을 살던 여성은 역할 상실로 인해 자아존중감이나 자아정체감에 상처를 받을 수 있다. 또한 자녀는 성장과정에서 부모의 부재로 동일시 대상이 없어짐으로써 발달장애 또는 역할 동일시에 대한 학습결핍 등이 발생한다. 즉, 부의 부재로 인하여 모자 가정의 아들은 아버지로서의 역할을 기대 받게 됨으로써 역할 과잉을 경험하게 되고, 딸의 경우에는 어머니와 가사를 분담해야 하는 역할 과잉을 경험할 수 있다.

(2) 상실감과 소외감

한부모가족에게는 경제적 기반이 약화됨으로써 심리적 불안감이 생기고, 고독감, 역할수행상의 혼란, 애정결핍, 감정표현 수용의 좌절, 친구관계의 변화로 인하여 상실감과 소외감, 피해의식을 경험하며, 자아존중감이나 자아정체감에 심한 상처를 받는 등 정서적 문제에 직면하게 된다.

한부모가족이 처하는 정서적 문제의 상황은 결과적으로 주변 사람과의 원만한 인간관계를 어렵게 하고, 타인과의 관계에서 위축되고 사회의 왜곡된 인식 및 낙인에 대한 두려움을 경험하게 된다(이성희 외, 2012: 230). 또한 동일시 대상의 상실로 자녀가 건전하게 자랄 수 있는 환경을 조성하지 못하게 되며, 자녀들의 경우 부모부재 이후에 겪는 생활의 변화에 적응해야 하고, 역할문제, 친구와의 관계, 학교생활 적응 등 위기 상황에 직면하게 된다.

조손가족의 경우에는 조부모의 만성질환 및 노환으로 신체적 건강과 기능수준이 낮아 오히려 돌봄을 받아야 하지만, 손자녀를 양육하는 부담은 과도한 노동으로 이어지는 부담과 자신의 처지를 비난하여 우울하거나 소진되기도 한다.

(3) 사회적 편견과 차별

최근 이혼의 급격한 증가로 인하여 한부모가족이 증가하면서 이혼에 대한 비정상가족이라는 비도덕적 낙인과 함께 차별 등의 이중, 삼중의 고통을 겪게 된다.

'비정상적인 가족'이라는 편견과 고정관념은 당사자인 성인에만 국한되지 않고, 자녀에게도 영향을 주게 되어 자녀의 건강한 성장을 저해하고 이들이 성인이 되었어도 삶에 부정적인 영향을 끼칠 가능성이 매우 높다. 또한 한부모여성이 겪게 되는 것은 혼자라는 사실이 알려지면 남성으로부터 성희롱의 대상이 되는 직장이나 사회생활에서 상당한 불이익을 당하기도 하는데, 이러한 사회적 편견은 심리적으로 위축되고 고독감을 느끼는데, 이 문제는 사별보다 이혼과 미혼모의 경우에 더 심각하다.

3) 자녀의 부적응

한부모가족은 생계유지를 위하여 취업을 하게 되고, 부모 역할의 일부 부재로 인하여 자녀를 적절히 양육하고 교육시킬 수 있는 시간적 · 경제적 · 정신적 여유가 없기 때문에 자녀양육 및 교육문제가 발생하게 된다. 이러한 문제는 경제적 문제가 제일 크다고 볼 수 있으나, 역할갈등, 성 역할 모델 부재에서 오는 성 정체성 혼돈, 낮은 성취도, 정서적 불안 등의 문제가 발생할 수 있다.

모자가족의 경우, 아버지의 부재는 자녀에 대한 통제력과 감독의 상실을 가져옴으로써 자녀 자신의 통제력에도 문제가 될 수 있다. 어머니의 경우, 경제적 어려움으로 인하여 가장 많이 지출되는 교육비에 부담을 느끼는 등 현실적 문제에 직면하게 된다. 부자가족의 경우, 아버지가 생계유지를 위하여 취업을 하고 가사 역할을 부담해야 하는 현실적 상황에서 절대적 시간이 부족하며, 이와 함께 자녀에 대한 보호, 감독 등이 소홀해짐으로써 자녀를 유해한 환경에 방치하는 경우 등 신체적 · 정서적으로 위험한 결과를 가져올 수 있다. 이로 인해 자녀를 충분히 돌보지 못한다는 죄책감으로 자녀양육에 감정적 대처가 잘 되지 못하는 경우가 많다. 어머니의 부재로 인하여 감정이나 애정을 표현하는 등의 표현적 경험을 가질 기회가 박탈되어 가족구성원을 비롯한 타인과의 긴밀한 관계를 형성하는 데 어려움을 겪는다. 이러한 환경은 가정의 안정감과 질서가 흩어져 산만함과 의욕상실로 이어지고, 아버지는 안정적인 직업을 선택할 수 없는 상황에 놓이기도 한다. 이와 같은 문제로 인하여 자녀의 학습 부진, 비행 등의 사회문제로 확대될 가능성이 높고, 자녀교육에 대한 욕구 대비 학비 부족 등과 같은 현실적인 문제에 직면하면서 자녀교육에 대한 문제점을 더 심각하게 느끼게 된다.

한부모가족 중 이혼한 가족의 자녀는 부나 모가 없는 데서 오는 열등감과 심리적인 불안감을 겪으며, 가정 내의 가족구성, 즉 부나 모 또는 양친의 빈자리는 자녀에게 있어서 바람직한 인간관계를 학습할 대상을 상실하게 한다(조영구 외, 2017: 193).

조손가족 아동은 부모가 함께 살지 않는다는 이유로 친구에게 따돌림을 당하거나 차별을 받기도 하여 친구관계 형성이 어렵고, 부모가 학교행사에 참여하지 못함으로써 학교에서 곤란을 겪는 심리적 부담 등을 겪으면서 학교생활 적응에 어려움을 겪게 된다. 이러한 문제는 아동에게 부정적인 생각을 만들고, 비행, 일탈, 반사회적 행동, 높은 공격성, 행동장애 등 문제행동으로 나타날 수 있다.

04 서비스 현황과 대책

1. 한부모가족 복지서비스 현황

한부모가족이 지속적으로 증가함에 따라 저소득 한부모가족, 미혼모, 조손가족 등 보호대상자의 생활안정과 자립기반을 위한 대책이 요구되고 있다. 이에 따라 국가의 정책적 지원은 「한부모가족지원법」을 근거로 하여 여성가족부에서 주관하고 있다. 지원사업은 크게 양육·생계를 위한 한부모가족 지원사업인 재가보호서비스와 시설보호서비스가 대표적이며 구체적인 내용은 다음과 같다.

1) 재가보호서비스

재가보호서비스에는 양육·생계를 위한 서비스, 주거서비스, 금융·무료법률구조 서비스 등이 있으며 각 서비스의 종류는 표 11-5와 같다.

표 11-5 재가보호서비스의 내용

재가보호서비스	내용
양육 · 생계를 위한 서비스	소득 한부모가족 지원사업과 청소년 한부모 자립지원사업, 보육료지원, 유아학비지원, 가정양육수당지원, 아이돌봄서비스, 육아종합지원센터, 공동육아나눔터, 저소득 한부모가족을 위한 요금감면 혜택, 맞춤형 기초생활보장제도, 취약 · 위기가족 지원, 희망복지지원단 통합사례관리사업, 가사 · 간병 방문지원사업, 드림스타트
주거서비스	공동생활가정 매입임대주택지원, 한국토지주택공사(LH), 지방도시공사 시행 임대주택공급
금융 · 무료법률 구조서비스	자산형성 지원, 근로장려금, 자녀장려금, 미소금융, 양육비이행학보 지원서비스, 한부모가족 무료법률구조

출처: 여성가족부(2018). 미혼모 · 부 한부모가족을 위한 복지서비스 안내책자 재구성.

재가보호서비스 내용 중 양육 · 생계를 위한 저소득 한부모가족 지원사업에는 아동 양육비 · 교육비 지원사업의 내용을 담고 있으며, 한부모가족 아동양육비를 살펴보면, 소득인정액이 기준중위소득 52% 이하이면서 만 18세(취학 시 만 22세) 미만의 아동을 양육하는 한부모가족 및 조손가족으로 만 14세 미만 아동 1인당 월 13만 원을 지원하고 있다. 추가 아동양육비는 저소득 조손가족 만 25세 이상 미혼 한부모가족의 만 5세 이하 아동에게는 월 5만 원을 추가 지원하고 있다. 이외에 중학생 및 고등학생 아동 1인당 학용품비 연 5.41만 원을 지원하며, 한부모가족 복지시설 입소가구에 대해서는 생활보조금 월 5만 원을 추가로 지원하고 있다. 2018년 한부모가족 아동양육비 지원금, 소득인정 기준액은 **표 11-6**, **표 11-7**과 같다.

표 11-6 한부모 아동양육비 지원금

종류	대상	금액
아동양육비	만 14세(취학 시 만 22세) 미만의 아동을 양육하는 한부모가족 및 조손가족	1인당 월 13만 원
추가양육비	저소득 조손가족 만 25세 이상 미혼 한부모가족의 만 5세 이하 아동	1인당 월 5만 원
학용품비	중 · 고등학생 자녀를 양육하는 한부모가족	1인당 연 5.41만 원
생활보조금	한부모가족복지시설 한 한부모가족	월 5만 원

출처: 여성가족부(2018). 미혼모 · 부 한부모가족을 위한 복지서비스 안내책자 재구성.

표 11-7 한부모가족 아동양육비 소득인정액 기준(2023)

(단위: 원/월)

구분	2인	3인	4인	5인
한부모 및 조손가족	2,073,693	2,660,890	3,240,578	3,798,413

출처: 여성가족부(2023). 미혼모·부 한부모가족을 위한 복지서비스 안내책자 재구성.

청소년 한부모자립지원사업은 소득인정액이 기준중위소득 60% 이하이면서 모 또는 부의 나이가 만 24세 이하인 청소년 한부모가구를 기준으로 아동양육비와 교육비 기준을 다르게 적용하여 지원하고 있다. 단, 만 25세 이상은 저소득 한부모가족으로 월 13만 원을 지원한다. 청소년 한부모가구의 아동양육비는 아동 1인당 월 18만 원을 지원하고 있으며, 청소년 한부모가구의 부 또는 모가 검정고시 학습 시 연 154만 원 이내의 학습비를 지원하고 있다. 또한 소득인정액 기준 중위소득 53~60%(교육수급자 제외) 이하는 청소년 한부모가구의 부 또는 모가 정규 고교과정 이수 시 입학금·수업료 실비지원을 하고, 생계급여, 의료급여 수급자인 청소년 한부모가구의 부 또는 모가 학업이나 취업 등 자립 활동 시 자립지원 촉진수당으로 월 10만 원을 지원하고 있다. 청소년 한부모가족 자립지원금 및 아동양육비 소득인정액 기준은 **표 11-8, 표 11-9**와 같다.

표 11-8 청소년 한부모가족 자립지원금(1993.1.1. 이후 출생한 한부모)

종류	대상	금액
청소년 한부모 아동양육비	청소년 한부모 만 14세 미만 아동	1인당 월 18만 원
청소년 한부모 검정고시 학습비	청소년 한부모가구의 가구주로서 검정고시 학원에 등록된 자	연 154만 원
청소년 한부모 고교생교육비	고등학교 과정의 교육을 이수하는 청소년 한부모	입학금·수업료 실비지원
청소년 한부모 자립촉진수당	기초수급권 청소년 한부모가구 중 학업·직업훈련·취업활동 등을 통해 자립활동에 참여하는 가구-아동 만 24개월까지 지원가능	가구당 월 10만 원

출처: 여성가족부(2018). 미혼모·부 한부모가족을 위한 복지서비스 안내책자 재구성.

표 11-9 2018년 청소년 한부모가족 아동양육비 소득인정액 기준

(단위: 원/월)

구분	2인	3인	4인	5인
청소년 한부모가족	1,708,258	2,209,890	2,711,521	3,213,152

출처: 여성가족부(2018). 미혼모·부 한부모가족을 위한 복지서비스 안내책자 재구성.

그 밖에 한부모가족 재가보호서비스의 경제적 지원을 살펴보면, 이동전화와 개인 휴대통신, 전기요금, 도시가스요금 감면, 주민등록 등 발급 수수료 면제, 과태료, 자동차검사 수수료 감면, 건강보험료 경감, 아이돌봄서비스, 민간어린이집 우선 이용, 문화이용권 이용, 「한부모가족지원법」에 따른 직업능력개발훈련을 받을 수 있다. 주거서비스로는 한부모가족이 국민주택을 분양하거나 임대할 때, 일정 비율한도 내에서 우선 분양 및 임대를 받을 수 있고, 무주택자인 경우 공공임대주택 및 임대주택을 특별공급을 받을 수 있다.

재가보호서비스에서 미소금융사업의 내용은 경제적 지원을 돕는 서비스로서, 생활안정과 자립을 위해 창업 등을 희망하는 한부모가족을 대상으로 사업자금이나 아동교육비, 의료비, 주택자금 등의 복지자금을 "자영업자 관련 대출자금"을 통하여 저리로 융자 받을 수 있으며, 구체적인 내용은 표 11-10과 같다.

표 11-10 미소금융 "자영업자 관련 대출자금" 내역

상품	사업운영자금	창업자금
대출한도	2천만 원	7천만 원
대출기간 및 상환방법	최대 5년 원리금 균등 분할상환	최대 5년 원리금 균등 분할상환
대출금리	연 4.5%	

출처: 여성가족부(2018). 미혼모·부 한부모가족을 위한 복지서비스 안내책자 재구성.

또한 무료법률구조서비스는 대한법률구조공단 지원으로 이루어지고 있으며, 그 내용에는 한부모가족에게 민·가사사건, 형사사건 등 법적 분쟁 발생 시 법률상담, 소송대리 등 무료법률구조 등을 통해 소송비용 및 변호사 보수 등을 지원하고, 법원과 연계하여 건강가정지원센터를 통한 이혼위기가족 회복지원사업으로 상담, 교육, 문화서비스 등이 이루어지고 있다. 또한 양육비이행확보 지원서비

스를 통하여 만 19세 미만의 자녀를 양육하고 있는 한부모・조손가족을 대상으로 양육비 상담, 합의, 소송, 추심 및 모니터링 지원 등 미성년 자녀양육비 청구와 이행확보 등에 관한 원스톱 종합서비스를 제공하고 있다. 한부모가족을 위한 법률지원 내용은 표 11-11과 같다.

표 11-11 한부모가족을 위한 법률지원

구분	지원내용
자녀양육비 청구소송	• 이혼가족 등 한부모가족의 자녀양육비 확보가 가능하도록 법률상담 • 소송서류 작성, 화해권유, 소송대리 등 법률적 지원
미혼부를 상대로 하는 자녀인지청구소송	• 친자관계 입증을 위한 법률상담 • 유전자 검사 및 소송 지원
자녀양육비 이행확보	• 상대방이 자녀양육비 지급의무를 이행하지 않을 경우, 양육비 확보에 필요한 법률적 지원

출처: 여성가족부(2018). 미혼모・부 한부모가족을 위한 복지서비스 안내책자 재구성.

2) 시설보호서비스

시설보호서비스사업은 한부모가족이 따뜻한 집에서 자녀를 양육하고, 생활이 어려운 한부모가족에게는 입소시설을 이용하여 정서적 안정과 심리치료를 위하여 일정기간 양질의 서비스를 제공하여 안정적으로 보호함으로써 자립기반을 조성할 수 있도록 지원하고 있다.

한부모가족복지시설은 우리나라 한부모가족 지원에 있어서 지원 중 가장 큰 비중을 차지하는 것으로, 모자보호시설, 부자보호시설, 모자자립시설, 일시보호시설. 미혼자시설, 미혼모자공동생활가정, 미혼모공동생활시설 등으로 구분된다. 2018년 현재 125개 생활시설이 운영 중에 있으며, 가족복지시설 현황은 표 11-12와 같다.

표 11-12 시설보호서비스 현황

시설종류	입소대상	지원내용	보호기간 (연장기간)
모자보호시설 (42개소)	• 만 18세 미만의 자녀를 양육하는 무주택 저소득 모자가족	• 일정기간 보호 및 생계지원	3년(2년)
부자보호시설 (2개소)	• 만 18세 미만의 자녀를 양육하는 무주택 저소득 부자가족	• 일정기간 보호 및 생계지원	3년(2년)
모자공동생활지원 (3개소)	• 독립적인 가정생활이 어렵고 일정기간 공동으로 가정을 이루어 생활하면서 자립을 준비하고자 하는 모자가족	• 일정기간 보호 및 생계지원	2년(1년)
부자공동생활지원 (2개소)	• 독립적인 가정생활이 어렵고 일정기간 공동으로 가정을 이루어 생활하면서 자립을 준비하고자 하는 부자가족	• 일정기간 보호 및 생계지원	2년(1년)
모자자립시설 (3개소)	• 만 18세 미만의 자녀를 양육하는 무주택저소득 모자가족 및 모자보호시설에서 퇴소한 모자	• 주택편의 제공	3년(2년)
일시보호시설 (11개소)	• 배우자의 물리적·정신적 학대로 아동의 건전한 양육과 모의 건강에 지장을 초래할 우려가 있는 모와 아동	• 숙식, 의료, 법률상담 및 심리상담 등	6월(6월)
미혼모자시설 (20개소)	• 미혼의 임산부 및 출산 후(6월 미만) 보호를 요하는 여성	• 분만 의료지원, 인성교육 및 상담, 자립지원	1년(6월)
미혼모자 공동생활가정 (38개소)	• 2세 미만의 영유아를 양육하는 미혼모로서 일정기간 숙식보호와 자립지원을 필요로 하는 여성	• 직업교육 등 자립지원, 양육교육	2년(1년)
미혼모 공동생활가정 (1개소)	• 출산 후 해당 아동을 양육하지 아니하는 미혼모로서 일정기간 숙식보호와 자립지원을 필요로 하는 여성	• 직업교육 등 자립지원	
한부모가족 복지상담소 (4개소)	• 상담이 필요한 한부모가족	• 한부모가족에 대한 위기, 자립상담 및 문제해결 지원	

출처: 여성가족부(2018). 미혼모·부 한부모가족을 위한 복지서비스 안내책자 재구성.

정부의 정책적 지원뿐만 아니라 지역사회복지관, 한부모보호시설, 민간기관에서도 다양한 프로그램을 통하여 한부모자립시설, 여성단체, 자활후견기관 등 민간기관을 통하여 다양한 복지서비스 프로그램이 지원되고 있다. 이 중 복지관에서 제공되는 프로그램에는 경제적 지원과 심리·사회적 지원으로 구분하고, 심리 · 사회적 지원은 상담서비스, 지역사회 연계서비스, 교육서비스, 보육서비스, 사례관리 등으로 분류하며 그 내용은 **표 11-13**과 같다.

표 11-13 기관별 한부모가족 프로그램 및 서비스

<table>
<tr><th colspan="2" rowspan="2">분류
내용</th><th colspan="2">사회복지시설</th><th colspan="2">한부모가족복지시설</th></tr>
<tr><th>부모</th><th>자녀</th><th>부모</th><th>자녀</th></tr>
<tr><td colspan="2">경제적 지원</td><td>• 부업 및 취업상담 알선
• 의료비 · 보험료지급
• 자립금적립지원
• 자조협동조합</td><td>• 학비(장학금)지급
• 학원비 보조
• 결식 · 급식지원</td><td>• 직업훈련
• 직업훈련의뢰
• 취업알선
• 생계비지급
• 보육비용지급</td><td>• 학비지원
• 급식비지원</td></tr>
<tr><td rowspan="6">심리사회적 지원</td><td>상담 서비스</td><td>• 개별상담
• 집단상담지도
• 자조모임
• 가정방문</td><td>• 개별상담
• 집단상담
• 자녀자조모임</td><td colspan="2">• 개인상담
• 집단상담지도
• 종교생활지도</td></tr>
<tr><td>지역사회 연계 및 의료서비스</td><td>• 공공기관 · 의료기관 · 기업대상 옹호서비스
• 생활정보 제공
• 무료진료</td><td>• 문화 · 여가지도
• 학교 · 교사대상 옹호서비스
• 자원봉사자와 1:1 결연</td><td colspan="2">• 건강검진
• 예방접종
• 분만의료혜택
• 신체검사
• 의료비보조</td></tr>
<tr><td>교육 프로그램</td><td>• 부모역할교육
• 자녀교육프로그램
• 법률정보 등 특강</td><td>• 방과후교실
• 특기지도
• 야외학습 및 특별활동</td><td>• 부모역할교육</td><td>• 공부방 (방과후지도)
• 특기활동 지원
• 특강, 공연관람</td></tr>
<tr><td>보육 서비스</td><td>• 야간 보호서비스</td><td></td><td colspan="2">• 자립프로그램 실시: 직업교육, 양육교육, 인성교육, 상담지도 등
• 학령아동 학교 · 교육관련지원, 상담</td></tr>
<tr><td>가족행사</td><td>• 가족캠프
• 가족의 밤</td><td></td><td colspan="2">• 어린이날 · 어버이날 • 추석
• 수련회 · 야유회 • 성탄
• 체육대회 • 가족캠프</td></tr>
<tr><td>사례관리 서비스</td><td colspan="2">• 대상자의 사례분석을 통해 서비스 개입계획을 수립하고 제공함</td><td colspan="2">• 입 · 퇴소상담 및 정기상담을 통한 각 가정에 맞는 대인서비스지원 · 연결</td></tr>
</table>

출처: 박옥임 외(2017). 가족복지론.

이러한 대상자 선정은 만 18세 미만의 아동을 양육하는 한부모가족 및 조손가족, 다문화가족, 북한이탈가족, 긴급위기가족 등의 취약 · 위기가족 등을 기준으로 포괄적으로 적용하고 있다.

2. 한부모가족복지서비스 대책

현재 한국 사회는 혼인율·출산율의 감소, 이혼율의 증가, 미혼모(부)의 증가, 가치관의 변화 등으로 무자녀가족, 재혼가족, 한부모가족 등 다양한 가족의 형태가 출현하게 되었다. 이 가운데 한부모가족의 경우는 대부분 저소득층에 속해 있어 자녀 보호 및 양육에 대한 부담이 더욱 가중되어, 결국 가족해체로 이어지게 만드는 사회문제를 낳고 있다. 이러한 한부모가족에 대한 서비스 대책은 「한부모가족지원법」과 「건강가정기본법」에 근거를 두고 있지만, 지원의 범위나 지원환경은 한부모가족이 자립하기에는 어려운 현실이다. 따라서 한부모가족의 문제점을 바탕으로 서비스 대책을 살펴보고자 한다.

1) 경제적 지원 확대

한부모가족은 국민기초생활보장제도를 통하여 빈곤가족에 대하여 생계비가 지원되고 있다. 생계비를 지원받기 위해서는 한부모가족이 일정한 소득요건을 갖추어야 하지만, 부양의무자 규정이나 주택·자동차 소유 등으로 인하여 생계비 지원을 받지 못하는 차상위계층이 많은 실정이다. 한부모가족 소득인정액의 경우 2인 기준 2,073,693원, 3인기준 2,660,890원으로 소득인정액에는 월소득 외에 부동산, 자동차 등을 월 소득액으로 환산하여 합한 금액이 된다(2023년 한부모가족지원사업 안내). 이러한 조건으로 인하여 갑자기 주부인 여성이 한부모가족이 된 경우, 일정소득요건을 갖추지 못하여 지원을 받을 수 없는 경우 경제적 어려움으로 인하여 차상위계층이 빈곤으로 전락하는 환경에 처할 수밖에 없다. 따라서 한부모가족에 대한 소득평가액과 소득환산액 산정의 기준과 방법을 조정하여, 생계지원에 대한 다양한 조건을 완화시켜 지원범위를 넓혀가야 한다.

생계지원만큼 시급한 것은 주거시설로서 시설보호와 재가보호 측면에서 모두 강화되어야 한다. 시설보호인 경우 보다 전문적인 서비스를 제공할 수 있도록 해야 하고, 재가보호의 경우 주거는 영구임대아파트가 있지만 신청기준과 절차가 복잡하다. 따라서 한부모가족의 자녀가 안정적인 환경에서 성장할 수 있도록 주거지원을 단순화시키고, 전세금 융자 등 경제적 지원을 확대할 필요성이 요구된다. 또한 한부모가족이 가장 필요로 하는 경제적 자립을 위해서는 안정적인 일자리가 절실하게 요구되고 있으나, 기존 취·창업프로그램은 다양하지도 못할 뿐만 아니라, 주로 제과·제빵·미용 등 모자가족에 국한되는 것이 많고, 당장 소득을 창출하기 어려운 실정으로 양질의 일자리 창출과 프로그램 지원을 정책적 관점에서 확대해 나가야 한다.

2) 심리·사회적 기능 강화

현재 한부모가족에 대한 심리·정서적 지원은 기관별 한부모가족 프로그램 및 서비스에서 소개되고 있으나, 이러한 대부분의 서비스들이 소수의 실무자 및 시설관리자들에 의하여 서비스가 제공되고 있고, 상담에 대한 사회적 욕구는 강한 편이나 전문적 상담기관이 부족하고, 대부분의 상담은 주로 요보호여성 한부모를 대상으로 하는 경우가 비일비재하다.

한부모가 겪는 어려움에는 생활고뿐만 아니라 상실감, 재혼문제, 자녀문제 등으로 심리·정서적 고통이 따르는데 이를 극복하기 위해서는 가족구성원 스스로의 인식전환을 통한 인적·물적 자원을 재충전할 수 있도록 하고, 이러한 위기에 대처능력이 부족하여 심리적·정서적으로 어려운 경우, 교육 및 상담을 통하여 가족의 기능을 강화하기 위한 위기대처 능력을 개발해 주는 것이 필요하다(이영실 외, 2013: 262).

따라서 한부모가족의 복지향상을 위하여 경제적인 지원뿐만 아니라, 일방적이고 제한적인 지원서비스에서 더 나아가 가족 전체의 복지향상이라는 측면에서 가족원 스스로가 인식의 전환을 통하여 인적·물적 자원을 재창출할 수 있도록 돕는 것으로 가족생활교육이 절실히 요구되고 있다.

어머니의 양육기술, 자녀와의 개방적인 의사소통이 자녀에게 긍정적인 영향을 미친다는 것은 미루어 짐작 가능하며, 이런 의미에서 한부모가족에 대한 교육은 가족관계를 강화할 수 있는 교육과 사회적 지원에 대한 교육이 필요하다.

교육의 내용도 질을 높여 한부모가족의 자립능력을 고양시키고, 끊임없는 자기계발을 통하여 건강한 가족을 유지할 수 있도록 정기적인 사회교육, 자조집단의 형성, 가정조성서비스 등 지속적으로 교육과 이에 적합한 프로그램이 적극적으로 실시되어야 한다.

한부모가족의 정서적 기능을 강화하기 위한 또 다른 노력은 사회적 인식변화를 위한 개선이 중요하다. 정부나 민간차원에서 한부모가족이 살아가는 성공사례 등 다양한 홍보를 통해 가족유형에 대한 편견에서 벗어나 긍정적인 시야를 가지는 기회를 제공하고, 학교에서는 자녀가 차별받지 않도록 한부모가족에 대한 부정적 시각에서 벗어나 정상가족의 구성원으로 받아들일 수 있는 기회를 마련해 주어야 한다.

한부모가족이 어려워하는 문제 중 하나가 사회적 편견이 차지하는 비중이 크므로 한부모가족에 대한 지역사회 인식 개선을 위한 프로그램을 더 강화해야 한다. 정서적 지지를 위한 또 다른 방법은 자조모임 활성화를 통하여 정서적 지지를 제공하면서 역량을 강화하여 한부모가족의 스트레스를 완화하고, 소속감을 가지며 우울감이 낮아지는 등 사회 심리적 안녕감을 회복하고, 자녀교육에 대한 정보를 나눌 수 있다.

3) 자녀양육 및 교육지원

한부모가족은 일과 함께 자녀양육을 부담해야 하는 큰 어려움이 있고, 일자리 또한 주로 임시 일용직이거나 장시간 및 야간근무, 3교대가 많다. 따라서 이들 근무조건에 맞는 야간 및 심야보육, 휴일보육과 같이 다양한 보육지원이 이루어져야 한다. 한부모가족에 대한 지원정책 내용에는 가족구성원으로서 아동에 대한 지원이 이루어지고 있어 아동의 특수성이나 체계적인 복지정책이라고 할 수 없다. 현재 지원되고 있는 아동양육비는 월 5만 원으로, 우리나라 교육 환경으로 볼 때 터무니없이 부족할 뿐만 아니라, 자녀들은 교육수혜에서도 또 다른 빈곤층으로 전락할 가능성이 높다.

한부모가족 아동의 적응을 위해서는 다양한 복지 프로그램의 개발이 필요한데, 한부모가족의 부모-자녀관계 교육 프로그램 개발, 주간보호, 단기보호 및 방과 후 지도시설 확충, 자녀 학업지도 확대 및 다양한 특기적성 · 취미교실 프로그램 마련, 자녀의 건강한 성장을 위한 신체적 · 정서적 대안마련 등이 재검토되어야 한다(박옥임 외, 2017: 165).

무엇보다 아동의 정서적·심리적 안정을 위한 다양한 교육이 이루어져야 하며, 아동의 연령에 따라 생애주기별 프로그램이 특성화되어야 한다. 그리고 한부모가족은 다양한 사회적 지지체계의 도움이 절실하다는 점에서 특히 아동을 위해서는 학교나 교사와의 연계망을 통하여 긴밀한 상호협조 체제를 구축하여야 하겠고, 후원제도 등을 확대하여 지역민과의 연계성을 확보함으로써 이들에 대한 이해 증진과 인식전환의 기회를 도모하여야 한다.

이상과 같이, 한부모 정책은 부모에 초점을 맞추기보다 다음 세대인 아동의 중요성에 대한 인식이 무엇보다도 중요하다. 특히 여성 한부모의 경우는 사회의 최하위계층으로의 유입가능성이 높은 만큼, 자녀에게 대물림될 수 있기 때문에 다음 세대의 빈곤계층으로의 유입예방은 매우 중요한 문제이다.

4) 전달체계의 개선

우리나라에 저소득 한부모가족을 위한 복지가 풍족하지는 않지만 어려운 상황에 처한 한부모가족을 위해 기본적인 복지급여, 자녀양육지원, 교육훈련지원 등을 제공하는 기본적인 인프라를 갖추고 있다. 그러나 정부의 복지서비스 프로그램을 한부모가족이 잘 모르는 경우가 많으며, 각종 프로그램이나 시설서비스들을 복지관에서 사업의 일부분으로 다루어 온 경우가 일반적이고, 상호 연계적이고 체계적인 조직화가 이루어지지 못하고 있으며, 정부나 지방자치단체 등을 중심으로 이들 기관의 연계망 구축이나 협력체계가 부족한 실정이다. 따라서 같은 지역에 있는 시설이나 기관이 서로 가까이 있는 점을 이용하여, 한부모가족 관련 복지지원을 실시할 수 있도록 연계망을 구축하는 일이 무엇보다도 필요하다. 특히 자녀의 경우, 성장기 동안 지속적인 교육 및 상담이 필요하다는 점에서 접근성이 용이한 프로그램이 제공되어야 하며, 그러한 의미에서 인터넷을 이용한 관련 사이트 등 정보전달매체의 선택이나 내용의 구성, 운영 등이 활성화되어야 할 것이다.

수업에 도움이 되는 자료

도서 Book

사사키 마시마, 송수영 역(2014). 서툴지만 행복한 한부모육아: 홀로 아이를 키울 때 중요한 것. 북클라우드.

이상화(2012). 가난한 부모라면 세상에 맞설 지혜를 줘라. 다산에듀.

한국건강가정진흥원(2016). 혼자서도 행복하게 자녀 키우기. 진한M7B.

오승주(2017). 아빠의 아이 공부. 글라이더.

영화 Movie

과속스캔들(2008): 한부모가족과 청소년 미혼모 이야기

에린 브로코비치(2000): 아이 셋을 혼자 키우는 당당한 워킹맘 이야기

돈텔파파(2004): 아빠가 혼자서 아이를 키우는 이야기

CHAPTER

12 가정폭력 및 학대가족

오늘날 가정폭력은 심각한 사회문제로 부상하고 있다. 가정 내 가족구성원 간의 폭력은 불안과 악몽, 단순한 폭력에서 살인 등으로 이어져 상처 받거나 평생을 고통 속에 휩싸이게 한다. 가정폭력은 외부에 쉽게 노출되지 않으면서 장기화되고 심각해지고 있어, 가정폭력이 범죄라는 인식개선과 함께 초기에 관심과 신고 등의 적극적인 대처가 요구된다. 이 장에서는 가정폭력에 대한 이해를 위해서 가정폭력의 정의, 유형, 실태 등을 파악하고, 가정폭력에 대한 서비스 및 강화되어야 할 대책을 살펴보고자 한다.

01 가정폭력의 개념

1. 가정폭력의 정의

가정폭력의 정의는 그 대상 범주와 폭력의 기능 및 가해자의 행동에 따라 다르게 정의할 수 있다. 「가정폭력 범죄의 처벌 등에 관한 법률」에 의한 법적 정의는 가정폭력에 대해 포괄적으로 개념을 정의하고 있다. 동법 제2조 제1항에서는 가정 폭력을 '가정구성원 사이의 신체적 · 정신적 또는 재산상 피해를 수반하는 행위'로 규정하고, 가족구성원의 범위(동법 제2항)를 배우자(사실상 혼인관계에 있는 자를 포함) 또는 배우자 관계에 있었던 자, 자기 또는 배우자와 직계존비속 관계(사실상의 양친자관계를 포함)에 있거나 있었던 자, 계부모와 자(子)의 관계 또는 적모와 서자의 관계에 있거나 있었던 자, 동거하는 친족관계에 있는 자로 규정하고 있다. 또한 가정폭력행위자는 가정폭력범죄를 범한 자 및 가정구성원인 공범을 의미하며, 피해자는 가정폭력으로 인하여 직접적으로 피해를 입은 자를 말한다(제2조 제5호).

여기서 폭력행위자인 가해자는 가정구성원인 공범까지를 포함하나 피해자는 직접적으로 피해를 입은 자로 한정하고 있다. 아내학대, 아동학대, 노인학대 등의 폭력 현장에서 목격자 또한 정신적 피해자가 될 수 있다. 여기서 폭력행위자인 가해자는 가정구성원인 공범까지를 포함하나, 피해자는 직접적으로 피해를 입은 자로 한정하고 있다. 카샤니와 앨런(Kashani & Allan, 1998)은 가정폭력은 난폭한 언어나 신체적 폭력을 사용하여 가족의 한 사람이 다른 가족의 다른 성원에 대하여 가하는 폭력행위라고 정의하였다. 또한 쉑터와 갠리(Schecter & Ganley, 1995)는 가정폭력은 청소년 또는 성인이 그들의 애인 또는 배우자로부터 경제적인 위협뿐만 아니라, 신체적 · 성적 · 심리적인 공격을 포함한 폭행과 위협행동 중 한 가지를 가하는 것으로서 규정하였다. 따라서 가정폭력이란 배우자 학대 · 아동학대 · 노인학대 등을 포함하는 가족구성원 중의 한 사람이 타 구성원에게 의도적으로 행하는 신체적, 심리 · 정서적, 경제적 가해행위를 말한다.

2. 가정폭력의 유형

가정폭력의 범위는 대체적으로 대상자별 분류와 폭력유형별 분류로 구분할 수 있다. 대상자별 분류로는 부부폭력, 아동학대, 노인학대 등이 있고, 폭력을 행사하는 형태에 따른 폭력의 유형을 살펴보면 흔히 말하는 구타(battering)뿐만 아니라 모든 형태의 학대(abuse)인 신체적 폭력(신체 학대), 자아존중감을 해치는 언어폭력, 성폭력(성학대), 정서적 학대, 경제적 학대, 유기(태만, 의무 불이행) 등이 있다.

1) 폭력대상자별 분류

(1) 부부폭력

부부간의 폭력을 지칭하는 용어로 아내학대, 아내구타, 배우자학대, 부부폭력 등 여러 가지 용어가 사용되고 있다. 일반적으로 배우자에게 신체적으로 상처를 입힐 정도의 힘이 사용되었을 경우를 말하고, 보다 구체적으로는 상대에 대한 폭행이나 구타, 헤치거나 죽이겠다는 위협, 기타 법률에 저촉되는 강압되는 행동, 폭력이 사용된 경우와 나이에 관계없이 결혼관계 내에서 가해지는 정서적 학대도 포함하고 있는 것으로 정의된다. 우리나라에서는 남편에 의해 아내에 대한 폭력이 발생하는 비율이 높아, 아내에 대한 남편의 폭력을 지칭하는 용어로 많이 알려져 있다.

(2) 아동학대

「아동복지법」에서 보호자를 포함한 성인에 의하여 아동의 건강, 복지를 해치거나 정상적 발달을 저해할 수 있는 신체적 · 정신적 · 성적 폭력 또는 가혹행위 및 아동의 보호자에 의하여 이루어지는 유기와 방임을 말한다. 적극적인 가해행위뿐만 아니라 소극적 의미의 방임행위까지를 포함하는 것이며, 신체적 학대뿐 아니라, 정서적 학대나 방임, 아동의 발달을 저해하는 행위나 환경, 더 나아가 아동의 권리보호에 이르는 매우 포괄적인 개념이다. 여기에 아동의 발육 부진과 아동 유기, 미성년자 노동 등 일반적인 분류가 어렵게 구체화된 사례가 있고, 실제 아동학대는 발생 시 한 부류의 학대 형태가 아닌, 성적 학대와 방임, 아니면 신체적 학대와 성적 학대 등 혼합적인 형태로 발생한다.

아동학대 사례

아이 방치하고 술 · 게임... '준비 안 된 부모' 비극

인천에서 7개월 된 영아가 부모 없이 6일간 방치돼 사망한 사건이 발생해 충격을 주고 있습니다. 사망한 영아의 부모는 아빠는 21살, 엄마는 18살로 이른바 청소년 부모인데요. 이 두 사람은 딸이 숨진 것을 확인하고도, 그대로 두고 집을 빠져나왔다고 합니다. 이 부부는 경찰 조사에서 거짓 진술을 하다가, 추궁 끝에 결국 범행 사실을 자백했습니다. 법원은 이 부부에 대한 아동학대 치사 혐의를 인정해 구속 결정을 내렸습니다. 이번 사건처럼, 이른 나이에 아이가 생겨 부모가 된 사람이 영아를 유기하거나 사망에 이르게 한 사건이 끊이지 않고 있습니다.

출처: JTBC. 2019.6.10.

(3) 노인학대

노인인구의 증가와 고령화는 노인부양의 부담과 스트레스를 야기하는 원인이 되고 있으며, 신체적, 정신적, 경제적 능력의 저하로 인한 의존성의 증가는 노인학대의 가능성을 야기하기도 한다. 노인학대는 가정 및 시설 내에서 이루어지기도 한다. 가정 내 노인학대는 노인 자신의 가정이나 부양자의 가정에서 배우자나 형제자매, 자녀 등 노인과 특별한 관계에 있는 누군가에 의해 홀대가 이루어진다. 요양원 등 주거시설에서는 노인에게 보호를 제공해야 할 의무를 지닌 유급부양자나 전문가에 의해 행해지기도 한다. 또한 신체적 · 정신적 손상으로 인해 자신을 돌보는 데 필요한 일을 수행하지 못하는 자기방임 또는 자기학대 등의 범주가 있다.

노인학대는 신체적 · 정신적 · 성적 · 경제적 손상을 의도적으로 가하는 것뿐만 아니라 비의도적인 손상도 포함하며, 생존에 필요한 재화와 서비스를 부양자가 제공하지 않는 방임과 유기, 금전적인 갈취나 착취까지를 포함하는 포괄적인 개념이다. 우리 사회에서 노인학대는 가정 내 폭력의 은폐적 속성에 더해 문화적 배경의 특성으로 인해 보다 장기화 · 잠재화될 가능성이 있고, 반복하고 지속되면서 심각한 질병, 위기, 시설의 입소나 사망으로 나타날 수 있다.

노인학대 사례

허리가 굽어서 거동이 불편하고 청각장애가 있는 A 할머니(70세)는 아들 내외와 함께 살아왔다. 아들 내외는 새집을 짓는다며 할머니를 마을회관에 살도록 했고, 밥도 제때 챙겨주지 않았다. 마을이장과 딸, 사위가 아들 내외한테 '잘 모시라' 했더니 욕을 하면서 '우리 일에 참견 말라'고 하더라는 것. 신고를 받은 상담원이 마을회관에 가서 할머니를 만났더니 '아들과 며느리가 고생한다. 학대는 절대 없다'고 하였다.

출처: 노인학대예방센터.

2) 폭력유형별 분류

먼저 신체적 폭력은 배우자나 보호자, 양육자에 의해 원하지 않는 신체적 접촉, 공포와 육체적 상해의 원인이 되는 행동, 자유를 억압하는 행위 등을 포함한 행위를 말한다. 심한 구타 등 폭행, 감금, 밀치기, 발길질, 침 뱉기, 꼬집거나 물기, 목 조르기, 담뱃불로 지지기, 흉기로 찌르기 등의 폭력행위와 함께 행동자유를 구속하는 것까지 모두 포함된다.

언어 · 정서적 폭력은 배우자나 보호자가 거부적인 태도로 대하거나, 언어적 · 심리적으로 모욕과 불안이나 공포를 느낄 정도의 고통을 주는 것을 말한다. 비난이나 무시하는 조작적인 언어, 억압적이거나 지시하는 태도, 협박, 대화 거부, 위협적인 모습이나 제스처, 외부로부터 고립시키는 것, 소중히 여기는 사물(애완동물)이나 가재도구와 재산을 손괴하는 행위, 피해자의 의사결정권을 침해하는 행위, 적절한 보호를 받지 못하거나 위험한 환경에 처하거나 홀로 방치되는 경우, 심리적 괴롭힘까지도 포함된다.

경제적 폭력은 가해자가 모든 경제권을 소유하여 가족원에게 생활비를 지급하지 않으면서 아내와 자녀, 노부모가 경제적 권한을 간청할 때 계략적으로 경제권을 행사하거나, 가족을 부양하기 위한 돈을 벌기 위해 그 어떤 노력도 기울이지 않은 채 태만하거나, 도박중독이나 쇼핑중독과 같이 반복적으로 낭비벽이 있어 돈을 탕진하여 가족의 일상적 영위를 힘들게 하는 것, 경제활동 통제, 지출목록 감시, 양육비 미지원 등도 포함된다. 방임은 가족부양, 보호감독, 의복, 음식, 난방, 위생, 안전주의, 교육적 자극, 의료급여 등 가족원의 건강과 정상적인 가족생활을 영위하는 데 요구되는 것들을 제공하지 않거나 무관심하여 방치해 두는 것 등을 말한다. 방임의 극단적인 경우, 가족원을 가정의 보호와 영향권 밖으로 내다 버리는 유기가 발생한다.

성적 폭력은 가족 간에 발생하는 성적 자기결정권 침해로 주로 부부강간, 강제불임 및 낙태, 자녀에 대한 성학대 등이 이에 해당된다.

3. 가정폭력의 이론적 배경

가정폭력의 배경을 설명하는 이론으로는 학자에 따라 매우 다양하다. 여러 분야의 학자들은 가정폭력의 원인을 다양한 측면에서 설명하고 있다. 이는 가정폭력이 매우 복합적임을 의미하는 것이다. 개인적 · 인구학적 · 경제적 · 문화적 원인 등 수많은 원인과 요소들이 가정폭력과 관련되고, 이런 요인들은 상호 연관되어 있으며 사회집단마다 각각 다르게 나타날 수 있다.

1) 개인적 이론

폭력에 개입한 개인이 가진 특성에 관심을 두고 폭력을 설명하는 이론으로, 가해자는 개인적·정신병리학적 산물이거나 알코올 혹은 약물중독에 따른 비정상적 행동 또는 가학적 행동의 결과로 본다. 가해자는 상대방이 지적하는 잔소리나 자극이 자신의 가학적 충동이나 심리적 불안정과 더불어 자아통제성을 상실하여, 주체할 수 없는 폭력을 행사하게 된다고 주장한다.

아동기의 학대 경험은 가정폭력에 관한 가장 중요한 이론 중의 하나인 사회학습이론 입장에서 볼 때, 어린 시절 부모의 폭력을 목격했던 자녀는 성인이 된 후에 다시 학대자와 피학대자가 된다고 한다. 어머니가 학대당하는 것을 보고 자란 여자아이는 자연스럽게 어머니의 행동패턴을 반복하고, 남자아이는 아버지처럼 결혼한 후에 아내를 학대하게 된다는 것이다. 그러나 이 이론은 부모의 폭력을 목격하고 자란 자녀 중에 성인이 된 후 폭력을 답습하지 않는 경우도 많고, 모든 폭력 남성을 정신병 환자라고 말할 수 없다는 점에서 가정폭력 원인론을 설명하기에는 미흡한 점이 있다.

2) 사회심리적 이론

폭력원인을 빈곤과 낮은 사회경제적 지위, 다른 사람 또는 다른 집단과 같은 사회적 환경과의 상호작용에서 찾는다. 가정폭력과 관련된 모든 사회적 요인 중에서 빈곤과 가족의 사회경제적 지위는 매우 중요하다. 빈곤이나 실업, 부족한 삶의 조건들은 가정 내 폭력발생과 밀접한 관련이 있다. 특히 빈곤은 모든 가난한 가정에서 똑같은 것은 아니지만, 노인과 아동에 대한 방임의 위험성을 크게 증가시킨다. 그리고 사회적으로 낮은 지위나 저학력 등이 위험요인으로 상류층 사람들에 비해 폭력의 위험수준에 있다고 할 수 있다.

사회학습이론(social learning theory)에서 가정폭력은 인간의 다른 행동과 마찬가지로 학습된다는 것으로, 다른 형태의 사회적 행동처럼 자극, 강화 및 인지적 통제하에 있는 학습된 행위로 규정한다. 좌절-공격이론은 인간을 포함한 모든 유기체는 어떤 목적이 있는 활동이 제지당했을 때, 그 목표를 방해한 대상에 대한 공격적인 행동을 한다고 주장한다. 가족은 구조나 기능면에서 볼 때 심각한 좌절을 경험할 수 있는 상황이 많기에 이 이론과의 관련성이 높다고 볼 수 있다. IMF 한파로 인한 가정폭력 증가를 예로 들 수 있다.

교환이론의 가정은 인간은 공평의 원리에 의한 인간관계를 맺으려고 한다는 것이다. 이는 타인에게 노력이나 기술 등을 많이 투자하면 그에 대한 대가를 많이 받으려 하고, 적게 투자하면 적게 받아도 무방하게 여긴다. 하지만 이러한 공평의 원리가 깨지면 분노가 일어나고 폭력이 발생하게 된다는 것이 이 이론의 핵심이다.

3) 가족체계이론

가정에서의 폭력을 커다란 체계의 부분으로 존재하는 복잡한 상호작용의 결과로 간주한다. 가정폭력에 대한 단선적인 원인설명에 초점을 맞추기보다 각각의 하위체계가 주변의 환경이나 다른 체계와 조화를 이루지 못하면서 발생된다고 주장한다. 예를 들면, 아동학대는 부모와 아동 간의 부적응, 갈등적 환경에서 기인되는 현상이라고 인식한다.

4) 페미니즘이론

가정폭력이 성차별적 사회구조에서 기인되는 것으로 인식하고, 단순히 개인적 성향이나 학습행위에서 야기될 뿐 아니라, 폭력을 허용하는 사회문화적 규범, 가부장적 이데올로기에 근거를 둔 남성의 권위적 태도 및 우월성으로 가득 찬 구조화된 사회적 틀 속에서 발생하는 행위로 인식한다.

4. 가정폭력의 특성

가정폭력이 부부 또는 가족 간의 언쟁이나 갈등과 다른 점은 가정폭력에는 공포와 위협, 강요 또는 위압적인 분위기가 존재한다. 이 같은 강요나 위압적 행위는 상대방에 대해 계속해서 군림하기 위해 의도적이거나 의도적이지 않더라도 결과적으로 가해자에게 종속시키는 방향으로 폭력이 행사되는 것이다. 같은 폭력이라 할지라도 외부 사람들 사이에서 일어났을 때와 가정 내 구성원 사이에서 일어났을 때에 그것의 사회적 의미가 다르다. 피해자나 가해자뿐만 아니라, 사회적으로 가정폭력이 범죄라는 인식이 부족하여 가정 내 폭력을 관용 및 묵인하는 경우가 많다. 이처럼 가정폭력은 발생 배경부터 내적 특성 및 사회적 의미에 이르기까지 일반적 폭력과 구별되기 때문에 일반폭력과는 다른 관점의 대응이 요구된다. 일반적 폭력과 구별되는 가정폭력의 가장 대표적인 특성으로는 은폐성, 연속성, 상습성, 세대전수성, 폭력의 순환성을 들 수 있다.

1) 은폐성

가정은 사적인 영역으로서 가족 외 다른 타인이 개입하거나 관여할 수 있는 상황이 아니라는 인식 때문에 많은 폭력문제들이 장기화되고 드러나지 않는 문제점을 안고 있다.

2) 연속성

모든 폭력은 가장 경미한 수준에서 매우 심각한 수준에 이르기까지 일련의 연속선상에 배열되면서 확대되어, 초기에는 가벼운 구타에서 시작해서 시간이 흐를수록 폭력의 유형이 다양해지고 그 정도가 심화되어 심각한 수준으로 변화된다.

3) 상습성

폭력이 반복될수록 부부간 혹은 가해자와 피해자 간의 화해의 단계가 줄어들거나 없어지고 폭력의 주기가 빨라지는 특성이 있고, 신체적 손상뿐 아니라 정신질환에 시달리게 되며, 폭력에 대한 공포와 학습된 무력감에 젖어 가정폭력으로부터 탈출하는 것이 불가능하다고 믿게 된다.

4) 세대전수성

폭력이 되풀이되는 가해자나 피해자 모두 폭력에 길들여지는 경향을 보이며, 일단 한 번 행해진 폭력은 반복될 확률이 높으며, 폭력의 영향을 받고 자란 자녀들이 사회에서 폭력을 행사하여 가정폭력의 사회화 현상을 초래한다.

5) 폭력의 순환성

가족구성원 사이에 발생한 폭력은 신고와 처벌에 불편한 마음이 앞서 신고를 꺼리게 된다. 그 원인을 살펴보면 가족이라서, 창피하고 자존심이 상해서, 그 순간만 넘기면 되어서라고 주변에 도움을 요청하지 못한다. 사회적으로 가정폭력 피해 여성에 대해 보내는 비하는 여성을 더욱 힘들게 하여 피해를 호소할 수 없도록 무력하게 한다. 피해자가 침묵하고 고립될 때 가해자는 더 쉽게 통제하게 된다. 그리고 지속적이고 반복적인 폭력의 순환고리를 형성하여 벗어날 수 없게 한다.

02 가정폭력의 실태와 문제점

1. 가정폭력의 실태

여성가족부의 '2016년 전국 가정폭력 실태조사'에 따르면, 배우자에 의한 가정폭력 피해자 1만 명 중 1.7명만 경찰에 도움을 받고 있는 것으로 나타났다. 사법기관에 의한 가정폭력범죄피해자 구제에 현저한 사각지대가 발생하고 있는 것이다. 가정폭력 실태조사는 「가정폭력방지 및 피해자보호 등에 관한 법률」 제4조의 2에 따라 2007년부터 매 3년마다 실시하고 있으며, 국민들의 가정폭력 피해 경험 및 대응, 가정폭력에 대한 인식, 정책인지도 등에 대한 전국적인 조사이다.

'2016년 전국 가정폭력 실태조사' 결과 주요 내용을 살펴보면 다음과 같다.

1) 부부폭력

부부폭력률(지난 1년간 부부폭력률)은 2013년에 비해 성별, 유형별, 폭력 피해와 가해 모두에서 감소했으며, 특히 정서적 폭력이 현저하게 감소한 것으로 나타났다. 여성이 응답한 지난 1년간 배우자로부터의 폭력 피해율은 12.1%('13년 29.8%)로, 폭력유형별로는 정서적 폭력 10.5%('13년 28.6%), 신체적 폭력 3.3%('13년 4.9%), 경제적 폭력 2.4%('13년 3.5%), 성적 폭력 2.3%('13년 4.3%)순이었다. 여성의 배우자 폭력 가해율은 9.1%였다. 남성이 응답한 지난 1년간 배우자로부터의 폭력 피해율은 8.6%('13년 27.3%)로, 폭력유형별로는 정서적 폭력 7.7%('13년 26.7%), 신체적 폭력 1.6%('13년 2.8%), 경제적 폭력 0.8%('13년 2.1%), 성적 폭력 0.3%('13년 0.9%)순이었다. 남성의 배우자 폭력 가해율은 11.6%였다.

부부폭력을 경험한 응답자는 폭력으로 인해 '신체적 · 정신적 고통을 경험'한 것으로 나타났으며, 여성이 남성에 비해 더 심각한 수준의 신체적 · 정신적 고통 및 위협 · 공포심을 겪는 것으로 조사됐다. 부부폭력 피해를 경험한 여성의 20.0%, 남성의 6.3%가 배우자의 폭력으로 인해 '신체적 상처가 있었다'고 응답했으며 여성의 43.4%, 남성의 18.9%가 배우자의 폭력으로 인해 '정신적 고통이 있었다'고 응답했다.

배우자의 폭력행동 시 여성의 45.1%, 남성의 17.2%가 '위협이나 공포심을 느꼈다'고 응답했다. 부부폭력 발생 시 '남성이 주로 혹은 항상 먼저 폭력을 시작했다'는 응답은 48.4%, '여성이 먼저'는 15.8%로 나타났다. 여성과 남성 모두 배우자의 폭력이 시작된 시기는 '결혼 후 5년 미만'이라고 응답한 비율이 50%를 상회했다.

여성이 배우자로부터 폭력을 처음 경험한 시기는 '결혼 후 1년 미만'이 18.1%, '결혼 후 1년 이상 5년 미만'이 44.2%로 여성의 62.3%가 결혼 후 5년 내에 처음 폭력을 경험했고, '결혼 전 교제기간'에 처음 폭력을 경험했다는 여성도 2.0%였다. 부부폭력이 일어나게 된 이유는 여성과 남성 모두 '성격차이'와 '경제적 문제'라는 응답이 가장 많았다.

여성피해자는 성격차이(45.3%), 경제적인 문제(25.7%), 배우자의 음주문제(9.6%), 시가 · 처가 문제(9.3%)순으로 꼽았다. 남성피해자는 성격차이(47.5%), 경제적인 문제(22.4%), 본인의 음주문제(7.5%), 이유를 모르겠다(6.3%)순이었다.

부부폭력을 경험한 응답자 중 66.6%가 폭력이 발생한 상황에서 '그냥 있었다'

고 응답하였고, '자리를 피하거나 집밖으로 도망' 24.1%, '함께 폭력행사' 8.1%, '주위에 도움 요청' 1.0%순으로 나타났다.

폭력발생 이후 가족이나 친척, 이웃이나 친구 등에 도움을 요청한 비율이 경찰이나 여성긴급상담전화 1366 등 공적 지원체계 이용비율보다 더 높았다. 부부폭력을 경험한 응답자들이 폭력발생 이후 도움을 요청한 대상은 '가족이나 친척' 12.1%, '이웃이나 친구' 10.3%, '경찰' 1.7%순이었다. 경찰에 도움을 요청하지 않은 이유는 '폭력이 심각하지 않다고 생각해서' 41.2%, '집안일이 알려지는 것이 창피해서' 29.6%순이었다. 여성긴급전화 1366이나 상담소 및 보호시설 등 지원기관에 도움을 요청하지 않은 이유는 '부부 간에 알아서 해결할 일인 것 같아서(27.6%)', '폭력이 심각하지 않다고 생각해서(18.6%)'라고 답했다.

2) 자녀학대

만 18세 미만 자녀를 둔 응답자 가운데 지난 1년간 자녀를 학대한 경험이 있다고 응답한 비율은 27.6%(여성 32.1%, 남성 22.4%)로, 2013년 46.1%에 비해 18.5%p 감소한 것으로 조사됐다. 유형별로는 정서적 학대 25.7%, 신체적 학대 7.3%, 방임 2.1%순으로 정서적 학대의 비율이 가장 높게 나타났다.

3) 가족원 폭력

만 65세 미만 응답자가 지난 1년간 배우자를 제외하고 부모나 형제자매, 배우자의 부모, 친척 등 가족원으로부터 폭력을 경험한 피해율은 3.7%('13년 7.0%)이며, 반대로 가족원에게 폭력을 행사한 가해율은 3.6%('13년 9.8%)로 나타났다.

유형별로 피해율은 정서적 폭력 3.2%, 신체적 폭력 1.1%, 경제적 폭력 0.6%, 가해율은 정서적 폭력 3.1%, 신체적 폭력 1.1%, 경제적 폭력 0.4%로, 정서적 폭력 비율이 대체로 높게 나타났다.

만 65세 이상 응답자가 지난 1년간 자녀 · 사위 · 며느리 · 손자녀 등 가족원으로부터 학대를 경험한 비율은 7.3%('13년 10.3%)였다. 유형별로는 정서적 학대 6.5%, 경제적 학대 1.5%, 방임 1.4%, 신체적 학대 0.4%순이었다. 가해자는 아들

· 딸인 경우가 69.5%로 가장 많고, 사위 · 며느리 20.2%, 손자 · 손녀 7.0%순이며, 응답 피해자가 가해자와 동거하는 비율이 28.6%였다.

응답자가 생각하는 가족원의 학대 이유는 '나에 대한 부양부담으로'라는 응답이 36.4%로 가장 높았고, 이어 '해당 가족원의 스트레스로(29.4%)', '이유를 모르겠다(15.6%)', '해당 가족원이 내가 좋은 부모가 아니었다고 생각해서(10.4%)'순이었다. 노인학대 발생 시 주위에 도움을 요청한 응답자는 없었으며, 이유는 '가족이라서(61.1%)', '창피하고 자존심이 상해서(23.3%)', '그 순간만 넘기면 되어서(15.6%)'라고 응답했다.

4) 가정폭력에 대한 인식

'가정폭력 발생 시 경찰에 신고하겠다'는 응답률이 2013년보다 높아져 가정폭력에 대한 국민인식이 크게 개선되었음을 시사했다(2013년 가정폭력 신고의사 본인가정 55.0%, 이웃가정 55.6%).

부부폭력이 본인의 가정에서 발생할 경우 61.4%가, 이웃 가정에서 발생할 경우 65.0%가 신고하겠다는 의사를 밝혔다. 자녀학대가 본인의 가정에서 발생할 경우 72.9%가, 이웃 가정에서 발생할 경우 77.1%가 신고하겠다고 응답했다. 신고하지 않는 이유에 대해서는 본인 가정인 경우 '가족이므로', 이웃 가정인 경우 '남의 일이므로'는 응답이 가장 많았다.

가정폭력 감소를 위해 요구되는 정책 1순위는 '폭력 허용적 사회문화 개선(24.9%)'이었으며, 다음으로 '가정폭력 관련법 및 지원서비스 홍보(15.5%)', '가중처벌 등 가해자에 대한 법적 조치 강화(13.6%)', '학교에서 아동기부터 폭력 예방교육 실시(12.2%)'순으로 나타났다.

경찰청(2018) 자료에 의하면, 2017년 가정폭력 발생은 38,489건으로 2016년 45,619건보다 낮아졌지만, 2012년 이래 대체로 급격한 증가세를 보이고 있다. 2017년 가정폭력 가해자 검거인원은 45,206명으로 전년대비 8,305명 감소했으나, 2012년과 비교하여 큰 폭의 증가를 보이고 있다. 2017년 가정폭력 가해자 재범인원은 2,775명이며, 이는 2013년 이래 가장 높다. 재범률은 2012년 32.2%에서 꾸준히 감소하여 2016년에는 3.8%였고, 2017년에는 소폭 상승한 6.1%였다.

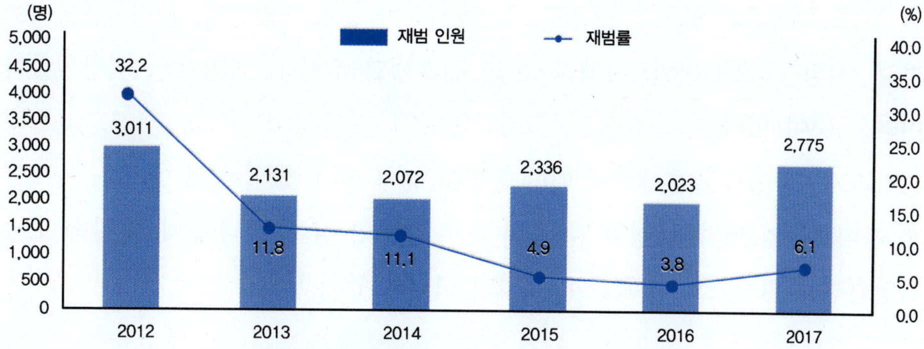

그림 12-1 가정폭력 재범자와 재범률

출처: 경찰청(2018). 경찰통계연보.

표 12-1 가정폭력 가해자와 재범

(단위: 명, %)

구분	가정폭력 검거인원	재범인원	재범률
2012	9,345	3,011	32.2
2013	18,000	2,131	11.8
2014	18,666	2,072	11.1
2015	47,543	2,336	4.9
2016	53,511	2,023	3.8
2017	45,206	2,775	6.1

출처: 경찰청(2018). 경찰통계연보.

2. 폭력 및 학대에 따른 문제

1) 가정폭력 피해여성

(1) 가정폭력 피해여성의 일반적인 증상과 문제

신체적 상처로 타박상, 골저상, 고막터짐, 사지통증, 신경통, 만성두통, 만성피로, 위장장애, 악성빈혈, 심장질환, 불면증, 섭식장애 등이 있다. 심리·정서적 증상으로 불안감, 수치심과 부끄러움, 공포심, 죄의식, 우울함, 자살시도 경험, 자신감 없음, 탈진, 허무감, 분하고 억울함, 복수하고 싶은 증오심과 적개심, 혼자 있고 싶음, 무력감과 열등감, 불면증, 집중력 저하 등이 나타난다. 사회적응장애로 가출, 친밀감 형성 곤란, 사회적 고립, 결혼생활 부적응, 직업상실, 직장생활이 어려움 등이 있다.

가족기능장애로 결혼생활에 대한 불안감, 가족 내 역할 수행의 어려움, 가사일과 자녀교육의 어려움, 성적 갈등 및 부부 갈등의 심화, 자녀에 대한 집착 또는 과잉염려와 과잉보호, 가족관계 유지의 어려움 등이 있다.

(2) 가정폭력 피해여성의 심리사회적 특성

고립감은 여성비하적인 사회분위기로 인해 아내들에게 폭력의 책임을 물어왔기 때문에 친정, 친구, 이웃 등 사회적으로 고립되어 자신을 객관적으로 보지 못하게 되며, 사회적 지원체계를 전혀 이용할 수 없게 한다. 낮은 자존감은 오랜 기간 남편의 구타로 인해 자신감에 커다란 손상으로 자신은 아무것도 할 수 없다고 생각하고, 자신의 능력을 과소평가하는 신념을 가지며 자신을 비난, 자신감 상실, 판단력을 상실하기도 한다. 자기 비난, 죄책감, 창피함이 있는데 폭력의 후유증 때문에 현재의 책임 수행을 할 수 없을 때 자기 비난, 죄책감, 창피함 등의 증상들이 발생한다. 이는 고민에 대한 도움을 요청하는 데 장애 요인이 된다. 학습된 무기력은 계속되는 폭력으로 무력감이나 덫에 걸린 느낌, 존엄성 통제력, 안정의 상실을 경험하게 된다. 개입을 위해서는 심리사회적 경험의 사전 평가가 필요하다(송성자 외, 2005).

2) 학대 및 폭력의 피해아동

(1) 아동학대 및 폭력의 문제

아동학대는 '보호자를 포함한 성인에 의하여 아동의 건강, 복지를 해치거나 정상적 발달을 저해할 수 있는 신체적 · 정신적 · 성적 폭력 또는 가혹행위 및 아동의 보호자에 의하여 이루어지는 유기와 방임'을 의미한다.

신체적 학대는 가장 눈에 두드러지는 손상을 가져오며 발견이 용이하다. 체벌이란 이름으로 가해자는 신체적 손상행위로 심한 구타나 발길질, 불로 지지거나 가위 따위의 흉기로 찌르거나 높은 곳에서 밀어 떨어뜨리는 행위도 포함된다.

정서적 학대는 부정적인 태도로 아동을 대하며, 아동의 정서적 발달이나 사회성 발달에 심각한 손상을 입힐 정도로 언어적으로 또는 정서적으로 공격하는 것을 의미한다. 그 결과가 눈에 보이거나 당장 드러나지 않는 특성 때문에 간과할 수 있는 위험이 있다.

성적 학대는 미성숙한 아동과 청소년을 성적 활동에 개입시키는 것을 의미한다. 성에 대한 언급을 금기시하는 사회분위기와 피해아동과 가족이 그 사실을 숨기려 하는 경향 때문에 조기 발견과 해결이 어려움이 있다.

방임은 음식을 먹지 못하거나 위험하고 불결한 주거환경에 아동이 그대로 방치된 신체적 방임과 아동이 아픔을 호소해도 적절한 조치를 받지 못하는 의료적 방임, 아동의 교육에 필요한 교육적, 물리적 자원이 제대로 제공되지 못하는 교육적 방임 등이 있다.

아동에 대한 학대 및 폭력의 결과는 가벼운 타박상과 찰과상부터 영구적 장애나 사망에 이르기까지 다양한 신체적 증상을 보이며, 정신적 증상으로는 불안, 우울, 신경쇠약 증세 등이 많고 자아상실, 무력감 및 삶의 의욕상실, 때론 자살을 시도하거나 대인기피증, 자주 놀라거나 공포심을 갖는 등의 정신적 증상을 보이기도 한다.

(2) 가정폭력 노출아동의 문제

첫째, 내재화 문제이다. 가정폭력 노출아동의 불안, 위축 척도 등을 이용한 연구의 결과, 일반아동에 비해 심각한 수준의 내재된 문제를 보이는 것으로 나타났다(양혜원 · 전명희, 2001).

둘째, 외현화 문제이다. 가정폭력 노출아동의 공격성, 비행 등에 대한 학자들의 사회학습이론에 기초한 연구에서 가정폭력에 노출된 아동들이 공격행동을 모방하고 학습하여 표출하며, 세대를 통하여 전술될 것을 예측하였다(송성자 외, 2005).

셋째, 사회성 문제이다. 가정폭력 노출아동은 대인관계나 사회적 문제해결 능력 등 다양한 사회적 기능에서 상대적으로 열등하다고 보고되었다. 로젠버그(Rosenberg, 1987)의 연구에 따르면, 가정폭력을 목격한 경험이 있는 아동은 그렇지 않은 아동에 비해 공격적이거나 수동적인 방법을 선택하는 경우가 많고, 주장적인 방법을 적게 사용하는 것으로 나타났다.

넷째, 자아존중감 문제이다. 가정폭력 노출아동은 자아존중감에도 부정적인 영향을 받는 것으로 조사되었다(김연옥 외, 2000).

다섯째, 쉼터 적응 문제이다. 쉼터는 가정폭력 노출아동에게 보호와 지지를 제공하지만 스트레스를 유발하려는 환경이기도 하여 적응에 어려움을 경험한다. 쉼터의 열악한 생활환경과 아동의 보호자로서의 어머니가 자신의 정서적 혼란이나 쉼터에서의 퇴소 이후 생활에 대한 부담으로 아동을 보살피기 어려운 상황에서 낯선 쉼터환경은 적응을 어렵게 만드는 장애요인이다.

3) 가정폭력 가해자의 특성

저소득층, 정신이상, 약물이나 알코올중독을 지닌 사람들이 상대적으로 가정폭력을 행사하는 빈도가 높다는 연구결과와 어린 시절 가정폭력을 직접적으로 경험했거나 목격했던 사람들이 가정폭력의 가해자가 될 가능성이 높다는 연구결과가 있다. 그러나 가정에서 폭력을 행사하는 사람이 가정 밖에서는 매우 존경받는 사회인인 경우도 많다. 단순한 논리로 가정폭력이라는 복잡한 현상을 해결하기에는 부족하다. 가정폭력의 가해자가 될 수 있는 이유로 가해자가 폭력이라는 방식 이외에는 다른 갈등해결 방식이나 스트레스 해소 방식을 학습하지 못했을 가능성이 크다.

4) 가정폭력 접근의 문제

(1) 신고의 문제

대부분의 가정폭력 피해여성은 스스로 도움을 청하지 못하거나 마지못해 도움을 요청한다. 피해여성들이 학대에 대해 도움을 청하지 않는 이유를 살펴보면 다음과 같다.

① 폭로함으로 인하여 안전이 더 위협당할 것이라는 공포

② 치료받는 방법에 대한 수치심과 부끄러움

③ 자신이 학대를 받을 만하다는 생각이나, 도움 받지 않아도 된다는 생각

④ 배우자를 보호하려는 마음(그가 학대를 하지 않을 때에는 사랑과 관심을 갖고 있으며, 그녀와 아이들의 재정적 지원을 제공하는 경우)

⑤ 신체적 증상이 학대관계에서 발생하는 스트레스로 인한 것임을 인식하지 못하는 경우
⑥ 상처가 언급할 정도로 심각하지 않다는 생각

(2) 적극성의 부족

가정폭력이 창피하고 수치스러움, 가정폭력을 이야기함으로써 안전이 위협을 받음과 지원이 단절될 것에 대한 두려움, 상황이 나아지지 않으리라는 기대 등 여러 가지 이유로 피해자들이 노출을 꺼리기 때문에 해결이 어려움이 있다.

(3) 문제인식의 부족

가해자는 현 상태나 폭력행사를 시인하고 교정하려는 의사를 갖지 않는 경우가 대부분이기 때문에 해결에 어려움이 있다. 구체적인 가정폭력의 인식문제로 가정폭력 자체나 그 심각성에 대한 인식과 부족, 여성(혹은 피해자)이 학대를 유발시킨다는 생각, 학대 피해자에 대한 해결은 사회의 역할이 아니라는 생각, 가정폭력 피해자를 돕거나 중재하는 방법에 대한 지식의 부족을 들 수 있다.

(4) 해결능력의 부족

피해자의 황폐화된 정신상태로 인하여 해결에 어려움이 있다. 피해자가 이미 희생자화(victimization) 과정을 통해 무기력, 독립심 부족, 자존감의 저하, 경제적 자립 능력 부족에서 이혼 후 경제적 어려움으로 재결합하고 다시 가정폭력의 희생자가 되는 경우가 많다.

(5) 해결자원의 부족

경찰의 적절한 대응부족, 응급대책(사회복지기관, 의료기관, 쉼터 등)의 자원부족, 기관 간의 연계 및 협조부족을 들 수 있다. 따라서 통합서비스를 적절하게 제공할 수 있는 기능을 갖춘 기관들을 적극적으로 육성해야 할 것이다.

5) 가정폭력의 접근단계

(1) 문제 인식단계

폭력의 피해자가 스스로 학대사실을 노출하거나, 주변에서 학대사실을 인지해야 하지만 피해자가 스스로 노출하는 경우는 많지 않으므로 가족이나 친척 혹은 지역사회 내의 관련 있는 사람들이 발견의 단서를 찾아 적극적으로 노출해야 한다.

(2) 초기 접근단계

위기를 차단하고 피해자를 안전하게 보호한다. 경찰, 사회복지기관, 친정 등 다른 가족, 이웃, 친구, 병의원, 상담소 등이 개입한다. 피해자의 응급치료 여부를 결정하고, 필요한 경우 신속하게 조치를 취한다. 피해자의 폭력으로 인해 저하된 자존심을 회복한다. 상담자나 주위 사람들에 대한 불신감을 해소한다. 독립적인 의사결정력의 부족 등으로부터 회복시키기 위한 정신적 치료가 개별적으로 혹은 집단적으로 이루어져야 한다.

(3) 가해자에 대한 접근단계

가정폭력방지법 등 관련법규의 여러 보호조치에 의한 치료적 접근과 함께 가족들과 상의한 후 정신과 입원치료 등 시행, 관련기관들(의료기관, 가정폭력 전문상담기관, 긴급대피소, 변호사 혹은 사법경찰관, 그 외 지역사회 내에 위치하는 관련기관이나 자원) 간의 협력이나 역할 조정이 중요하다.

(4) 서비스단계

폭력의 재발방지와 피해자가 독립적 생활을 유지할 수 있도록 돕는 것이 목표로, 치료는 충분한 시간을 가지고 단계별 접근을 해야 한다.

(5) 재활단계

피해자는 여러 요인으로 가정폭력의 악순환에 다시 복귀하는 수가 많기 때문에 긴 세월이 필요하고, 인내와 끈기를 가져야 하고 사회의 적극적인 지지와 격려가 필요하다.

03 서비스 현황과 대책

1. 서비스 현황

1) 가정폭력 피해자에 대한 서비스

(1) 여성긴급전화 1366센터

가정폭력·성폭력·성매매 등으로 긴급한 구조·보호 또는 상담을 필요로 하는 여성들이 언제라도 전화로 피해상담을 받을 수 있도록 전국적으로 통일된 국번 없는 특수전화 '1366'을 365일 24시간 운영하여 피해자에 대하여 1차 긴급상담, 서비스연계(의료기관, 상담기관, 법률구조기관, 보호시설 등) 등 위기개입 서비스를 제공하고 있으며, 광역자치단체 단위로 1개소씩 전국 16개 시·도에 설치되어 있다.

(2) 가정폭력상담소

가정폭력상담소는 가정폭력을 예방, 가정폭력의 피해자를 보호함으로써 건전한 가정 유지 및 해체를 방지하기 위해 설립되었으며 주요 업무는 다음과 같다.

① 가정폭력을 신고 받거나 그에 관한 상담에 응하는 일

② 가정폭력으로 인한 긴급보호가 필요한 피해자에 대한 임시보호, 의료기관 또는 가정폭력 피해자 보호시설로의 인도

③ 행위자에 대한 고발 등 법률적 사항에 관한 자문에 필요한 협조와 지원의 요청

④ 경찰관서 등으로부터 인도받은 피해자의 임시보호
⑤ 가정폭력의 예방 및 방지에 관한 홍보
⑥ 기타 가정폭력 및 피해에 관한 조사연구 등

(3) 가정폭력 피해자 보호시설 운영

가정폭력 피해자를 일시보호(숙식제공)하고 가정폭력 피해자의 신체적 · 정신적 안정 및 가정복귀 지원, 자활지원을 위해 전국에 66개소의 가정폭력 피해자 보호시설을 운영하고 있는데, 주요 사업으로는 피해자를 일시 보호하는 일, 피해자의 신체적 · 정신적 안정 및 가정복귀를 돕는 일, 다른 법률에 의하여 보호시설에 위탁한 사항, 가정폭력의 예방을 위한 교육, 기타 피해자의 보호를 위하여 필요한 업무 등이 있다.

보호 내용으로는 숙식 무료제공, 법률상담 및 심리상담, 퇴소 후 자립을 위하여 시설 외 근로를 희망하는 경우 적극 지원, 입소 사실에 대한 비밀보장과 특별 보호, 배우자의 면회 요청 시 입소자의 의견을 존중하여 면회 여부 결정, 면회실과 경비실 등을 설치하여 외부인의 위협으로부터 보호조치, 방과후 아동 지도, 학령아동이 인근 학교에 출석을 원하는 경우에는 관련 교육기관과 협의하여 수업에 참가하도록 조치, 기타 국가 또는 지방자치단체가 정하는 경비 지원 등이다.

보호기간은 임시보호의 경우에는 시행령 제2조에 의거하여 3일 이내이지만, 필요하다고 인정하는 경우 7일 이내로 연장 가능, 일시보호의 경우에는 시행령 제3조에 의거하여 6월 이내로 되어 있으며, 보호시설의 장이 특히 필요하다고 인정하는 경우는 1회에 한하여 3월의 범위 내에서 연장이 가능하다.

(4) 가정폭력 피해자 치료

가정폭력 피해자 중 정신적 · 신체적 피해로 치료보호가 필요한 자에 대해 치료비를 지원하고 있는데, 지원 대상은 가정폭력 피해로 인해 신체적 · 정신적 치료가 필요한 가정폭력 피해자이며, 치료보호 범위는 보건에 관한 상담 및 지도, 신체적 · 정신적 피해에 대한 치료, 임산부의 심리적 안정을 위한 각종 치료 프로그램의 실시 등 정신치료, 임산부 및 태아 보호를 위한 검사 및 치료, 가정폭력 피해자 가정의 신생아에 관한 의료 등이다.

(5) 가정폭력 피해자 피해회복 및 재발 방지

가정폭력 피해자의 치료·회복을 위한 프로그램을 통해 가정폭력 피해자 및 동반아동의 치유를 통한 자존감 회복 및 온전한 사회인으로의 복귀를 도모하고 있고, 상습, 반복, 대물림되는 특성이 있는 가정폭력 가해자들의 행동교정을 통한 가정폭력의 재발 방지를 위하여 가정폭력 가해자 교정·치료 프로그램을 운영하고 있다.

(6) 여성폭력 피해자 주거지원시설

가정폭력 피해여성들의 자립을 지원하고 사회적응 여건을 조성하기 위하여 피해여성과 그 가족들이 생활할 수 있도록 전국적으로 314개의 주거공간(임대주택)을 제공하고 있다.

(7) 가정폭력 피해자 무료법률지원(상담 및 구조)

가족 내외적 환경의 변화와 갈등 등으로 가정폭력 피해가 증가하고 있으나 대부분 피해여성은 여성폭력에 대한 사회적 무관심, 낮은 사회·경제적 지위로 인한 법률지식의 부족 및 무기력 등으로 자신의 권익을 지키지 못하는 인권 사각지대에 놓여 있다. 이에 피해자에 대하여 무료로 법률구조를 지원함으로써 스스로 방어·보호능력이 부족한 피해자의 권익 보호를 강화하고 있는데, 수행기관은 다음과 같다.

- 대한법률구조공단: 전국 18개 지부 및 39개 출장소(☎ 132)
- 한국가정법률 상담소: 본부 및 전국 31개 지부(☎ 1644-7077)
- 대한변협법률구조재단(☎ 02-3476-6515)

(8) 폭력피해 이주여성 보호 · 지원(보호시설)

가정폭력 · 성폭력 · 성매매 등 피해 이주여성 및 동반아동을 일시적으로 보호하고, 의료 · 법률지원, 치료회복프로그램, 주거 제공, 직업훈련 등을 통한 인권보호 및 자립지원을 위하여 전국에 28개소의 폭력피해 이주여성 쉼터를 설치하여 운영하고 있다(표 12-2 참조).

표 12-2 지역별 폭력피해 이주여성 보호시설(쉼터) 설치현황

구분	합계	서울	부산	대구	인천	광주	대전	울산	경기	강원	충북	충남	전북	전남	경북	경남	제주
폭력피해이주여성 쉼터(개소)	65	11	3	3	1	4	1	1	11	5	3	4	4	4	2	6	2

출처: 지역별 가정폭력 피해자 보호시설 설치현황('21.1월 기준)

(9) 여성 및 사회단체를 통한 계몽

여성 및 사회단체에서는 가정폭력은 인권을 유린하고 인간을 파괴하는 행위라는 사회적인 인식 제고와 구타 원인이 매 맞는 아내에게 있는 것이 아니라, 가부장문화, 폭력문화에 있음을 알리기 위해서 계몽활동을 펼치고 있다.

(10) 지역사회복지관

가정폭력 피해자들을 지원하기 위하여 지역사회복지관의 여러 프로그램을 통해 관심과 사랑을 표현하고 있으며, 집안일을 도울 수 있는 도우미를 지원, 부부가 함께 하는 치료 프로그램 개발과 실행 등이 이루어지고 있다.

2. 가정폭력 대책

1) 가정폭력 피해여성에 대한 대책

여성들이 가정폭력의 피해를 당하지 않도록 하기 위해서는 폭력 허용적 사회문화 개선 및 가정폭력은 개인의 문제가 아닌 사회문제라는 점을 인식해야 하며,

가정폭력 관련법 및 지원서비스 홍보와 가정폭력 발생 시 경찰의 신속한 수사 및 가해자에 대한 법적 조치가 강화되어야 한다. 그리고 피해여성은 어머니, 아내로서의 역할보다는 개별적인 인격체로 다루어야 한다. 또한 피해자 중심의 사후대책보다 피해자와 가해자를 위한 근본적인 대책 마련 및 쉼터의 역할과 기능이 강화되어야 한다.

가정폭력 피해여성을 위한 서비스는 주로 쉼터를 중심으로 이루어지고 있는데, 단순한 피신처의 역할을 넘어 전문적 · 체계적으로 가정폭력문제를 다루어야 한다. 쉼터에서는 피해여성에 대한 보호와 신체적 · 정신적 안정과 치료를 돕고, 여성이 폭력남편으로부터 완전히 벗어나 독립할 수 있도록 개별상담과 집단상담 제공, 독립적인 삶을 위한 취업알선 등의 프로그램과 주거지원이 필요하다.

2) 가정폭력 피해 및 학대아동에 대한 대책

가정폭력 피해 및 학대아동 발생 예방 및 발생 시 효과적인 대처를 위한 방안을 살펴보면 다음과 같다.

첫째, 예방적 차원에서 접근이 쉬운 학교나 지역의 공공영역의 가정폭력예방교육이 중요하다. 부부교육, 결혼예비교육, 학부모모임, 대중매체를 이용한 사회교육 등에서 가정폭력의 유형, 증가 이유, 심각성 등에 대해 홍보가 있어야 할 것이다.

둘째, 신고제도의 활성화이다. 학대받거나 폭행을 당하고 있는 어린이를 발견했을 때는 보호자의 유무와 관계없이 신고하는 것을 생활화하는 태도가 이를 위한 홍보, 신고를 의무화, 포상 등으로 적극적인 신고를 유도해야 한다.

셋째, 지역사회의 지원서비스 강화이다. 가정폭력이나 학대로 인해 방치된 아동을 위한 방과후 프로그램 제공, 자원봉사자들을 연계한 일대일 멘토 프로그램 제공 등의 지역사회의 관심과 배려가 필요하다.

넷째, 가정폭력의 치료이다. 가정폭력과 학대의 원인을 찾아내고 그러한 원인들이 어떻게 작동하는지, 언제 작동하는지 등을 파악하여 가정폭력이나 학대가 반복되는 것을 막을 수 있도록 도와야 한다.

다섯째, 가정폭력 피해자 보호와 교육이다. 가정폭력 피해자와 학대 피해아동의 안전을 보장 및 폭력에 대한 태도를 개선하기 위한 적절한 교육을 통한 지지체계로 가정폭력의 위기를 벗어나 지역사회에 적응을 용이하게 하여야 한다.

3) 가정폭력 및 학대 피해노인에 대한 대책방안

노인의 가정폭력 및 학대 피해를 방지하기 위해서는 첫째, 가족 차원에서 학교교육이나 사회교육 프로그램(가족관계 유지 프로그램, 상담서비스 및 치료 프로그램 등)을 통해 노인과 동거하는 가족들이 노년기 특성 및 노인의 심리, 특성에 대해서 이해할 수 있는 기회를 부여하여 노인차별이 발생하지 않도록 한다. 둘째, 노인들의 노인학대에 대한 인식제고를 위한 교육을 실시한다. 자립능력을 제공하기 위한 노력과 함께 노인들이 가족이나 사회활동에 적극적으로 참여할 수 있도록 도와야 한다. 셋째, 개입단계에서는 학대 피해자뿐 아니라, 가해자에 대한 원조도 함께 제공되어야 학대가 발생할 수 있는 조건을 통제할 수 있을 것이다. 넷째, 노인학대에 대한 국민의 의식전환 및 신고의식의 강화 등이 요구된다. 대중매체 등을 통한 노인학대에 대한 홍보, 계몽이 필요하다.

4) 수사기관의 가정폭력 범죄통계 개선

여성폭력 방지와 피해자 지원정책에 효과적으로 기여하기 위한 단순한 범죄 발생건수가 아닌 가정폭력의 특성을 파악할 수 있는 체계적인 범죄통계의 확보가 필요하다. 수사기관이 범죄통계연표 작성 시 상해치사에 가정폭력 기재 항목이 이제야 생겼지만 필수입력 항목도 아니다. 형사가 상해로 분류한 상태에서 굳이 가정폭력이라 여기지 않으면 그냥 가정폭력인지 알 수 없는 사건이 된다. 가정폭력에 기인해 목숨을 잃은 사건으로 처리되지 않는다. 가정폭력은 법률 명칭이 아니며, 형법상 폭행, 상해, 협박, 공갈 등 폭력에 관련한 다양한 법률에 의해 처벌되고 있기에 죄명코드로 범죄유형을 분류하는 현재의 범죄분류 체계하에서는 가정폭력의 발생현황을 파악하기는 쉽지 않다.

사례

"폭력 남편" SOS 세 차례 묵살… 30년 맞던 아내 결국 쓰러졌다

경찰 "가족끼리 해결하라"… 방치 일쑤

올 1분기 재범률 11.1%… 3년 만에 3배, 검거 인원 대비 구속률은 1.1%에 그쳐

범정부 대책 내놨지만 '法의 사각' 신음

지난해 12월 안수현(가명) 씨의 어머니는 30년 가까이 이어진 가정폭력 끝에 남편에게 살해됐다. 안 씨 가족은 그동안 3번이나 경찰에 신고하는 등 사회에 꾸준히 SOS를 쳤지만, 아버지가 체포되거나 구속된 적은 한 번도 없었다. 출동한 경찰은 "집안일이니 가족끼리 알아서 해결하라"며 대수롭지 않게 여기고 돌아갔다. 자녀들까지 흉기에 찔릴 뻔하거나 목을 졸리는 지경에 이르러 두 번 가정법원을 찾았지만, 가해자는 상담소 위탁 교육 처분만 받고 다시 집으로 걸어 들어왔다. 법원도 별것 아니라는 걸 알게 된 아버지는 "신고할 테면 해보라"며 더욱 노골적으로 폭력을 휘둘렀고, 결국 어머니는 아버지가 휘두른 흉기에 잔인하게 살해됐다. 안 씨는 "아무도 아버지를 우리 가족으로부터 떨어뜨려 놓아 주지 않았다. 살 수 있는 방법도 알려주지 않았다"고 절규했다.

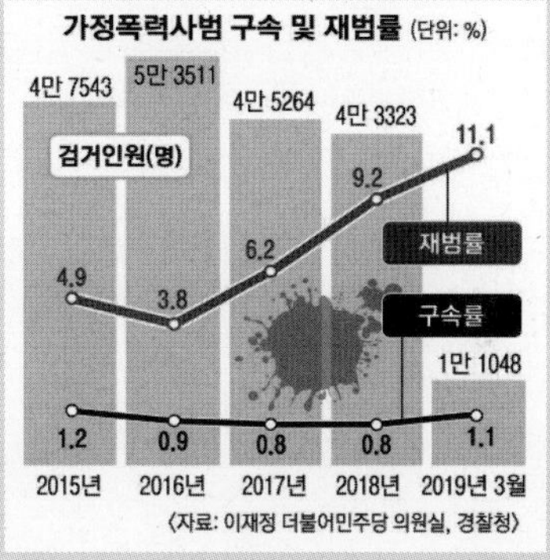

20일 서울신문이 더불어민주당 이재정 의원실을 통해 확보한 경찰청 통계에 따르면 가정폭력 재범률은 갈수록 증가하고 있다. 2016년 3.8%였던 가정폭력 재범률은 2017년 6.2%, 2018년 9.2%를 기록했다. 올해 1분기(1～3월)는 11.1%에 달했다. 가정폭력 사범 10명 중 1명이 다시 가족구성원에게 폭력을 휘두르는 셈이다. 신고하지 않아 통계에 잡히지 않는 경우까지 고려하면 그 숫자는 훨씬 늘어날 수 있다.

하지만 검거 인원 대비 구속률은 올해 1분기 1.1%에 불과했다. 2016~2018년 구속률은 1%를 밑돌았다. 강하게 처벌하지 않거나 가해자를 피해 가족들에게서 완벽하게 격리시키지 않으니 마음 놓고 재범을 저지르는 것이다. 한 가정법원 판사는 "가정폭력은 가해자가 집에 계속 머물며 습관적으로 폭력을 휘두르기 때문에 재범률이 높다"면서 "왕따 현상과 비슷하다"고 분석했다. 그러면서 "가해자를 가정 밖으로 완전히 밀쳐 내거나, 피해자가 가해자의 접근을 원천적으로 막을 수 있는 등 가정에 특별한 변화가 있지 않는 한 가정폭력은 반복될 것"이라고 말했다.

법무부, 경찰청, 여성가족부, 행정안전부 등은 지난해 11월 중대 가정파탄 사범에 대해 원칙적으로 구속영장을 청구하고, 출동한 경찰관이 가정폭력 현행범을 즉시 체포할 수 있도록 하는 '가정폭력 방지 대책'을 발표했다. 지난 3월엔 고용진 더불어민주당 의원이 현장 출동 경찰의 응급조치 유형에 '현행범 체포'를 명시하는 개정안을 발의했다. 하지만 법 개정이 이뤄지지 않아 대책은 여전히 관료들과 경찰들의 서랍 속에 방치돼 있다. 현행범 체포 및 피해 가족과의 분리는 형사소송법이 개정돼야 이루어질 수 있다. 안 씨 가족과 같은 피해를 막을 대책이 전무한 셈이다.

가정폭력은 집안에서 반복적으로 은밀하게 이루어진다. 가족이라는 이유 때문에 신고도 쉽지 않다. 우리 사회가 강요해 온 특유의 온정주의 탓에 용기를 내 신고해도 무시되기 일쑤다. 이 때문에 가정폭력이라는 '뫼비우스의 띠'는 안 씨의 어머니처럼 피해자가 죽어야 끝나는 경우가 많다.

출처: 서울신문. 2019.5.20.

CHAPTER

13 다문화가족

현대사회에서 다양한 가족의 등장과 함께 국제화 시대의 인구이동은 외국인 여성과 한국인 남성의 국제결혼, 외국인 노동자 가족 · 북한이탈주민들의 유입은 다문화가족이 급격하게 증가하여 우리 사회의 보편적인 가족의 모습으로 자리매김하고 있다. 따라서 이 장에서는 다문화가족의 개념과 문제점 및 서비스 현황과 대책에 대하여 살펴보고자 한다.

01 다문화가족의 개념

다문화란 '한 사회 안에 여러 민족이나 여러 국가의 문화가 혼재하는 것'을 말한다. 다문화는 다인종, 다민족으로 구성된 사회와 국가에서 문화의 중심이 되는 주류문화에 대한 하위개념으로 볼 수 있으며, 다양성을 존중하는 의미를 내포한다(이영주 외, 2015).

다문화가족이란 현재 국내에 정착하여 거주하고 있는 국제결혼 가정을 통상 의미하며, 외국인 이주노동자 가정까지 포함하는 개념이다. 이러한 다문화가정이라는 용어는 사회적 합의와 함께 사용되고 있으며, 한국인 여성과 결혼한 이주남성가족, 이주민가족(노동자, 유학생 포함) 및 혼혈 한국인과 결혼한 이주자가족의 자녀들까지 포함하여 모두 다문화가정이라 할 수 있다(이기영 외, 2010: 127).

「다문화가족지원법」에서의 "다문화가족"이란 「재한외국인 처우 기본법」 제2조 제3호의 결혼이민자, 「국적법」 제3조 및 제4조에 따라 대한민국 국적을 취득한 자와 같은 법 제2조부터 제4조까지의 규정에 따라 대한민국 국적을 취득한 자로 이루어진 가족을 지칭한다.

표 13-1 다문화가족지원법에 의거한 다문화가족 개념

다문화가족지원법	조항	개념
재한외국인 처우 기본법	제2조 제3호	결혼이민자란 대한민국 국민과 혼인한 적이 있거나 혼인관계에 있는 재한외국인을 말한다.
국적법	제2조	출생에 의한 국적 취득 ① 다음 각 호의 어느 하나에 해당하는 자는 출생과 동시에 대한민국 국적을 취득한다. 1. 출생 당시에 부 또는 모가 대한민국의 국민인 자 2. 출생하기 전에 부가 사망한 경우에는 그 사망 당시에 부가 대한민국의 국민이었던 자 3. 부모가 모두 분명하지 아니한 경우나 국적이 없는 경우에는 대한민국에서 출생한 자 ② 대한민국에서 발견된 기아는 대한민국에서 출생한 것으로 본다.
	제3조	인지에 의한 국적 취득 ① 대한민국의 국민이 아닌 자(이하 "외국인"이라 한다)로서 대한민국의 국민인 부 또는 모에 의하여 인지된 다음 각 호의 요건을 갖추면 법무부장관에게 신고, 대한민국 국적을 취득할 수 있다. 1. 대한민국의 민법상 미성년자일 것 2. 출생 당시에 부 또는 모가 대한민국의 국민이었을 것 ② 제1항에 따라 신고한 자는 그 신고를 한 때에 대한민국 국적을 취득한다. ③ 제1항에 따른 신고 절차와 그 밖에 필요한 사항은 대통령으로 정한다.
	제4조	귀화에 의한 국적 취득 ① 대한민국 국적을 취득한 사실이 없는 외국인은 법무부장관의 귀화 허가를 받아 대한민국 국적을 취득할 수 있다. ② 법무부장관은 귀화허가 신청을 받으면 귀화 요건을 갖추었는지를 심사한 후 그 요건을 갖춘 자에게만 귀화를 허가한다. ③ 귀화허가를 받은 사람은 법무부장관 앞에서 국민선서를 하고 귀화증서를 수여받은 때에 대한민국 국적을 취득한다. ④ 신청절차와 심사 등에 관하여 필요한 사항은 대통령으로 정한다.

출처: 국가법령정보센터(2023). 다문화가족지원법 재구성.

따라서 「다문화가족지원법」에 따른 분류는 한국인 남자와 외국인 여자 또는 한국인 여자와 외국인 남자와 같이 국제결혼을 하여 가정을 이룬 경우와 외국인 근로자가 한국에서 결혼하거나, 본국에서 결혼하여 형성된 가족이 국내에 이주한 외국인 근로자 가정으로 분류할 수 있다. 또한 북한에서 태어나서 한국에 입국하거나 한국에서 한국인 또는 외국인을 만나 결혼한 새터민가정으로 구분할 수 있다.

넓은 의미로 다문화가족을 정리하면, 다양한 문화적 배경을 가진 사람들이 포함된 가족을 통칭하는 말이며, 국제결혼에 따른 국제결혼 이주여성 및 외국인 노동자의 유입, 탈북자 출신의 새터민의 증가 등 한국 사회 내에서 대한민국이 아닌 다른 문화권으로 이루어진 가정의 생성을 의미한다(문혁준 외, 2014).

02 다문화가족의 실태와 문제

1. 다문화가족의 실태

2021년 전국 다문화가족 실태조사(여성가족부, 2022)에 의하면 전체 다문화가구는 346,017가구이며, 이 중 82.4%는 결혼이민자 가구, 17.6%는 기타 귀화자 가구로 확인된다. 지난 2018년 조사와 비교할 때, 결혼이민자 가구의 비율(85.7%)은 3.3%p로 줄고, 기타 귀화자 가구의 비율(14.3%)은 그만큼 늘어난 것을 알 수 있다.

16개 시·도별로는 경기와 서울이 각각 30.1%와 19.0%로 절대적으로 높아 전국 다문화가구의 절반 수준을 차지하여(49.1%), 인천(7.0%)까지 포함하면 전국 다문화가구의 과반 이상(56.1%)이 수도권에 집중 분포하고 있다.

다문화가구의 평균 가구원수는 2.82명이며, 2인가구의 비율이 39.2%로 가장 높고, 3인가구(25.7%), 4인가구(18.6%) 순이며, 1인가구의 비율은 8.3%이다.

다문화가구의 가구구성은 부부와 자녀로 이루어진 가구가 35.5%로 가장 많고, 부부만으로 이루어진 가구 30.0%, 결혼이민자·귀화자 본인만 있는 1인가구 8.3%, 결혼이민자·귀화자의 배우자가 자녀와만 사는 비율은 3.1%로 자녀와 한 부모로만으로 이루어진 가족의 비율은 10.9%이다. 부부+자녀+배우자의 부모형제는 5.1%, 자녀 없이 부부+배우자의 부모형제는 1.9%로 배우자의 부모형제와 동거하는 비율이 전체 7.0%이며, 부부+자녀+결혼이민자·귀화자의 부모형제는

1.5%, 자녀 없이 부부+결혼이민자 · 귀화자의 부모형제는 0.3%로 전체 1.8%의 가구는 결혼이민자+귀화자의 부모형제와 동거한다. 그 외 다양한 가구원들과 동거하는 유형이 6.7%인데, 이 중 4.0%는 자녀+결혼이민자 · 귀화자 또는 자녀+배우자 등 한부모가족이 다른 가족과 동거하는 경우이다. 그 외 조카나 사촌동생 등 사촌 이상의 가족관계와 동거하는 경우도 상당수이다. 지난 조사와 비교할 때, 가장 많은 비중을 차지하는 부부+자녀의 비중은 점차 줄어든 것으로 나타나며, 오히려 부부만 사는 유형의 비중은 급격히 증가하였다.

결혼이민자 · 귀화자 등과 관련된 각종 지원서비스에 대해 이용 경험을 살펴본 결과, 초기적응과 자녀양육 · 교육, 취업, 사회활동 등과 관련된 각종 서비스를 한 번이라도 이용한 적이 있는 이들은 61.9%로 나타났다. 성별로는 여성 이민자의 서비스 이용 경험은 65.9%로 남성 이민자(43.1%)보다 높게 나타났다(여성가족부, 2021).

여성가족부(2021)에 따르면 전체 결혼이민자 · 귀화자 등의 고용률은 60.8%로 2018년과 비교하면 취업자 비율은 5.6%p 감소하였다. 국민 일반과 비교할 때, 고용률은 약간 더 낮고, 실업률은 높은 편이다. 직종은 단순노무가 32.4%로 국민 일반보다 단순노무종사자 및 서비스종사자 비율이 월등하게 높다. 취업한 자 가운데 25.1%는 주당 36시간 미만 일하는 단시간근로자이며, 월평균 임금은 150~200만 원 미만 28.7%, 200~250만 원 미만 19.1%로 절반가량의 임금 수준이 150~250만 원 미만인 것으로 나타났다. 코로나19와 관련해서 14.3%는 해고, 폐업, 휴직 · 휴업의 일자리 변화를 경험했는데, 이러한 경험은 결혼이민자보다는 기타 귀화자가, 여성보다는 남성이, 학력이 낮을수록, 국내 거주기간이 짧을수록 높게 나타났다.

다문화가족 자녀들이 학교를 중단한 사유를 보면 가장 높은 비율을 차지하는 것은 그냥 다니기 싫어서(54.5%)가 높고, 돈을 벌거나, 편입학 준비 등의 순으로 나타났다. '친구나 선생님과의 관계 때문에' 학교를 그만두었다고 응답한 비율은 8.3%로 2018년(23.4%)에 비해 크게 감소하였다.

학교폭력 경험은 2.3%로 나타났다. 폭력 유형은 집단따돌림(왕따)이 전체의 49.1%로 가장 높고, 그다음이 말로 하는 협박과 욕설로 응답자의 43.7%가 경험했다고 보고하였다. 학교폭력 대응 방안으로는 부모님 등 가족에 알렸다(66.0%), 학교에 알렸다(30.4%), 친구 선배와 상의했다(8.6%), 117학교폭력신고센터 상담에 알렸다(3.4%) 등으로 대응 태도가 보다 적극적인 방향으로 증가하였다.

학교생활과 학업을 살펴보면, 학교생활에 잘 적응하지 못하는 이유로는 학교 공부가 어렵거나(56.2%), 친구들과 어울리지 못해서(55.4%)가 다수를 차지하였으며, 학교 공부보다 친구와 어울리지 못해서의 비율이 증가하였다.

결혼이민자・귀화자 등이 한국 생활을 하는 동안 어떠한 어려움을 겪었는지를 살펴보면, 언어문제(22.9%), 경제적 어려움(21.0%), 외로움(19.6%), 자녀 양육・교육 문제(16.5%), 친구・이웃 사귀기(7.6%), 가족 간 갈등(6.5%), 은행・기관이용(6.1%), 편견과 차별(4.5%) 등의 순으로 어려움을 겪은 것으로 나타났다.

2. 다문화가족의 문제

다문화가족의 이주여성들이 한국 생활에서 가장 힘들어 하는 부분은 언어문제로 인한 사회적 적응문제, 경제적 문제, 자녀문제의 순으로 나타나고 있으며, 이주민 남성들의 경우 경제적 문제에 가장 큰 어려움을 나타내고 있다.

1) 사회적응의 문제

다문화가족들이 한국에 정착하면서 가장 큰 어려움을 겪는 것은 사회적응 부분으로 그 원인을 살펴보면 다음과 같다.

첫째, 의사소통의 어려움으로 인해 적응이 어렵다. 다문화가족에서 대부분 소통을 한국어로 사용하고, 남편은 아내가 한국어를 배우는 것에 적극적 관심이 부족하다. 이러한 언어로 겪는 의사소통의 어려움은 외로움, 소외감을 유발하게 된다.

둘째, 문화적 차이로 겪게 되는 어려움이다. 서로 다른 문화적 차이는 가족관계, 음식, 부부의 가사노동의 분담, 가부장적 문화, 제사, 음주문화 등 한국문화에 대한 적응이 힘들다. 특히 부부간의 문화차이는 서로가 성장한 문화가 다르므로 상대방 문화에 대한 이해 부족과 그 차이로 인해 문화적 충격을 경험하게 된다. 교제기간 없이 결혼하는 경우가 대부분으로, 서로에 대한 이해가 되지 않으므로 문화적 충격을 더 크게 받을 수 있고, 이해할 생각을 하지 않는 한국 남성들로 인해 많은 갈등이 유발된다.

셋째, 사회적 편견과 차별이다. 개발도상국 출신의 국제결혼 이주여성에 대하여 생활방식이나 문화의 차이로 인한 상황임을 이해하지 못하고 무시와 구박을 하고, 돈을 위해 한국에 온 사람인 양 취급하거나, 불쌍한 사람이라고 인식하고 해석하기도 한다.

이러한 의사소통과 문화적 갈등, 사회적 편견과 차별로 인해 가정폭력이 증가하고 있다. 하지만 이주여성들은 상담소나 상담전화를 이용하는 사람이 극소수에 불과하고 서비스 이용자의 만족도가 높지 않았다. 이주여성들이 위기 상황에 접했을 때 실질적으로 도움이 되는 상담전문가, 통역전문가 등을 통한 보호가 필요하다.

2) 경제적 문제

국제결혼 이주여성의 경우 경제적 어려움을 타개하기 위한 수단으로 국제결혼을 선택했지만, 기대와 달리 결혼 이후에도 생활고를 경험하는 경우가 많다. 이주민들은 대부분 노동시장의 참여 기회에 불리한 위치에 있다. 특히 한국어에 능통하지 않은 경우는 취업을 하기 어려운 상황이며, 직업 지위가 낮은 직종이 대부분이다.

다문화가구 중 국민기초생활보장급여 수급가구 비율은 5.7%로, 가구소득 수준이 가장 낮은 것으로 나타난 부부 모두 외국 출신인 가구의 경우, 국민기초생활보장급여 수급가구 비율이 5.4%로, 부부 한쪽이 한국 출신인 가구에 비해 2%가량 높게 나타났다.

이러한 경제적 어려움은 심리적 불안으로 이어지고 있으며, 한국어에 능통하지 않은 경우는 취업을 하기 어려운 상황이 대부분이다. 또한 다문화가족에 대한 차별과 편견으로 인해 이들이 겪는 문제는 정신적인 것뿐만 아니라, 생활과 직결되는 경제적인 어려움도 함께 겪고 있다.

3) 부부간 불화, 가정폭력으로 인한 이혼문제

우리나라의 남성 중심의 혈통을 중심으로 하는 가부장제와 맥을 같이하면서 여성에 대한 배제와 차별에서 오는 부부와 가족 간의 갈등이다. 성격, 생활방식의 차이, 언어소통의 어려움, 경제적 문제, 음주, 가정폭력, 시부모 및 시댁 식구와의 갈등의 문제로 인해 이혼이 증가하고 있다. 이러한 이혼은 자녀양육문제, 위장결혼문제, 단독가구가 된 이주여성의 빈곤문제 등 사회적 많은 문제를 야기되어 향후 과제로 제기되고 있다.

4) 자녀의 적응문제

다문화가정 부부의 부적응에 대한 우려와 함께 제기되는 또 다른 문제는 2세대 자녀의 적응문제이다. 다문화가족 자녀문제 중 가장 큰 문제는 언어적 문제와 차별의 문제이다.

국제결혼가정의 대부분은 외국인 어머니가 결혼과 동시에 입국하고 한국 사회의 언어와 문화에 제대로 적응하지 못한 상태에서 출산과 양육, 가정교육의 상당부분을 차지한다. 이로 인해 자녀들은 한국어의 미숙함으로 언어발달이 지연되고 학업수행의 문제의 어려움을 느끼며, 또래 학생들과의 의사소통에도 장애를 느껴 교우관계가 원만하지 못하거나, 교사의 다문화에 다한 인식부족으로 인해 학교생활의 부적응을 경험하게 된다.

이외에도 다문화가족 자녀들은 외국인이라는 이유와 외모상의 차이 등 선입견 때문에 편견과 집단따돌림을 당하기도 하고, 서로 다른 인종과 국적을 가진 부모들 사이에서 한국과 다른 문화를 접하게 되어 자아정체성 혼란을 가져오기도 한다(문혁준, 2014: 236). 이러한 자아정체성 혼란은 대인관계 형성에도 부정적인 영향을 미친다.

주 양육자인 어머니가 한국어를 습득하지 못하고 한국 문화에 대한 이해가 부족한 경우 자녀양육문제가 야기되고, 자녀들은 언어를 충분히 소통할 수 있는 기회가 적어 의사소통에 어려움을 겪게 되는 원인이 되기도 한다. 이러한 환경에서 성장한 아동들은 여러 측면에서 발달적 장애를 가지는 것으로 나타나고 있으며, 학년이 높아지고 청소년기를 접하면서 학교를 이탈하는 학생 수가 급격하게 늘어나는 현상이 나타나고 있다.

부정적 개념과 달리, 다문화가족 자녀들의 이중문화와 이중언어의 강점을 발전시킬 수 있는 교육이 된다면 다문화가족 자녀들은 오히려 큰 자산을 가지게 될 것이고 자아정체감 확립에도 도움이 될 것으로 보인다.

03 서비스 현황과 대책

1. 다문화가족의 현황

1) 국제결혼가족

국제결혼가족은 한국인과 외국인이 결혼하여 한국국적 혹은 영주권을 취득하는 형태를 의미한다. 2016년 기준 외국인과의 혼인은 총 318,946명으로 2012년 기준 51,221명이 증가하였고 그중 중국(한국계) 베트남 64,524명이 가장 많고, 중국 110,619명, 그다음으로 베트남, 필리핀, 일본, 미국, 캄보디아, 몽골, 태국 순으로 국적별 결혼이민자 및 국적취득자이며, 자세한 내용은 **표 13-2**에서 참고할 수 있다.

표 13-2 국적별 결혼이민자 및 국적취득자 현황(외국인주민현황조사, 행정안전부, '16. 11월 기준)

(단위: 명)

국적	2012	2013	2014	2015	2016
합계	267,727	281,295	295,842	294,663	318,948
중국(한국계)	97,796	100,524	103,194	103,171	110,619
중국	65,832	67,944	71,661	59,813	64,524
베트남	47,754	52,323	56,332	62,072	66,554
필리핀	13,829	15,256	16,473	17,576	18,247
일본	11,705	12,338	12,875	11,391	11,278
캄보디아	5,316	5,684	6,184	6,902	7,221
몽골	3,068	3,186	3,257	3,308	3,394
태국	2,918	2,975	3,088	3,069	3,328
미국	2,747	3,081	3,350	5,368	7,377
러시아	1,943	2,025	1,976	1,937	1,895
대만	2,390	2,661	2,953	4,298	4,552
기타	12,429	13,298	14,499	15,758	19,959

*캄보디아의 경우 '09년 이전에는 '기타'에 포함.

표 13-3에서 제시된 바와 같이, 다문화가족의 결혼이민자 및 국적취득자 현황을 보면, 2016년 기준 결혼이민자 159,501명, 국적취득자 159,447명으로 전체 318,948명 내외이며, 2012년 267,727명에 비해 51,221명이 증가하였다. 다문화가족은 매년 지속적으로 증가하고 있으며, 다문화가족의 숫자는 89만 명에 이르고 있고 2020년에는 100만 명이 될 것으로 예상하고 있다.

표 13-3 연도별 결혼이민자 및 국적취득자 현황(외국인주민현황조사, 행정안전부)

(단위: 명)

<table>
<tr><th rowspan="2">연도
('16~)</th><th colspan="3">계</th><th colspan="3">결혼이민자</th><th colspan="6">국적취득자</th></tr>
<tr><th>계</th><th>남</th><th>여</th><th>계</th><th>남</th><th>여</th><th>계</th><th colspan="2">남</th><th colspan="3">여</th></tr>
<tr><td>2016</td><td>318,948</td><td>61,544</td><td>257,404</td><td>159,501</td><td>28,728</td><td>130,773</td><td>159,447</td><td colspan="2">32,816</td><td colspan="3">126,631</td></tr>
<tr><td>2015</td><td>294,663</td><td>56,652</td><td>238,011</td><td>144,912</td><td>25,263</td><td>119,649</td><td>93,249</td><td>10,308</td><td>82,941</td><td>56,502</td><td>21,081</td><td>35,421</td></tr>
<tr><td>2014</td><td>295,842</td><td>48,787</td><td>247,055</td><td>149,764</td><td>21,953</td><td>127,811</td><td>90,439</td><td>4,261</td><td>86,178</td><td>55,639</td><td>22,573</td><td>33,066</td></tr>
<tr><td>2013</td><td>281,295</td><td>45,348</td><td>235,947</td><td>147,591</td><td>20,887</td><td>126,704</td><td>83,929</td><td>4,264</td><td>79,665</td><td>49,775</td><td>20,197</td><td>29,578</td></tr>
<tr><td>2012</td><td>267,727</td><td>42,459</td><td>225,268</td><td>144,214</td><td>19,630</td><td>124,584</td><td>76,473</td><td>4,268</td><td>72,205</td><td>47,040</td><td>18,561</td><td>28,479</td></tr>
</table>

2. 다문화가족 복지서비스 대책

다문화가족을 위한 복지대책의 근원은 오늘날 국제화 시대에 살고 있는 우리 국민으로서 인간이 누려야 할 당연한 존엄과 가치의 권리이며, 우리 후세대 양육을 위하여 꼭 필요한 대책이다. 여성가족부에서는 다문화가족지원센터를 통해 다문화가족이 건강한 가정으로 자리매김할 수 있도록 지원하고 있다. 따라서 다문화가족 지원센터를 통한 복지서비스를 알아보고, 국제결혼가족이 겪는 문제점을 바탕으로 국제결혼가족에 대한 정책 및 실천적 대안에 대하여 살펴볼 필요가 있다.

1) 다문화가족 복지서비스 현황

보건복지부에서는 중앙건강가정지원센터와 시·군·구 건강가정지원센터를 위탁·운영하면서 다문화가족의 사회문화적 적응을 위한 종합적 가족지원 전달체계를 구축하고, 시 · 군 · 구와 협력하여 중앙건강가정지원센터의 관리를 받는 다문화가족지원센터를 운영하고 있다.

다문화가족지원센터에서는 지역사회 다문화가족을 대상으로 한국어교육, 가족통합교육, 자조모임 육성 등 종합서비스를 제공하여 다문화가족의 조기적응 및 사회 · 경제적 자립지원을 도모할 수 있는 서비스 전달체계 운영지원을 목적으로 하고 있다.

문화가족을 위한 기본 프로그램 등 서비스제공을 통해 결혼이민자의 한국 사회 조기적응 및 다문화가족의 안정적인 가족생활을 지원하고 있으며, 그 내용은 표 13-4와 같다.

표 13-4 다문화가족 지원센터 기본 프로그램

사업영역	내용	
가족	• 다문화가족 이중언어 환경조성 프로그램 • 가족의사소통 프로그램 • 가족관계 향상 프로그램 • 결혼과 가족의 이해 • 가족의 의미와 역할	• 아버지교육 • 부모-자녀관계 및 자긍심향상 프로그램 • 자녀교육 프로그램 • 부모역할, 자녀건강지도 • 자녀생활지도 등
성평등	• 배우자부부교육 • 배우자이해 프로그램	• 예비 · 배우자교육 프로그램 • 부부갈등해결 프로그램
인권	• 다문화이해교육 • 인권감수성 향상교육	• 다문화가족 관련법과 제도 • 이주민과 인권
사회통합	• 취업기초소양교육 • 구직자 발굴 및 구직처 연계	• 새일센터, 고용센터 등 취업관련 기관연계
	• 다문화가족 나눔 봉사단 소양교육 • 다문화가족 나눔 봉사단 활동 • 한국사회 적응교육 • 소비자 · 경제교육 • 학원지원반(검정고시반 등) 운영 및 연계	• 다문화가족 자조프로그램 • 다문화인식개선 • 결혼이민자 멘토링 프로그램 등 • 결혼이민자 정착단계별 지원 패키지(미기, 길 찾기 등 미래설계 프로그램 중 선택)
상담	• 가족상담 • 개인상담 · 집단상담 • 사례관리 · 심리검사	• 위기가족 긴급지원 • 외부상담기관 연계

출처: 강윤경 외(2017). 가족복지론.

2) 다문화가족 복지서비스 대책

(1) 실천적 대책

① 다문화가족을 위한 교육기회 제공

결혼이주여성은 서로 다른 문화적 차이로 인하여 한국의 가족관계를 이해하는 데 어려움이 발생할 수 있고, 문화적 이질감, 생활습관의 차이 등으로 한국생활 적응에 상당한 어려움이 따른다. 결혼이주여성 국가와 그들의 문화에 대한 올바른 이해가 필요하며, 국제결혼 이주여성에 대한 언어교육의 체계화 및 통역서비스 지원과 다문화가족 자녀의 건전한 성장과 역량강화를 도울 필요가 있다.

결혼이주여성의 적응과 삶의 만족도에서 중요시되는 것은 결혼이주여성의 가족과 이웃들이 그들의 문화를 이해하고, 수용을 함께하려는 노력이 큰 비중을 차지한다. 따라서 결혼이주여성들의 문화를 이해하기 위한 교육이 현실적으로 제공되고, 그들이 존중받을 수 있는 지원이 필요하다.

현재 국제결혼 이주여성에 대한 언어교육은 한국어 방문교사 프로그램의 5개월 과정과 여성가족부에서 시행하는 1년 과정이 있는데 이것으로는 부족하며, 또한 한 번 받고 난 후에는 기회가 없기 때문에 큰 실효성이 없는 실정이다. 한국어 방문교사 프로그램 외에도 결혼이주여성을 위한 단계별·언어별 한국어교재 발간 및 보급을 통해서 지속적 언어습득 교육과정을 구축해야 하고(이영실 외, 2013: 327), 정착 초기 의사소통의 어려움이 발생하면 바로 적절한 통역서비스를 지원해야 한다.

다문화가족 자녀의 건전한 성장과 역량강화를 위해서는 다문화가족 자녀에 대한 체계적이고 전문적인 언어발달 지원을 통해 취학 이후의 자녀가 이 사회의 일원으로 살아가고, 또한 자신의 민족·인종적 다양성에 대한 자긍심을 가지고 성장할 수 있도록 지원해야 한다.

다문화가족의 만 12세 이하 자녀에 대한 언어발달 진단 및 교육을 실시하고, 이에 대하여 교사, 학생에 대한 이해와 상호 공존의 존중감을 기르기 위한 환경조성이 필요하다. 이를 위해 학령기 자녀성장 맞춤형 진로지도, 사회성 교육지원, 전문상담서비스 등을 고려해 볼 필요가 있다.

② 다문화가족 형태를 고려한 상담 및 지원

현재 한국의 외국인 배우자들은 주로 한국보다 경제적 생산이 낮은 국가에서 이주해 왔으며, 신분이 불안정하고, 주변에 가족 등 상대적으로 네트워크가 부재한 관계로 가족 내에서 낮은 처우와 폭력 등의 문제가 발생할 수 있다. 이에 따른 이혼과 재혼의 비율이 증가하고 있다. 이혼 후 자녀양육문제, 위장결혼 등으로 인한 남편의 심리적 상처 및 후유증, 단독가구가 된 결혼이주여성의 빈곤문제 및 심리사회적 문제에 대한 관심과 지원이 필요하다. 또한 폭력예방 및 위기 권역별 국제결혼 이주여성을 위한 쉼터 확충, 가정폭력 및 성폭력 관련 상담원 및 경찰교육, 외국인 가정폭력 및 성폭력 상담소 지정 등이 필요하다. 아울러, 재혼가족은 가족구조, 관계, 역할의 변화, 이전 배우자와의 관계, 자녀양육의 문제 등 초혼가족보다 복잡한 문제가 야기될 수 있으므로 이에 대한 상담과 지원이 절실히 요구된다.

③ 다문화가족에 대한 취업 장려와 직업훈련

대다수 다문화가족은 경제적 어려움을 겪고 있으며, 경제활동에서도 차별을 받고 있다. 이를 위해서는 정부차원에서 외국인 배우자의 능력개발 프로그램을 개발하여 제공하여야 한다. 다문화가족지원센터를 중심으로 직업훈련을 체계적으로 지원하도록 정책수립과 수요자 욕구에 맞게 맞춤형 지원방안을 강구하고, 다문화 관련 기관, 연관단체 등과 긴밀한 네트워크를 형성하여 필요한 서비스를 효율적으로 지원받을 수 있도록 해야 한다. 외국인 아내들의 모국어와 한국어 능통한 장점을 활용하여 외국어교육 및 가이드로서 능력을 적절히 활용할 필요가 있다.

④ 자조집단의 활성화

자조집단은 결혼이주여성뿐만 아니라 그들의 남편과 가족에게도 유용하고 중요한 정보를 제공한다. 본국 출신의 이주여성들이야말로 향수병을 달래주고 정서적 지원을 해 줄 수 있는 사람이다. 자조집단의 활성화는 온라인상뿐만 아니라 오프라인으로도 연계되어 교류의 장이 되고 있으며, 이주여성의 사회적 연대를 강화하고, 임파워먼트와 사회적 적응에 무엇보다 효과적이다(성정현 외, 2014: 338).

(2) 정책적 대안

① 프로그램의 다양, 다문화가족지원센터의 확대 설치 및 복지전문인력 양성

다문화가족을 지원하는 기관과 서비스는 증가하고 있지만, 실질적으로 필요한 다문화가족을 지원하고 관리하는 전문인력은 턱없이 부족한 현실로서, 다문화가족을 이해하고 수용하며 어려움이 닥쳤을 때 즉각적인 해결과 사전에 관리 및 감독을 할 수 있는 역량을 갖춘 인력이 절실히 요구되는 바이다.

다문화가족을 위한 프로그램이 일회적이거나 형식에 치우치기보다는 현실적인 욕구와 문제가 다루어 주는 다각적이고 현실적인 프로그램 개발이 필요하며, 이러한 프로그램을 지원하는 전달체계의 확립은 더욱 중요하다. 예를 들면, 미국의 경우 다문화지원시스템이 발달되어 있으며, 마을마다 커뮤니티센터에서 서비스전달시스템의 역할을 수행하고 있다.

또한 다문화가족에 대한 전문적 지식, 차별화된 개입기술, 문화적 역량을 갖춘 인력의 확보를 통해 다문화가족을 지원하는 복지전문인력을 양성하는 것이 중요하다.

② 경제적 지원 확대

국제결혼가족의 경우, 국제결혼 이주여성이 한국인 남성과 결혼한 가장 큰 이유가 경제적 어려움이며, 이러한 문제는 국제결혼 이주여성정책에서 가장 중요하게 다루어야 할 문제이다.

이들이 겪고 있는 취업환경을 보면 가족의 반대, 안정적 취업의 어려움, 부당한 대우 등 한국인 여성이 당면하는 어려움과는 다른 성격을 지닌다.

다문화가족의 경제적 취약성은 생활에 지속적 어려움으로 연결되고, 이러한 어려움은 자녀양육 문제뿐만 아니라 노년기까지 연결될 가능성이 높기 때문에 심리적 · 사회적으로 힘든 환경에 처하게 된다. 따라서 지역사회는 국제결혼 이주여성의 경제활동을 위해 기존의 여성취업 관련 지원정책에 국제결혼이주여성 지원을 추가하고, 국제결혼이주여성의 취업에 있어 단순 노무직이나 일용직 등 질 낮은 일자리가 아니라, 결혼이민자의 능력을 활용한 양질의 일자리 확대를 마련할 필요가 있다.

③ 가정폭력에 대한 예방 및 관리 강화

국제결혼이주여성은 가족이라는 이미지보다는 돈으로 팔려 온 사람으로 인식되는 경우가 있으며, 언어적 소통의 문제와 서로 다른 외모로 인하여 폭력과 폭행에 시달리는 여성들이 종종 있다. 따라서 가정폭력을 경험하고 있는 결혼이민여성들에 대한 보호와 관리 및 폭력피해자의 인권보호를 위한 강력한 보호조치 및 관리의 필요성이 요구된다.

④ 자조모임의 적극적 지원

현재 한국에서 다문화가족의 자조모임을 지원하는 곳은 어울림이주여성·다문화가족센터, 이주여성인권센터 등의 NGO이며, 이들 NGO의 자발적 자조모임활동에 대한 지자체나 정부 차원의 체계적 지원이 필요하다. 나아가 NGO의 매개 없이 그들 스스로 자체적으로 조직을 결성할 경우에도 자조모임 운영에 필요한 장소 및 운영 전반에 대한 지원이 제공될 필요가 있다(이영실 외, 2013: 327).

자조모임을 통해 우리 사회의 정착 과정에서 문화적 이질감 해소를 도와 남편과 자녀에게는 아내와 어머니 나라에 대한 이해를 높이고, 국제결혼 이주여성에게는 정서적인 안정 도모, 정보 제공을 통해 자긍심을 가지며, 사회적 연대 강화, 경제적 유지, 사회 적응에 유용한 방안으로 한국 사회의 다문화가족으로 통합되는 데 적극 기여될 것이다.

사례

결혼이주여성, '불평등한 부부관계'… 가정폭력 · 성추행 · 양육비 고통

10명 중 4명 가정폭력… 추방될까 봐 성추행 신고 포기

싱글맘 10명 중 8명 양육비 못 받아

"일정 조건 충족 시 자력으로 안정적 체류와 귀화 가능해야"

#1. '코리안 드림'을 꿈꾸며 한국으로 시집온 ○○댁 A 씨는 남편과 시댁 식구들만 생각하면 지금도 몸서리를 친다. 결혼 초기 9년간 가정폭력에 시달렸기 때문이다. 한국 입국 초기부터 시댁 식구들은 가족처럼 대해 주지 않았고 남편은 술만 마시면 폭력을 행사했다. 임신 중에도 구타를 당했다. 심하게 맞아 이와 잇몸이 망가졌고 집에서 쫓겨나기도 했다. 아이를 생각해 참고 살려고 했으나 계속된 가정폭력을 견디지 못해 경찰에 신고했다. 지금은 이혼 후 아이와 단둘이 살고 있다.

#2. B 씨는 베트남에서 한국에 온 지 6년이 됐다. 남편과의 사이에 사랑스러운 딸을 낳고 행복하게 살았다. 행복도 잠시뿐 결혼 3년 차에 남편이 갑자기 세상을 떠났다. 아이와 단둘이 세상에 남겨졌다. 앞길이 막막했다. 혼자 낯선 땅에서 아이를 키워야 하기 때문이다. 그래도 시아버지랑 같이 살게 된 것을 조금이나마 위안으로 삼았다. 그것도 잠시뿐이었다. 어느 날 시아버지가 "한국에 살고 싶지 않으냐"며 성추행을 했다. 너무 놀라 주위 사람들에게 도움을 요청하고 집을 나왔다.

#3. C 씨는 결혼중개업소 소개로 남편과 결혼해 1년 후 아들을 낳았다. 그러나 남편은 생활비를 따로 주지 않았다. 매달 3만 원의 용돈으로 생활하게 했고 이혼을 요구하기도 했다. 그러다 보니 부부싸움이 잦았고, 집에서 쫓겨났다. 양육비를 거의 받지 못하고 있다.

◇ '불평등한 부부관계' … 추방될까 봐 피해 신고 포기

2017년 국가인권위원회가 내놓은 '결혼이주민의 안정적 체류 보장을 위한 실태조사'에 따르면 조사 대상자 결혼이주여성 920명 가운데 가정폭력 경험이 있다고 답한 비율은 42.1%에 달했다. 10명 중 4명이 폭력피해를 경험했다. 가정폭력 유형은 심한 욕설이 81.1%로 가장 큰 비중을 차지했고 한국 생활방식 강요(41.3%), 폭력 위협(38%), 생활비 미지급(33.3%), 성행위 강요(27.9%), 부모 · 모국 모욕(26.4%) 순이었다. B 씨처럼 성추행을 당한 경우에도 불안정한 체류자격이 피해를 키우고 피해 신고와 구제를 막는 원인이 된다는 지적이다.

조○○ 변호사는 국회의원회관에서 열린 세미나에서 성폭력 피해를 보는 이주여성이 지원을 받지 못하고 있는 가장 큰 이유로 체류자격의 불안정성을 꼽았다. 이주여성이 성폭력 피해를 보상받기 위해 형사 절차를 진행할 경우 불안정한 체류자격으로 인해 본국으로 추방될 수도 있기 때문이다. 조 변호사는 "출입국관리법 특칙에 따라 법적 권리구제 절차가 진행 중인 경우에는 체류 연장이 허가될 수 있지만, 절차 종료 이후 체류 자격 연장은 거의 이뤄지지 않는다"고 지적했다. 그는 "이런 이유로 안정적인 체류자격을 가지지 못한 이주여성은 법적 절차를 진행하는 것을 포기하게 되고 이런 처지는 성폭력 피해에 더욱 쉽게 노출되는 결과에 이르게 한다"고 강조했다.

출처: 연합뉴스(https://www.yna.co.kr/). 2019.7.13.

수업에 도움이 되는 자료

도서 Book

경인교대한국다문화교육연구원(2012). 다문화 이웃이 직접 들려주는 다문화 전래 동화. 예림당.

이현정(2009). 우리의 미래, 다문화에 달려 있다. 소울메이트.

홍명진(2012). 함께 사는 다문화 왜 중요할까요?. 어린이나무생각.

Derald Wing Sue, 하혜숙 역(2011). 다문화상담. 학지사.

SBS스페셜제작팀(2012). 다른 게 나쁜 건 아니잖아요. 꿈결.

영화 Movie

파파(2012): 컬러풀한 가족의 원더풀한 탄생

덕구(2018): 조손 다문화가족 이야기

완득이(2011): 다문화가정 청소년의 성장 이야기

컬러풀 웨딩즈(2014): 국제결혼을 다룬 이야기

자유로운 세계(2008): 불법이민과 영주권을 위한 위장결혼, 착취당하는 이주노동자 이야기

CHAPTER

14 알코올중독자가족

우리나라는 사회적으로 음주에 관대하고 허용적이다. 이러한 음주문화는 알코올중독으로 이어지고, 알코올중독자와 가족구성원의 역할과 기능에 손상을 초래하고 이웃과 지역사회로부터의 고립, 경제적 빈곤과 가정폭력, 청소년비행, 아동학대 등 사회문제를 증가시킨다. 그러나 이에 대한 체계적인 접근이나 보호는 적절하게 이루어지고 있지 못한 실정이다. 따라서 이 장에서는 알코올중독의 개념 및 실태와 문제점을 살펴보고, 알코올중독 예방과 알코올중독자가족에 대한 사회복지대책을 제시하고자 한다.

01 알코올중독의 개념

음주에 허용적이고 비교적 관대한 문화를 가진 우리나라에서 알코올중독의 문제는 각 개인의 질병이나 의지의 문제로 간과되고 있다, 사회적으로 관대한 음주문화는 음주자 자신의 신체적, 정신적 손상에 이어 가족에게도 경제적, 심리적, 사회적으로 영향을 미친다. 경제적 빈곤이나 불안, 공포, 수치심, 공격성, 낮은 자존감, 이웃과 지역사회로부터의 고립 등의 영향을 미치거나 청소년 비행, 가정폭력 등의 사회적 문제를 유발하기도 한다. 그러나 아직까지 이에 대한 체계적인 접근이나 보호는 적절하게 이루어지고 있지 못한 실정이다.

1. 알코올중독의 정의

알코올중독은 그 사회의 음주관례를 초과하여 반복적이고 만성적으로 음주함으로써 신체적 · 정신적 · 사회적 · 직업적 기능에 장애를 초래하는 상태라고 포괄적으로 정의하며, 전형적으로 환자의 정신기능, 신체적 건강, 환경의 적응에 장애를 가져오는 약물의존의 한 형태라고 할 수 있다.

세계보건기구(WHO)는 알코올 사용이 그 사회에서 수용한 범주를 초월하거나 부적절할 때 과도한 음주로 인하여 개인의 건강과 사회활동이 손상된 때를 알코올중독이라고 정의하며, 문화적 · 사회적 요인의 중요성을 강조한다(유호인, 2000).

알코올중독은 의학적으로는 알코올 의존증을 말하는 것으로 이는 술에 대한 갈망 또는 집착, 마시다가 중간에 그만 마실 수 있는 통제능력의 상실, 금단증상, 내성(흔히 술이 는다는 것)과 같은 특성을 가진 일종의 질병이다. 금단증상은 술을 마시지 않으면 손을 떨거나, 구역질이나 진땀을 흘리거나 불안증세를 보이다가 술을 마시면 이런 증상이 사라지는 것을 말한다.

알코올중독의 진단분류는 알코올남용과 알코올의존으로 나눠진다. 알코올남용의 경우, 술의 병적인 사용양상과 술로 인한 사회적 또는 직업적 기능의 장애가 최소한 1개월 이상 동시에 나타나야 하며, 알코올의존의 경우에는 기간에 상관없이 술의 병적인 사용양상 또는 술로 인한 사회적 · 직업적 기능의 장애와 함께 술에 대한 내성 또는 금단증상이 있을 경우로 정의된다.

2. 알코올중독자가족의 정의

알코올중독자가족이란 가족 중의 한 사람이 알코올중독자인 경우를 말한다. 대개 아버지나 어머니 두 사람 중에 한 사람이 알코올중독자이다. 똑같은 알코올중독 문제를 가지고 있더라도 알코올중독 당사자가 부인인가 혹은 남편인가에 따라 가정이 유지되는 기본적인 문제에서부터 가족 간의 역동성, 상호작용은 매우 다르다. 여성이 알코올중독자인 가정은 겉으로 잘 드러나 있지 않다. 알코올은 중독자 자신뿐만 아니라 가족 성원에게 미치는 영향력이 크다. 알코올중독자가 있는 가족은 가족 전체가 정신적인 고통, 긴장, 불안, 적개심을 갖게 되며, 충동적인 음주로 인해 음주자뿐만 아니라 가족의 대인관계에도 문제가 발생한다. 알코올중독자가족은 가족의 항상성을 유지하고자 역기능적인 규범을 발생시킨다. 이 때문에 알코올중독자가 있는 가족의 문제는 가족병으로 표현되기도 한다.

3. 알코올중독의 원인

알코올중독의 원인은 생물학적 원인, 심리사회적 원인, 사회문화적 원인, 가족적 요인 등 여러 가지 요인이 복합적으로 관여하고 있다.

1) 생물학적 원인

알코올중독에 대한 유전이론은 알코올중독자가 선천적으로 알코올에 대한 신체적 의존을 나타내기 쉽다는 가정이다. 부모가 알코올중독자인 경우, 알코올중독에 걸릴 가능성은 높다. 특히 아들의 경우 중독자로 진전될 위험이 더 크다고 한다(Goodwin, 1985). 모든 생명체는 자신이 살아가는 데 있어 기본적으로 필요한 것들이 충족되어야 하는데, 뇌 속에 있는 보상회로는 조건이 충족되었을 때 쾌락과 같은 기분을 느끼게 하여, 반복적으로 그 행동을 유도한다. 알코올과 같은 중독성 물질은 이 보상회로에 영향을 주어 비정상적인 쾌락을 유발하며, 지속적으로 마시고 싶은 갈망으로 알코올중독의 원인이 된다.

2) 심리사회적 원인

정신분석학적으로 프로이트의 성격발달이론에 의하면, 생리적 쾌감을 얻는 구강에 욕구가 만족되지 않으면 구강기 욕망의 고착현상으로 인해 습관적인 흡연과 음주로 쾌감을 느끼게 된다고 주장한다. 대상관계에서의 구조적인 결핍이 알코올중독을 유발할 수 있는 자아 약화를 가져온다고 가정하며, 그렇지 않은 경우 자만감에 사로잡히게 된다.

성격적 원인으로 알코올중독자는 직장, 가족 혹은 친구와의 대인관계에서 갈등이 있는 경우에 자신의 주장을 쉽게 펴지 못하고 반박하지 못하는 내성적이면서도 감성적인 성향의 사람들이며, 강한 의존욕구와 비의존의 심한 갈등 상황으로 알코올에 대한 강한 집착, 부정, 자기비하를 드는데, 자기비하가 애정을 갈구하는 방향으로 움직여서 음주 탐닉이 되는 악순환을 성립시키게 된다.

3) 사회문화적 원인

사회적 알코올중독 인식정도와 과음의 밀접한 관계로 술의 사용에 대해 그 사회가 용납하는가, 죄악시하느냐에 따라 중독자의 수적 증감을 볼 수 있다. 남성이 여성보다 높은 알코올중독 발병률은 여성의 문제성 음주에 대한 사회적 압력과 낙인의 정도에 기인한 것으로 본다. 가정과 사회에서 음주, 음주 후의 잘못된 행동에 대해 관대한 인식과 문화가 알코올중독으로 이어진다.

4) 가족적 요인

알코올중독의 발생은 가족적인 요인 중에서도 가정의 붕괴, 친부모의 상실과 비행 부친 등이 그 자녀의 강한 선구자가 된다고(Benjamin LS, 1980) 하며, 가족의 구조적인 결함, 부친의 비행, 가족구타 등 가족의 불건전한 환경이나 기능이 알코올중독의 발병에 크게 기여한다고 한다.

4. 알코올중독자가족에 대한 접근 관점

1) 질병모델 관점

질병모델 관점은 가족병으로 접근해 가장 잘 알려져 있고 광범위하게 사용되는 접근방법이다. 알코올중독을 질병으로 보고 알코올중독자의 가족구성원 역시 '공동의존'이라는 질병으로 고통 받고 있다고 보는 입장이다(Cermark, 1986). 공동의존자는 자신의 정체성을 다른 사람에게서 찾고, 자존감이 낮으며, 자신을 가치롭게 생각하지 않고, 자신의 감정에는 별로 개의치 않고, 대부분의 시간을 다른 이들이 자신에게 무엇을 원하는지를 알려고 하고, 자신이 그들에게 해 줄 수 있는 것이 무엇인가를 찾는 데에 많은 시간과 노력을 투자한다(Schaef, 1986; 김혜련 · 최윤정, 2004 재인용).

가족병 접근에 따른 서비스는 알코올중독자 가족구성원을 개별적인 클라이언트로 보고, 개별적으로 접근하고 알코올중독자의 정서적 고통을 줄이고 대처능력을 높이기 위해 초점을 맞춘다. 구체적인 서비스로 알코올중독과 공동의존의 질병 개념에 대한 교육, 알라넌(Al-Anon) 및 알라틴(Al-Ateen) 등 자조집단 의뢰, 다양한 심리적 이슈를 다루기 위한 개인 및 집단 치료 등이 있다. 이 관점은 중독을 도덕적으로 보지 않고 질병으로 인식하게 됨으로써 낙인과 죄의식을 감소시키려는 의도가 있으나, 중독의 타당성에 대한 논의가 계속되고 있으며(Lyon & Greenberg, 1991), 사회복지실천에서 강조하는 역량강화와 라벨링을 최소화하는 가치와는 반대되는 접근이라고 볼 수 있다(김혜련 · 최윤정, 2004).

2) 생태체계적 관점

환경 속의 개인에 초점을 두고 있는 생태체계적 접근은 알코올중독자에 대한 개입도 개인과 환경이라는 이중초점에 중점을 둔다. 바버(Barber, 1994)는 알코올중독자가족에게 개입할 때 미시체계와 중간체계를 바탕으로 하는 개인적 차원과 적절한 사회적 정책의 부재와 같은 외부체계, 음주문화를 강요하거나 너그러운 문화를 포함하는 거시체계와 같은 환경차원 모두에 초점을 두어야 한다고 주장한다.

3) 행동주의적 관점

사회학습이론을 기반으로 하는 행동주의적 관점은 상호작용을 포함한 행동이 정적 강화와 부적 강화를 통해서 학습되고 유지된다. 알코올중독 부부의 상호작용은 한 배우자의 행동이 상대 배우자의 행동에 대한 단서나 강화제로서 상호작용하는 것으로 본다. 가족치료적 개입은 중독자와 가족원이 함께 단주를 위한 지지체계를 세우고 관계의 응집력을 증진시키고, 의사소통 기술을 증진시키며

(O'Farrell & Feehan, 1999), 음주 및 단주와 관련된 새로운 행동을 배우자에게 훈련시키는 데 중점, 알코올중독자의 음주 및 단주에 대처하는 새로운 사고와 행동들을 배우자에게 가르치고 배우자를 강화제로도 활용한다.

4) 여성주의 관점

여성주의적 접근은 남성에게는 공동의존 현상이 거의 나타나지 않는 것을 지적하면서, 알코올중독자가족이 보이는 공동의존 현상은 개인적인 문제가 아니라 여성에 대한 문화적 태도와 성 역할에 의해 나타난다고 인식한다. 공동의존을 병리적인 개념이기보다 알코올중독자가족들이 가지고 있는 책임감을 존중하고 지금까지의 노력을 인정함으로써 자신에 대한 비난으로 나타났던 우울, 불안을 감소시키고자 한다(김혜련 · 최윤정, 2004). 궁극적인 목적은 여성의 집합적 자기실현을 지지하고, 개인의 자기실현은 집합적인 노력을 통해서 가능하다는 것을 강조한다. 지지집단을 활용하고, 집단행동 격려, 자기옹호, 직면을 포함하는 상호작용기술 및 합리적 의사소통기술 교육, 여성의 강점과 문화를 강조한다(Bricker-Jenkins & Lockett, 1995; 김혜련 · 최윤정, 2004: 48 재인용).

5) 가족 적응유연성 접근

적응유연성이란 위기와 역경을 견디고 회복하는 능력이다. 가족 적응유연성 (family resilience)은 가족이 스트레스에 적응하고 역경으로부터 회복하는 능력으로, 월시(Walsh, 1998)는 가족 적응유연성이 가족의 잠재적인 회복과 성장을 확신하며 가족이 혼란스러운 도전을 견디고 원위치로 돌아갈 수 있게 하는 상호작용적인 과정이라고 보았다(장수미, 2001: 66 재인용). 월시는 가족 적응유연성 접근의 핵심과정을 신념체계(belief system, 역경에 대한 의미부여, 긍정적인 전망, 초월과 영성), 조직 유형(organizational pattern, 유연성, 연결성, 사회 및 경제적 지원), 의사소통과정(communication process, 명확성, 개방적 정서표현, 협력적 문제 해결)의 세 영역의 개념적 틀로 구성하고, 이 세 가지 핵심과정이 상호작용하면서 시너지 효과를 갖는다고 보았다.

02 알코올중독자 실태와 문제점

1. 알코올중독의 실태

우리 사회는 폭음 등 성인의 음주행태가 개선되지 않고 청소년 음주도 증가하고 있다. 이에 사회경제적 손실 및 피해를 야기하고 있으나, 일상 속 음주조장 환경과 음주에 관대한 문화인식이 크다. 통계청의 사망원인 통계에 따르면, 2017년 알코올성 간 질환 등 알코올 관련 사망자 수는 총 4,809명이었다. 하루 평균 13명이 술로 사망한 것이다. 연령별 인구 10만 명당 알코올로 인한 사망자는 30대(2.7명)부터 급증해 50대(22.8명)에 가장 많았다(그림 14-1 참조).

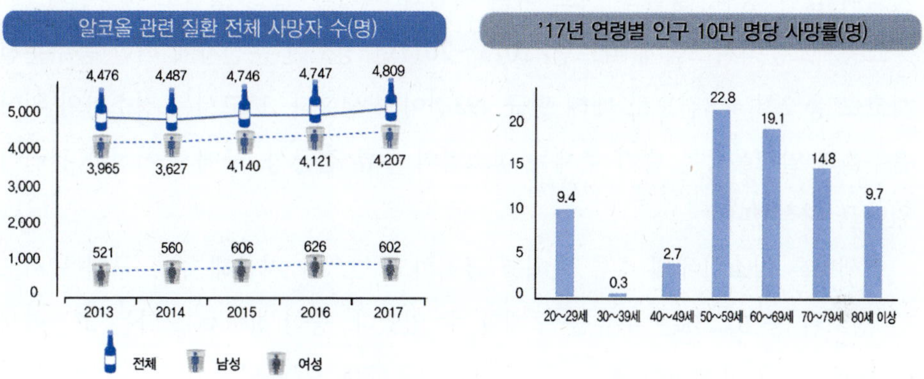

그림 14-1 알코올로 인한 사망자 수

출처: 통계청(2018). 사망원인통계.

지난해 기준 성인의 고위험 음주율(1회 평균 음주량이 7잔(여자 5잔) 이상이고 주 2회 이상 술을 마시는 분율)은 14.2%로 전년보다 0.4%p 증가했고, 청소년 음주도 증가세이다. 대학생 고위험 음주율은 20.2%로 성인보다 높고, 1회 음주량이 10잔 이상인 경우도 38.4%로 성인(15.0%)의 2.5배에 달했다.

국회입법조사처가 발행한 '청소년 음주 규제의 문제점 및 개선방향' 보고서에 따르면, 청소년 알코올중독증 환자는 2010년 922명에서 지속적으로 증가해 2017년 1,968명으로 늘었다. 7년 사이 2.1배로 증가했다.

2017년 청소년 건강행태 온라인조사 결과를 보면, 술을 마시는 청소년의 위험음주율은 2명 중 1명꼴로 매우 높았다. 위험음주율은 현재 음주자 중에서 최근 30일 동안 1회 평균 음주량이 중등도 이상(남자: 소주 5잔 이상, 여자: 소주 3잔 이상)인 사람들의 분율을 말하는데, 지난해 여학생 55.4%, 남학생 48.5%였다. 문제음주율은 여학생 38.9%, 남학생 37.2%로 5명 중 2명꼴이었고, 역시 여학생이 높았다. 또 고등학생(여 41.8%, 남 41.4%)의 문제음주율이 중학생(여 28.8%, 남 21.5%)보다 높았다. 문제음주율은 현재 음주자 중에서 최근 12개월 동안 음주 후 스트레스를 풀기 위해 또는 어울리기 위해 술을 마신 경험, 혼자서 술을 마신 경험, 가족이나 친구로부터 술을 줄이라는 충고를 들은 경험 등 문제행동 가운데 2가지 이상 경험한 사람의 분율을 말한다. 술을 마시고 오토바이나 자전거 운전을 하거나 술을 마신 사람이 운전하는 오토바이나 자전거, 자동차에 탑승한 경험, 술을 마시고 기억이 끊긴 경험, 술을 마시고 다른 사람과 시비를 벌인 경험도 해당된다.

교통사고분석시스템에 따르면, 2013~2017년 청소년 운전자에 의한 음주운전 사고도 총 2천 468건으로 매해 평균 493건이 발생했다. 보고서는 청소년의 위험음주율과 알코올중독 증가 추세는 청소년의 주류 접근성, 구매 용이성과 관련이 있다고 지적했다.

현행법은 청소년에게 주류 판매를 금지하고 있으나 지난해 주류 구매를 시도한 청소년 중 67.2%는 주류를 구매할 수 있었다. 중학생(46.4%)보다는 고등학생(73.2%)의 구매 용이성이 높고, 중학생과 고등학생 모두 남학생보다는 여학생이 더 술을 쉽게 샀다. 지난해 청소년에게 술을 팔아 청소년보호법 위반사범으로 단속된 건수는 7,521건에 달했다. 우리나라는 청소년에게 주류를 제공한 자를 규제하고 있다. 술을 사거나 섭취하고, 자신에게 술을 판매했던 업자를 신고한 청소년은 법령 위반 당사자가 아니기 때문에 처벌하기 어렵다.

청소년 음주운전, 판매업소 협박 등 사회문제를 예방하려면 우리나라도 외국처럼 청소년의 주류 구매·소지·섭취를 금지하는 규정을 마련하거나 청소년을 제재하는 것이 지나치다고 하면, 단서 조항을 달아 판매업자를 속이거나 협박하는 청소년에 한해 제재를 가하는 방안을 검토해 볼 수 있다고 제언한다.

건강보험정책연구원의 조사에 따르면 음주로 인한 사회경제적 비용은 2013년 기준 9조4524억 원으로, 흡연(7조1258억 원), 비만(6조7695억 원)보다 많았다('15년 건강보험정책연구원). 주취폭력, 자살 등 주요 사건・사고의 원인으로 사회안전 위협 주취폭력으로 경찰관, 구급대원 폭행자 92%가 주취상태(소방청, 2017), 택시기사 등이 주요 피해자이며, 강력 흉악범죄의 30% 이상(10,121명)이 음주 상태에서 발생(대검찰청, 2017), 전체 교통사고 중에서 음주운전으로 인한 경우는 9.0%(19,517건), 사상자 중에서는 10.3% (33,803명)이다(도로교통공단, 2018). 공공장소 음주로 인해 피해는 심각한 수준이다. 공공장소에서 주취자의 소란 및 폭력행위로 인해 사회불안 조성 등 93.2%가 타인의 음주로 피해를 받았다고 인식하고, 66.7%가 폭력행사로 두려움을 경험한다고 한다. 그러나 새로운 광고 환경을 반영하지 못한 주류광고 규제 사각지대로 인한 새로운 매체를 활용한 주류광고가 확산되고, 주류업계의 공격적인 광고와 마케팅이 추진되고 있다. 술 권하는 미디어 증가에 따른 음주문화는 미화되고 있다. 사회적 교류나 친목도모 수준을 벗어나는 과도한 음주관행과 권주(勸酒), 순배(巡杯), 연주(連酒), 폭음(暴飮) 등 집단적 음주문화가 팽배하다. 음주문화는 혼술 관련어 '맥주, 맛집, 가격, 저녁, 피자, 치킨' 등의 음식과 '좋다, 맛있다, 즐겁다, 추천' 등 긍정적인 감정과 관련되어 음주문화가 새롭게 등장하고 있다(한국건강증진개발원, 2018).

2. 문제점

가족병으로서의 알코올중독은 가족 전체가 알코올중독자와 상호관계를 형성하게 되어 가족의 전체 체계가 문제가 된다. 알코올중독은 다른 가족구성원들에게 충격적인 역할 변화와 스트레스를 경험하게 한다. 알코올중독자가족은 알코올중독자의 빈번한 재발, 재입원, 실직으로 인한 경제적 어려움, 사회적 편견으로 인한 사회적 위축과 고립 등 심각한 스트레스와 무력감을 경험(김희국・현진희, 2007)하고 자녀의 건강한 성장 발달을 저해, 부부갈등, 가정폭력 등이 발생한다.

1) 알코올중독자 부부관계

알코올중독에 배우자의 관계가 영향을 미친다는 세 가지 독립적이면서도 상호관련 있는 견해가 있다.

첫째, 배우자가 자신의 정서적 혼란으로 인해 알코올중독자가 계속 음주하도록 부추긴다고 보는 성격 이론적 접근이다. 이 접근에 따르면 아내의 의존성, 부적절한 감정, 성적인 갈망 등 모든 것은 아내가 남편을 '통제'하도록 만들고 남편이 부족하다는 느낌이 들도록 하는 정서적인 불안을 초래한다고 본다. 이러한 접근은 1930년대 지배적인 관점으로 정신역동적인 관점에서 출발하고 있다. 이와 관련하여 알코올중독자 아내가 무의식적인 욕구해소와 심리적 안정을 위해 남편의 알코올중독을 조장한다는 주장이 있는 반면, 이런 성격을 가진 여성이 무의식적 욕구만족을 위해 알코올중독자와 결혼한다고 하는 주장도 있다. 성격이론적 접근에서는 이런 유형의 아내를 지배적이고 모성적이며 남편이 단주를 시도하는 경우, 방해하거나 재음주를 하도록 유도한다고 본다.

둘째, 알코올중독자, 배우자의 신경증적인 반응은 배우자의 인성 때문이 아니라 알코올중독자와 생활하면서 스트레스를 받아 나타난 것이라고 보는 입장이다. 배우자는 알코올중독자가 가정생활을 파괴한다고 비난하며, 알코올중독자는 아내가 만들어 내는 문제가정에 적응하기 위하여 술을 마시지 않을 수 없다고 합리화한다. 이것은 1950년대의 사회 스트레스 모델에 입각한 것으로, 알코올중독 배우자의 문제는 알코올중독자인 배우자와 사는 만성적인 스트레스에 대한 반응으로 보는 것이다.

셋째, 1970년대의 일반체계이론에 입각한 것으로 알코올중독이 알코올중독가족의 구조와 기능면에서 통합적인 역할을 한다는 시각이다. 알코올중독자가족은 알코올로 인해 가족원들 간에 특정 유형의 관계를 형성한다. 가족성원 중에 중독자를 가진 가족은 음주문제가 가족 상호작용을 결정하는 주요 변수가 된다. 알코올중독은 가족을 파괴하고 있지만, 극단적이고 예상 가능하며 경직된 상호작용 유형을 형성하면서 유지된다고 본다.

2) 알코올중독자의 배우자

알코올중독자의 부인은 음주와 관련하여 남편의 폭력과 위협을 가한 술값 받아내기 등 병리적 증상 등에서 불안과 우울, 신체적인 증후들을 나타내고 있다. 자녀양육과 가정경제 전담의 이중적인 부담과 알코올치료와 보호의 책임 등 경제적 어려움이 가중된다. 그러나 의존적인 남성 알코올중독자는 성적 지배를 통해 자신의 위치를 되찾고자 하고, 비이성적인 폭력을 휘두르는 등 가족불화와 갈등을 유발하는 원인이 된다. 일반적으로 알코올중독자 부인은 중증도 이상의 공동의존 성향이 있다. 공동의존이란 자기 외부로의 과도한 몰두, 감정표현의 어려움, 대인관계의 어려움을 보이는 타인과의 관계패턴(Spann & Fischer, 1990)을 말한다. 하우(Howe, 1995)는 공동의존 상태에 있는 사람을 실패한 관계 경험을 가지고 있는 사람, 알코올중독자와 같이 문제가 있는 사람에게 마음이 끌려 가까운 관계를 맺는 사람이라고 설명한다. 공동의존(co-dependence)은 역기능적 체계 또는 사람과의 밀접한 관계를 유지해 온 결과, 대인관계적, 심리적, 정서적, 행동적 영역 등 광범위한 영역에서 표현되는 불건전한 삶의 방식으로, 만성적이며 악성적인 진행과정(정선영, 2005)을 거친다. 알코올중독 전문가들은 알코올중독자의 단주와 재발에 영향을 미치는 주요 표적체계가 가족임을 강조하면서, 공동의존 개념을 알코올중독자가족의 역기능을 평가하고 치료할 수 있는 구성 틀로 사용하고 있다(윤명숙, 1997). 페미니즘의 관점에서는 공동의존 현상이 알코올중독자 부인에게 낙인을 준다고 비판하고, 병리적이기보다는 '과도한 책임이 있는' 것이라고 보고, 공동의존 개념을 알코올중독자가족 모두에게 일반화시키는 것은 무리라고 주장한다. 그러나 어떠한 관점에서든 알코올중독자 배우자가 경험하는 스트레스를 이해하고 감소시키는 것이 중요하다(김희국 · 현진희, 2007).

3) 알코올중독자의 자녀

알코올중독자의 자녀들은 일반적인 가정의 자녀들보다 대인관계상의 문제, 음주문제, 무단결석, 가족관계의 어려움, 사회적 관계의 고립, 정서적 불안정성, 현실에 대한 지나친 순응, 낮은 자아개념, 비행행위, 공격적인 행동 등의 문제들을 더 많이 경험하는 것으로 알려져 있다(Winton, 2003). 술 마시는 아버지, 예측할 수 없는 행동 등의 경험은 자신의 감정을 솔직하게 표현하거나 다른 사람을 신뢰하기가 어렵게 된다. 부모가 알코올중독과 같은 만성적이며 공동의존적인 병리를 가지고 있는 경우에는 자녀들이 왜곡된 가족규범, 가치, 역기능적인 역할 수행을 유발한다(이상균, 2003). 따라서 부모의 알코올중독은 자녀에게 만성적인 스트레스가 되며, 역기능적, 학대적 가족환경을 통하여 자녀의 정신병리를 발달시킬 수 있고, 더 나아가 알코올중독이 세대 간에 전이될 수 있다.

유전학적인 연구에서 알코올중독자의 자녀들, 특히 알코올중독자 아버지의 아들에게서 비알코올중독자의 자녀들보다 미래에 알코올중독자로 발달될 위험이 더 큰 것으로 발견되었다(Goodwin, 1985; Schuckit 1985). 한편, 딸의 경우에는 알코올중독자와 결혼하는 확률이 매우 높다고 한다(Goodwin, 1988). 알코올남용자들의 아들이 비남용자의 아들과 생화학적으로(Schuckit, 1987), 신경생리학적으로(Begleiteretal, 1984; Gabeielli 외, 1982), 인지적으로(Gabrielli & Mednick 1983; Hennecke, 1984; Schuckit, 1984; Scbuckit 외, 1981) 차이가 있다는 것은 연구들에서 증명되었다(Jones & Houts 재인용, 1992).

사회학습적인 관점에서 바레네스(Barenes, 1990) 등은 알코올중독자의 자녀는 부모의 음주로부터 술은 인생의 복잡한 문제를 처리하고 사랑 · 슬픔 · 기쁨 · 분노 등 모든 종류의 감정을 표현하는 방편으로 배우게 되는 부모의 음주행동에 대한 모델링의 영향을 시사하였다. 폭스(Fox)에 의하면, 알코올중독자 아버지의 아들은 안정된 정체감은 확립하기 힘들고 생에 있어서 양가적인 감정으로 괴로움을 당하며, 딸은 어머니와 함께 아버지를 비난하기도 한다. 이에 아들과 딸 모두 술에 만취되어 버린 남성의 개체에 동일시하게 된다고 한다. 파인과 코크(Fine & Cork) 등의 연구에 따르면, 알코올중독자 아버지를 둔 자녀는 불안 · 공포 · 저항 · 혼돈, 감정적 고립 등의 현상이 두드러진다고 한다. 또한 블랙(Black)은 알코올중독자 자녀들의 반수 이상이 신체적 구타와 심한 언어적 학대를 포함한 가정폭력의 목격자라고 주장하면서, 음주 그 자체보다는 부모의 음주로 인한 폭력의 목격자일 때 더 정서적으로 충격이 크다고 제시하였다.

4) 알코올중독자가족(Alcoholic family)의 역기능적인 가족규범

가족문제와 알코올중독은 상호 영향을 주고받는다. 알코올중독자는 가족구성원에게 영향을 미치고 가족은 항상성 유지를 위해 역기능적으로 발전하는 양상이다(Steinglass, 1994). 가족응집력, 생활만족도, 가족기능 정도가 낮으며, 역기능적인 의사소통 유형이 두드러지게 나타나며(김미혜 외, 1995), 알코올중독자가족에서는 전형적으로 나타나는 역기능적인 가족규범을 보인다(박현선 · 이상균, 2001; Hussong & Chassin, 1997).

(1) 경직성의 규범

알코올중독자가족이 쉽게 변화에 적응하지 못하며, 가족구성원의 변화를 허용하지 않음을 의미하며, 엄격한 행동규칙을 가족구성원에게 부과한다. 성장하는 아동들에게 지나치게 제한된 역할행동을 요구하여 발달에 부정적 영향을 미칠 수 있다.

(2) 침묵의 규범

가족구성원의 알코올문제를 외부로 노출하지 않고 비밀로 하기 위해 생성되며, 가족체계를 안정화시키는 데 필요하다. 가족의 행동에 관해 말하는 것과 감정에 대해 말하는 것을 금지하여 알코올중독자 자녀들이 보고 들은 것뿐만 아니라 그들의 느낌과 감정에도 적용되고 분노 · 공포 · 슬픔과 같은 강력한 감정을 억압하는 대처방식을 습득하게 된다.

(3) 부정의 규범

가족체계 내에 알코올과 관련된 문제가 존재한다는 것 자체를 부인하는 것으로, 가족구성원들의 행동이 점차 역기능적이 될수록 부정의 규범은 점차 강력해지고 변화를 기대할 수 없다.

(4) 고립의 규범

알코올중독자 가족체계가 폐쇄화되어 감에 따라 가족구성원들은 가족체계 밖의 그 누구도 자신들을 이해하지 못할 것이고, 가족체계 밖의 그 무엇도 신뢰할 수 없다는 잘못된 믿음을 생성한다. 알코올중독자가족은 지역사회로부터 고립되고, 가족구성원들 간에도 고립되어 다른 사람과의 친밀한 관계 형성에 부정적인 영향을 미친다.

5) 알코올중독자의 증상

(1) 부인

가장 일반적으로 사용하는 방어 증상으로 술을 마시는 것과 관련되는 것은 어떠한 것이라도, 때로는 자신이 술을 마시고 있다는 사실까지도 부인함으로써 알코올중독자는 고통과 상처에서 자신을 보호하려 한다. 예를 들어, “내 차에 있는 술병이 누구 것인지 나는 모른다” 또는 “누가 뭐라고 하던 나는 신경 쓰지 않는다. 나는 알코올중독자가 아니니까”라고 말한다.

(2) 합리화

자신이 술을 마시는 것이나 자신이 마신 술의 양, 취했을 때의 행동 등을 정당화 한다. “누구나 약간씩은 마신다”, “오늘은 특별한 날이니 좀 취해도 된다”, “잠이 들려면 술을 마셔야 한다”라고 말한다.

(3) 외형화

자신이 술을 마시는 것이나 자신의 문제, 혹은 자신의 좋지 않은 행동을 가지고 다른 사람을 비난하는 것으로, 자신이 술을 마시는 것은 다른 사람들의 문제 때문이라고 믿는다. “아내가 잔소리만 안 했어도 술을 마시지는 않았을 거야”, “직장 상사 때문에 힘이 들어서 그 스트레스를 해소하기 위해 술을 마실 수밖에 없어”라고 말한다.

(4) 최소화

자신이 마시는 술의 양을 줄여서 말하고, 술을 마신 것으로 인한 결과도 축소하려고 한다. 술에 취해 아내를 폭행한 것에 대해서도 “난 그냥 소리만 질렀다”, “상대방이 너무 과잉반응을 하고 있다”고 주장한다.

(5) 선택적 회상

상황에 대해서 자신이 기억하고자 하는 것, 즉 자신의 생각을 지지하고 자신의 행동을 정당화하는 사실들만 기억한다.

(6) 기분 좋은 회상

특정한 상황에서 좋았던 것만을 기억하고, 취했을 때 자신이 한 말이나 행동을 정확하게 기억하지 못하며, 자신이 술을 마셔서 얼마나 기분이 좋았던가 하는 것만 기억한다.

(7) 억압

고통스럽고, 부끄럽고 죄책감이 들고, 두렵고, 당황스럽고, 화나게 했던 것을 기억하고 싶은 사람이 없듯이, 알코올중독자는 밤새도록 술을 마시고 그 다음날에는 전날 밤에 일어났던 일에 대해서 생각하는 것이 너무 괴롭기 때문에 그냥 잊어버리려고 한다.

03 서비스 현황과 대책

1. 서비스 기관 현황

성인 10명 중 1명 이상이 알코올중독자지만, 치료와 재활 인프라는 미흡하다. 2016년 정신질환실태조사에 따르면, 평생 알코올로 인한 의존과 남용 증상이 있는 알코올 사용장애 추정환자 수는 139만 명(평생 유병률 12.2%)에 달했다(표 14-1 참조). 그러나 지역사회의 알코올중독자를 위한 치료・재활 인프라 부족으로 정신건강서비스 이용비율은 12.1%에 그치고 있다('16년 정신질환실태조사). 2017년 기준, 중독관리통합지원센터는 전국 50곳(약 9,000명 이용)에 불과해 전체 알코올중독자 약 139만 명의 0.7% 미만만 상담・재활서비스를 받는 수준이다.

표 14-1 알코올 사용장애 유병률

알코올 사용장애별(1)	2017					
	계		남자		여자	
	유병률 (%)	추정환자 수 (명)	유병률 (%)	추정환자 수 (명)	유병률 (%)	추정환자 수 (명)
계	3.5	345,010	5.0	492,871	2.1	118,289
알코올남용	2.0	197,149	2.8	276,008	1.2	118,289
알코올의존	1.5	147,861	2.2	216,863	0.9	88,717

출처: 보건복지부(2017). 2016년 정신질환실태조사

국내의 알코올 관련 정책의 기본적인 방향은 치료 중심으로 설정되어 있고, 입원치료 중심의 장시간의 소요 및 잦은 재발 등으로 인하여 정책의 실효성에 의문이 제기된다. 지역사회 중심의 '조기발견-치료-재활 및 사회복귀' 인프라 구축의 여건이 조성되지 못하고 있다. 알코올중독자와 알코올중독자가족을 위한 서비스 기관 현황으로는 광역정신건강복지센터, 기초정신건강복지센터, 종합사회복지관, 알코올중독자 치료를 위한 입소시설 및 사회복귀 주거시설 등이 운영되고 있다. 민간서비스로 알코올 전문병원, 자조집단 운영, 알코올 및 약물관련 상담센터 등이 운영되고 있다.

1) 중독관리통합지원센터(전 알코올상담센터)

2017년 5월 기준으로 알코올중독 관련 통합지원체계로는 중독관리통합지원센터가 있다. 중독관리통합지원센터는 「정신보건법상」 센터 설립과 관련한 제13조와 보조금 지원과 관련한 제52조에 의거하여 신설되었다. 2022년 기준 인구 20만 이상 시·구에 1개소 설치를 원칙으로, 전국에 57개소 센터가 개설되어 있다. 중독관리통합지원센터는 지역사회별로 알코올·도박·인터넷·마약, 기타 중독관리체계를 구축함으로써 중독자 및 그 가족을 지원하고, 지역주민에 대한 중독예방 서비스를 제공하는 업무를 담당한다. 지역 내에서 중독자 발견 및 조기개입을 통한 중독의 심각성 예방, 알코올 및 기타 중독자(도박·마약·인터넷 등)에 대한 지역사회 중심의 재활, 알코올중독 및 기타 중독자가족을 위한 지원서비스(폭력,

학대 예방, 자조지원), 일반 지역사회 주민을 대상으로 한 중독문제에 대한 예방 교육, 중독문제로 파생된 지역사회 현안에 대한 예방 및 대응을 위한 안전망 구축과 유지, 지역진단 및 중독문제 해결을 위한 다양한 정책 기획과 수립 등의 기능을 수행한다. 알코올 및 기타 중독에 문제가 있는 자의 지속적 관리체계와 알코올·기타 중독폐해 예방시스템을 구축함으로써 시민 정신건강 증진 및 안전한 사회환경 조성을 목표로 한다.

중독관리통합지원센터의 주요 사업 내용은 다음과 같다.

- **중독 조기 발견 및 개입서비스:** 조기선별 및 단기치료(SBIRT)를 통한 고위험군 발굴 및 의뢰체계를 구축하고 고위험군에 대한 사례관리를 제공하며 교육, 집단 프로그램을 수행한다.
- **중독 질환 관리 및 중독질환가족 지원사업:** 지역 내 알코올문제가 있는 대상자와 가족에게 기능 회복 및 증진을 할 수 있도록 하기 위한 지원서비스로서 재활 및 회복과정을 지원한다.
- **음주폐해 예방 및 교육사업:** 음주폐해 예방을 위해 생애주기별 대상집단을 선정하여 예방교육을 전개하며, 중독문제와 관련된 지역사회 주민의 인식을 개선하고 정착하는 데 목적이 있다.
- **지역사회 사회안전망 조성사업:** 지역사회 내의 중독문제 예방 및 알코올중독자에 대한 총제적인 접근을 위한 전략으로, 다양한 서비스 기관에 대한 정보 및 인적·물적 자원을 확보하여 원활한 협조체계를 구축한다.

2) 정신건강복지센터

지역 내 거주하는 주민들과 정신장애인 및 가족들이 지역사회에서 더불어 살아갈 수 있도록 정신건강을 증진시킬 수 있는 포괄적이고 체계적인 서비스를 제공한다. 「정신보건법」상 '정신질환자'라 함은 정신병, 인격장애, 알코올 및 약물중독 기타 비정신병적 정신장애를 가진 자를 말하며, 지역사회 정신보건센터 사업지침에 선택사업으로 알코올중독 재활 프로그램이 포함된다.

3) 정신재활시설

정신의료기관에 입원하거나 정신요양시설에 입소하지 아니한 정신질환자의 사회복귀 촉진을 위하여 사회적응훈련, 작업훈련 등 재활서비스를 제공한다.

(1) 생활시설

가정에서 생활하기 어려운 정신질환자 등에게 주거, 생활지도, 교육, 직업재활 훈련 등의 서비스를 제공하며, 가정으로의 복귀, 재활, 자립 및 사회적응을 지원하는 시설

(2) 재활훈련시설

① 주간재활시설

정신질환자에게 작업 · 기술지도, 직업훈련, 사회적응훈련, 취업지원 등의 서비스를 제공하는 시설

② 공동생활가정

완전한 독립생활은 어려우나 어느 정도 자립능력을 갖춘 정신질환자들이 공동으로 생활하며 독립생활을 위한 자립역량을 함양하는 시설

③ 지역사회 전환시설

지역 내 정신질환자 등에게 일시 보호 서비스 또는 단기 보호 서비스를 제공하고 퇴원했거나 퇴원계획이 있는 정신질환자 등의 안정적인 사회복귀를 위한 기능을 수행하며 이를 위한 주거제공, 생활훈련, 사회적응훈련의 서비스를 제공하는 시설

④ 직업재활시설

정신질환자 등이 특별히 준비된 직업환경에서 직업적응, 직무기능 향상 등 직업재활훈련을 받거나 직업생활을 할 수 있도록 지원하며, 일정한 기간이 지난 후 직업능력을 갖추면 고용시장에 참여할 수 있도록 지원하는 시설

⑤ 아동 · 청소년 정신건강지원시설

정신질환 아동 · 청소년을 대상으로 한 상담, 교육 및 정보제공 등을 지원하는 시설

(3) 중독자재활시설

알코올중독, 약물중독 또는 게임중독 등으로 인한 정신질환자 등을 치유하거나 재활을 돕는 시설

(4) 생산품판매시설

정신질환자 등이 생산한 생산품을 판매하거나 유통을 대행하고, 정신질환자 등이 생산한 생산품이나 서비스에 관한 상담, 홍보, 마케팅, 판로개척, 정보제공 등을 지원하는 시설

(5) 종합시설

위 (1)~(4)까지의 정신재활시설 중 2개 이상의 정신재활시설이 결합되어 정신질환자 등에게 생활지원, 주거지원, 재활훈련 등의 기능을 복합적 · 종합적으로 제공하는 시설

4) 정신요양시설

가족의 보호가 어려운 만성 정신질환자를 정신요양시설에 입소시켜 요양보호함으로써 이들의 삶의 질 향상 및 사회복귀를 지원한다.

5) 경기도 빈곤계층 알코올중독 예방 · 지원체계

중독통합지원센터가 제공하는 주요서비스는 긴급입원지원 및 치료지원서비스, 의식주, 경제적 지원 및 연계서비스, 취업지원서비스 연계, 사례관리서비스, 알코올중독자 대상 프로그램 운영, 가족대상서비스 등을 주로 제공하고 있다. 긴급입원지원 및 치료지원서비스는 지역 내 알코올환자가 음주 후 가족이나 이웃에게 상습적인 폭력을 행사하거나 지역 내 민원을 발생시켰을 경우, 자살을 시도하였거나 건강상의 심한 문제가 발생한 경우가 대부분이기 때문에 문제를 일으킨 대상자에 대해 센터로 연락 · 의뢰가 발생한 경우, 방문상담을 하거나 위기개입을

진행하게 된다. 이 상황에서 내과치료 및 정신과 입원치료 등의 의료적인 행위가 수반될 경우에는 해당 시설에 연계하는 형태로 진행된다. 그리고 위기개입의 일환으로 72시간 응급입원을 하거나 필요한 경우에는 강제입원절차를 통해 직권 및 강제적으로 개입하는 절차를 밟기도 한다. 일반 알코올중독자는 입원이나 통원치료 시 치료비의 자부담 부분에 대해 지불능력이 부재한 경우에 한하여 센터에서 긴급입원비가 예산으로 책정되어 있는 경우는 지원이 가능하다. 센터 내 계획된 예산이 없는 경우에는 입원비 및 치료비 등의 지원이 가능한 무한돌봄센터나 희망지원센터와 연계하여 지원이 이루어질 수 있도록 하고 있다.

둘째, 의식주, 경제적 지원 및 연계로 대부분의 알코올 대상자들이 가장 원하는 서비스는 경제적인 지원인 것으로 나타나고 있다. 그러나 실질적으로 센터는 경제적 지원을 위해 편성된 별도의 예산이 없다. 따라서 대상자가 경제적 지원을 희망하는 경우 서비스를 받을 수 있도록 동주민센터, 무한돌봄센터 또는 희망복지팀, 지역사회복지관 등 지역 내 유관기관과 연계하는 것으로 나타났다. 특히 알코올중독자의 경우 퇴원 후 거주할 공간이 없거나, 중독이 심해질 경우, 노숙을 하는 경우도 빈번하기 때문에 무한돌봄센터나 노숙인 쉼터로 연계하는 역할도 수행하는 것으로 나타났다.

셋째, 알코올중독자의 경우 빠른 회복과 절주의 단계를 완화하기 위하여 취업지원 등의 서비스 연계가 필연적으로 수반되어야 한다. 특히 알코올중독자의 대부분이 취업을 원하지만, 실제 취업으로 이어지는 경우가 극히 드물다. 실제 알코올중독자들을 위한 일자리 및 취업지원서비스의 필요성은 센터 내부에서도 공감하고 있으나, 실제 현실적으로 제공하지 못하는 한계가 있다.

넷째, 사례관리서비스로 센터의 실무자들이 가장 중요하다고 인식하는 서비스가 바로 알코올중독자의 사례관리와 관련된 서비스이다. 실제 센터에서는 알코올중독자와 그 가족을 대상으로 지속적인 밀착 사례관리를 실시하고 있다. 빈곤 알코올중독자의 경우, 무한돌봄센터와 공동사례관리를 실시하는 경우도 많은 것으로 나타났다. 이 과정에서 무한돌봄센터의 주요 역할은 위기개입의 형식으로 주로 환경개선 및 경제적 지원 등을 실시하고, 센터 실무자들은 알코올 문제와 가족 갈등 등에 대한 사례관리를 지속적으로 진행하는 것으로 나타났다.

다섯째, 알코올중독자를 대상으로 하는 프로그램 운영이다. 센터 실무자들은 사례관리뿐만 아니라 알코올중독자를 대상으로 자조모임, 지지모임, 주간재활프로그램과 더불어 알코올 관련 교육프로그램 등을 실시하고 있는 것으로 나타났다.

마지막으로 가족 대상 서비스와 관련해서는 센터 실무자들이 가족의 이해와 협조가 단주·절주에 있어 주요 요인이므로 가족대상 프로그램의 중요성을 인지하여 가족교육, 가족치유 프로그램, 가족요가명상 프로그램 등 가족치유 프로그램을 운영하고 있다.

경기도 내 무한돌봄센터는 사례관리가 주요 서비스이며, 사례관리 과정에서 제공되는 구체적인 서비스는 치료 연계, 알코올중독자 음주상황 및 건강 상황모니터링, 가족상담, 의식주 및 경제적 지원·연계 등의 서비스를 제공하고 있다.

먼저 치료연계는 무한돌봄센터에서 직접 발굴하거나 의뢰받은 알코올중독자를 대상으로 음주 후 가족이나 이웃에서 상습적인 폭행을 행사하거나 지역 내 민원을 발생시켰을 경우, 자살을 시도하거나 건강상의 심각한 문제가 발생된 경우에 주로 위기개입을 하게 되고, 이후 내과 및 정신과 등 의료행위가 수반될 경우, 해당 의료시설로 연계하는 역할을 수행한다. 위기개입의 일환으로 72시간 응급입원을 연계하거나 필요한 경우 강제입원절차를 밟도록 담당 공무원에게 연계하기도 한다. 의뢰를 하는 과정에서 중독통합관리센터가 있을 경우에는 센터로 의뢰하면 되지만, 센터가 부재한 지역에서는 정신건강증진센터나 알코올 전문 의료시설에 연계하고 있다. 빈곤계층의 알코올중독자들의 상당 부분은 경제적인 문제와 결합되어 입원비 및 치료비에 대한 부담이 크기 때문에 이러한 경제적 지원을 필요로 하는 경우가 많다. 무한돌봄센터의 예산으로는 알코올중독자에 대한 입원비 지원을 못하기 때문에 이러한 부분에 대한 어려움이 있다.

둘째, 알코올중독자 음주상황 및 건강상황 모니터링으로 무한돌봄센터의 실무자들은 알코올중독자를 대상으로 주기적인 밀착 상담을 통해 지속적인 모니터링 활동을 추진하고 있는 것으로 나타났다. 이를 통해 알코올중독자가 적시에 필요한 서비스를 제공할 수 있는 조건과 기회를 제공할 수 있으나, 실제 현장에서는 인력 및 재정 여건의 미흡으로 인하여 제한적일 수밖에 없는 것으로 나타났다.

셋째, 가족상담으로 센터의 실무자들은 알코올중독자 외 가족들을 대상으로 한 상담을 진행하고 있다. 절주 및 단주의 경우 가족의 지지체계로 작용하는 것이 중요하다. 가족이 비협조적 혹은 적대적일 경우 알코올중독자가 '입원–치료–

중독'의 악순환이 반복적으로 양산될 수 있으며, 가족의 존재로 인하여 공적인 지원서비스를 제공받지 못하는 경우가 많기 때문에 가족의 지지를 얻기 위해서 가족의 상담이 중요한 부분임을 강조하고 있다.

마지막으로 의식주 및 경제적 지원·연계로 센터 실무자들은 알코올중독자들이 필요로 하는 경제적 지원을 하고 있다. 그러나 실제 현장에서 필요로 하는 부분에 비하여 편성된 예산은 한정적이기 때문에 만족스럽게 지원을 못하고 있는 실정으로 나타났다. 예산이 부족한 경우에 대해서는 공적 지원이 가능한 동주민센터 담당자와의 협의를 통해 지원 가능성의 검토 후 관련 지원이 이루어지고 있다. 특히 거주지가 불확실하거나 거주할 곳이 없는 알코올중독자의 경우에는 지역 내 쪽방이나 고시원에서 생활할 수 있도록 지원하고 있으며, 고시원 및 쪽방촌의 이웃과의 마찰이 발생할 경우, 무한돌봄센터 사례관리사가 중재하는 역할도 병행하고 있는 것으로 나타났다.

최조순 등(2015)의 연구에 따르면, 경기도 지역사회 내 접근성이 높은 무한돌봄센터, 중독관리통합지원센터에서 발견, 연계된 알코올 고위험군에 대한 사례관리 실시, 필요시 치료병원과 연계, 치료 후 사회복귀시설에 대한 시스템 강화를 위한 지역사회 중심의 '발견-치료-재활 및 사회복귀' 체계가 구축되도록 소개하고 있다. 무한돌봄센터와 중독관리통합지원센터에서 알코올중독 조기발견과 초기 사례관리 이후 지역 내에서 전문의료기관으로 연계되고 공공부문에서 다양한 지원, 긴급이송 및 입원 등 관련 서비스들이 유기적으로 연계될 수 있도록 한다는 것이다.

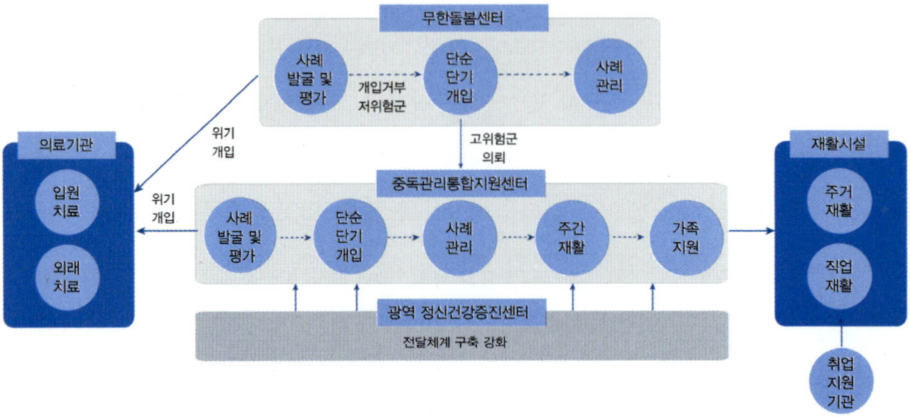

그림 14-2 중독관리통합지원센터 중심의 알코올중독 예방·지원 체계

중독관리통합지원센터 등과 같은 알코올 관련 전문 인프라가 부재한 경우에는 무한돌봄센터가 알코올 관련 대상자를 조기발견 및 개입, 사회관리 등의 서비스를 제공하고, 고위험군인 경우 관련 기관과의 연계체계를 강화하는 역할을 수행한다.

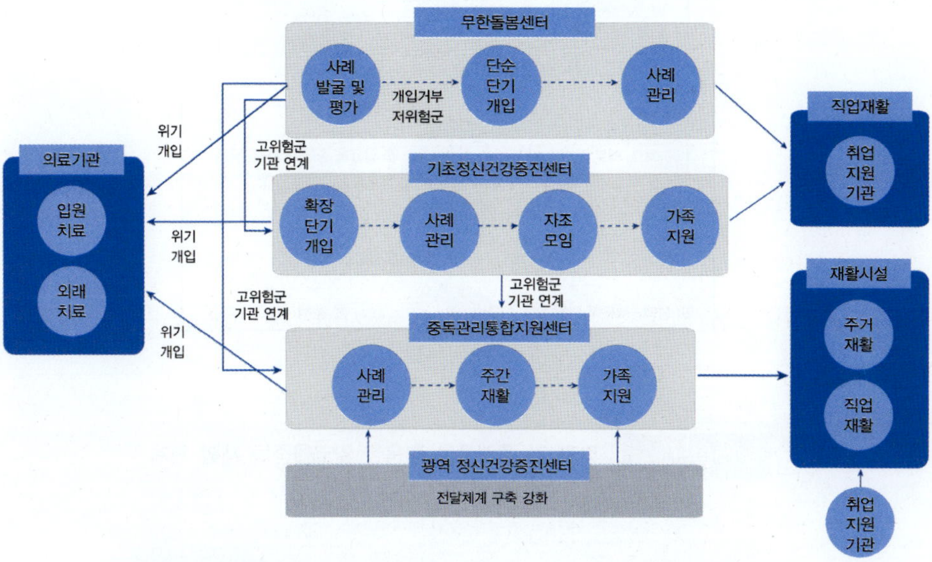

그림 14-3 인프라가 부재한 지역의 알코올중독 예방·지원 체계

다음은 지역사회 내 활동하고 있는 사회적 경제조직 중 알코올중독자가 참여 가능한 영역 및 지원서비스 등을 연계하여 직업재활 서비스를 제공한다. 단기적으로는 희망하는 사회적 경제 조직을 활용하여 직업재활 서비스를 제공하고, 장기적으로는 알코올 관련 직업재활 운영 플랫폼을 통해 기업 및 사회적 경제 조직, 비영리 재단 등이 포함되는 다자간 운영 체계를 통해 직업재활 서비스를 제공하는 방안이다.

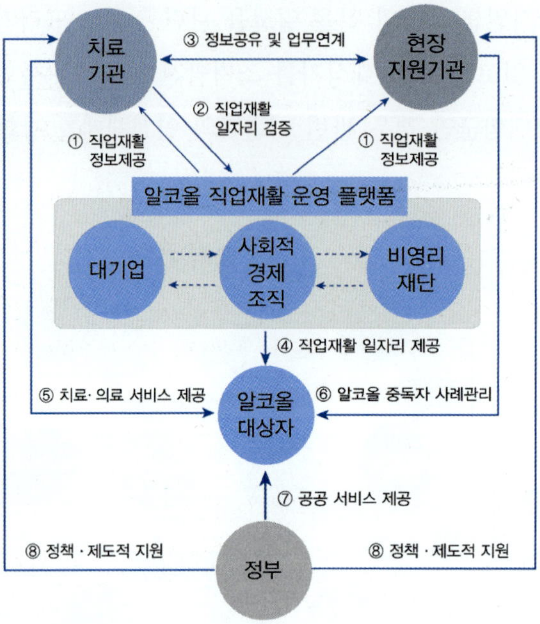

그림 14-4 다자 간 플랫폼을 활용한 알코올중독 재활 체계

2. 알코올중독자가족을 위한 사회복지 대책

2014년 세계보건기구는 알코올 및 건강에 관한 세계현황 보고서에서 우리나라를 알코올 폐해를 줄이기 위한 국가차원의 세부계획이 없는 나라로 분류하며, '해로운 음주 감소를 위한 세계전략 확산지침'을 발표하고, 주류 판매와 소비 시간, 장소 등을 제한하는 접근성 제한, 광고 제한, 가격정책 등을 가장 효과적인 정책으로 제시하며 회원국들이 적극적으로 시행하도록 권고하고 있다. 따라서 알코올중독에 대한 사회적인 인식과 편견을 해소하고, 중독이 개인의 문제가 아닌 사회적인 문제로 국민 모두가 함께 해결해야 할 중요한 과제임을 인식하고 음주 폐해와 알코올중독의 회복과 치료에 대한 인식의 향상을 통한 알코올 관련 정책, 제도적 확대가 요구된다.

1) 서비스적 대책

(1) 단계별 사례관리서비스 강화

알코올중독자의 회복단계에 따른 전문적인 개입이 요구된다. 알코올중독의 문제가 회복되는 과정에서 표면화되는 부부갈등, 고부갈등, 의사소통의 문제, 상격부조화, 정서적 갈등 등에 대한 개입과 부부관계의 질을 향상시켜 줄 수 있는 가족개입이 필요하다.

중독자의 회복단계별로 배우자, 자녀에 대한 개입을 차별화시켜야 한다. 지역사회 관련 기관의 명확한 역할분담, 적절한 전문인력 배치, 가족별 전문사회복지사의 지속적 사례관리 및 사후관리 등이 통합적으로 제공되어야 한다.

(2) 자조집단의 활성화

평일에는 지역사회복지관을 활용하지만, 지역사회복지관이 휴관하는 토, 일요일 오후에는 활용 가능한 시간에, 기관(교회, 성당 등)을 개방하여 모임을 갖도록 원조하는 것이 필요하다. 연령별 욕구에 맞도록 10대 청소년 자녀는 알라틴(Alateen) 참석, 성장한 성인 알코올중독자 자녀에게는 ACOA(Adult Children of Alcoholics) 모임을 원조한다.

자조집단과 지역사회복지관을 연계하여 정기적 캠페인이나 워크숍을 개최함으로써 지역사회 주민의 적극적 참여를 유도한다.

(3) 학교 중심의 청소년 음주예방교육 프로그램 강화

청소년 시기의 음주는 알코올 위험군이 될 확률이 높다. 음주로 인한 사회적 폐해의 심각성에도 불구하고, 청소년기 음주예방교육 경험률은 저조하고 알코올 관련 정보나 인식을 취득할 기회가 부족하다. 한국건강증진개발원(2017)에 의하면, 연예 · 오락 프로그램 음주장면은 회당 평균 1회 이상으로 직 · 간접적으로 노출되는 영상물은 관대한 음주 인식과 문화 음주행태에 영향을 주고 있다. 따라서 알코올중독에 대한 예방 및 치료 프로그램이 학교를 중심으로 강화되어야 한다. 이는 알코올중독자에게도 동기가 부여되고, 알코올에 노출되어 있는 자녀들에게는 예방의 효과가 될 것이다.

2) 정책적 대안

현재 지역사회에서 운영되고 있는 알코올중독 예방 및 지원체계와 알코올중독자가족의 지원에 대해서 우선적으로 접근해야 할 개선사항에 대해 정리하면 다음과 같다.

(1) 지역 내 서비스 전달체계 확보 및 연계 강화

중독관리통합지원센터, 정신건강복지센터, 사회복귀시설 등 다양한 형태의 직·간접적 알코올중독 관련 서비스들이 제공되고 있지만, 지역에서는 알코올중독과 관련된 수요를 감당하지 못하는 수준이고, 알코올 관련 치료 후 사회복귀 전 단계에서 필수적으로 진행되어야 할 직업재활과 관련된 시설은 매우 제한적인 것으로 나타났다. 중·장기적인 관점에서 알코올과 관련된 서비스 인프라의 구축이 이루어져야 하며, 특히 전문성을 갖춘 알코올 병·의원의 확보를 통해 전문적이고 복합적인 서비스제공이 수반되어야 한다.

(2) 서비스기관의 내실화

알코올중독과 관련한 서비스기관의 추가적인 개소는 꼭 수행되어야 할 부분이다. 이와 더불어 센터에 근무하는 종사자들이 양질의 서비스를 제공하기 위해서는 적정인원의 인력과 적정예산의 확보가 필요하다. 특히 알코올중독 대상자의 긴급이송, 긴급입원, 기타 긴급지원 등 긴박한 상황이 발생할 가능성이 많지만 현재 운영되고 있는 중독관리통합지원센터 간 운영시스템, 구조, 서비스 방식 등이 표준화되어 있지 않아 업무 연계 등의 측면에서 혼란이 발생하고 있는 바, 업무 표준화, 서비스 가이드라인 제시 등을 통해 업무추진의 효율성 확보가 필요하다.

(3) 의료비 지원

입원과 재활의 반복으로 인한 과중한 병원비, 알코올중독자의 경제적 능력의 상실 등으로 알코올중독자가족은 경제적 부담이 매우 큰 현실이다. 그러나 의료비 절감을 위한 어떤 혜택의 제도도 마련되어 있지 않기 때문에, 의료비 지원을 위한 현실적 대책으로 주류에 건강증진 부담금을 부과하는 방안을 모색할 필요가 있다.

(4) 알코올중독 전문가 양성의 필요

알코올과 관련된 지역전문가 양성이다. 알코올 관련 실무는 의료적인 전문성과 복지적인 전문성을 병행하여야 하고, 지속적·체계적인 교육이 수반되어야 한다. 그러나 현재의 전문인력 양성은 학회, 협회와 대학 등에서 산발적으로 운영되고 있어 질적인 수준을 담보하기 어렵고, 교육 참여의 기회도 제한적이다. 전문인력 부재는 서비스의 질적 저하와 단절성 초래, 프로그램의 효율성을 저하시키는 요인이 된다. 따라서 지역에서 안정적으로 전문적인 인력을 확보하고, 알코올중독과 관련된 전문요원의 양성을 위한 지원체계 수립과 표준화된 교육 프로그램 개발이 필요하다.

사례

알코올중독 2대의 대물림, 방치된 아이들

경기도 ○○시, 13살, 10살 민정이 남매는 알코올중독 아빠에게 잦은 구타와 욕설, 앵벌이까지 하도록 강요당했다. 현재 알코올중독으로 정신병원에 입원해 있는 아빠. 남매의 할아버지 역시 알코올중독으로 가정폭력을 일삼았고 술로 인한 심장마비로 숨졌는데...

아빠를 닮는 아들이 걱정인 엄마

알코올중독 아빠를 둔 5살짜리 성진이는 나이답지 않게 성격이 산만하고 공격적이다. 엄마는 언뜻언뜻 아빠의 말과 행동을 따라 하는 성진이가 아빠를 그대로 닮고 있어 걱정이라고 하는데... 전문가들은 성진이가 이대로 성장한다면 내면의 상처를 간직한 미성숙한 어른으로 성장할 것이라고 경고한다.

알코올중독의 80~90%는 대물림 고통받는 2세들

중독의 대물림 현상은 알코올중독뿐만 아니라 성 중독증, 대인기피증, 도박중독 등 다른 중독 증상으로 나타나기도 한다. 이들의 공통점은 모두 가정의 역할이 제대로 이뤄지지 않은 가정에서 자란 역기능 가정의 자녀들이라는 것. 전문가들은 이들 모두가 부모세대로부터 강력한 영향을 받은 것이라고 말한다.

출처: 뉴스추적(https://danbis.net/830). 2008.7.28.

수업에 도움이 되는 자료

도서 Book

강청원 · 안아람 · 손현성 · 김현빈(2019). 중독인생: 한국에서 마약하는 사람들. 북콤마.

박우관(2015). 음주 공화국: 20년간 알코올 중독자들의 죽음과 삶의 현장을 다룬 이야기. 좋은땅.

아놀드 부드비히, 김원 · 민은주 역(2016). 중독자의 내면 심리 들여다보기. 소울메이트.

하종은(2014). 왜 우리는 술에 빠지는 걸까. 소울메이트.

EBS미디어센터(2013). EBS 다큐 프라임: 술의 경고. EBS미디어센터.

Jan Bauer, 정애자 · 이재갑(2012). 알코올중독과 여성. 학지사.

영화 Movie

레퀴엠 포 어 드림(2002): 약물중독

리빙 라스베가스(1996): 알코올중독

와일드 이노선스(2007): 마약중독을 이겨내려는 여성의 이야기

잃어버린 주말(1945): 알코올중독

남자가 사랑할 때 (1994): 아내의 알코올중독을 치료하기 위해 헌신하는 남편의 이야기.

CHAPTER

15 장애인가족

인간은 누구나 노화 · 질병 · 사고 등에 노출되어 있고 장애로부터 완전히 자유로울 수 없으며, 삶의 어느 시점에서 신체적 · 정신적 손상을 경험하게 되어 일시적이든 영구적이든 어려움을 직면하게 된다. 두 번의 세계대전을 겪은 서구사회는 전쟁으로 인한 장애인의 수가 급증하였고, 장애인에 대한 국가적 관심이 집중되었다. 우리나라는 1981년 「심신장애인법」 제정을 기틀로 정책적 개입이 이루어지게 되면서 장애인가족에 대해 관심을 갖게 되었다. 이 장에서는 장애인가족의 유형과 문제점, 장애인가족에 대한 가족복지실천에 대해 살펴보고자 한다.

01 장애인가족의 개념

1. 장애와 장애인가족의 개념

장애인의 개념은 각 국가마다 이념적 성향과 정치적 · 사회적 · 문화적 여건 및 수준에 따라 다양하게 정의된다. 이는 장애를 바라보는 관점과 조건의 차이에 따라 다르게 정의될 수 있는 상대적 성격을 갖는다는 것을 의미한다. 장애인 인구의 출현율도 이러한 장애 및 장애인의 개념에 따라 변화한다. 따라서 장애인의 개념을 명확히 정의 내리기가 어려우며, 장애인에 대한 절대적 개념이 아니라 상대적 개념으로 이해해야 한다. 따라서 장애를 규정하는 개념은 첫째, 해부학적 ·

신체구조학적·지능 및 심리적인 이상성(異常性)이나 상실의 개념, 둘째, 신체 구조적 또는 심리적 과정에서 야기되는 만성적인 질환으로서의 개념, 셋째, 기능적인 개념, 넷째, 행동규범 등의 개념으로 나눌 수 있다(김용환 외, 2018).

국제연합(UN) 총회에서 결의한 '장애인의 권리선언 제1조'(1975년)에서 장애인은 선천적이든 후천적이든 신체적·정신적 능력의 불완전함으로 인해 일상의 개인적 또는 사회적 생활에서 필요한 것을 확보하는데 스스로는 완전히 또는 부분적으로 행할 수 없는 사람을 의미한다고 보았다.

국제연합(UN) 총회(1980년)는 '세계장애인의 해(1981년)'에 행동계획을 결의하면서 개인적 특성인 심신의 손상(impairment), 손상으로 인한 기능적 제한인 능력장애(disability), 사회적 결과인 불리(handicap)의 세 가지 차원의 장애개념으로 분류하여 장애에 대한 사회적 책임성을 강조하였다. 세계보건기구(WHO)가 제시한 장애인에 대한 가장 일반적인 분류모델(장애개념)인 국제장애분류(ICIDH: International Classification of Impairments, Disabilities, and Handicaps) 개념의 내용은 표 15-1과 같다.

표 15-1 ICIDH에 의한 장애의 개념

개념	의미	차원
건강상태 (Health condition)	병리학적인 변화로서 증상이 있는 상태로 개인적 차원에서 '비정상성'이 발생한 상태를 의미한다.	
손상 (Impairments)	임상적인 질병에 대해 다른 사람이 인식할 수 있는 상태로 일반타인이 개인의 '비정상성'을 인식할 수 있는 것을 의미한다.	신체적 차원
기능제약 (Disabilities)	활동상의 능력에 제한이 발생한 것으로 개인적인 활동에서 수행능력이 감소된 것을 의미한다.	개인적 차원
사회적 장애 (Handicpas)	개인의 활동상의 능력 제한에 대하여 사회적 참여의 제한이라는 사회적 반응이 발생한 상태를 의미한다.	사회적 차원

출처: ICIDH(1980).

그러나 ICIDH의 장애인 개념은 의학적 차원에서 손상을 체계화하였기 때문에 기능장애로 정의하고 있지만 장애의 원인이 무엇 때문인지 해명되지 않은 정의이며, 의학적 차원에서 무능력을 체계화했으므로 능력장애의 구성 요소인 인간의 주체성과 사회적 장애가 빠져 있기 때문에 현실적으로 사회적 불리가 성립되기 어렵다. 따라서 1997년 세계보건기구는 ICIDH에서 나타난 세 가지 차원의 문제를 수정·보완하여 기본적으로 환경과 개인이라는 상황적 요인을 포함한 장애개념을 채택하였으며, 개인이 접하게 되는 장애를 손상(impairment), 활동(activities), 참여(participation)로 구분하여 새로운 장애개념과 분류기준(ICIDH-2)을 제시하였다. 즉, 개인의 문제는 없으나 의도적인 따돌림이나 사회적 낙인(stigma) 등으로 적절한 사회적 관계나 활동에 제한을 받게 되는 경우(환경적 요인을 포함), 불이익이 발생한다고 하여 장애를 보다 더 포괄적이며 사회환경적 맥락을 중요하게 보았다. 이 개정안은 기존의 분류가 부정적인 측면을 부각시키고 있어 장애인을 부정적인 존재로 인식시킴으로써 사회적인 차별과 분리를 심화시키는 부작용을 개선하는 데 도움을 주며, 장애와 비장애의 선을 구분하는 것 자체가 무의미하다는 것과 장애는 환경과의 관계에서 규정되고 이해되어져야 함을 강조하고 있다(김용환 외, 2018).

미국의 장애인법(A.D.A: American with Disabilities Act, 1990년)에서는 ① 신체적 혹은 정신적 손상으로 인하여 개인의 일상활동에서 하나 또는 그 이상에서 심각한 제약을 받고, ② 개인이 이러한 손상이 있다는 기록이 있으며, ③ 어떤 개인이 이러한 손상이 있다고 일반적으로 받아들여질 때를 말한다. 이 세 가지 가운데 어느 하나에 해당되면 미국장애인법의 적용 자격을 얻게 된다.

국제노동기구(ILO: International Labour Organization)는 신체장애인의 직업 복귀에 관한 권고 99조에서 장애인은 신체적 또는 정신적 결함의 결과로 적당한 직업을 확보, 유지해 나갈 전망이 없는 상당히 손상을 받은 사람이라고 규정하고 있다.

우리나라는 「장애인복지법」(1981년 제정, 1999년 개정) 제2조(장애인의 정의)에서 장애인은 신체적·정신적 장애로 인하여 장기간에 걸쳐 일상생활 또는 사회생활에 상당한 제약을 받는 자를 말하며, 신체적 장애는 주요 외부 신체기능장애, 내부기관의 장애들을 말하며, 정신적 장애는 지적장애 또는 정신적 질환으로 발생하는 장애라고 정의하고 있는데, 가족구성원 가운데 이러한 장애를 지닌 가족구성원이 있는 경우 장애인가족이라고 한다.

장애인이 있는 가족구성원 전체가 심리적·정신적 부담과 갈등을 경험하게 되어(유원경, 1994) 건강한 가족기능을 유지하는 것이 어렵다. 뿐만 아니라, 가족 내에서 발생하는 갈등 및 적응상의 문제들은 장애인의 적성과 능력 향상 및 사회적 관계를 형성하는 데 부정적 영향을 줄 뿐만 아니라, 다른 가족구성원들의 생활에도 영향을 주게 된다(최경석 외, 2003). 특히 가정에서 아내이며 양육자인 여성장애인 가족의 경우, 일상생활뿐만 아니라 자녀양육 문제까지 발생하기 때문에 장애인가족에 대한 복지적 개입을 할 때는 장애를 지닌 개인뿐만 아니라, 가족단위를 고려하여 접근할 필요가 있다.

02 장애인가족의 실태와 문제점

1. 장애아동과 가족

1) 장애아동가족 지원의 필요성

가족의 보호와 지원을 필요로 하는 장애아동(0~17세) 인구비율은 전체 장애추정인구 중 3.3%를 차지한다(보건복지부, 2017). 그런데 장애아동에 대한 정책이나 제도의 관심은 특수교육을 중심으로 이루어져 있어서 장애아동가족 차원의 서비스나 프로그램이 매우 미흡한 실정이다.

장애아동은 가족 내에서 일차적 보호와 지원을 받게 되므로 장애아동 개인을 대상으로 하는 서비스가 필요하지만, 장애아동가족을 대상으로 하는 통합적 차원의 접근이 더욱 요구된다. 장애아동의 가족은 일반적으로 많은 경제적 부담을 겪을 뿐 아니라 장애아동 양육의 과업에서 발생하는 다양한 심리사회적 갈등과 긴장, 사회적 차별과 고립 등을 경험하고 있기 때문이다(오혜경 · 백은령, 2007).

그동안 장애아동에 대한 정책은 의료적 모델에 기초한 치료 및 재활에 초점이 맞추어져 왔기 때문에, 대부분 장애아동 당사자의 역할과 기능을 강화시키는 측면과 사회적 · 물리적 환경 개선의 접근에 집중되어 왔다. 이로 인해 가족보다는 장애에 초점을 맞춘 시책들이 주를 이루고 있고, 일차적 부양자인 가족에 대한 포괄적이고 통합적인 지원이 제공되지 못하였다. 따라서 장애아동가족 차원의 지원이 필요한데, 장애아동가족 지원의 개념을 먼저 이해할 필요가 있다.

장애아동가족 지원이란 "아동과 그 가족의 욕구를 파악하고 이러한 욕구를 충족시킬 수 있는 다양한 자원과 서비스를 확인하여 가족의 기능을 강화하는 방향으로 자원을 얻도록 함으로써 가족의 자녀에 대한 참여능력을 갖추게 하여 자녀의 발달을 촉진하고, 가족구성원의 복지를 향상시키는 것"을 의미한다(오혜경·백은령, 2007: 36).

가족 지원은 '가족에 의한 지원', '가족에 대한 지원', '가족과 함께하는 지원'으로 나눌 수 있다. 가족에 의한 지원은 가족의 욕구를 가족구성원 스스로 해결해 나가는 방식으로 가족자원을 활용하는 것이 주를 이룬다. 가족에 대한 지원은 장애아동과 함께 살아가는 가족이 원하고 바라는 것에 대한 직접적인 지원을 말한다. 가족과 함께하는 지원은 지역사회를 근간으로 지역사회 자원으로 장애아동 가족의 생활을 지원하는 것을 의미한다.

이와 같은 장애아동가족 지원은 장점은 첫째, 부모가 지역사회의 구성원이라는 일치감을 느끼게 하고, 둘째, 이로써 사회적 고립감이나 외로움을 감소시킬 수 있으며, 셋째, 부모나 가족들이 장애아동의 복지에 대해 효과적인 결정을 내릴 수 있는 지식이나 기술·기회·권한을 부여받을 수 있으며, 넷째, 의사나 교사, 심리학자들로부터 경험을 얻어 아동에 대한 정보를 얻을 수 있게 된다.

던스트(Dunst 외, 1990)는 가족 지원의 여섯 가지 원리에 대해 다음과 같이 설명한다.

① 공동체 의식 강화, ② 자원과 지원의 확장, ③ 책임과 협력, ④ 가족기능의 보호, ⑤ 가족기능의 강화, ⑥ 적극적인 휴먼서비스 실천

이 여섯 가지 원리는 가족 지원책이나 실천, 관련 서비스가 가족의 기능을 강화하는 방법으로 실행되고 있는 평가할 수 있는 체계로 사용할 수 있다.

2) 장애아동의 생애주기와 가족의 욕구 및 과업

① 영유아기(출생~7세)

영유아기에 장애를 갖게 된 장애아동은 청소년기 또는 성인기에 장애가 발생한 경우와 매우 다른 경험을 하게 된다. 인지능력을 충분히 발휘하기 전에 신체 또는 지적 장애가 발생하여 비장애아동들과 다른 발달을 경험하기 때문이다. 지적 발달 뿐 아니라, 신체적·정서적 발달에 있어서도 장애로 인한 지체를 경험할 수 있다. 이 시기의 주된 교육은 언어·학습·인지·

행동 등의 재활치료에 집중되고, 주로 특수교육기관을 통해 이루어진다. 특히 지적장애를 가진 영유아는 양육자로부터의 많은 보호를 요구하고, 부모는 양육부담으로 인해 다른 장애유형의 부모보다 더 큰 어려움을 경험한다. 이 시기에 장애아동 부모들이 가지는 욕구나 과업에 대해 살펴보면(Turnbull & Turnbull, 1999) 정확한 진단을 내리는 것, 형제나 친지에게 알리는 것, 서비스를 찾아다니는 것, 장애가 있다는 것에 대한 의미를 발견하는 것, 의사결정을 좌우하는 개인적인 관점을 분명히 하는 것, 낙인의 문제에 대처하는 것, 장애가 있다는 것에 대한 긍정적인 의미를 발견하는 것, 커다란 기대를 가지는 것 등이다.

② 학령기(8~13세)

비장애아동의 경우, 이 시기에 학교와 또래관계를 통해 매우 활발한 발달을 경험한다. 그러나 장애아동은 신체발달에 있어 2~3년 지체를 보일 수 있으며, 인지적 측면에서도 주의반응이나 주의집중 시간이 짧고 단기 기억력이 부족하기 때문에 학습지체 현상을 보이기도 한다. 신체적 장애를 가진 아동들의 경우, 또래아동이나 교사, 이웃으로부터 장애에 대한 위험을 감수하고 도전해 보는 행동이 자의적·타의적으로 방해받기도 하기 때문에 다양한 경험을 하기 어려운 경우가 많다.

이 시기에 장애아동 부모들이 가지는 욕구나 과업에 대해 살펴보면(Turnbull & Turnbull, 1990), 가족기능의 수행을 위해 일상적인 생활을 조정하는 것, 교육과 관련된 문제들에 대해서 적응하는 것, 일반학급 통합과 특수학급 분리에 따른 문제를 분명히 하는 것, 개별화 교육회의에 참석하는 것, 지역사회 자원을 찾고 활용하는 것, 교과목 이외의 아동의 활동을 조정하는 것 등이다.

③ 청소년기(14~20세)

청소년기는 일반적으로 자기정체성을 수립하며, 다양한 신체적·성적·사회적 변화를 경험하는 시기다. 그러나 이 시기 장애청소년들은 한 사람의 독립된 자아를 형성하며 자기정체성을 확립하는 데 많은 방해물을 만나게 된다. 장애에 대한 수용이 이루어지지 않고, 타인의 장에 대한 부정적 이미지에 지나치게 집착할 때 자기 이미지도 부정적으로 수용되기 쉽기 때문이다. 특히 대인관계나 사회적 기술이 충분히 연습되지 않았을 경우, 더 많은 혼란과 침체를 경험하기도 한다. 이 시기에는 비장애청소년들과 마찬가지로 진로나 적성에 대한 고민과 함께 적절한 지도가 제공되어야 하는데, 특수학교 재학 장애청소년이나 특수학급 또는 일반학급 재학 장애청소년에게 제공되는 전환기 교육이 부재한 우리나라에서 사회적으로 요구되는 과업으로 인한 압박감을 경험하게 된다.

이 시기에 장애청소년 부모들이 가지는 욕구나 과업에 대해 살펴보면(Turnbull & Turnbull, 1990), 장애의 만성화 가능성에 대해 정서적으로 적응하는 것, 성적인 문제에 대한 이해, 또래들의 거부와 배제가능성에 대해 대처하는 것, 직업생활을 계획하는 것, 여가생활을 계획하는 것, 사춘기의 신체적 · 정서적 변화에 대처하는 것, 학교교육 이후의 생활에 대해 계획하는 것 등이다.

④ 성인기(20세 이후)

성인기는 발달주기상 경제적 · 사회적 · 심리적으로 독립하여 생활하게 되는 단계이다. 그러나 특수학교 졸업 이후 마땅히 직업이나 진로를 찾지 못한 경우에는 시설로 입소하거나 특별한 사회적 역할 없이 가정에서 지내는 경우가 많다. 최근에는 직업재활 프로그램이 활성화되어 많은 장애성인들이 보호 또는 고용지원의 형태로 직업에 진출하고 있지만, 비장애인과 같이 결혼이나 임신 · 출산 · 육아의 기회가 자연스럽게 연결되지 못하고 있다. 특히 지적장애인의 경우 생리적 연령과 신체적 발달에 비해 지적 능력이 부족하기 때문에, 이에 대해 부모나 장애인 당사자가 적응하는 데 많은 어려움이 있고, 때로는 위기에 직면하기도 한다. 이 시기에는 최대한 자립이 가능하도록 직업훈련과 취업, 사회적 기술, 대인관계, 자립생활 기술 등을 훈련할 수 있는 기회를 제공해야 한다.

이 시기에 장애아동 부모들이 가지는 욕구나 과업에 대해 살펴보면(Turnbull & Turnbull, 1990), 후견인의 필요성에 대한 준비, 성인으로서 적절한 주거의 형태 구상, 성인에게 의존성이 가지는 함의에 대해 정서적으로 적응하는 것, 가족 밖에서 사회화의 기회를 가질 수 있도록 대처하는 것, 취업이나 직업훈련 프로그램을 시작하는 것 등이다.

3) 장애부모 및 비장애형제와 가족

① 장애부모의 양육부담

부모가 장애를 가지고 있으나 자녀는 장애를 가지고 있지 않은 경우, 장애부모(부모 중 1인 또는 양쪽 모두가 장애인인 경우)는 신체적·심리적·경제적으로 다양한 어려움을 경험할 수 있다. 2020년 장애인실태조사 결과에 따르면, 등록장인 수는 2,622,950명이며, 2017년에 비해 약 4.2만 명 증가하는 등 지속적인 증가 추세를 보이고 있다.

장애인구 중 65세 이상 노인의 비율은 49.9%로 2017년(46.6%)에 비해 3.3%p 증가하여 고령화 경향을 보이며, 전체 장애인 가구 중 장애인 1인 가구 비율 역시 27.2%로 2017년에 비해 증가한 것으로 나타나고 있다.

결혼 당시 배우자의 장애유형으로는 '지체장애'가 40.0%로 가장 높았고, 청각장애(17.6%), 시각장애(16.2%), 지적장애(15.7%) 순으로 높게 나타났다. 특히 지체장애, 시각장애, 청각장애, 지적장애, 정신장애 등 대부분의 장애 유형에서 본인과 동일한 유형의 장애를 가진 배우자와 결혼하는 비율이 높았다. 자신과 비슷한 장애를 가진 배우자를 선택함으로써 유사한 문화와 생활양식을 공유할 수 있다는 장점이 있는 반면 부부가 동일한 장애를 가짐으로써 자녀양육과 일상생활에서 유사한 제약을 경험할 수 있고 상호보완적 역할을 하는 데 한계가 있으므로 이들에 대한 대책 마련이 필요하다.

결혼을 하지 않은 장애인의 경우 주된 이유는 '건강, 장애문제' 때문인 경우가36.4%로 높았고, '이성을 만날 기회가 없어서(17.6%)', '결혼 생각이 없어서(17.5%)', '아직 결혼하기 이른 나이여서(13.7%)'로 나타났다. 장애유형별로는 뇌병변장애(47.5%), 정신장애(52.6%), 신장장애(49.5%), 뇌전증장애(54.3%)에서 '건강, 장애문제'로 결혼을 하지 못했다는 응답이 상대적으로 높게 나타났다. 결혼은 배우자라는 가장 가까운 지지체계를 만들 수 있는 방안이 될 수 있으므로 결혼 의사가 있음에도 하지 못하는 장애인에게 만남의 기회를 제공할 수 있는 방안을 보다 적극적으로 모색할 필요가 있다.

장애인부모에게 있어 자녀수는 2명이 40.9%로 가장 많았고, 3명은 22.5%, 1명은 15.1%, 4명은 10.1%이며, 자녀가 5명 이상인 경우는 8.9%로 나타났다. 장애인이 자녀를 양육하고 교육하는 것은 지금까지 장애인이 복지수혜자이며, 사용자로 여겨 온 사회적 통념을 깨고, 장애인이 자녀에 대한 양육과 보육, 교육을 책임지는 돌봄 책임자이며 동시에 가사노동자로서의 역할을 수행해야 함을 의미한다. 따라서 지금까지 장애인에 대한 지원대책이 장애인 자신에게 맞춰져 있다면, 향후 자녀가 있는 장애인에 대해서는 차별화된 사회서비스가 고려되어야 할 것이다.

장애부모가 경험할 수 있는 신체적 · 심리적 · 경제적 어려움에 대해 살펴보면 다음과 같다.

㉠ 신체적 측면

장애부모는 신체적 또는 정신적 장애로 인해 가사노동이나 양육활동을 수행함에 있어 비장애부모보다 몇 배의 신체적 어려움을 경험한다. 임신에서부터 출산, 육아에 이르기까지 신체적 특성상 쉽게 지치거나 고통을 경험할 수 있고, 여러 가지 후유증을 겪을 수 있다. 또한 출산 후 육아에 있어 모유수유나 목욕시키기, 아이와 놀아 주기 등에서 신체적 민첩성이 떨어지거나, 시각 또는 청각장애 등으로 인해 아이와 의사소통이 어려운 경우도 많이 발생한다. 자녀가 성장하면서 학교에서 급식도우미나 녹색어머니 활동을 수행해야 할 경우에도 어려움을 경험한다.

이러한 유형의 어려움은 육아도우미나 가사도우미, 학교생활지원도우미 등의 제도를 신설 또는 확대하여 지원해 주면 해결할 수 있는 문제들이지만, 현실적으로 운영되고 있는 제도의 혜택을 받기에는 자격기준이 지나치게 엄격하거나 복잡하고, 원하는 시간이나 요일이 맞지 않은 문제 등 원활한 지원과 혜택이 이루어지지 않고 있다.

㉡ 심리적 측면

장애부모는 임신 시 심리적으로 많은 어려움에 부딪힌다. 아이를 임신하였다는 사실은 온 가족이나 친척, 친구들로부터 축하받아야 할 일이지만, 여성장애인이 임신하게 되었을 때, 또는 양쪽 배우자가 모두 장애인인 부부가 아이를 가지게 되었을 때 이를 축하하고 적극 지원해 주는 경우는 흔하지 않다. “그 몸으로 어떻게 애를 낳겠니?”, “자기 둘이나 잘 살지, 어떻게 애를 키우겠다고”, “장애아이를 낳으면 어떻게 하려고...”

하는 등의 직접적·간접적 표현이 장애부모들을 심리적으로 힘들게 만든다.

장애부모에게 영유아기의 아이가 있을 경우 신체적 어려움이 크지만, 아이가 자라면서 타인의 평가나 시선을 의식하게 되고 인지능력이 발달하게 되면서, 장애 부모로서 자녀에게 어떻게 인식될지에 대해 심리적 두려움을 가지게 된다고 한다. "우리 아이가 장애를 가진 부모인 나를 부끄럽게 생각하지 않을까?" 하는 두려움에서부터 공부하는 데 충분히 뒷받침해 주지 못한다는 생각에서 오는 죄책감 등의 심리적 문제는 계속된다(오혜경 외, 2008).

최근에는 이러한 문제에 대해 동료상담나 기혼 여성장애인 지지집단 활동 등을 통해 도움을 받고 있는 장애인이 늘어나고 있지만, 이러한 모임을 가까운 지역사회 내에서 찾아보기가 어렵고, 시각이나 청각 등의 장애를 가진 부모들은 정보접근성이 더 취약하므로 온라인상에서의 동료상담이나 지지모임 참석도 쉽지 않은 것으로 나타났다(오혜경 외, 2008).

ⓒ 경제적 측면

월평균 총가구소득이 200만 원 미만인 장애인의 비율은 59.0%로 나타났다(보건복지부, 2020). 이렇게 장애가구의 소득이 낮은 것은 장애로 인한 경쟁고용시장에의 진입의 어려움, 적은 교육기회로 인한 인적 자본으로서의 낮은 경쟁력, 장애인고용을 회피하는 고용주나 기업문화 등의 원인에서 찾아볼 수 있다. 따라서 소득이 높고, 고용이 안정적이며, 전문직의 직업을 얻기가 어려운 실정이다.

이는 결국 장애인가족의 빈곤문제로 연결되며, 장애부모가 가정을 꾸려나가고 자녀를 양육함에 있어 많은 경제적 어려움에 부딪히는 원인이다. 현재 국가기초생활보장제도의 수급자인 경우나 차상위계층의 저소득가정에만 제공되는 생계비나 장애수당 등의 소득보전제도들이 일부 장애인에게만 해택이 주어지는 세제로 운영되고 있고, 여러 가지 사정으로 이 제도의 혜택을 받지 못하는 장애부모는 자녀양육비, 교육비 등에 가장 큰 압박을 받고 있다. 초·중·고등학생 자녀교육 시 가장 어려운 점이 무엇인지에 대해, 가장 높은 비율을 차지한 것은 '교육비 등 경제적 부담(30.2%)'으로 나타났다(보건복지부 외, 2017).

일반가구의 54%에 지나지 않는 소득으로 생활하고 있는 장애부모들에게 가장 필요한 것은 경제적 지원일 것이다. 향후 반드시 생계보조의 수급형태가 아니더라도 장애부모의 자녀양육수당제도나 교육비 지원 등을 신설·확대하여 장애부모가 가족을 꾸려 나가는 데 경제적인 어려움을 경감시켜야 한다.

② 장애아동의 비장애형제

장애아동의 비장애형제도 많은 부정적 감정을 경험하기 때문에 이들의 욕구와 문제를 파악하여 적절히 지원해 주어야 한다. 토마스와 페기(Thomas & Peggy, 2009)는 장애아동의 비장애형제가 겪을 수 있는 감정에 대해 다음과 같이 설명한다.

- **두려움**: 비장애형제들은 장애를 가지게 될까 봐 또는 친구들, 배우자가 장애형제에 대해 알게 되었을 때 어떤 반응을 보일지에 대해 두려워한다.
- **외로움**: 또래나 동료로부터 소외감을 느끼고, 때로 거부당하기도 한다고 느낄 수 있으며, 자기 가족이 겪는 일들이 다른 가족들과 다르다고 느낄 수 있다.
- **분노**: 장애형제를 두지 않은 아이들보다 좀 더 심한 분노를 경험하거나 무시받거나 인정받지 못한다고 느낄 때나 장애형제에게 함부로 대하는 친구들을 보면 분노를 표현할 수 있다.
- **적개심**: 비장애형제들은 부모가 장애형제에게 시간을 과도하게 소비할 때 또는 가족상황 안에서 일이 공정하게 처리되지 않을 때 분개하며, 부모가 장애형제와 비장애형제에게 가지고 있는 상이한 기대에 대해서 분개한다.
- **당혹스러움**: 비장애형제들은 장애형제가 공공장소에서 부적절하게 행동할 때 또는 자신의 동료나 이성친구에게 장애형제를 소개할 때 당혹스러워한다.
- **혼란스러움**: 비장애형제들은 자신의 역할과 부모의 대리인으로서의 역할을 해야 하거나 장애형제의 양육에 대해서 부모 간 의견이 일치하지 않을 때 혼란을 경험한다.
- **질투심**: 비장애형제들은 장애형제가 받는 관심에 대해서 또는 부모의 관

심이 공정하지 않거나 불평등할 때 질투심을 느낀다.

- 압박감: 부모가 절망감을 보상받기 위해 비장애자녀들에게 비정상적인 압박감을 주며, 비장애형제들은 장애형제를 보호해야 한다는 압박감을 가진다. 이로 인해 비장애형제들은 기대 이상의 책임감을 갖게 만들며, 경제적으로 어려운 가정의 비장애형제들은 장애형제 양육의 부담을 더 많이 경험할 가능성이 있는데, 이는 가족 외부의 자원을 활용하기가 더 어렵기 때문이다.
- 죄의식: 비장애형제들은 자신의 분노 · 질투 · 적대감 등에 대해서 죄책감을 갖는다.
- 좌절감: 중증장애를 지닌 형제와 정상적인 형제관계를 만들려는 시도가 좌절감을 더 깊게 할 수 있다.

이와 같이 장애형제를 둔 비장애형제가 경험하는 부정적 감정들은 비장애형제들에게 스트레스를 주기 때문에 퇴행장애나 모방 · 싸움 · 신경질 · 거짓말 · 도벽 등의 문제행동을 나타낼 수 있으며, 반대로 모범생증후군으로 표출될 수도 있다. 따라서 비장애형제들의 부정적 감정을 이해하고 수용하며, 적절하게 다룰 수 있도록 돕는 지원체계가 필요하다.

4) 장애인가족의 관계적 문제

우리 사회는 장애를 지닌 가족원의 돌봄에 대한 책임을 가족들에게 두고 있어, 돌봄으로 인한 부담은 가족구성원들의 심리적 부담을 가중시키게 된다. 또한 장애인에 대한 사회적 편견과 차별은 장애인가족의 심리적 · 경제적 부담을 가중시켜 가족 내 갈등을 유발하게 된다. 장애인에 대한 부정적 인식은 장애인가족의 건강한 가족관계를 방해하고, 건강한 사회구성원으로서의 성장을 어렵게 만든다.

가족은 상호의존적이고 상호작용적이며 기능적 복합성을 지닌 사회체계로서 가족 가운데 한 구성원의 변화는 다른 구성원들의 변화를 초래하게 된다(Wilson & Kneisl, 1988). 즉, 가족은 하나의 체계로 가족구성원들은 상호의존적인 존재이며 한 가족구성원의 문제는 다른 구성원에게도 영향을 주게 된다(David & May, 1991).

특히 장애인가족의 경제적 수준과 장애가 있는 가족구성원들의 돌봄에 따른 스트레스 등은 가족기능과 가정 내 적응에 영향을 주게 된다. 이러한 관점을 토대로 장애인가족에 대한 문제점을 살펴보고자 한다.

① 장애인가족 부부관계 문제

한국 사회의 장애에 대한 부정적인 인식은 가정 내 장애아동의 존재에 대한 부담감을 더욱 가중시키게 된다. 장애인 자녀를 둔 부부들은 자녀양육과 돌봄 등의 문제로 많은 갈등을 경험하게 되고, 갈등이 지속되면서 부부간 결혼만족도가 떨어지게 된다. 특히 자녀가 장애를 지닌 경우, 장애아동의 돌봄을 책임지고 있는 어머니는 장애아동의 재활 및 요구를 충족시켜 주기 위해 많은 시간과 노력을 투자하게 되고, 가정 내 며느리, 아내, 어머니의 역할은 상대적으로 소원하게 된다. 이는 원가족과의 관계 및 부부관계, 그리고 가정 내 다른 자녀들과의 관계에서 어려움을 경험하게 한다.

가족 응집력이 높은 가정의 경우 장애아동 양육 등이 어려움에 직면할 때, 부부관계가 더욱 밀접해지기도 하지만 장애발생의 책임을 서로에게 전가하거나 상대에 대한 배려부족 등의 문제를 갖고 있는 가정의 경우, 장애가 있는 자녀의 존재는 부부갈등의 원인이 된다(송영혜, 1994). 그러나 부부가 장애가 있는 자녀를 있는 그대로 인정하고 가정 내 역할분담이 이루어지며, 자녀양육에 있어서 실제적 도움을 주는 경우 부부관계 만족도는 높아지고(이숙현, 1992), 좋은 부부관계는 장애아동에 대한 양육부담과 스트레스 및 우울감 등을 낮춤으로써 장애인가족의 어려움을 극복하는 데 효과적으로 기능하게 된다(정소연, 2013). 그리고 가족구성원 가운데 장애인의 존재는 가족관계를 더욱 밀접하게 혹은 어렵게 만든다(이영주, 2018).

② 장애인가족의 부모-자녀 관계 문제

장애인 자녀가 있는 부모에게는 두 가지 역할이 부여되는데, 하나는 자녀의 재활과 교육을 위해 필요한 실제적이고 도구적인 역할이고 다른 하나는 죄의식이나 수치심, 슬픔 등을 극복하고 동정이나 사회적 회피를 극복하여 아동에 대해 과잉보호나 과소보호를 극복하는 정서적 역할이다(양정안, 1996). 또한 장애인 자녀에 대한 부모의 장애에 대한 부정적 인식과 돌봄 스트레스는 장애아동뿐만 아니라, 가족구성원 모두의 생활에 부정적 영향을 주게 된다. 특히 장애에 대한 부모의 부정적 인식은 역기능적 가족생활에 영향을 주게 되므로, 장애인가족의 건강한 부모-자녀 관계를 위해 부모의 인식전환이 이루어져야 한다.

③ 장애인과 형제 간 관계 문제

비장애자녀는 장애형제에게 친구이며 부모의 대리인 역할을 하게 된다. 뿐만 아니라, 장애인에게 비장애형제의 존재는 언어기술과 운동기술, 사회기술 등을 배울 수 있는 기회를 제공하는 역할을 하게 된다(이윤화·권진욱, 2002). 이렇듯 장애인에게 형제의 존재는 그들이 성장하는 데 매우 중요한 작용을 하기도 하지만, 비장애형제들은 부모-자녀 관계에서 부정적 경험을 하게 되고, 이러한 경험들은 그들의 삶 전반에 영향을 주게 된다.

가족 안에 장애형제가 있는 경우, 비장애자녀는 부모의 관심으로부터 자연히 멀어지게 된다. 특히 어머니의 지나친 제재와 거부 등의 양육환경에서 성장한 비장애형제는 자신과 타인에 대해 부정적 시각을 갖게 된다(부영희, 2000). 또한 부모가 모든 관심을 장애가 있는 자녀에게 둠으로써 상대적으로 비장애형제는 소외감을 경험하게 되고, 부모로부터 차별대우를 받고 있다고 느낀 형제는 장애형제와 자신을 과잉 동일시하여 스스로도 장애를 가지길 희망하게 되며, 자신도 장애아를 출산할 수 있다는 두려움으로 결혼에 대한 불안감 및 거부감을 갖기도 한다(Grossman, 1972; Croker, 1981; 설진화 2012; 이영주 2018 재인용).

이상의 내용에서 보듯이, 장애는 개인뿐만 아니라 가족 모두의 생활 전반에 영향을 미친다. 따라서 장애인가족을 위한 개입을 할 때는 개인과 가족, 지역사회 적응 간의 문제를 함께 고려하여 접근할 필요가 있다.

5) 장애인가족의 취업문제

취업 중인 장애인의 종사 직종은 '단순노무종사자' 비율이 29.7%로 가장 많고 장애 유형별로는 자폐성장애(74.9%), 지적장애(74.4%) 및 정신장애(63.1%)의 비중이 다른 장애유형에 비해 많았다. 일반적으로 단순노무직은 근무환경이 상대적으로 취약하고 임금수준도 낮은 한계점이 있으므로 이 직종에 종사하는 장애인을 위한 근무환경개선, 임금지원이 필요하다. 취업 장애인 중 비임금근로자는 고용원이 없는 자영업자가 28.3%(약 22만5천 명)로 다수이고 고용주는 3.5%에 불과하였다. 현재 사업체에 고용되어 있는 장애인을 위해서는 장려금, 시설 및 장비 개선 등을 지원하고 있으나 장애인 영세자영업자를 위한 지원은 매우 미약하므로 이러한 사각지대 해소를 위한 방안 마련이 요구된다. 장애인이 현재 직장생활에서 느끼는 애로사항으로는 '낮은 수입(37.1%)'과 '업무과다(7.0%)'를 주로 응답하였고 특히 지적장애인은 '낮은 수입(29.3%)'과 '장애로 인한 의사소통 어려움(7.1%)'을 호소하였다. 따라서 취업 중인 장애인의 고용안정과 유지를 위한 임금향상, 업무조정, 의사소통지원 강화 등의 방안이 필요하다. 비경제활동인구 및 실업자인 경우 '지난 주에 일하지 않은 주된 이유'로 '장애로 인해 업무를 제대로 수행할 수 없을 것 같아서'가 60.2%로 가장 응답비율이 높았다. 이는 장애로 인한 불편함이 직업생활에 직접적인 걸림돌임을 의미하므로 각종 장애인 보조공학기기, 보조기기, 대체의사소통수단 등의 지원을 통해 장애로 인한 불편함을 최소화해 줄 필요가 있음을 시사한다. 장애인 실업자가 '원하는 직장(일)의 고용형태'는 '임금근로(93.2%)' 그리고 '희망하는 일자리(직장) 사업'은 '공공행정, 국방 및 사회보장 행정'을 가장 선호하는 것으로 나타났다. 특히 지적장애는 희망 일자리 사업 형태로 '공공행정, 국방 및 사회보장 행정(39.3%)', '예술, 스포츠 및 여가관련 서비스업(25.3%)'을 응답하였다. '공공행정, 국방 및 사회보장 행정' 일자리는 정부의 공적 일자리를 의미하기도 하는데 적절한 예산범위 내에서 이러한 일자리를 좀 더 확대할 필요가 있다. 그리고 지적장애인을 위한 예술, 스포츠 및 여가 분야 직종들도 더 많이 개발할 필요도 있다. 취업을 위해 장애인이 등록한 공공 직업알선기관은 '지자체 (장애인) 취업알선기관'이 44.0%로 가장 많았고, 다음이 '고용노동부 고용센터(12.1%)', '보건복지부 장애인 직업재활시설(장애인복지관, 정신보건기관 포함, 6.6%)', '한국장애인고용공단 및 지사(6.0%)' 등이었다. 장애인이 취업을 지자체나 직업재활시설에 등록하는 것도 바람직하지만 장애인 취업전문기관인 한국장애인고용공단에 등록하는 비율이 매우 낮은 것은 문제가 있으므로 향후 공단의 홍보강화, 접근성 개선, 서비스 대상 확대가 있어야 할 것이다. '장애를 갖게 된 후 직업훈련 경험 여부'도 '직업훈련 경험이 없다'는 응답이 96.7%로 대부분이어서 추후 장애인 직업훈련

강화방안도 마련해야 한다. 마지막으로 '국가에서 장애인 직업재활을 위해 가장 먼저 해야 할 일'에 대해서는 '장애인에 대한 인식개선 활동(30.8%)', '임금보조(14.9%)', '취업정보 제공(13.5%)', '직업능력개발(9.6%)' 등을 주로 제시하였다. 따라서 범정부 차원의 장애 인식개선 교육강화, 임금향상, 다양한 취업정보 제공, 직업능력개발 기회확대와 같은 정책적 방안 마련과 시행이 요구된다.

장애인은 비장애인보다 근로능력이 취약하여 노동시장에 참여하는 데 제약을 받고 있고, 이는 성별과 장애의 정도에 따라 또 다시 차별을 경험하고 있다. 성별에 따른 차이를 살펴보면, 남성장애인의 취업자 비율이 여성장애인에 비해 높게 나타나고 있어, 여성장애인가족의 빈곤문제가 심각함을 예측하게 한다. 장애 정도에 따라 경제활동 참여를 보면, 경증장애인이 중증장애인보다 경제활동 참여가 많고 소득수준도 높게 나타나고 있어 노동시장에서 장애의 정도에 따른 소득수준의 차이가 나타나고 있다.

이는 장애인가족이 경제활동에 참여한다고 하더라도 낮은 소득수준은 장애인가족의 경제문제를 해결하는 데 역부족임을 보여주고 있고, 장애인가족의 낮은 소득수준은 빈곤으로 이어지는 중요한 경로가 되고 있다. 이러한 문제에 대응하기 위해 정부는 장애인연금제도를 시행하고 있다. 이는 국민연금제도의 사각지대에 놓인 장애인과 최저생계비 이상의 소득과 재산을 보유한 부모 등으로 인해 정부의 지원을 받지 못하는 장애인의 소득을 보장하고, 이들 가족의 경제적 문제를 해결하기 위한 목적으로 시행되고 있지만, 그 액수가 미미하여 실제적인 도움이 되지 못한다.

UN장애인권리협약(CRPD: Convention on the Rights of Persons with Disabilities) 제27조에서는 다른 사람과 동등한 장애인의 노동권을 주장하고 있는데, 이는 장애인이 개방적이고 통합적이며, 접근 가능한 노동시장과 근로환경 내에서 그들이 선택한 직업을 통해 삶을 영위할 기회를 가질 권리를 포함하고 있다(전지혜 외, 2012). 장애인가족의 경제적 문제는 장애인에 대한 사회적 편견과 오해가 큰 역할을 하고 있다. 특히 장애인의 업무수행능력에 대한 오해는 장애인의 실업과 직장 내 승진 기회의 박탈에 중요한 원인이 되고 있고, 이와 함께 장애인에 대한 노동법의 과잉보호는 고용주들로 하여금 장애인 직원은 생산성이 떨어지면서 상대적으로 감당해야 하는 비용은 많이 들기에 바람직하지 못하다는 생각을 갖게 하여, 결과적으로 장애인의 경제활동을 방해하는 요인으로 작용된다(전지혜 외, 2012).

6) 장애인가족의 사회적 문제

보건의료시설 종사자들의 부정적 시선과 교사들이 장애아동에 대한 교육의 가치를 인식하지 못할 때, 고용주들의 장애인에 대한 차별과 가족구성원들이 장애인에 대해 낮은 기대를 갖고 있는 등의 신념과 편견은 장애인의 사회활동을 제약하는 장벽으로 작용한다(전지혜 외 역, 2011). 장애인에 대한 이러한 사회적 편견은 장애인의 사회적 상호작용을 어렵게 하여 사회적 관계망 형성을 방해하게 된다. '2020년 장애인실태조사'에서도 이와 관련되어 잘 드러나 있는데, 장애인의 49.0%가 집 밖 활동 시 불편하다고 하였으며, 장애인이 집 밖 활동 시 불편한 이유로는 '장애인 관련 편의시설 부족'이 40.8%로 가장 많았고, 이외에 '외출 시 동반자가 없어서' 29.6%, '주위 사람들의 시선 때문에' 8.6%, '의사소통의 어려움이 있어서' 8.1% 순으로 나타나고 있어 장애인의 외부활동에 제약이 있음을 보여주고 있다.

특히 이동수단의 접근성 결여는 장애인의 구직활동 및 의료시설, 복지시설 이용 등의 사회적 상호작용을 어렵게 하여 장애인의 사회적 접근성을 떨어뜨리게 되고, 낮은 사회적 접근성을 가진 장애인들은 대인관계 형성의 어려움을 경험하게 되며 이는 사회적 기술의 결핍으로 작용하게 된다. 뿐만 아니라, 장애인에 대한 사회적 편견과 차별은 장애인가족으로 하여금 수치심과 좌절감 등을 느끼게 하여 이들의 사회적 상호작용까지 방해하게 된다. 뿐만 아니라, 장애인시설에 대한 지역사회의 부정적 인식은 장애인들의 복지시설 이용의 어려움을 더하고 있어 지역사회 주민들의 인식전환을 위한 정책 및 교육지원이 이루어질 필요가 있다.

7) 장애인가족의 복지욕구

'2020년 장애인실태조사' 결과에 의하면, 장애인들이 사회 및 국가에 대해 우선적으로 요구하는 사항(1순위)은 소득보장, 의료보장, 주거보장, 고용보장, 장애인 건강관리의 순으로 나타났다. 장애유형별로 살펴보면 1순위를 소득보장으로 응답한 비율은 정신장애인(59.6%)이 가장 높았고, 의료보장의 응답률은 간장애인(41.2%), 호흡기장애인(39.8%), 심장장애인(39.3%), 신장장애인(39.0%), 장루・요루장애인(39.0%)이 높았다. 또한 주거보장의 응답률은 자폐성장애인(10.5%)이, 고용보장의 응답률은 뇌전증장애인(9.1%), 지적장애인(8.3%), 자폐성장애인(8.0%)이 높았다. 지적장애인과 자폐성장애인의 다른 장애유형에 비해 보육·교육보장과 장애인 인권보장에 대한 응답률이 특히 높은 것도 확인된다.

장애인가족의 복지욕구에 대해서 좀 더 자세하게 살펴보면 다음과 같다.

① 소득보장

장애인가족의 대표적인 소득보장정책으로 장애인연금을 들 수 있다. 이는 장애로 인해 근로능력이 상실되어 생활의 어려움을 경험하고 있는 중증장애인에게 매월 일정 금액의 연금을 지급함으로써 생활의 안정을 지원하는 사회보장제도로, 지급대상은 18세 이상의 중증장애인 중 본인과 배우자의 소득과 재산을 합산한 금액이 선정기준 금액 이하인 자들이 해당된다(보건복지부, 2014).

표 15-2 장애인 소득보전급여 및 추가비용급여체계

구분		유형	제도명 및 내용
장애인 소득보전 급여체계	1차 안전망	기여 소득비례 장애연금	• 장애연금 – 가입 후 발생한 질병 혹은 부상이 치료 후에도 신체 또는 정신적 장애가 있는 자로서 「국민연금법」상 장애등급이 1~3등급인 자 – 평균임금(소득) 및 장애등급에 따라 급여 차등 지급
	2차 안전망	장애부조	• 장애인연금(기초급여) – 「장애인복지법」상 장애등급이 1·2급 및 3급 중복인 자로서 소득인정액 기준을 충족한 자 – 국민연금 가입자 평균 소득월액(A값)의 5%
	3차 안전망	일반 사회부조	• 국민기초생활보장제도(생계급여) – 소득인정액이 최저생계비 이하인 전 국민 대상 보편적 사회 부조로서, 장애인가구에 별도의 최저생계비 적용 없음
장애 추가비용 급여체계	성인	비기여 자산조사	• 장애인연금(부가급여) – 「장애인복지법」상 장애등급이 1·2급 및 중복인자로서 국민기초생활보장 수급자 및 차상위계층에 속하는 자
	성인	비기여 자산조사	• 장애수당 – 만 18세 이상으로서 국민기초생활보장 수급자 및 차상위계층이면서 장애등급이 3~6급인 자
	성인	비기여 자산조사	• 장애아동수당 – 국민기초생활보장 수급자 및 차상위계층이면서 만 18세 미만인 장애아동

출처: 한국보건사회연구원(2016).

우리나라 장애인 소득보장제도는 소득보전급여체계와 추가비용급여체계로 분류하여 운영되고 있다. 이와 관련하여 자세한 내용은 **표 15-2**에 제시하였다. 그러나 장애인 소득보장에 있어서 장애연금과 장애수당이 도입되었음에도 불구하고, 장애인 LPG차량의 세금 인상분 지원 사업이 2007년부터 순차적으로 폐지되면서 장애수당 예산은 2008~2011년 사이 5.6%의 감소 추이를 보이고 있다(한국보건사회연구원, 2011). 그럼에도 불구하고 2010년부터 도입된 장애연금과 중증장애인에게 지급하는 기초급여 및 소득과 연령에 따라 지급하는 부가급여, 그리고 장애인들의 요구에 따라 장애연금 지급대상 범위와 지급수준은 지속적으로 증가할 것으로 예측되어 장애연금에 대한 정부지출은 증가할 것으로 추계된다(한국보건사회연구원, 2011).

장애인 소득보장정책은 연금뿐만 아니라, 장애인가족에 대한 국민기초생활수급의 기초생활지원비가 있다. 정부는 2017년 11월부터 수급가구 및 부양의무자가구 모두에 노인 또는 중증장애인이 포함된 가족의 경우, 부양의무자 기준을 폐지하고 있다(보건복지부, 2017). 구체적으로 살펴보면, 국민연금 기초생활지원비를 신청하는 가구에 만 65세 이상의 노인 또는 장애등급이 1~3급인 장애인이 포함되어 있고, 부양의무자가구에 '기초연금 수급자 또는 장애인연금 수급자'가 포함된 경우 부양의무자 기준을 적용하고 있지 않다(보건복지부, 2017). 또한 이러한 제도의 대상에는 적용되지 않지만, 기초생활보장 수급이 시급한 경우 '지방생활보장위원회'[1]를 통해 보호받을 수 있도록 하고 있다.

② 의료지원

장애인 의료지원사업은 일반회계로 지원되는 의료급여사업의 2종 수급권자인 장애인에게 의료급여에서 지원하지 않는 본인부담금을 지원하여 저소득층 장애인의 의료보장을 도모하는 사업이다(한국보건사회연구원, 2011). 이러한 장애인 의료지원은 「의료급여법」에 근거하여 2종 수급권자인 등록장애인과 건강보험의 차상위 본인부담 경감대상자인 등록장애인(만성질환 및 18세

1) 지방생활보장위원회: 기초생활보장사업의 기획 · 조사 · 실시 등에 관한 사항을 심의 · 의결하기 위하여 시 · 도 및 시 · 군 · 구에 설치한 위원회로, 위원장 및 부위원장 각 1명을 포함하여 15명 이내의 위원으로 구성(보건복지부, 2017).

미만인 장애인)으로 구분하여 지원하고 있고, 건강보험 지역가입자의 보험료 경감지원을 위해 자동차분 건강보험료 전액 면제[2])와 생활수준 및 경제활동 참가율 등급별 전수산정 시 특례적용[3])이 있으며, 산출보험료 경감[4])과 장기요양보험료 경감[5])을 제공하고 있다(보건복지부, 2019). 장애인가족을 위한 의료지원서비스는 **표 15-3**과 같다.

표 15-3 장애인가족의 의료지원서비스

주요 사업명	지원대상	지원내용	비고
장애검사비 지원	• 기존 등록장애인 중 장애인연금, 장애수당, 활동 지원, 중증장애아동수당 신청으로 인한 서비스 재판정 및 의무 재판정 등으로 재진단을 받아야 하는 수급자 및 차상위계층인 자 • 행정청 직권으로 재진단을 받는 자	• 최대 10만 원 범위 내에서 지원	읍・면・동에 신청
발달재활 서비스	• 연령기준: 만 18세 미만 장애아동 • 장애유형: 뇌병변, 지적, 자폐성, 언어, 청각, 시각 장애아동 • 소득기준: 기준 중위소득 180% 이하 • 기타요건 - 장애인복지법상 등록장애아동 - 다만, 등록이 안 된 만 6세 미만 아동은 의사진단서(검사자료 포함)로 대체 가능	• 매월 17만 원~25만 원의 발달재활 서비스 바우처 지원 • 언어・청능, 미술・음악, 행동・놀이・심리, 감각・운동 등 발달재활서비스 선택하여 이용	읍・면・동에 신청
언어발달 지원	• 연령기준: 만 12세 미만 비장애아동(한쪽 부모 및 조손가정의 한쪽 조부모가 시각・청각・언어・지적・뇌병변・자폐성 등록 장애인) • 소득기준: 기준 중위소득 120% 이하	• 매월 16만 원~22만 원의 언어재활 등 바우처 지원 • 언어발달진단서비스, 언어・청능 등 언어재활서비스, 독서지도, 수화지도	읍・면・동에 신청

2) 「장애인복지법」 규정에 의해 등록한 장애인 소유 자동차와 「지방세법」에 의하여 장애인을 위해 사용되는 자동차로서 지방자치단체가 자동차세를 변제하는 자동차가 이에 해당된다.
3) 등록된 장애인으로 건강보험료 책정 시 지역가입자인 등록장애인에 한해 연령, 성별에 관계없이 기본구간(1구간)에 한하여 적용하고 있고 이는 국민건강보험공단지사에 신청하도록 하고 있다.
4) 지역가입자 중 등록장애인이 있는 세대로 소득이 360만 원 이하인 동시에 과표 재산이 1억 3,500만 원 이하의 가정을 대상으로 한다.
5) 등록장애인 1~2급에 한해 노인장기요양보험의 30%를 감면해 주고 있다.

주요 사업명	지원대상	지원내용	비고
장애인 보조기기 교부	• 등록장애인 중 국민기초생활보장법상의 수급자 및 차상위계층	• 품목 및 교부대상 - 욕창예방 방석 및 매트리스: 심장장애 - 음성유도장치, 음성시계, 영상확대비디오, 문자판독기, 녹음 및 재생장치: 시각장애 - 신호장치, 진동시계, 헤드폰: 청각장애 - 보행차, 좌석형 보행차, 탁자형 보행자: 지체 · 뇌병변장애인 - 음식 및 음료섭취용 보조기기, 식사도구, 젓가락 및 빨대, 머그컵, 유리컵, 컵 및 받침대, 접시 및 그릇, 음식보호대, 기립훈련기: 지체 · 뇌병변장애인 - 목욕의자: 지체 · 뇌병변장애인 - 휴대용경사로: 지체 · 뇌병변장애인 - 이동변기: 지체 · 뇌병변장애인 - 미끄럼 및 회전 보조기기, 의류 및 신발, 휠체어 액세서리, 침대 및 탈착식 침대 판/전동조절식 매트리스 지지단, 소변수집장치: 지체 · 뇌병변 · 심장 · 호흡장애인 - 장애인용의복(09 03 05): 지체 · 뇌병변 · 심장 · 호흡장애인 - 휠체어용 탑승자 고정장치 및 기타 액세서리: 1~3급 지체 · 뇌병변 · 심장 · 호흡장애인 - 대화용장치: 뇌병변 · 발달 · 청각 · 언어장애인	읍 · 면 · 동에 신청
장애인 보조기기 건강보험 급여 (의료급여 적용)	• 건강보험: 등록장애인 중 건강보험 가입자 및 피부양자 • 의료급여: 등록장애인 중 의료급여 수급권자 * 세부 대상 기준은 「국민건강보험법 시행규칙」 [별표7] 및 「장애인보장구 보험급여 기준 등 세부사항(보건복지부 고시)」 [별표2] 참조	• 건강보험 대상자: 전동휠체어, 의지 · 보조기, 자세보조용구 등 83개 품목에 대해 지급기준 금액의 90%까지 국민건강보험공단에서 지원(차상위는 100%) • 의료급여 수급권자: 전동휠체어, 의지 · 보조기, 자세보조용구 등 88개 품목에 대해 지급기준 금액의 100%까지 의료급여 기금에서 지원 * 보험급여 대상 보장구 유형 및 기준액, 내구연한 등은 「국민건강보험법 시행규칙」 [별표7] 참조	<신청기관> - 건강보험: 국민건강보험공단(지사) - 의료급여: 시 · 군 · 구청 ※ 국민건강보험 공단에 등록된 업소 및 품목에 대해 구입한 경우 급여지원(공단 홈페이지 사이버 민원센터 참조)

주요 사업명	지원대상	지원내용	비고
장애인 의료재활 시설 운영	• 등록장애인	• 지원 내용 - 장애의 진단 및 치료 - 보장구 제작 및 수리 - 장애인 의료재활상담 등 • 의료급여수급권자 및 시·군·구 청장의 무료진료 추천자는 무료, 그 외의 자는 실비 부담	의료급여증과 장애인등록증 (복지카드)을 제시
여성장애인 출산비용 지원	• 장애인복지법 제32조에 의한 등록 여성장애인 중 출산한 자 및 유산·사산한 자 • 인공지능중절수술은 지원불가(모자보건법 제14조제1항의 경우는 제외)	• 출산(유산, 사산 포함) 태아 1인 기준 1백만 원 지급	읍·면·동에 신청

출처: 보건복지부 2023년 장애인복지 사업안내 1권: 22-27.

이 외에도 2018년부터 장애인 건강관리 의사제를 도입하여 합병증이나 만성질환을 관리하고, 건강검진기관을 통해 중증장애인 건강검진 수검률을 제고, 장애인보건의료센터 운영을 통해 건강관리, 진료, 재활, 여성장애인 임신과 출산지원 등 건강관리 인프라를 강화할 뿐만 아니라, 어린이 재활병원 설치와 장애아동주치의 제도 도입을 통해 장애아동들이 가까운 곳에서 치료를 받을 수 있도록 장기적 개선 및 지원방안을 추진하고 있다(보건복지부, 2018; 이영주, 2018 재인용).

03 서비스 현황과 대책

장애인가족을 위한 가족복지서비스의 현황과 대책을 살펴보면 다음과 같다.

1. 장애인가족서비스 현황

1) 장애영유아 · 아동복지서비스

장애영유아·아동을 위한 복지서비스는 장애를 지닌 영유아 및 아동이 발달에 필요한 서비스를 받을 수 있도록 지원하는 것을 의미한다. 보건복지부(2019)에서는 장애아동 양육수당을 신설하여 어린이집을 이용하지 않는 만 5세 이하 장애아동에 대해 소득수준에 관계없이 양육수당을 지원하고 있다. 또한 만 12세 미만의 장애아동을 대상으로 장애아 무상보육료 지원 사업을 하고 있으며, 이와 관련하여 보다 구체적인 서비스는 **표 15-4**와 같다.

표 15-4 장애영유아 · 아동 복지서비스

** 연금, 수당, 보육, 교육

<table>
<tr><th>주요 사업명</th><th>지원대상</th><th>지원내용</th><th>비고</th></tr>
<tr><td>1-1.
장애인연금
1급, 2급 및 3급 중복장애</td><td>• 2023년도 선정기준액
단독가구: 122만 원
부부가구: 195.2만 원</td><td><table>
<tr><th colspan="2">구분</th><th>계</th><th>기초</th><th>부가</th></tr>
<tr><td rowspan="2">기초
(생계 · 의료 급여)</td><td>18~64세</td><td>403,180</td><td>323,180</td><td>80,000</td></tr>
<tr><td>65세 이상</td><td>403,180</td><td></td><td>403,180</td></tr>
<tr><td rowspan="2">주거 · 교육 급여 차상위</td><td>18~64세</td><td>323,180</td><td>250,000</td><td>70,000</td></tr>
<tr><td>65세 이상</td><td>70,000</td><td></td><td>70,000</td></tr>
<tr><td rowspan="2">차상위 초과</td><td>18~64세</td><td>393,180</td><td>323,180</td><td>70,000</td></tr>
<tr><td>65세 이상</td><td>40,000</td><td></td><td>40,000</td></tr>
</table></td><td>읍 · 면 · 동에 신청</td></tr>
<tr><td>1-2.
경증
장애수당 및 장애아동수당</td><td>• 장애수당
국민기초생활보장법에 의한 수급자 및 차상위 계층(기준중위소득 50% 이하)의 만 18세 이상 등록 장애인 중 장애등급이 3~6급인 자
• 장애아동수당
국민기초생활보장법에 의한 수급자 및 차상위 계층(기준중위소득 50% 이하)의 만 18세 미만 장애아동
* 중증장애인: 1급, 2급 및 3급 중복장애
* 경증장애인: 장애등급이 3~6급인 자</td><td>• 장애수당
– 기초(생계, 의료, 주거, 교육) 및 차상위: 1인당 월 6만 원
– 보장시설 수급자(생계, 의료): 1인당 월 3만 원
• 장애아동수당
– 기초(생계, 의료) 중증: 1인당 월 22만 원
– 기초(주거, 교육), 차상위 중증: 1인당 월 17만 원
– 기초(생계, 의료, 주거, 교육) 및 차상위 경증: 1인당 월 11만 원
– 보장시설(생계, 의료) 중증: 1인당 월 9만 원
– 보장시설(생계, 의료) 경증: 1인당 월 3만 원</td><td>읍 · 면 · 동에 신청</td></tr>
</table>

** 보육 · 교육

주요 사업명	지원대상	지원내용	비고
2-1. 장애아 보육료 지원	• 만 0세~만 12세 장애아동 – 장애인복지카드(등록증) 소지자 – 장애소견이 있는 의사진단서 제출자(만 5세 이하만 해당) – 특수교육대상자 진단 · 평가 결과 통지서 제출자(만 3세~만 8세까지만 해당)	• 지원단가 – 종일반: 55만 9천 원/월 – 방과후: 27만 9천 원/월 – 만 3~5세 누리장애아보육: 55만 9천 원/월 ※ 가구소득수준과 무관	읍 · 면 · 동에 신청
2-2. 여성장애인 교육지원	• 장애인복지법 제32조(장애인 등록)에 의한 등록 여성장애인	• 여성장애인 사회참여교육 지원 – 상담사례관리, 역량강화교육 등 다양한 프로그램 운영 및 지역사회 연계	제공기관에 신청

출처: 보건복지부 2023년 장애인복지 사업안내.

2) 장애가족 지원서비스

장애가 있는 자녀를 둔 가족은 사회적 편견과 자녀의 장애로 인한 고통을 경험하게 된다. 특히 발달장애가 있는 자녀를 돌보는 부모 및 가족들은 심리적 · 신체적 스트레스를 받게 된다. 정부는 과중한 돌봄 부담을 가진 장애인가족 부모들에게 심리 · 정서적 상담과 서비스를 제공함으로써 이들의 우울과 부정적 심리상태를 완화시켜 궁극적으로 순기능적 가족관계를 도모하고자 발달장애인 가족휴식지원, 부모상담지원, 공공후견인지원사업 등을 수행하고 있다. 이 사업은 「발달장애인 권리보장 및 지원에 관한 법」의 적용을 받으며 시행되었지만, 발달장애가 있는 자녀를 위한 지출비용이 많음에도 소득수준이 150% 이하에 속하지 못해 지원받지 못했다. 이에 2017년까지 전국가구 평균소득 150% 이하의 가구에 제한적으로 제공했던 사업을 2018년 1월부터는 발달장애인 가족휴식지원사업을 비롯하여 부모상담지원사업, 공공후견인지원사업의 대상자 선정 기준이었던 소득기준이 폐지되고 장애가 있는 모든 가족에게 지원된다(보건복지부, 2018).

3) 여성장애인 지원서비스

여성장애인이 자녀를 양육하는 데 있어 심리적 불안감을 경험하게 되고, 이와 더불어 자녀양육자로서의 교육 재활, 양육비 부담 등 본인과 가족구성원 모두에게 많은 영향을 주고받으며 스트레스와 죄책감 및 신체적 고통을 느끼며 생활하고 있다(유영준 외, 2011). 여성장애인에 대한 서비스 지원은 가족구성원의 욕구와 기능을 지원하는 서비스를 원칙으로 하는 것으로, 이는 가족 전체를 하나의 단위로 보고 가족성원의 전반적인 상호작용 속에 문제를 조사 및 사정하여 개입하는 것을 의미한다(김정희 외, 2009). 외국의 여성장애인 관련 가족정책들은 대부분 임신과 출산, 양육 및 보육 등을 지원하고 있고, 이러한 지원들은 기존의 여성장애인 혹은 장애부모들이 결성한 자조모임이나 단체를 통해 이루어지고 있다(김정희·정은주, 2012). 우리나라의 경우, 가족 지원프로그램에 의해 제공되고 있는 프로그램은 교육지원(특수교육, 통합교육 등)과 지역 및 사회지원(지역사회 재활시설마련, 취업알선 및 정보제공) 그리고 가족관계지원(부모교육 및 상담, 자조집단, 가족참여프로그램 등)과 생계지원(생계비지원, 장애아동 부양수당지원, 세금 및 생활요금 감면) 등이며 가족 중심의 지원프로그램 구성요소는 가족의 욕구 파악, 욕구범주 구분, 프로그램 원칙 수립, 자원의 원천 개발 및 동원, 성과 산출 등으로 이어져야 함을 강조하고 있다(유영준 외, 2011).

2. 장애인가족 대책

한국사회는 1988년 국민연금제도가 도입된 이래 장애수당(1990년), 장애아동수당(2002년), 장애연금제도(2010년)가 도입되는 등 장애인가족을 위한 복지정책이 지속적으로 수정·보완되고 있지만, 장애인가족들의 욕구를 충족시키기에는 역부족이다. 또한 많은 장애인가족은 가족구성원들을 보호하는 과정에서 경제적·심리적 어려움에 노출되어 있고, 이러한 문제가 지속되면서 가족 간 갈등과 스트레스를 받게 된다. 과중한 스트레스는 주 양육자로 하여금 돌봄 의지를 약화시키고, 가족해체 현상까지 가져올 수 있어 장애인가족을 위한 다차원적인 복지서비스 제공이 요구되므로 장애인가족서비스 대책을 살펴보면 다음과 같다.

1) 장애가족 지원서비스 대책

국내의 장애가족 지원정책 및 서비스는 크게 경제적 지원, 사회적 지원으로 나눌 수 있다. 그러나 이미 전술한 바와 같이 장애가족을 대상으로 하는 지원보다는 장애인 당사자 개인을 위한 지원에 치우쳐 있는데, 그 내용을 살펴보면 다음과 같다.

첫째, 경제적 지원은 저소득 장애인에 대한 의료비, 자녀교육비, 장애아동부양수당, 보장구, 생업·생계비 지원 등을 통해 이루어지고 있다. 소득과 상관없이 지원되는 경제적 지원은 전화요금 감면, 국공립박물관과 고궁이나 능원의 무료입장, 철도 등 교통요금 할인과 지하철 무임승차제 등의 혜택이 있다. 그러나 우리나라의 장애인을 위한 경제적 지원제도의 대부분은 수급권자와 차상위계층 등 저소득계층에 한정되어 있어, 이 범주 안에 포함되지는 못하나 실제 소득지원이 필요한 장애인이나 그 가족들에게는 도움이 전무한 실정이다.

둘째, 사회적 지원은 장애인복지관을 비롯한 지역재활시설 등에서 실시하는 프로그램을 통해 이루어지고 있다. 장애인복지관이나 장애인단체에서 운영하고 있는 주·단기보호센터, 작업활동시설 등을 통해 장애인과 그 가족의 사회적 활동과 적응을 지원하고 있다. 이러한 기관들을 통해 장애아동의 재활치료를 위한 프로그램들이 제공되기도 하고, 부모들의 양육스트레스를 경감시키기 위한 지지집단이라 교육, 휴식서비스 등이 제공되기도 하지만, 양적·질적으로 많은 개선이 필요한 실정이다.

2) 장애가족 대책

(1) 장애인가족 지원법 제정

한국에서는 「장애인복지법」, 「건강가정기본법」, 「장애인 등에 대한 특수교육법」, 「영유아보육법」, 「아동복지법」, 「한부모가족지원법」 등에서 장애아동에 대한 지원을 명시하고 있지만, 대부분 1~2개의 조항을 통해 장애아동에 대한 지원을 언급하고 있을 뿐, 그 내용이 충분하지도 않고 장애자녀를 둔 가족의 보호부담을 덜어 줄 수 있는 법적 근거를 갖추었다고 보기 어렵다는 한계를 가지고 있다(오혜경 · 백은령, 2007). 따라서 장애인가족을 지원할 수 있는 장애인가족 지원법을 제정하여 이들의 부양부담에 대한 인정과 이를 공식적으로 지원할 수 있는 현금 및 현물급여의 수준을 향상시키고, 각종 부양부담을 경감시킬 수 있는 서비스를 제공해야 할 법적 의무체계를 명시해야 한다. 또한 장애부모를 둔 자녀에 대한 지원책도 이 법에 포함되어야 할 것이다. 장애부모의 비장애자녀가 경험하는 다양한 생애주기별 욕구에 대해 공식적 자원의 투입이 필요하다.

(2) 경제적 · 사회적 지원 확대 및 가족 지원전담센터 설립

장애아동의 가족을 하나의 체계로 보고, 이 체계에 대한 총체적 접근을 위해서는 통합적인 서비스를 지원할 수 있는 전문적 전달체계가 필요하다. 그러나 정책이나 제도적으로 경제적 · 사회적 지원책을 마련한 후 이를 적절하게 지원할 수 있는 가족지원전담센터를 시 · 도, 또는 시 · 군 · 구 차원에 설치하는 것이 필요하다(임종호, 2017).

또한 장애인가족의 경제적 어려움을 개선하기 위해 장애인 소득을 지원하는 장애연금이나 수당 등 장애인소득보장제도가 확대 시행될 필요가 있다. 특히 중증장애인의 생활안정에 기여할 수 있는 장애급여로써 운용되기 위해서는 지급대상과 지급액을 지속적으로 확대할 필요가 있다(윤상용, 2013).

(3) 발달주기에 따른 가족서비스 체계 마련

대부분의 장애인가족은 가족생활 주기 동안 지속적으로 스트레스 상황에 노출되어 있다. 또한 이들은 자녀의 발달주기에 따라 각 단계에 따른 과업을 가지게 되고, 이를 극복해야 하는 과제를 갖게 된다. 따라서 이러한 문제를 충족시키기 위한 다양한 프로그램을 개발하고, 지역사회 자원과 연계하여 장애인가족의 다양한 욕구에 대응할 수 있어야 할 것이다.

(4) 심리 · 정서적 서비스 강화

가족 가운데 장애가 있는 구성원의 존재는 모든 가족구성원들에게 어려운 과제가 아닐 수 없다. 따라서 이들이 구성원의 장애를 받아들이고 가족관계가 원만하게 유지될 수 있도록 심리·정서적 지원을 강화해야 할 필요가 있다. 이를 위해 정부는 적극적인 시설 확충과 지원방안을 마련해야 한다.

장애인복지는 지난 30년 동안 복지정책의 변화와 더불어 복지재정에서 급속한 증가율을 보이고 있지만, 전체 복지재정에서 차지하는 비중은 낮고, 외국과 비교하여도 국내총생산(GDP) 대비 장애인복지예산이 낮게 나타나고 있다(김성희 외, 2011). 따라서 장애인가족의 사회적응 및 가족 역량강화를 위해 장애인가족의 욕구에 부응할 수 있는 보다 폭넓은 복지지원서비스가 이루어져야 한다(이영주 외, 2018).

사례

"가족의 돌봄 휴식 위해… 성인 발달장애인이 낮에 갈 수 있는 곳 있었으면"

발달장애인 자녀를 둔 엄마들이 자녀가 어릴 때 하지 못한 걸 후회하는 게 있다. 친구 사귀기도 여행가기도 아닌 바로 입학 유예다. 초등학교의 경우 최장 2년까지 입학을 유예할 수 있는데, 입학을 늦추면 졸업이 늦춰지니 돌봄의 부담이 훨씬 큰 성인이 됐을 때 2년의 시간을 벌 수 있어서다. 올해 고등학교 3학년이 된 발달장애 아들을 둔 이○○(40) 씨는 "당시에는 자녀가 동생보다 늦게 졸업하는 게 마음에 걸렸고 그래도 나이에 맞춰서 학교를 보내는 게 낫다고 생각했다"며 "하지만 지금은 입학 유예를 시킨 부모들이 가장 부럽다"고 말한다. 실제 발달장애인들은 고등학교를 졸업하면 갈 곳이 마땅치 않다. 집 근처 주간보호센터에 들어가거나 취업을 하면 좋겠지만 자녀의 장애 정도가 심각할수록 '낮에 갈 수 있는 곳'을 찾기는 더욱 어렵다.

이는 발달장애인 가족들의 삶의 질과도 직결된다. 이 씨는 "아들이 학교에 가 있는 동안만이라도 쉴 수가 있었는데 졸업 이후에는 대책이 없어 벌써부터 걱정"이라며 "그렇게 되면 이제 집마저도 나에겐 휴식공간이 될 수 없을 것"이라고 우려했다.

문제는 부모들이 나이가 들면서 성인 발달장애 자녀들을 돌보는 데 신체적·정신적 부담이 커지게 된다는 데에 있다. 때문에 발달장애인과 발달장애인 가족을 위해서 필요한 건 평생교육과 일자리가 꼽힌다. 하지만 실상은 반대로 가고 있다. 먼저 주간보호센터의 경우 수용 인원은 1만 명에 불과한데다 서비스의 질이 천차만별이다. 때문에 위치나 시설, 프로그램이 좋은 주간보호센터에 사람들이 몰리다 보니 대기는 길어진다. 또 센터가 이용자를 선택할 수 있다 보니 이른바 '도전적 행동'(발달장애인이 하고 싶은 것을 하지 못할 때 등 어려운 상황이 반복되면 나타나는 자해·타해·공격성 등의 부적응 행동)을 보이는 발달장애인들은 후순위로 밀린다.

출처: 한국일보. 2018.6.4.

수업에 도움이 되는 자료

도서 Book

고정욱(2012). 장애, 너는 누구니?. 지식의 숲.

김도현(2007). 당신은 장애를 아는가. 메이데이.

김창엽(2002). 나는 나쁜 장애인이고 싶다. 삼인.

장혜영(2018). 어른이 되면: 발달장애인 동생과 함께 보낸 시설 밖 400일의 일상. 우드스톡.

호시노 요시히코(2010). 발달장애를 깨닫지 못하는 어른들. 이아소.

영화 Movie

미라클 벨리에(2015): 청각장애가족과 딸의 이야기

오아시스(2002): 뇌성마비를 지닌 여성과 그녀를 사랑하는 남자에게 오아시스는 있을까?

아이엠 샘(2001): 지적장애인의 직업 활동과 아버지 역할

말아톤(2005): 지적장애아들과 어머니 이야기

맨발의 기봉이(2006): 마라톤을 좋아하는 지적장애 아들과 엄마 이야기

카드로 만든 집(1993): 발달장애 아동과 가족 이야기

참고문헌

강남식 · 신은주 · 성정현(2002). 여성 조건부 수급자들의 실태와 자활의욕에 관한 연구. 사회복지연구, 19, 23-50.

강윤경 · 권향임 · 김덕주 · 김현옥 · 박미정 · 박정숙 · 이영실 · 조미숙(2017). 가족복지론. 신정.

강지나(2015). 빈곤 청소년의 빈곤대물림 경험과 진로전망. 학교사회복지, 31, 253-279.

강현아(2010). 빈곤이 위험한 지역사회 환경을 통해 청소년의 우울 및 불안에 미치는 영향. 사회복지연구, 41(3), 327-348.

경찰청(2018). 경찰통계연보.

고병인(2003). 중독자 가정의 가족치료. 학지사.

고정은 · 최중진(2019). 가족상담 자격제도 개선을 위한 연구: 한국가족치료학회 및 연계 학회를 중심으로. 가족과 가족치료, 한국가족치료학회, 27(1), 53-71.

구인회(2001). 빈곤층의 사회경제적 특성과 빈곤이행: 경제위기 이후의 시기를 중심으로. 제3회 한국노동패널 학술대회.

______(2003). 가족배경이 청소년의 교육성취에 미치는 영향: 가족구조와 가족소득, 빈곤의 영향을 중심으로. 사회복지연구, 22, 5-32.

구인회 · 박현선 · 정익중(2006). 빈곤이 아동의 학업성취에 미치는 영향. 아동권리연구, 10(3), 269-295.

권구영(2002). 우리나라 알코올중독 치료 현황의 이해를 위한 기술적 연구. 사회복지리뷰, 7, 77-110.

권복순(1998). 가정폭력 예방을 위한 실태와 태도에 관한 연구. 한국가족복지학, 3, 9-39.

권준수 · 김재진 · 남궁기 · 박원명 · 신민섭 · 유범희 · 윤진상 · 이상익 · 이승환 · 이영식 · 이현정 · 임효덕(2015). 정신질환의 진단 및 통계 편람(DSM-5). 학지사.

권진숙 · 박지영(2009) 사례관리의 이론과 실제. 학지사.

권태연 · 강상경(2007). 가구주의 음주관련 요인이 배우자 폭력에 미치는 영향. 한국정신보건사회복지학회 학술발표논문집.

____________(2007). 가구주의 음주관련 요인이 배우자 폭력에 미치는 영향. 한국정신

보건사회복지학회 학술발표논문집.

____________(2007). 가구주의 음주행태와 심리적 특성이 배우자 폭력에 미치는 영향. 한국가족복지학, 20.

김교성(2011). 사회정책 빈곤연구의 동향과 과제. 한국사회정책, 18(1), 43-82.

김교성・노혜진(2011). 빈곤의 세대간 탈피경험. 사회복지연구, 42(1), 243-278.

김교성・최영(2006). 빈곤근로층의 결정요인에 관한 다층분석. 제7회 한국노동패널 학술대회자료집, 한국노동연구원.

김규수(2006). 부모의 문제음주가 자녀의 심리적 특성과 부적응행동에 미치는 영향. 사회복지개발연구, 12(2), 101-125.

김남희・윤명숙・최은정(2014), 알코올중독자 부부폭력 가해행동 영향요인 연구. 한국알코올과학회지, 15.

김명석(2003). 문제음주가 범죄행위에 미치는 다차원적 변인 분석. 아주대학교 박사학위논문.

김순규(2010). 빈곤아동청소년의 적응유연성 연구에 대한 고찰. 학교사회복지, 18, 87-105.

김아래미(2006). 빈곤지속기간과 그 결정요인에 관한 연구: 가구유형을 중심으로. 서울시립대학교대학원 석사학위논문.

김안나(2007). 한국 근로빈곤층의 특성과 결정요인 분석. 사회복지정책, 28, 145-168.

김연옥・박인아(2000). 가정폭력이 유형별 관련성과 아동의 정신건강에 관한 연구. 한국가족복지학, 5, 103-127.

김연옥・유재영・이인정・최해경(2005). 가족복지론. 나남.

김영화・이진숙・이옥희(2016). 성인지적 가족복지론. 양성원.

김위정・김왕배(2007). 세대 간 빈곤이행과 영향요인에 관한 연구. 한국사회학, 41(6), 1-36.

김유숙・전영주・김수연(2008). 가족평가핸드북. 학지사.

김용득・김진우・유동철(2007). 한국장애인복지의 이해. 인간과 복지.

김윤재・김성남・정덕임・정재우・김순옥(2013). 가족복지론. 공동체.

김윤재・이수영・김경우・김정수・김정수・김은혜(2009). 가족복지론. 동문사.

김정혜(2018). 경찰의 가정폭력 사건 대응 실태와 개선방안. 한국여성정책연구원.

김태완・김문길・김미곤・여유진・김현경・임완섭 외(2017). 2017년 기초생활보장 실태조사 및 평가연구. 보건복지부・한국보건사회연구원.

김혜경・도미향・문혜숙・박충선・손홍숙・오정옥(2012). 가족복지론. 공동체.

김혜경・도미향・문혜숙・박충선・손홍숙・오정옥・홍달아기(2011). 가족복지론. 공동체.

김혜경・도미향・문혜숙・박충선・손홍숙(2017). 가족복지론. 공동체.

김혜련・최윤정(2004). 알코올중독자가족을 위한 집단 프로그램 효과성 연구: 개입연구방법 중 제5단계 평가를 중심으로. **사회복지연구**, 23, 43-75.

김혜선 · 고성혜(2002). **가족상담 및 치료**. 한국방송통신대학교출판부.

김혜영 · 변화순(2008). 여성의 이혼과 빈곤: 직업과 소득의 변화를 중심으로. **가족과 문화**, 20(2), 37-63.

김희국 · 현진희(2007). 알코올중독자가족이 경험하는 스트레스가 가족의 거부적 태도에 미치는 영향. **한국가족복지학**, 19, 97-119.

노혜진 · 김교성(2008). 결혼해체를 경험한 여성가구주의 빈곤과 사회적 배제에 관한 종단연구. **사회보장연구**, 24(4), 167-196.

류정희 · 전진아 · 이상정 · 이주연 · 정익종 · 유민상(2018). 생애주기별 학대 경험 연구-아동기 학대 · 폭력의 중복적 경험과 정책적 대응. 한국보건사회연구원.

류종훈(2005). **가족상담과 치료원리**. 은혜출판사.

문혁준(2014). **가족복지**. 창지사.

문혁준 · 김진이 · 양성근 · 이은주 · 천희영 · 황옥경(2012). **가족복지론**. 창지사.

박경일(2008). **사회복지정책론**. 공동체.

박귀영 · 오현숙 · 이우언 · 전미숙 · 정명희(2017). **가족복지론**. 양서원.

박미은 · 신희정 · 이혜경 · 이미림(2012). **가족복지론**. 공동체.

____________________(2015). **가족복지론**. 공동체.

박미은 · 신희정 · 이혜경(2018). **가족복지론**. 공동체.

박옥임 · 서선희 · 기경신 · 옥경희 · 최은정 · 김진희(2017). **가족복지론**. 공동체.

박옥임 · 서선희 · 김경진 · 옥경희 · 박준섭 · 최은정(2008). **가족복지론**. 청목출판사.

박현선 · 이상균(2001). 알코올중독자 가정 청소년 자녀의 성인아이성향과 심리사회적 문제. **한국사회복지학**, 46, 118-144.

방성석 · 오정아 · 이영주 · 최경화 · 최금해(2009). **가족복지론**. 양서원.

방하남 · 김기헌(2001). 변화와세습: 한국사회의 세대간 지위세습 및 성취구조. **한국사회학**, 35(3), 1-30.

백승준(2011). 한국가족정책의 형성과 변화-제도 변화를 중심으로-. 동양대학교대학원 박사학위논문.

변금선(2012). 청년층의 근로빈곤 요인에 관한 연구: 고용불안정과 고용상태가 빈곤이행에 미치는 영향을 중심으로. **한국사회복지학**, 64(3), 257-279.

변화순(2010). 경제위기에 따른 취약계층의 변화실태와 사회안전망 평가 및 향후 대책방안, 젠더리뷰.

보건복지부(2017). 2016년 정신질환실태 역학조사.

_________(2018). 보도자료「음주폐해예방실행계획」2018.11.13.

_________(2018). 육아정책.

_________(2019). 보도자료 2019.1.14.

_________(2019). 2019 국민기초생활보장사업안내.

_________(2019). 2019 사회복지관 운영관련 업무처리 안내.

_________(2019). 2019년 정신건강사업 안내.

_________(2020). 2020 장애인실태조사.

_________(2021). 2021년 정신건강실태조사 결과 발표 보도자료.

_________(2023). 2023년 정애인복지 사업안내 Ⅰ권.

_________(2023). 2023년 정애인복지 사업안내 Ⅱ권.

_________(2023). 2023년 정애인복지 사업안내 Ⅲ권.

_________(2023). 2023년 정애인복지 사업안내 Ⅳ권.

_________(2023). 2023년 정애인복지 사업안내 Ⅴ권.

사회복지교육연구센터편저(2013). **사회복지실천기술론**. 나눔의 집.

서혜석 · 강희숙 · 이미경 · 이성희 · 채인식(2015). **가족복지론**. 공동체.

성정애 · 정해은(2007). **가족복지론**. 양서원.

성정현 · 여지영 · 우국희 · 최승희(2010). **가족복지론**. 양서원.

__________________________(2004). **가족복지론**. 양서원.

성정현 · 여지영 · 우국희 · 최승희 · 임세희(2014). **가족복지론**. 양서원.

__________________________________(2017). **가족복지론**. 양서원.

손병덕 · 황혜원 · 전미애(2008). **가족복지론**. 학지사.

____________________(2011). **가족복지론**. 학지사.

송성자 · 어주경 · 양혜원 · 서혜정(2005). **가정폭력 피해자 치유 프로그램**. 여성가족부.

송아영(2017). 가정폭력 현황과 정책과제. **보건복지포럼, 2017.5**

여성가족부(2018). 미혼모 · 부 한부모가족을 위한 복지서비스 안내책자.

_________(2016). 2015년 전국다문화가족실태조사.

_________(2017). 2016년 가정폭력실태조사.

_________(2017). 2017년 한부모가족 지원사업안내.

_________(2018). 여성고용정책.

_________(2019). 가족사업안내(Ⅱ).

_________(2022). 2021년 전국다문화가족실태조사.

여성한국사회연구소(2002). **가족과 한국사회-변화하는 한국가족의 삶 읽기-**. 경문사.

여유진 · 김미곤 · 임완섭 · 김민희(2009). 저소득층 지원제도의 유형 및 특성 연구. 한국보건사회연구원.

원영희 · 손화희(2016). 가족복지론. 학지사.

유계숙 · 유영주(2002). 서울시민의 가족개념 인식 및 가치관에 관한 연구. 대학가정학회지, 40(5), 79-94.

유원경(1994). 성인 정신지체인 부모들의 부모교육 욕구에 대한 연구. 숭실대학교대학원 석사학위논문.

윤홍식 · 송다영 · 김인숙(2011). 가족정책: 복지국가의 새로운 전망. 공동체.

이기영 · 송선희 · 조양순(2010). 가족복지와 상담. 화학사.

이상균(2003). 알코올중독자 가정 자녀의 역할유형과 심리사회적문제. 한국아동복지학, 16, 195-224.

이상균 · 박현선(2000). 소년소녀가장의 성인역 아동(adult children)부담이 우울에 미치는 영향. 사회복지연구, 16, 143-164.

이상은(2008). 한국에서의 빈곤의 세대간 이전. 한국사회복지학, 60(2), 53-76.

이선혜 · 신영화 · 서진환(2005). 한국가족치료의현장과 인력: 전국기관조사연구. 한국가족치료학회지, 13(1), 79-123.

이성희 · 전길양 · 한은주 · 조경욱(2012). 가족복지론. 파란마음.

이소희 · 정민자 · 김경희 · 박인전 · 손지미 · 김영란 · 홍계옥 · 도미향(2000). 가족복지론. 양서원.

이신영 · 박선영(2015). 가족복지론. 공동체.

이영실 · 김재경 · 김봉순 · 박용권 · 조명희 · 홍성희(2013). 가족복지론. 양서원.

______________________________(2017). 가족복지론. 양서원.

______________________________(2013). 가족복지론. 양서원.

이영주 · 최경화 · 정윤태 · 김현희 · 오정아(2015). 가족복지론. 양서원.

________________________(2018). 가족복지론. 양서원.

이원숙(2016). 가족복지론. 학지사.

이준우 · 최희철(2014). 사례관리론. 신정.

이진숙(2003). "가족복지정책의 패러다임 검토". 가족복지 패러다임: 반성과 모색. 한국가족복지학회 추계학술대회자료집.

이채식 · 권신영 · 김준환 · 박주현 · 오영훈 · 전영록 · 간순옥(2017). 사회복지사례관리. 어가.

이혜숙 · 임은이(2010). 빈곤가정의 빈곤화 과정 연구. 한국가족복지학, 26, 255-294.

이화여자대학교사회사사업학과편(1995). 가족치료총론. 도서출판 동인.

장세훈(2006). 빈곤층의 내부구성과 빈곤화 과정. 경제와 사회, 71(가을), 179-281.

장수미(2001). 알코올중독자가족의 가족적응유연성 증진을 위한 개입모형 개발: 알코올중독의 세대간 전이를 예방하는 시각에서. 정신보건과사회사업, 11, 53-77.

전진아 · 오미애 · 이난희 · 이용주 · 김남희(2018). 사회연결망기반의 중독회복 지원방안. 한국보건사회연구원.

정문자 · 정혜정 · 이선혜 · 전영주(2012). 가족치료의 이해. 학지사.

정문자 · 전영주 · 정혜정 · 이선혜(2018). 가족치료의 이해. 학지사.

정진욱(2015). 알코올중독 관련 요인분석 및 정책방향. 보건복지포럼(2015.11).

정현숙 · 유계숙(2007). 가족관계. 신정.

조선희(2000). 알코올 의존자 부인을 위한 의미요법 자서전쓰기 프로그램의 효과. 정신간호학회지, 17(2), 171-181.

조성민(2009). 음주문제와 가정폭력 공존문제자의 특성 및 재발 위험요인에 관한 연구. 중앙대학교 박사학위논문.

조흥식 · 김인숙 · 김혜란 · 김희련 · 신은주(2010). 가족복지학. 학지사.

__________________________________(2017). 가족복지학. 학지사.

진옥화(2005). 알코올중독 치료에 관한 연구: 가족의 관점 중심으로. 상명대학교 석사학위논문

질병관리본부(2018). 국민건강통계.

천덕희(2010). A.A를 통해 회복 중인 알코올 중독자들의 경험에 관한 연구. 숭실대학교 박사학위논문.

최경석 · 김양희 · 김성천 · 김진희 · 박정윤 · 윤정향(2003). 한국가족복지의 이해. 인간과복지.

최선화 · 최정숙 · 박화옥(2018). “가족사회복지실천의 개념과 모델”. 한국가족사회복지 어디로 갈 것인가.: 전망과 과제. 한국가족사회복지학회 추계학술대회 자료집, 93-111.

최조순 · 하경희 · 이사라(2015). 경기도 빈곤계층 알코올 중독 예방 · 지원체계 구축 연구. 경기복지재단.

통계청(2017). 사회조사보고서.

_____(2017). 인구동태통계연보(혼인 · 이혼편).

_____(2017). 인구주택총조사보고서.

_____(2017). 장래가구추계 2015-2045.

_____(2018). 2017 한국의 사회지표.

_____(2018). 사망원인통계.

_____(2022). 2021년 인구주택총조사 결과

______(2022). 한국의 사회동향

통계청 · 여성가족부(2019). 여성폭력범죄 대응을 위한 범죄통계 개선방안 세미나. 2019.5.2.

통일부(2019). 북한이탈주민 입국 현황(2019년 3월말 입국자 기준).

함인희(2003). 사회구조적 변화와 가족의 적응 및 저항. **사회연구**, 1호, 한국사회조사연구소. 1-27.

행정안전부(2017). 외국인주민현황조사. 2017. 11월 기준.

현외성 · 김용환 · 문정란 · 박선애 · 이은정(2017). **현대 사회문제론–사회복지의 대응과 미래**. 창지사.

홍선미 · 민소영 · 한소정 · 성은미(2010). **무한돌봄센터 사례관리 매뉴얼**. 경기복지재단.

황인자 · 황영희(2016). 한국과 스웨덴, 일본의 가족복지정책 비교 연구-일 · 가정 양립 정책을 중심으로-. **21세기사회복지연구**, 13(2), pp. 183-192.

여성신문(http://www.womennews.co.kr)

한국가족상담협회(http://www.kafc.or.kr/).

한국가족치료학회(http://www.familytherapy.or.kr/).

한국여성정책연구원(2018). 알기쉬운 성인지 통계.

한국음주문화연구센터(http//www.karf.or.kr/).

한국중독관리센터협회(http://www.kaacc.co.kr/).

한국직업능력개발원(https://pqi.or.kr/inf/qul/infQulList.do/).

Barnett, O. W., & Fagan, R. W. (1993), "Alcohol Use in Male Spouse Abusers and Their Female Partners". *Journal of Family Violence, 8*(1), pp.1-25.

Bellow, J. R., & Mink, G. (1996). *Case management in Social Work: Development the professional skills needed for work with multiproblem clients*. Springfield, IL: Charles, C, Thomas Publisher, Ltd.

Bogenschneider, K. (2008). *Family policy matters: How policymaking affects families and what professionals can do*. New Jersey: Lawrence Erlbaum Associates.

Check, W. A. 이용교 역(1995). **아동학대연구**. 다울.

Christopoulos, C., Cohn, D. A., Shaw, D. S., Jouce, S., Sullivan-Hanson, J., Kraft, S. P., & Emery, R. E. (1987). "Children of Abused Women: I. Adjustment at Time of Shelter Residence". *Journal of Marriage and the Family, 49*(August), 611-619.

Collins, D., Jordan, C., & Colman H. (1999). *An introduction to Family Social Work.*

Itasca: F.e. Peacock Publishers, Ins. 이화여자대학교 사회복지연구회 역. 가족복지실천론. 나눔의 집.

Collins, D., Jordan, C., & Colman, H. (2010). *An introduction to Family Social Work.* Itasca: F.e. Peacock Publishers, Ins.

Conner, K. R., & Ackerley, G. D. (1994), "Alcohol-Related Battering: Developing Treatment Strategies". *Journal of Family violence, 9*(2), 143-155.

Dibble, U., & Straus, M. A. (1990). "Some Social Structure Determinants of Inconsistency Between Attitudes and Behavior!: The case of Family Violence", Physical Violence in American Families, New Jersey; New Brunswick, pp. 167-168.

Ellis, A. 홍경자 역(1990). 정신건강적 사고-합리적 생활 안내서-. 이문출판사.

Esping-Andersen, G. (1990). *The three worlds of welfare capitalism.* Princeton, NJ: Princeton University Press.

__________________(1999). *Social Foundation of Postindustrial Economies*. New York: Oxford University Press.

Feldman, F. L., & Scherz, F. H. (1968). *Family Social Welfare: Helping Troubled Families.* New York: Atherton Press.

Fichett, G. (1993). *Assessing spiritual needs: A guide for caregivers*. Minneaplic Ausburg Press.

Fraser(1997). Encyclopedia of Social Work(19th ed). *NASW*. p. 2453.

Gauthier, A. H. (2011). *The state and the family: A comparative analysis of family policies in industrialized countries*. New York: Oxford University Press.

Gelles, R. J., & Cornell, C. (1983). "Introduction: An International Perspective on Family Violence", in Richard Gelles & Claire Cornell, eds., *Introduction: An international perspective in family violence.* Lexington Mass.: Lexington Books. D.C. Heath and Company.

Gelles, R. J. / 이동원 · 김지선 역(1998). 가정폭력의 허상과 실상. 길안사.

Goldenberge, H., & Goldenberge, I. (2004). *Family Therapy: An Overview(6th ed.).* CA: Books/ Cole Publishing Co.

Gubrium, J. F., & Holstein, J. A. / 최연실 · 조은숙 · 성미애 역(1997). 가족이란 무엇인가: 사회구성주의적 관점에서 본 가족담론. 하우.

Harding, L. F. (1996). *Family, state and social policy*. London: MacMillan Press LTD.

Hartman, A., & Laird, J. (1983). *Family-centered social work practice.* New York, London: The Free Press.

Hepworth, D. H., Rooney. R. H., Rooney. G. D., Strom-Gottfried, K. S., & Larsen J. (2010). *Direct social work practice: Theory and skills*(8th eds.). Thomson Brooks/Cole.

Kahn, T. (1990). *Pathways: A guided workbook for youth beginning treatment.* Brandon: The Safer Society Press. pp. 77-78.

Kameman, S,. B., & Kahn, A. J. (1978). *Family policy: Government and families in fourteen countries.* New York: Columbia University Press.

Lambert Maguire, 장인협・오세란 역(1996). 사회지지체계론. 사회복지실천연구소.

Marshall, L. L. (1996). "Psychological Abuse of Women: Six Distinct Clusters". *Journal of Family Violence, 11*(4), 379-409.

Mihalic, S. W., & Elliott, D. (1997). "A Social Learning Theory Model of Marital Violence", *Journal of Family Violence, 12*(1), 21-47.

Murdock, G. O. (1949). *Social structure.* New York: MacMillan.

NASW(1965). *The Encyclopedia of the Social Work*(15th ed). Washington, DC: NASW Press.

Parsons, T. (1949). The social Workers. (1965). Unmarried Parents. In R. Anshen (Ed.), *The family: Its function and destiny*(pp. 173-201). New York: Harper & Row.

Parsons, T., & Bales, R. (1955). *Family, socialization and interaction process.* New York: The Pree Press.

Popenoe, D. (1988). *Disturbing the nest.* New York: Aldine De Gruyter.

Post, S. (1982). "Adolescent Parricide in Abusive Families". *Child Welfare, 61*(7), 445-455.

Scanzoni, J. (2001). From the normal family to alternate Families to the quest for diversity with interdependence. *Journal of Family Issues, 22*(6), 688-710.

Schechter. S. (1982). *Women and male violence.* Boston: South End Press.

Sheafor, B. W., Horejsi, C. R., & Horejsi, G. A. (1997). *Techniques and guidelines for social work practice*(4th ed). Allyn and Bacon.

Skolnick, A. (1979). *The intimate environment: Exploring marriage and the family.* Boston, MA: Little, Brown Company. pp. 126-130.

Stith, S., & Farley, S. (1993). "A Predictive Model of Male Spousal Violence". *Journal of Family Violence, 8*(2), 183-189.

Straus, M. A. (1974). "Leveling Civility and Violence in the Family". *Journal of Marriage and the Family, 36*(1), 13-29.

Straus, M. A., Gelles, R. J., & Steinmetz, S. K. (1980). *Behind closed doors; Violence in the American Family.* New York: Anchor Press.

Tracy, E. M., & Whitaker, J. K. (1990). The social support network map: Assessing social support in clinical practice. *Families in society 71.*

Walker, L. E. (1979). *The battered women.* New York: Harper & Row, Publishers.

Webb, W. (1992). Treatment Issues and Cognitive Behavior! Techniques with Battered Women. *Journal of Family Violence, 7*(3), 205-217.

저자소개

■ **김용환**

대구가톨릭대학교 대학원 사회복지학과(박사수료)

경남복지정책연구원 원장

현) 대구가톨릭대학교 사회복지대학원 교수

■ **김영호**

조선대학교 이학박사

동신대학교 사회복지학 박사수료

교류분석상담전문가

현) 고구려대학교 아동노인복지과 부교수

■ **김현정**

대구가톨릭대학교 가족상담복지학(박사)

현) 수성대학교 보건복지경영과 조교수

■ **박선태**

대구가톨릭대학교 사회복지학과 사회복지학(박사)

현) 수성대학교 보건복지경영과 학과장

■ **신미애**

대진대학교 행정학(박사)

포천시 주요평가위원

현) 대진대학교 미래평생교육융합대학 휴먼케어평생교육학과 교수

가족복지론

초판 1쇄 인쇄 / 2023년 8월 25일
초판 1쇄 발행 / 2023년 8월 30일

•

공저자 / 김용환 · 김영호 · 김현정 ·
박선태 · 신미애
발행인 / 이 중 수
발행처 / **동 문 사**

•

서울특별시 서대문구 홍제원 1길 12
(홍제동 137-8)
Tel: 02)736-3718(대), 736-3710, 3720
Fax: 02)736-3719
등록번호: 1974.04.27 제9-17호
가격: 25,000원

•

ISBN: 979-11-6328-543-4(93330)
E-mail: dong736@naver.com
www.dongmunsa.com